Stefan Blank

Sri Lanka

IWANOWSKI'S *i* REISEBUCHVERLAG

www.iwanowski.de
Hier finden Sie aktuelle Infos zu allen Titeln, interessante Links – und vieles mehr!
Einfach anklicken!

Schreiben Sie uns, wenn sich etwas verändert hat. Wir sind bei der Aktualisierung unserer Bücher auf Ihre Mithilfe angewiesen:
info@iwanowski.de

SRI LANKA

10. Auflage 2015

© Reisebuchverlag Iwanowski GmbH
Salm-Reifferscheidt-Allee 37 • 41540 Dormagen
Telefon 0 21 33/26 03 11 • Fax 0 21 33/26 03 33
info@iwanowski.de
www.iwanowski.de

Titelfoto: Marco Marchi (www.istockphoto.com)
Alle anderen Abbildungen siehe Bildnachweis Seite 427
Layout: Ulrike Jans, Krummhörn
Lektorat: Dennis Lemmler
Karten und Reisekarte: Klaus-Peter Lawall, Unterensingen
Titelgestaltung: Point of Media, www.pom-online.de
Redaktionelles Copyright, Konzeption und deren ständige Überarbeitung: Michael Iwanowski

Alle Rechte vorbehalten. Alle Informationen und Hinweise erfolgen ohne Gewähr für die Richtigkeit im Sinne des Produkthaftungsrechts. Verlag und Autor können daher keine Verantwortung und Haftung für inhaltliche oder sachliche Fehler übernehmen. Auf den Inhalt aller in diesem Buch erwähnten Internetseiten Dritter haben Autor und Verlag keinen Einfluss. Eine Haftung dafür wird ebenso ausgeschlossen wie für den Inhalt der Internetseiten, die durch weiterführende Verknüpfungen (sog. „Links") damit verbunden sind.

Gesamtherstellung: Werbedruck GmbH Horst Schreckhase
Printed in Germany

ISBN: 978-3-86197-119-1

> **Alle Karten zum Gratis-Download – so funktioniert's**
> In diesem Reisehandbuch sind alle Detailpläne mit sogenannten QR-Codes versehen, die vor der Reise per Smartphone oder Tablet-PC gescannt und bei einer bestehenden Internet-Verbindung auf das eigene Gerät geladen werden können. Alle Karten sind im PDF-Format angelegt, das nahezu jedes Gerät darstellen kann. Für den Stadtbummel oder die Besichtigung unterwegs hat man so die Karte mit besuchenswerten Zielen und Restaurants auf dem Telefon, Tablet-PC, Reader oder als praktischen DIN-A-4-Ausdruck dabei.
> Mit anderen Worten – der „gewichtige" Reiseführer kann im Auto oder im Hotel bleiben und die Basis-Infos sind immer und überall ohne Roaming-Gebühren abrufbar.

WILLKOMMEN IN SRI LANKA — 12

1. LAND UND LEUTE — 16

Geschichtlicher Überblick — 17
Blick in die Vor- und Frühgeschichte — 19
Altsinghalesische Königreiche und ihr Niedergang — 19
Die Anuradhapura-Periode (380 v. Chr.–1017 n. Chr.) 20
Die Polonnaruwa-Periode (1017–1270 n. Chr.) 24
Der Niedergang des altsinghalesischen Königtums (1236–1505) 26
Kolonialzeit — 27
Portugiesische Periode (1505–1658) 27
Holländische Periode (1658–1796) 29
Britische Periode (1796–1948) 31
Von der Unabhängigkeit bis in die Gegenwart (ab 1948) — 33
Zeittafel — 39

Geografischer Überblick — 44
Landschaftsgliederung — 44
Zentrales Bergland und Vorberge 44
Tiefländer 45
Küstenstreifen 46
Klima — 46
Die Tierwelt Sri Lankas — 48
Wildtiere im tropischen Regen- und Monsunwald 49
Kleines Tierlexikon 50
  Säugetiere 50 · Vögel und Kriechtiere 57
Die Pflanzenwelt Sri Lankas — 62
Waldarten 62
  Monsunwald 62 · Tropischer Regenwald 63 · Bergregenwald 63 · Nebelwald 64 · Mangroven 65
Kleines Baumlexikon 65

Wirtschaftlicher Überblick — 74
Landwirtschaft — 74
Tee 74
Naturkautschuk 77

Palmen 78
Kakao und Reis 79
Forstwirtschaft _____ **79**
Fischerei _____ **80**
Bodenschätze und Industrie _____ **81**
Tourismus _____ **81**
Gesellschaftlicher und kultureller Überblick 84
  Die Hauptreligionen _____ **84**
  Der Hinduismus 84
    Ursprung 84 · Wesenszüge des Hinduismus 85 · Die wichtigsten Gottheiten in Sri Lanka 87 · Die wichtigsten hinduistischen Heiligtümer 87
  Der Buddhismus 87
    Gautama Buddhas Leben und Wirken 87 · Die Lehre Gautama Buddhas 90 · Gemeinsamkeiten mit dem Hinduismus 92 · Entwicklung des Buddhismus 92 · Der Volksbuddhismus in Sri Lanka 94
  Der Islam 94
    Mohammeds Leben und Wirken 94 · Lehre des Islam 95 · Spaltung des Islam in Sunniten und Schiiten 96
  Die Bevölkerung _____ **96**
  Die Singhalesen 96
  Die Tamilen 98
  Die Moors 100
  Die Burgher 100
  Die Weddas 100
  Sitten und Gebräuche _____ **101**
  Kunst(geschichte) Sri Lankas _____ **102**
  Klosteranlagen 103
    Dagoba 103 · Bodhi-Baum 104 · Steinthron 104 · Statuenhaus 104
  Buddha-Statuen 105
  Stilelemente von Kultbauten 107
    Wächterstelen 107 · Mondsteine 107

2. REISETIPPS 108

Allgemeine Reisetipps A–Z 109

Das kostet Sie das Reisen in Sri Lanka 157

3. REISEN IN SRI LANKA — 160

Sri Lanka im Überblick — 161
Colombo 161
Die Westküste 161
Der Süden 161
Kandy und das Bergland 161
Das kulturelle Dreieck 162
Der Osten 163
Der Norden 163

4. COLOMBO — 164

Überblick — 165
Geschichte — 166
Redaktionstipps 167
Sehenswürdigkeiten — 168
Fort — 168
Pettah — 171
Nördlicher Stadtteil/Kotahena — 173
Colombos Süden — 173
Ausflüge in die Umgebung Colombos — 177
Dehiwala-Zoo — 177
Pilgerort Kelaniya — 178

5. DIE WESTKÜSTE — 186

Überblick — 187
Nördlich von Colombo — 187
Redaktionstipps 187
Unterwegs nach Negombo — 187
Negombo — 188
Nördlich von Negombo — 195
Wilpattu National Park — 196
Südlich von Colombo — 197
Mount Lavinia — 197
Kalutara — 197
Beruwala — 200
Aluthgama — 201
Bentota — 203
Kosgoda 205
Ambalangoda — 207
Telwatta — 208
Hikkaduwa — 210
Tsunami Honganji Vihara 213

6. DER SÜDEN — 214

Überblick — 215
Redaktionstipps 218

Von Galle bis Kataragama — 219
Galle — 219
Geschichte 221
Fort 222
Außerhalb des Forts 224

Sehenswertes auf dem Weg zur Südspitze — 229
Unawatuna 229
Dalawella und Talpe 233
Koggala 234
Ahangama 235
Kustarajagala 235
Weligama 236
Mirissa 239
Matara 243
   Matara Fort 243 · Star Fort 244 · Weherehena-Tempel 244
Dondra, die zerstörte „Stadt der Götter" 245

Sehenswertes in Richtung Osten — 247
Dickwella 247
Tangalle 248
Hambantota 252
Tissamaharama 254
Bundala National Park 255
Yala National Park 256
Kirinda 258

Kataragama — 258
Wallfahrtsort Kataragama 258
Kataragama zwischen Geschichte und Legenden 259
Besichtigung der Tempelanlage 261
Festlichkeiten 262

7. KANDY UND DAS ZENTRALE BERGLAND — 264

Überblick — 265
Kandy und Umgebung — 268
Zwischen Colombo und Kandy — 268
Das Elefanten-Waisenhaus von Pinnawala 268
Anreise Pinnawala 269
Mawanella 269

Kandy – die schönste Königsstadt — 270
Überblick 270
Redaktionstipps 271
Geschichte Kandys 271

Sehenswürdigkeiten 274
  Der Tempel des Zahns 274 · Audienzhalle 278 · Raja Tusker Museum 278 · National Museum Kandy 279 · International Buddhist Museum 279 · Natha Devale 279 · Maha Vishnu Devale 280 · Bahiravakanda Buddha 280 · St. Paul Church 281 · Pattini Devale 281 · Kataragama Devale 282 · Der Kandy-See 282 · Sri Selva Vinayagar Kovil 283 · Asgiriya-Kloster 283

Die Umgebung von Kandy _____ 288
Der Botanische Garten von Peradeniya 288
Die Tempel von Gadaladeniya 291
  Embekke Devale 291 · Lankatilaka Vihara 291 · Gadaladeniya Vihara 291
Victoria-Staudamm 292
Knuckles Range 292
Mahiyangana 293

Das Bergland   293
Ratnapura, die „Stadt der Edelsteine" _____ 293
Sehenswürdigkeiten 296
  Maha Saman Devale 296 · Ratnapura National Museum 296 · Ratnapura Gem Bureau/Gem Museum 297

Sinharaja Forest _____ 298
Udawalawe National Park _____ 299
Auf der Pilgerstraße zum Adam's Peak _____ 300
Avissawella 300
Karawanella 301
Kitulgala 301

Adam's Peak (Sri Pada) _____ 302
Nuwara Eliya (Nureliya) _____ 305
Geschichte 306
Sehenswertes 307
  Altenglische Hotels 307 · Golfplatz und Pferderennbahn 308 · Villen im englischen Landhausstil und Postamt 308 · Parks 309
Ausflug zum Botanischen Garten Hakgala 311

Horton Plains National Park _____ 315
Naturwunder World's End 316

Haputale _____ 318
Ella _____ 319
Buduruwagala _____ 322
Diyaluma-Wasserfälle _____ 323

8. DAS KULTURELLE DREIECK   324

Überblick   325
Kurunegala und Yapahuwa   325
Kurunegala _____ 325
Redaktionstipps 325
Yapahuwa 326

Inhalt

Von Matale nach Polonnaruwa 328
  Matale 328
    Felsentempel von Aluvihara 328
    Nalanda Gedige 330
  Dambulla 330
    Felsentempel von Dambulla 330
    Aukana-Buddha 333
    Die Kolossalstatue von Sasseruwa 334
  Felsenfestung Sigiriya 334
    Geschichte 335
    Besichtigung 336
      Lustgärten 336 · Wolkenmädchen 337 · Galerie 338 · Löwenpforte 339 · Palast-Plattform 339 · Südtor 339
  Habarana 340
  Ritigala 342
  Minneriya National Park 343
    Minneriya-Seen 343
  Kaudulla National Park 343
Die Königsstädte Polonnaruwa und Anuradhapura 344
  Polonnaruwa 344
    Geschichte 344
    Sehenswürdigkeiten 347
      Der See des Parakrama 347 · Die Statue Parakrama Bahus I. 347 · Der Palastbezirk König Nissanka Mallas 347 · Die Zitadelle Parakrama Bahus I. 347 · Das königliche Bad 349 · Shivas Tempel Nr. 1 349 · Das Heilige Viereck 349 · Haus des Buddha-Bildnisses 349 · Der runde Reliquienschrein 349 · Das Haus der 60 Reliquien 349 · Das Haus der acht Reliquien 350 · Der Lotosaltar 350 · Das steinerne Buch 350 · Der siebenstöckige Turm 350 · Dagoba der Königin Rupavati 350 · Shivas Tempel Nr. 2 350 · Rankot-Dagoba 351 · Das Juwel Lankas 351 · Milch-Dagoba 351 · Felsentempel 351 · Jetavana-Klosteranlage Tivanka-Tempel 352 · Lotosbad 352
    Maduru Oya National Park 354
  Anuradhapura 354
    Geschichte 354
    Sehenswürdigkeiten 356
      Archäologisches Museum 356 · Der Heilige Bodhi-Baum 357 · Der Bronzepalast 358 · Die Ruwanwelisaya Dagoba 358 · Der große Tank 360 · Thuparama Dagoba 361 · Lankarama Dagoba 361 · Die Wächterstele am Edelsteinpalast 361 · Der Halbmondstein am Mahasenapalast 361 · Abhayagiri Dagoba 362 · Samadhi-Buddha-Statuen 362 · Die Doppelteiche 362 · Tempel des Zahns 362 · Jetavana Dagoba 363 · Mirisawetiya Dagoba 363 · Der königliche Garten 364 · Felsenkloster Isurumuniya 364 · Die große Buddha-Statue Sri Sarananda 364
    Tanks rund um Anuradhapura 364
  Mihintale – die Geburtsstätte des Buddhismus in Sri Lanka 366
    Sehenswürdigkeiten 367

9. DER OSTEN — 370

Überblick — 371
Redaktionstipps 371
Trincomalee — 374
Geschichte — 374
Sehenswürdigkeiten — 376
Nördlich von Trincomalee — 380
Uppuveli und Nilaveli — 380
Uppuveli 381
Nilaveli 382
Südlich von Trincomalee — 387
Passikudah und Kalkudah — 387
Batticaloa — 389
Sehenswürdigkeiten 391
Gal Oya National Park — 394
Arugam Bay und Pottuvil — 394
Lahugala Kitulana National Park 399
Südlich von Arugam Bay 399

10. DER NORDEN — 400

Überblick — 401
Redaktionstipps 401
Sehenswertes — 406
Vavuniya — 406
Madhu — 406
Insel Mannar — 407
Kilinochchi — 408
Die Jaffna-Halbinsel — 411
Jaffna 411
Nördlich von Jaffna 417
Point Pedro 417
Inseln vor Jaffna 418

ANHANG — 420

Literaturverzeichnis — 421
Deutschsprachige Literatur 421
Englischsprachige Literatur 422
Stichwortverzeichnis — 423
Bildnachweis — 427

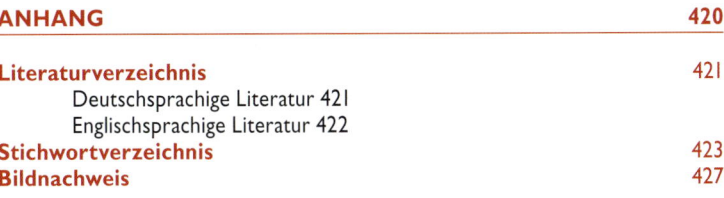

Weiterführende Informationen:

Die wundersame Geschichte von den Löwenmenschen	19
Gewürze und Aromen in Sri Lanka	70
Der Weg von fair gehandeltem Bio-Tee aus Sri Lanka	74
Ein glückliches Leben in Sri Lanka	82
Das Kastenwesen	86
Klimabewusst nach Sri Lanka	112
Wohin zur Ayurveda-Kur?	118
Hinweis zum Artenschutz	123
Plädoyer für Busse und Bahnen	138
Nationalparks: Eintrittspreise und weitere Infos	142
Von Three-Wheelern und Tuk-Tuks	154
Colombo 7 – was ist das?	165
„Colombo port city project, a reality soon"	171
Die Toddy-Zapfer von Beruwala	200
Ahungalla: Besuch in einer besonderen Schule	205
Die Maskenschnitzer von Ambalangoda	208
Der Rumassala	230
Der „Robin Hood Sri Lankas" – Saradiel	270
Die Geschichte des Heiligen Zahns	272
Kandy Perahera	278
Die berühmten Kandy-Tänze	283
Schürfen von Edelsteinen seit dem Altertum	293
Pilgerbusse	301
Tee, Tee, Tee …	312
Sir Thomas Lipton	318
Batik-Herstellung	328
Vogelparadiese	341
Aus der Mahavamsa-Chronik	367
Ein Gespräch mit Hans-Georg Kehse	386
Die singenden Fische von Batticaloa	392

Karten:

Anuradhapura	355
Colombo: Lage	165
Colombo: Fort	169
Colombo – Hikkaduwa	198
Colombo – Wilpattu National Park	188
Galle	220
Jaffna	412/413
Kandy	276
Kandy und zentrales Bergland: Lage	265
Kandy und zentrales Bergland	266/267
Kataragama	259
Kulturelles Dreieck: Lage	325
Kulturelles Dreieck	326/327
Nationalparks	141
Negombo	190
Norden: Lage	401
Norden	404/405
Nuwara Eliya	306/307
Osten: Lage	371
Osten – nördlicher Abschnitt	373
Osten – südlicher Abschnitt	390
Peradeniya: Botanischer Garten	289
Polonnaruwa	345
Polonnaruwa: Ruinenfeld	346
Sigiriya: Felsenfestung	337
Süden: Lage	215
Süden	216/217
Trincomalee	375
Westküste: Lage	187

Inhalt **II**

Karten in den Umschlagklappen:

Umschlagklappe vorne: Übersicht Reisegebiet
Umschlagklappe hinten: Übersicht Colombo

Legende

E01	Autobahn/Schnellstraße (mit Nr. und Anschlussstelle)
2015	Autobahn/Schnellstraße in Bau (mit Jahr der Fertigstellung)
	Autobahn/Schnellstraße in Planung
A2 35	Fernstraße (mit Nr. und Entfernungen in km)
	Hauptstraße
	Nebenstraße, befestigt
	Nebenstraße, meist unbefestigt
	Fahrweg, unbefestigt
	Piste, Pfad
	Eisenbahn in Betrieb
	Eisenbahn in Planung/im Bau
	Nationalpark
	Wichtiger Naturpark
	Periodischer See
	Wasserfall
530 m ▲	Berg
	Golfplatz
★	Sehenswürdigkeit
	Antike Stätte
	Schiffsanleger, Fähre
⚓	Hafen/Ankerplatz
	Schifffahrtslinie
	Schiffswrack
	Aussichtspunkt
i	Touristinformation
	Hotel/Übernachten
	Restaurant/Essen & Trinken
✉	Post
★	Sehenswürdigkeit
M	Museum
	Wichtiges Gebäude
	Krankenhaus
	Busbahnhof
	Markt
	Einkaufen
	Kathedrale
†	Kirche
	Buddhistischer Tempel
	Pagode/Tempel
	Hindutempel
☪	Moschee
	Denkmal
	Fort/Festung
✈	Flughafen, Flugplatz
	Tauchen
	Leuchtturm
Ω	Höhle
	Heiße Quelle
	Strand
Dalawella Beach	

© *i graphic*

WILLKOMMEN IN SRI LANKA

Willkommen in Sri Lanka

Sri Lanka, rund zehn Direktflugstunden entfernt von Mitteleuropa, konkurriert als Reiseziel mit Thailand und anderen Destinationen Südostasiens. Eigentlich in den 1970er-Jahren touristisch entdeckt und schon in früheren Zeiten gängiges Ziel für Bildungsreisende, z. B. den deutschen Schriftsteller Hermann Hesse, musste das Land in der jüngeren Vergangenheit einige Schläge verkraften, die die aufstrebende Tourismusindustrie um Jahrzehnte zurückwarfen: Der Bürgerkrieg seit 1983 und die Terroranschläge der LTTE, der „Tamilischen Tiger", sind deutlich in der Statistik spürbar.

Als die LTTE beispielsweise 1996 in Colombo Fort eine Bombe zündete und kurz darauf einen Zug angriff, nahm der Tourismus schlagartig um 40 % ab. Hatte sich das Land dann langsam wieder erholt – zumindest in den Gebieten, die vom Bürgerkrieg nicht betroffen waren –, so zerstörte der Tsunami vom 26. Dezember 2004 beinahe rund um die Insel Identitäten, Ideen und Strukturen – vom Trauma für die Betroffenen gar nicht zu reden. Beispiellos war die anschließende Solidarität, die der Insel weltweit zugute kam. Auch wenn viel Geld in den Taschen korrupter Politiker und Wirtschaftsbosse verschwand, ist heute der Wiederaufbau doch weitestgehend gelungen. Und es wird weiter investiert. 2009 endete der Bürgerkrieg, und seitdem gehören – langsam, aber sicher – der Norden und der Osten Sri Lankas wieder auf die touristische Landkarte. Dank der Vielfalt des Landes gibt es auch wirklich viel zu erleben und zu sehen – auf überschaubarem und vor allem leicht zu bereisendem Raum:

Der Osten ruft – Blick vom Swami Rock auf Trincomalee

Urlauber, die Strand und Sonne suchen, finden in Sri Lanka ideale Voraussetzungen. Gleichmäßig hohe Temperaturen an den Küsten von durchschnittlich 28–30 °C und sonniges Wetter, mit Ausnahmen in der Monsunzeit, garantieren einen erholsamen Badeurlaub.

Bildungshungrige, die **historische Stätten** besuchen möchten, haben auf dieser Insel ein reiches Betätigungsfeld. Besonders geschichtsträchtig sind die alten Königsstädte Anuradhapura, Polonnaruwa und Kandy. Mihintale kann als Wiege des Buddhismus in Sri Lanka bezeichnet werden. Viele Tempel sind einen Besuch wert. Sehr eindrucksvoll ist außerdem die Felsenfestung Sigiriya.

Naturfreunde, die die **tropische Tier- und Pflanzenwelt** lieben, werden voll auf ihre Kosten kommen. Der Yala-, Bundala-, Wilpattu- und Udawalawe-Nationalpark sind bekannte Parks mit einer erstaunlich reichen Tierwelt (Leoparden, Lippenbären, Wasserbüffel, Indische Elefanten und viele Vogelarten). Doch auch die Vogelschutzgebiete an den Lagunen und Strandseen sind besonders wegen der nordischen Zugvögel aus Sibirien sehenswert.

Nicht zu vergessen die Entdecker, die ein **ungemein freundliches Land** mit liebenswürdigen Menschen vorfinden werden, das bei einer Rundreise jeden Augenblick sein Antlitz verändert, immer wieder neu ist, immer wieder spannend und vor allem ungemein bereichernd.

Größter Dank gebührt Karl-Wilhelm Berger, der mit seinen Recherchen und seiner lebendigen Sprache den Ton für dieses Buch vorgegeben hat.

Viel Spaß beim Entdecken!

Stefan Blank, im Januar 2015

Sri Lanka auf einen Blick

Name	Demokratische Sozialistische Republik Sri Lanka Englisch: Democratic Socialist Republic of Sri Lanka Singhalesisch: Sr Lank Praj t ntrika Sam jav d Janarajaya Tamil: Ilankai a an yaka S ali ak Kutiyarasá
Fläche	65.525 km². In der Nord-Süd-Achse misst die Insel 435 km und in der Ost-West-Entfernung 241 km. Die Küstenlänge beträgt rund 1.600 km.
Einwohner	20.962.187 Einwohner (2012)
Bevölkerungsdichte	319,9 Einwohner/km²
Bevölkerung	81,9 % Singhalesen; 8,0 % Moors; 5,1 % Indien- oder Kandy-Tamilen; 4,4 % Sri-Lanka- oder Jaffna-Tamilen; 0,3 % Malaien; 0,2 % Burgher bzw. Eurasier.
Staatssprache(n)	74 % Singhalesisch (Sinhala = indogermanische Sprache), 18 % Tamil (drawidische Sprache) und Malaiisch; Englisch als Handels- und Bildungssprache
Hauptstadt	„Sri Jayawardenepura Kotte" mit 135.806 Einw. (2012), gehört zur Agglomeration Colombo
Religionen	76,7 % Buddhisten (vor allem Singhalesen), 8,5 % Muslime, 7,9 % Hindus (vor allem Tamilen), 6,1 % Katholiken
Flagge	Grün, rot, dunkelrot (von links nach rechts) mit gelbem, schwertführendem Löwen und in den vier Ecken je einem gelben Blatt des heiligen Bodhi-Baumes. Der Löwe (Sinha) mit dem Schwert in seiner rechten Pranke symbolisiert die Kraft und Stärke der Singhalesen. Die Blätter des Bodhi-Baumes in den 4 Ecken repräsentieren den Buddhismus als die Hauptreligion des Landes und deren 4 Tugenden: Liebe (Mettha), Mitleid (Karuna), Sympathie (Muditha) und Gleichheit (Upeksha). Der grüne und der safrangelbe Streifen stehen stellvertretend für die Tamilen, Muslime sowie alle anderen Volksminderheiten.
Nationalfeiertag	4. Februar (Unabhängigkeitstag, seit 1948)
Staats- und Regierungsform	Sozialistische Präsidialrepublik (im Commonwealth) seit 1978 – Verfassung von 1978, letzte Änderung 2010. Einkammernparlament (Nationalversammlung) mit 225 Mitgliedern (196 Direktmandate, 29 nach Parteienproporz verteilt); Wahl alle sechs Jahre – Direktwahl des Staatsoberhaupts alle sechs Jahre – Wahlrecht ab 18 Jahre
Staatsoberhaupt	Staatspräsident Maithripala Sirisena, seit dem 9. Januar 2015
Größere Städte	Colombo mit 752.933 Einw., Dehiwala - Mount Lavinia 245.974, Moratuwa 207.755, M gamuwa 127.754), Kandy (Maha Nuwara) 125.351, Kalmunai (Galm n) 106.783, Vavuniya (Vavuniy wa) 99.653, Galle (G lla) 99.478, Trincomalee (Tirikun malaya) 99.135, Jaffna (Y panaya) 88.138 Einw.
Währung	1 Sri-Lanka-Rupie (Rs.) = 100 Sri-Lanka-Cents – mit Wechselkursanbindung an den US-Dollar
Wirtschaft	Dienstleistungen 57,8 % des BIP; produzierendes Gewerbe 29,4 %; Agrarsektor 12,8 %; Hauptausfuhrgüter (2012, Anteile in %): Bekleidung 42,7; Kaffee, Tee, Kakao, Gewürze 17,8, Kautschuk 7,3, Erdölprodukte 2,6, Kokosnussprodukte 2,1, Edelsteine 0,85
Bruttoinlandsprodukt	ca. 2.876 US-Dollar pro Kopf (2012)
Arbeitslosenquote	4,8 % (2012)
Inflation	7,5 % (2012)
Handelspartner	Hauptabnehmerländer: (2012, Anteile in %) USA 22,6, Großbritannien 11,3, Indien 6,4, Italien 5,5, Belgien 5,0, Deutschland 4,8, Hauptlieferländer: Indien 19,7, VR China (ohne Hongkong) 14,4, Vereinigte Arabische Emirate 7,2, Singapur 7,2, Iran 3,7.
Problematik	Hohe Arbeitslosigkeit junger Menschen (2012 18,5 %), starkes Gefälle zwischen dem Großraum Colombo und dem Rest der Insel, Gegensätze zwischen Singhalesen und Tamilen, Streit um Religion, ethnische Konflikte und soziale Gerechtigkeit. Etwa 1,5 Mio. Sri Lanker arbeiten wegen des geringen Lohn- und Gehaltsniveaus im Ausland, davon zu 90 % im Nahen Osten. Ihre Überweisungen nach Sri Lanka, 2012 rund 6 Mrd. US-Dollar, sind heute die wichtigste Deviseneinnahmequelle des Landes.

I. LAND UND LEUTE

Geschichtlicher Überblick

Die Grenze zwischen nebelhafter Mythologie, märchenhaften Erzählungen und historischen Gegebenheiten ist nicht immer leicht zu ziehen, trotzdem ergibt sich aus mehreren Quellen ein ziemlich genaues Bild der Geschichte des Landes. Glücklicherweise existieren in Sri Lanka **Chroniken**, die von buddhistischen Mönchen aufgeschrieben wurden. Diese wechseln zwar teilweise in ihrer Berichterstattung ins Legendenhafte über, sind aber nichtsdestotrotz von unschätzbarem Wert auch für die Historiker. Sie geben neben einschneidenden geschichtlichen Ereignissen auch Einblick in das tägliche Leben der Menschen der verschiedenen Epochen. Der Buddhismus spielt in den Berichten naturgemäß eine zentrale Rolle. Die Bedrohung des Buddhismus auf der Insel durch den Hinduismus aus Indien war sicherlich das Motiv für die Niederschrift der Chroniken: Mit ihnen wurde die immer wieder gefährdete Existenz dieser Religion und der damit verknüpften Kultur in Sri Lanka gefestigt.

Buddhistisch geprägte Geschichtsschreibung

Im 3. Jh. v. Chr. gelangte der „Dreikorb" (*Tipitaka*) durch den buddhistischen Missionar Mahinda nach Sri Lanka. Diese überlieferte Schrift ist in drei Teile gegliedert. Sie beinhaltet Reden Buddhas, Ordensregeln und buddhistische Schriften in Pali. Ein Kommentar (*Atthakatha*) dazu wurde in Singhalesisch verfasst.

Im 4. Jh. n. Chr. entstand die Chronik des Dipavamsa. Sie ist das Vorbild für die nachfolgende Mahavamsa-Chronik.

Tiefer Religiosität begegnet man in Sri Lanka auf Schritt und Tritt

Geschichtlicher Überblick

Um 500 n. Chr. begann der Mönch Mahanama die **Große Chronik** (*Mahavamsa*). Sie dokumentiert das Schicksal Sri Lankas etwa vom Zeitpunkt der Landung König Vijayas in Sri Lanka bis 303 n. Chr., dem Todesjahr von König Mahasena. Vier Themen werden in der Großen Chronik behandelt: die Besuche Gautama Buddhas in Sri Lanka, die Landnahme durch indoarische Einwanderer sowie die Bildung von Königreichen, die Bekehrung des Königs Devanampiya Tissa (250–210 v. Chr.) zum Buddhismus durch den Missionar Mahinda und die Ausbreitung dieser neuen Glaubensrichtung sowie das Wirken berühmter Könige.

Ab 303 n. Chr., unmittelbar an die Große Chronik anschließend, wird die **Kleine Chronik** (*Chulavamsa*) von dem Mönch Dhammakitti fortgeführt. Besonders detailliert werden die Regierungszeiten der Könige Parakrama Bahu I. (1153–1186) und Kirti Sri Rajasimha (1747–1782) geschildert. Diese Chronik endet mit der Ankunft der Briten auf der Insel 1781.

Frühe Reiseberichte Berichte früher Reisender wie die des Griechen Onesikritos (4. Jh. v. Chr.), des griechischen Naturforschers Claudius Ptolemäus aus Alexandria (2. Jh. n. Chr.), der eine erste Karte der Insel zeichnete, des Venezianers Marco Polo (13. Jh.), des Arabers Ibn Battuta (1344) und des Briten Robert Knox (17. Jh.), der in seiner 20-jährigen Gefangenschaft in Kandy eine vollständige historische Abhandlung über Sri Lanka schrieb, enthalten genaue Fakten der Geschichte der Insel.

Ptolemäus-Karte

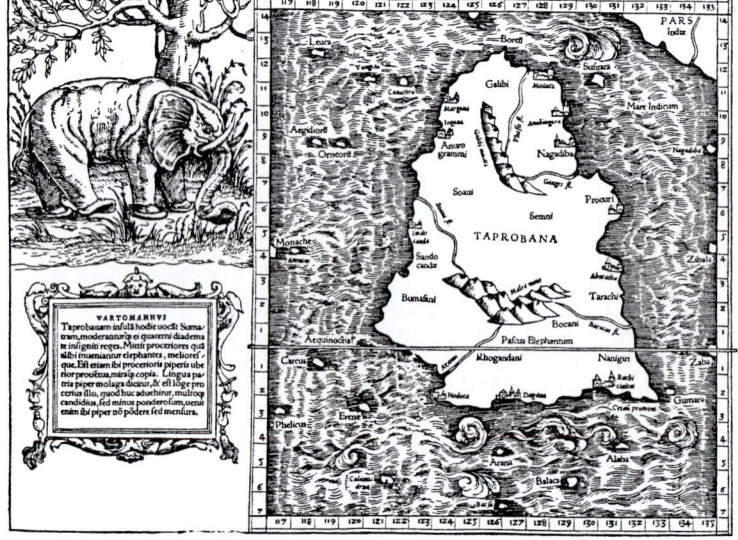

Blick in die Vor- und Frühgeschichte

Die prähistorische Epoche Sri Lankas ist in erster Linie durch Ausgrabungen aufgehellt worden. Besonders erfolgreich waren die beiden Schweizer Paul und Fritz Sarasin in Bintenne und Kataragama. Vor rund 500.000 Jahren hinterließ der **Homo sapiens** nachweislich seine Spuren auf dem Subkontinent Indien. Funde von grob behauenen Faustkeilen wurden der Altsteinzeit (Paläolithikum) von 500000 bis 40000 v. Chr. zugeordnet. Bedeutende altsteinzeitliche Fundstätten in Sri Lanka liegen in Bandarawela, Balangoda und Ratnapura im und am Rande des Zentralen Berglandes.

Bedeutende Funde

Verfeinerte, auch kleinere Steinwerkzeuge entstanden in der Mittelsteinzeit (Mesolithikum) von 40000 bis 8000 v. Chr. Zu den Ausgrabungsgegenstanden aus Stein kamen in der Jungsteinzeit (Neolithikum) von 8000 bis 2600 v. Chr. auch solche aus Keramik hinzu. Wann die einzelnen Epochen in Sri Lanka einsetzten, ist nicht genau festzustellen. Gleichzeitig mit der auslaufenden Jungsteinzeit verstand man sich in Sri Lanka etwa seit dem 5. Jh. v. Chr. schon auf die Verarbeitung von Eisen. Die Eisenzeit begann.

In der Jungsteinzeit war Sri Lanka vom Homo sapiens balangodensis besiedelt, dem Vorfahren der **Weddas**, die heute nur noch in geringer Zahl in Dschungelgebieten im Südosten des Landes als Jäger leben, während sie früher über weite Teile Südasiens verbreitet waren. Weddiden, wie diese alte Ethnie genannt wird, gibt es heute außerdem noch in kleinen Gruppen in Südindien, auf der Malaienhalbinsel und auf Celebes. Die Einwanderung der **Indoarier** ab dem 5. Jh. v. Chr. aus dem nordwestlichen (wahrscheinlich Gujarat) und später östlichen Subkontinent Indien gilt als historisch gesichert – auch wenn die Chroniken die Landung der Neuankömmlinge legendenhaft ausschmückten.

Altsinghalesische Königreiche und ihr Niedergang

Die wundersame Geschichte von den Löwenmenschen

In der Mahavamsa findet sich folgende Geschichte: Die Tochter des Königs von Vaga aus Nordindien wurde von einem Löwen geraubt, der sich in sie verliebte. Die Prinzessin gebar dem Löwen Zwillinge mit Löwenpranken. Der Junge, Sinha Bahu, tötete seinen Vater und heiratete die eigene Schwester. Diese Löwenmenschen oder **Singhalesen** (sinha = Löwe) gründeten das Königreich Sinhapura. Aus dieser Geschwisterehe gingen 16 Zwillinge hervor.

Vijaya, der älteste Sohn, war sehr aufsässig und gewalttätig und bereitete den Eltern viel Ärger. Er wurde letztlich von seinem Vater mit 700 Mann Begleitung des Reiches verwiesen und erreichte Sri Lanka angeblich gerade an dem Tag, als

Gautama Buddha starb. Dort hatte er den Kampf gegen die Yakshas (dämonisches Urvolk) zu bestehen. Er und seine Mannschaft wurden von der Anführerin der Yakshas, Kuveni, in eine Falle gelockt und gefangen genommen. Als Vijaya ihr drohte, sie zu töten, ließ sie die Fremden wieder frei und bot ihm überraschenderweise die Heirat an. Sie verwandelte sich in ein schönes Mädchen, und Vijaya willigte ein. Später verließ er sie wieder, obwohl sie ihm einen Sohn und eine Tochter geboren hatte.

Vijaya vermählte sich mit einer südindischen Königstochter aus Madura und ließ sich zum König krönen. Kuveni lief mit ihren beiden Kindern in den Dschungel und wurde von den Yakshas getötet, während ihre Kinder eine Geschwisterehe eingingen und nach der Legende die Vorfahren der Weddas wurden. Mit einer Regierungszeit von 543–504 v. Chr. gilt Vijaya als erster von insgesamt 186 Singhalesenkönigen. Doch auch südindische drawidische Einwanderer, die einer anderen Volksgruppe angehörten, hatten damals schon den Fuß auf die paradiesische Insel gesetzt. Sie stehen am Anfang der Einwanderungswellen der **Tamilen** im Norden Sri Lankas.

Erstaunlicherweise erhält die Legende von den Löwenmenschen einen nicht unerheblichen Wahrheitsgehalt, da sie auf eine Verbindung der verschiedenen Ethnien (der Weddas, der Indoarier und der Drawiden) verweist. Während die Ureinwohner fast völlig „aufgesogen" wurden, kam es zwischen den Singhalesen und den Tamilen zu einer endgültigen Vermischung, und die Konflikte dieser beiden Volksgruppen ziehen sich wie ein roter Faden durch die ganze Geschichte Sri Lankas bis in die Gegenwart hinein.

Die Anuradhapura-Periode (380 v. Chr.–1017 n. Chr.)

Die indoarische Einwanderung hatte begonnen, und es bildeten sich bestimmte Siedlungsschwerpunkte heraus, u. a. Anuradhagama (Dorf des Anuradha), später Anuradhapura (Stadt des Anuradha) im Norden, nach einem General Vijayas benannt, und Rohana im Süden, die sich zu kleinen Fürstentümern entwickelten. Das Umfeld dieser Niederlassungen wurde urbar gemacht, wobei den Einwanderern ihre besonderen Kenntnisse der **Bewässerungstechnik** zugute kamen. In den Regenzeiten mussten die Regenmengen des Monsuns aufgefangen und gespeichert werden, um einen ganzjährigen Feldanbau zu gewährleisten. Die größte Anstrengung der Kolonisation richtete sich deshalb auf den Bau von sogenannten „Tanks": riesige Wasserreservoirs, die in Erdmulden angelegt wurden. Der älteste, heute noch intakte Stausee, Basawak Kulama, stammt aus dem Jahr 430 v. Chr.

Anuradhapura entwickelte sich immer mehr zum Zentrum Sri Lankas. Nach vielen internen Machtkämpfen etablierte sich ein Reich, das unter dem König Pandukabhaya 380 v. Chr. **Anuradhapura als Hauptstadt** auswählte.

Unter Ashoka (269–232 v. Chr.), auch der Apostelkönig des Maurya-Reichs in Indien genannt, erlebte der Buddhismus dort seine höchste Blüte. Der König war ein glühender Anhänger dieses neuen Glaubens im vorher hinduistischen

Der Heilige Bodhi-Baum in Anuradhapura gilt als Symbol des Überlebens des Buddhismus in Sri Lanka

Umfeld. Er betrieb seit 260 v. Chr. aktive Missionsarbeit und schickte seine Missionare auch 250 v. Chr. nach Sri Lanka. Sein Sohn Mahinda begegnete in Mihintale, in der Nähe von Anuradhapura, im denkwürdigen Jahr 250 v. Chr. dem König Devanampiya Tissa (250–210 v. Chr.), der gerade erst seinen Thron bestiegen hatte, verwickelte ihn in ein Gespräch und bekehrte ihn zum **Buddhismus**. Viele Singhalesen schlossen sich der neuen Religion an, und der Buddhismus breitete sich rasch auf der Insel aus. Der König ließ zu Ehren Gautama Buddhas das Heiligtum der Thuparama-Dagoba errichten, in der ein Schlüsselbein des „Erleuchteten" als Reliquie aufbewahrt wurde.

Buddhistische Missionierung

Nach dem Tod des Königs Devanampiya Tissa kam es zu **Tamilen-Überfällen**. Der südindische Eroberer Elara setzte sich in Anuradhapura fest, und die Singhalesen zogen sich nach Süden zurück. Der energische singhalesische König Dutthagamani (161–137 v. Chr.) von Rohana (Südreich) zog 15 Jahre lang gegen den Tamilenkönig Elara zu Felde. Der Krieg wurde schließlich in einem persönlichen Zweikampf der beiden Herrscher zugunsten von Dutthagamani entschieden.

Krieg zwischen Tamilen und Singhalesen

Der siegreiche König machte Anuradhapura zu seinem Regierungssitz und vereinigte erstmalig die wichtigsten Gebiete der Insel unter seiner Zentralmacht. Sein besonderes Verdienst nach dem erfolgreichen Feldzug gegen die Tamilen war der ehrgeizige Bau von Stauseen, Kanälen, Palästen und Dagobas. „Dagobas", in der übrigen buddhistischen Welt auch „Stupas" genannt, sind Tempel-

Geschichtlicher Überblick

Die Ruwanwelisaya-Dagoba in Anuradhapura

schreine von oft beträchtlicher Größe. Besondere Beachtung fand die Errichtung der **Ruwanwelisaya-Dagoba**.

Die folgenden rund 1.000 Jahre der Anuradhapura-Periode gelten als die klassische Zeit der Geschichte Sri Lankas. Diese **Blütezeit** wurde allerdings immer wieder durch innere Wirren, meist Thronstreitigkeiten und anschließende Tamilenüberfälle, unterbrochen.

Die entwickelten Bewässerungstechniken in Trockengebieten waren für die damalige Zeit eine einzigartige bautechnische Leistung, zu der es in der Frühzeit und bis weit ins Mittelalter hinein nichts Vergleichbares gab. Ganze Kanalsysteme wurden angelegt. Ein bedeutendes Bauwerk war der **Elahera-Kanal** aus der frühen Anuradhapura-Periode, der Wasser ca. 70 km vom Amban Ganga bis in die Gegend der Hauptstadt führte. Die trockenen Ebenen im Norden der Insel wurden durch lange Kanäle mit dem Wasser der südlichen Berge getränkt. Zudem wurden große Wasserspeicher gebaut.

Gewaltige Wasserbauprojekte Auch später taten sich Könige hervor, indem sie große Wasserbauprojekte verwirklichten. König Mahasena (274–301 n. Chr.) unternahm gewaltige Anstrengungen, um 16 Stauseen und vier Kanäle errichten zu lassen. Der Minneriya-Tank nordwestlich von Polonnaruwa war damals der größte auf der Insel. Es kam in dieser Zeit des Aufbaus immer wieder zu feindlichen Übergriffen der Tamilen. König Mahasena musste sich schließlich seinen Feinden beugen und verlor die Herrschaft über sein Reich.

König Dhatusena (459–477 n. Chr.) konnte die Widersacher wieder verdrängen. Er ließ das Wasser in den riesigen Kala Wewa zusammenlaufen, der von 35 m hohen Dämmen eingerahmt war und dessen Abflüsse mit Granit ausgekleidet waren. Ferner wurde der 80 km lange **Jaya-Ganga-Kanal** ausgehoben, der noch heute der Wasserspender von Anuradhapura ist. Sein Gefälle beträgt lediglich 9,5 cm pro km.

Diese gigantischen Bauten zeugen von hoher Ingenieurs- und Organisationskunst sowie von straffer Staatsführung. Gleichzeitig lockten sie Fachkräfte ins Land, sicherten den Nahrungsbedarf der wachsenden Bevölkerung und führten zu Reichtum und Wohlstand. Nicht zuletzt bescherten sie dem König höhere Steuereinnahmen, die die Missgunst beutegieriger Nachbarn erregten. Immer wieder wurde die Aufbauarbeit der Singhalesen durch **Thronstreitigkeiten** gefährdet. Zerwürfnisse, Intrigen und Morde führten wiederholt zu Instabilität, zu Bürgerkriegen und zur Schwächung der Königreiche.

Exemplarisch für diese Thronstreitigkeiten ist folgendes Thronfolge-Drama: Prinz Kassapa ermordete seinen Vater Dhatusena. Aus Furcht vor seinem Bruder Mogallana, dem rechtmäßigen Thronfolger, der seinem Mordanschlag entkam, baute sich der unrechtmäßige König Kassapa I. (473–491 n. Chr.) die **Festung Sigiriya**, einem Adlerhorst gleich, hoch auf einem Felsen. Als Mogallana aus seinem indischen Exil auf die Insel zurückkehrte, kam es zur Schlacht, in der sich Kassapa angesichts der Aussichtslosigkeit ihres Verlaufs selbst erstach. Der neue König wurde Mogallana (491–508 n. Chr.).

Ausflug mit dem Elefanten, im Hintergrund die Felsenfestung von Sigiriya

Bis zum Ende des 7. Jh. n. Chr. wurde Sri Lanka immer wieder von ähnlichen **Streitigkeiten, Bürgerkriegen und den unausweichlichen Tamilenüberfällen** erschüttert. Die Eroberer herrschten 618–648 in Anuradhapura. Die singhalesischen Könige flohen regelmäßig in den Süden der Insel und fanden in dem relativ unabhängigen Rohana Aufnahme. Dort sammelte man neue Kräfte und befreite die alte Hauptstadt Anuradhapura wieder, so auch unter König Manavamma (684–718). Frieden und Ordnung führten wieder zu Wohlstand. Im Jahr 830 war das Reich jedoch erneut gefährdet. Die **Pandyas** aus dem Süden Indiens hatten sich mit den Tamilen Sri Lankas verbündet und verwüsteten im Jahr 840 Anuradhapura. König Sena I. (833–853) konnte zwar die Stadt wieder aufbauen und mit einer Befestigungsanlage umgeben (rund 100 Jahre herrschte wieder Frieden), doch dann waren es die **Cholas** aus Indien, die ihre Raubzüge 947–993 auf die Insel ausdehnten und schließlich Anuradhapura erneut zerstörten.

Druck der Tamilen, Pandyas und Cholas

Diese Attacken auf die Insel erhielten nun als Motiv neben Raublust und ethnischen Gegensätzen zusätzlich religiösen Zündstoff und wurden zu leidenschaftlich geführten **Religionskriegen**. Der Hinduismus drängte den Buddhismus gewaltsam in Indien zurück und lief fanatisch gegen das südliche buddhistische Bollwerk der Singhalesen in Sri Lanka an. Die Tamilen in Sri Lanka wurden sich ihrer Schlüsselrolle in diesem sich entwickelnden Dauerkonflikt bewusst. Ihr Drang nach Eigenständigkeit wurde geweckt.

König Mahinda V. (982–1029) konnte dem Druck der Cholas nicht mehr standhalten und floh nach Süden. Doch auch dort konnte er der Gefangennahme nicht entgehen. Im Jahr 1017 wurde er von den Cholas nach Südindien verschleppt. Als **letzter König Anuradhapuras** starb er in Haft. Anuradhapura wurde aufgegeben, und die Cholas machten das südöstlich der ehemaligen Hauptstadt gelegene Polonnaruwa zu ihrem Regierungssitz. Von hier aus hofften sie, den Süden, Rohana, besser in den Griff zu bekommen.

Die Polonnaruwa-Periode (1017–1270 n. Chr.)

Unter der Fremdherrschaft der Cholas kam es im Süden der Insel immer wieder zu Aufständen. Der Widerstand gegen die Eindringlinge wuchs. Kassapa VI. (1029–1040), Sohn des in Gefangenschaft gestorbenen Königs Mahinda V., setzte sich für die Unabhängigkeit Rohanas ein. Doch erst **Vijaya Bahu I.** (1055–1110) gelang es nach 15 Jahren harten Ringens – wobei die Freiheitskämpfer sich immer wieder in die unzugänglichen Bergwälder zurückziehen mussten – im Jahr 1070, Anuradhapura zu erobern und Sri Lanka wieder gänzlich zu befreien. Dabei kam ihm allerdings auch der Zerfall des Chola-Reichs in Südindien zugute, das durch bürgerkriegsähnliche Unruhen geschwächt wurde. 1073 ließ sich Vijaya Bahu I. in Anuradhapura zum König krönen. Er wählte jedoch, genau wie die vertriebenen Cholas, **Polonnaruwa** zu seiner Hauptstadt.

Freiheitskampf der Singhalesen

Die Ruinen des alten Königstempels von Polonnaruwa

Wegen der langen Besatzungszeit und der Kriegsfolgen war der **Wiederaufbau** des Landes dringend erforderlich. König Vijaya Bahu I. ließ besonders die vernachlässigten und beschädigten Bewässerungsanlagen instandsetzen. Gleichzeitig sorgte er für die Festigung des Buddhismus, der während der hinduistischen Chola-Besetzung geschwächt worden war. Ein starker Buddhismus sollte sein Volk zusammenhalten. Er nahm Kontakt zum buddhistischen Burma auf, um von dort Impulse der reinen Lehre zu erhalten.

Nach seiner 40-jährigen erfolgreichen Regentschaft hatte der König seinem Volk wieder zu Wohlstand und Ansehen verholfen. Doch nach seinem Tod kam es wieder – wie schon so oft in der Geschichte Sri Lankas – zu Thronstreitigkeiten. Das Reich zerfiel daraufhin in drei Teile. Die Provinzen Rohana und Rajarata spalteten sich ab.

Erst König **Parakrama Bahu I. der Große** (1153–1186) konnte die separatistischen Bewegungen wieder eindämmen und das Reich einigen. Er schuf eine straff organisierte Zentralverwaltung, provinzielle Alleingänge wurden nicht mehr geduldet. Unter diesem König, dem wohl fähigsten Staatsmann, den Sri Lanka je erlebt hat, wurden die Bewässerungsanlagen auf den bisher höchsten Stand gebracht. Der riesige Stausee von Polonnaruwa, Parakrama Samudra, entstand. Trotz der damals 7 Mio. Einwohner konnte Reis ausgeführt werden. Außerdem konzentrierte sich der König auf den Ausbau von Häfen, z. B. in Colombo und Chilaw, um einen regen Handel mit den asiatischen Nachbarländern

Einigung des Landes

zu ermöglichen. Auch der Bau von Tempeln, Palästen und Klöstern wurde forciert. Literatur, Kunst und Gewerbe blühten auf. Zerstrittene Mönchsorden wurden wieder zusammengeführt und auf die reine Lehre verpflichtet. Der König brachte die **Zahnreliquie Gautama Buddhas** nach Polonnaruwa. Das Singhalesen-Reich mit seiner glanzvollen Hauptstadt Polonnaruwa erstrahlte noch einmal in vollem Glanz.

König Nissanka Malla (1187–1196) entfaltete ebenfalls eine gewaltige Bautätigkeit, erreichte dabei allerdings nicht mehr die Qualität der Maßnahmen seines Vorgängers. Es ging eher darum, möglichst viel zu bauen. Hier zeigten sich schon die Anzeichen der Verschwendungssucht und des Zerfalls.

Schwache Monarchen

Wie so oft in der Geschichte der Insel schwächten **Thronstreitigkeiten** nach dem Tod König Nissanka Mallas erneut den Staat. Es fand sich kein König, der das Lebenswerk des großen Parakrama Bahu I. hätte bewahren und fortsetzen können. Die schwache Position der Nachfolger rief die Feinde des Inselstaates auf den Plan. Der aus Indonesien stammende Kalinga-Führer **Magha** zerstörte 1205 Polonnaruwa und beherrschte die Insel bis 1236 mit brutaler Härte. Die Singhalesen wurden aus den Reisanbaugebieten der Trockenzonen im Norden vertrieben und zogen sich in das Bergland zurück. Die Jaffna-Halbinsel und der Norden wurden von aus Indien einwandernden Tamilen besetzt. Hier bildete sich das selbstständige Königreich Eelam.

Der Niedergang des altsinghalesischen Königtums (1236–1505)

Nach der Schreckensherrschaft von Magha regierten die nachfolgenden Könige zunächst von beinahe unzugänglichen Bergfestungen aus, ohne ihre Macht über die ganze Insel ausdehnen zu können. Parakrama Bahu II. (1236–1270) hatte sich nach Dambadeniya zurückgezogen. Bhuvaneka Bahu I. (1272–1284) residierte in Yapahuva, Parakrama Bahu III. (1287–1293) in Polonnaruwa, das er nicht wieder zum Leben erwecken konnte, und Bhuvaneka Bahu IV. (1341–1351) in Gampola.

Dann wurde die Hauptstadt nach Kotte, südlich von Colombo, verlegt. Hier war **Parakrama Bahu VI.** (1411–1466) der einzige überragende König, dem es in seiner 55-jährigen Regierungszeit gelang, die Insel zum letzten Mal ganz zu beherrschen, den Ansturm des Vijayanagar-Reichs aus Indien aufzuhalten und Eelam zu besetzen. Nach seinem Tod zerfiel das Inselreich wieder in mehrere Herrschaftsbereiche.

Im Jahr 1505, als die ersten **Portugiesen** wegen eines Sturms unfreiwillig in Sri Lanka landeten, war die **Insel politisch zersplittert**. Es existierten ein Königreich Kotte, ein Königreich Kandy, ein Tamilen-Königreich Jaffna und mehrere kleine Fürstentümer an der Ostküste.

Kolonialzeit

Portugiesische Periode (1505–1658)

Vasco da Gama segelte am 14. April 1498 mit der unschätzbaren Information über den Seeweg nach Indien von Malindi (Kenia) nach Osten. Dem arabischen Steuermann Ahmed ibn Majid, dessen nautische Schriften überliefert sind, ist es zu verdanken, dass die Portugiesen sicher in Indien landeten. Am 23. Mai 1498 wurde Kalikut (heute Kozhikoda) an der Malabarküste erreicht.

In den folgenden Jahren war der damals bedeutenden Seefahrernation Portugal daran gelegen, den lukrativen Gewürzhandel in ihre Hand zu bekommen. Hier mussten sich die Portugiesen mit den Arabern auseinandersetzen, so auch **Lorenzo de Almeyda**, der Sohn des portugiesischen Vizekönigs von Indien, dessen Flotte 1505 vor Sri Lanka in Kämpfe mit arabischen Handelsschiffen verwickelt war. Er musste vor einem Sturm an der Südwestküste Sri Lankas Schutz suchen. Hier füllte er seine Vorräte an Land auf und stellte fest, dass die Urwälder von Ceilão (Ceylon), wie die Portugiesen die Tropeninsel künftig nannten, **reich an Gewürzen** waren und auch der begehrte Zimt hier gedieh. Lorenzo de Almeyda ließ sich bei dem singhalesischen Monarchen Parakrama Bahu VIII. in Kotte anmelden und schloss mit ihm einen Vertrag: Der Portugiese bot dem in seiner Position geschwächten Königreich seinen Schutz an – gegen die Lieferung von Gewürzen.

Beginnender portugiesischer Einfluss

1517 kehrten die Portugiesen nach Ceylon zurück, gründeten eine Handelsniederlassung und errichteten ein Jahr später ein **erstes Fort in Colombo**. Auch der folgende König von Kotte, Bhuvaneka Bahu VII. (1521–1551), war nur eine Marionette in den Händen der mächtigen Portugiesen. Es regte sich jedoch auch der Widerstand gegen die Fremdlinge aus Europa. Als die Portugiesen ihr Fort 1520 mit 400 Mann Besatzung belegten, kam es zum **Aufstand der Bevölkerung**. Das Fort wurde 1524 wieder abgerissen, um den Unwillen der Einheimischen nicht noch mehr zu anzuheizen.

Die Volksseele kochte, als der König von Kotte, Dharmapala (1551–1597), der in Lissabon, allerdings in seiner persönlichen Abwesenheit, zum König von Ceylon gekrönt wurde, zum Katholizismus übertrat und sogar buddhistische Tempel und Klöster an den Franziskanerorden verschenkte. 1559–1565 waren die Portugiesen in heftige Kämpfe verwickelt. Sie mussten Kotte aufgeben und schützten den König im wiederaufgebauten Fort von Colombo vor seinem eigenen Volk.

Rajasimha I., der König von Sitavaka (1581–1593), belagerte mehrmals das Fort von Colombo, ohne es jedoch einnehmen zu können. Erst als Truppen der Portugiesen aus Goa und Malakka eintrafen, konnte das Fort aus der Klammer der Belagerung gerissen werden.

Die Bergfestung Kandy mit dem heute berühmten Kandy-See konnte sich den Europäern lange widersetzen

Auch das unabhängige Königreich Kandy bekämpfte aus dem Schutz der Dschungelberge heraus in wirkungsvoller Guerillataktik die Eindringlinge. Erfolgreich, denn die Portugiesen schafften es während ihrer langen Kolonialzeit nicht, Kandy einzunehmen.

Nach dem Tod von Rajasimha I. 1593 brach der Widerstand aus Sitavaka zusammen, und die Portugiesen konnten ihre Macht weiter ausdehnen. Der den Portugiesen hörige König Dharmapala setzte den König von Portugal zu seinem Erben ein. So wurde 1597 **Philip II. alleiniger Herrscher** dieses Reiches und Jerónimo de Azevedo der erste Generalkommandeur in Kotte. Portugal betrachtete Ceylon fortan als seine Kolonie, auch wenn das zentrale Bergland, das Königreich Kandy, noch nicht unterworfen war.

Kolonialmacht Portugal

Von Indien aus hatten portugiesische Missionare auf der Jaffna-Halbinsel nicht ohne Erfolg mit der **Christianisierung der tamilischen Bevölkerung** begonnen. Sie zogen entlang der Westküste weiter nach Süden bis nach Mannar. Dort wurde 1544 die überwiegende Zahl der Bewohner getauft, woraufhin der Tamilenkönig Sangily den Tod aller Christen beschloss. Die Portugiesen holten 1560 zum Vergeltungsschlag aus, konnten jedoch nichts ausrichten. Erst 1591 wurde das Tamilenheer geschlagen, der König getötet und eine Garnison in Jaffna stationiert.

Als ein nachfolgender Tamilenkönig, Sangily Kumara, versuchte, mit Indien und den Holländern Kontakt aufzunehmen, um sich der Portugiesen zu erwehren, wurde er von diesen nach Goa verschleppt und dort interniert. Jetzt übernahmen die neuen Herren selbst die Regierung des Tamilenreichs im Norden Ceylons. An der Ostküste brachte Portugal die Städte Batticaloa und Trincomalee in seine Gewalt.

Die **Bergfestungen von Kandy** blieben jedoch uneinnehmbar, ein Feldzug der Portugiesen gegen das selbstständige Königreich im Jahr 1630 schlug fehl. Tropenkrankheiten und der Bergdschungel waren die besten Verbündeten Kandys, das sich immer mehr zum Widerstandsnest des Buddhismus, aber auch andersgläubiger Minderheiten wie der Hindus und Muslime entwickelte. Viele Tiefland-Singhalesen baten in Kandy um Asyl.

Kandy bleibt unabhängig

Die Härte der Portugiesen, mit der alle Aufsässigen nach Goa oder Lissabon verbannt wurden, tat das Ihre, um den Widerstand gegen die Fremdherrschaft noch wachsen zu lassen. Die schwindende Vormachtstellung Portugals auf den Weltmeeren machte sich zunehmend auch in den Überseeprovinzen bemerkbar. Besonders die Holländer gewannen mehr und mehr Einfluss. Das Ende der portugiesischen Periode auf Ceylon kündigte sich an.

1636 schloss der König von Kandy, Rajasimha II. (1635–1687), einen **Schutzvertrag mit den Holländern**. Die Hochland-Singhalesen und die Holländer eroberten gemeinsam 1638 Batticaloa, 1639 Trincomalee, 1640 Negombo, 1656 Colombo und 1658 Jaffna. Damit war die **endgültige Vertreibung der Portugiesen** von der Insel vollzogen.

Holländische Periode (1658–1796)

Die Holländer kamen in erster Linie als Händler. Ihre **Vereenigde Oost-Indische Compagnie** (VOC) war die mächtigste Handelsgesellschaft der damaligen Welt. Die niederländischen Kaufleute wollten vor allem den sehr gewinnträchtigen **Zimthandel** an sich reißen. Die VOC besaß zwar auch eine eigene Armee und Flotte, mit deren Hilfe sie ihren Interessen Nachdruck verleihen konnte, aber zunächst versuchte sie, nicht kriegerisch aktiv zu werden.

Holländer mit anderer Taktik

Stattdessen wurde Kandy, das einzige auf der Insel noch existierende Königreich, hofiert. Geschenke und Dienstleistungen, z. B. die Abholung von buddhistischen Mönchen aus Burma und Thailand, sollten den König besänftigen, der über seine Situation kaum im Unklaren sein konnte: Er war geografisch und wirtschaftlich von den Holländern eingeengt und in zunehmendem Maße von ihnen abhängig. Den mit ihnen geschlossenen Vertrag über die Zahlung der Kriegskosten für die Vertreibung der Portugiesen konnte der König nicht erfüllen. Als Pfand besetzten die Holländer deshalb 1668 die Häfen an der Ostküste.

Das Wappen der Vereinigten Ostindischen Kompanie in Galle zeugt von der niederländischen Vergangenheit

König Narendra Simha (1707–1739) war der letzte Angehörige einer singhalesischen Dynastie. Sein Nachfolger wurde König Vijaya Rajasimha (1739–1747) aus Südindien. Weil er den Buddhismus unterstützte, verlief seine Einsetzung verhältnismäßig unproblematisch. In seiner Amtszeit und der seiner Nachfolger wurden thailändische Mönche nach Ceylon geholt, die zur Erneuerung des Mönchsordens beitragen sollten. Die Nachfolger Vijaya Rajasimhas ließen sich allerdings nicht mehr so leicht von den Holländern besänftigen.

1760 kam es zu **Rebellionen**, die vom König von Kandy geschürt wurden, da die Holländer Landenteignungen in den Küstenregionen vorgenommen hatten. Die Aufstände eskalierten zum offenen Kampf zwischen dem König von Kandy und den Niederländern. König Kirti Sri Rajasimha (1747–1782) nahm Kontakt zu den Briten auf, von denen er sich Hilfe in seinem Befreiungskampf erhoffte. Diese blieben jedoch passiv. Die Holländer führten einen Vergeltungsschlag gegen Kandy aus, das sie bisher noch nicht militärisch bedrängt hatten. Der König wurde zu einem **Friedensvertrag** gezwungen, in dem sich die Niederländer weitere Rechte sicherten. Zudem erhielten sie die Verfügungsgewalt über einen breiten Küstenstreifen rund um die Insel.

1769 vermochte die VOC erstmalig, Zimtbäume in Plantagen anzubauen, was vorher immer für ausgeschlossen gehalten wurde. Es war der **Anfang der Plantagenwirtschaft** auf der Tropeninsel. Außerdem legten die Holländer ein Kanalsystem entlang der Küsten an, um den beschwerlichen Güterverkehr über Land zu entlasten.

Inzwischen war Großbritannien zur neuen Großmacht aufgestiegen, hatte sich bereits in Indien festgesetzt und lief Holland den Rang als führendes Seefahrervolk ab. Der letzte König von Kandy, Sri Vikrama Rajasimha (1798–1815), trug dieser Machtverschiebung Rechnung und schloss schon vor seiner Thronbesteigung einen Vertrag mit den Briten. Die Holländer sahen sich wegen ihrer augenfälligen Unterlegenheit 1796 gezwungen, den Engländern Ceylon kampflos zu überlassen. *Neue Kolonialmacht: die Briten*

Britische Periode (1796–1948)

Zunächst wurde das ehemals von den Holländern beherrschte Gebiet Ceylons unter die Verwaltung der **East Indian Company** gestellt. Erst nach dem Frieden von Amiens 1802 wurde Ceylon britische Kolonie.

Im Königreich Kandy, das noch immer selbstständig war, hatte König Sri Vikrama Rajasimha (1798–1815) als 18-Jähriger den Thron bestiegen. Sein Premierminister Piliama und der singhalesische Adel trieben mit dem jungen König ein heimtückisches Spiel. Piliama lockte 1803 englische Truppen nach Kandy und versicherte den Briten, dass es ein Leichtes sei, den König zu stürzen. Mithilfe des Adels strebte er die Entmachtung des Königs an, um anschließend die Engländer zu bekämpfen und sich selbst zum Herrscher aufzuschwingen.

Bereits zu britischer Zeit wurde großflächig Tee angebaut (hier bei Ella)

Es kam jedoch anders. Piliama wurde als Verräter entlarvt und getötet, und die Engländer wurden im Kampf wegen Nachschubproblemen in den Dschungelbergen von den Singhalesen völlig aufgerieben. Der König war nach den Intrigen mit seinem Adel völlig zerstritten, entfernte sich auch immer mehr von seinem Volk und schwächte so seine eigene Position. Diese zunehmende Ohnmacht des Herrschers nutzten die Engländer aus und zogen auch wegen der Schmach von 1803 erneut 1815 in den Kampf gegen den König. Nach gut einem Monat wurde der König vernichtend geschlagen. Er wurde auf der Flucht gefangen genommen und nach Indien deportiert. Nach der Absetzung des Königs musste der singhalesische Adel einen Vertrag unterzeichnen, mit dem das **gesamte Ceylon zur britischen Kronkolonie** erklärt wurde. Somit war nach über 2.000-jähriger bewegter Geschichte das singhalesische Königtum endgültig erloschen.

Das Ende des singhalesischen Königtums

In dem Abkommen wurden die bestehenden Gesetze und Bräuche der Einheimischen sowie die Praktizierung des Buddhismus respektiert. Die Briten versuchten, nicht ohne Widerstand, schrittweise **Reformen in der Wirtschaftsführung** einzuleiten und die alten Sozialstrukturen aufzuweichen. Die Abschaffung der Staatsmonopole schuf Anreize für freies Unternehmertum. Siedler aus Großbritannien setzten sich auf Ceylon fest.

Die Plantagenwirtschaft wurde intensiviert. Vor allem Kaffee, außerdem Tee, Kautschuk, Zimt und Kokospalmen wurden großflächig angebaut. Diesem Auf-

Nuwara Eliya im zentralen Bergland war aufgrund der kühlen Temperaturen ein bevorzugter Erholungsort der Briten

schwung in der auf Export ausgerichteten Landwirtschaft folgten auch empfindliche Rückschläge: Überproduktion führte 1847 zu einem weltweiten Preisverfall beim Kaffee. 1869 wurden ganze Kaffeeplantagen in Ceylon von einer Pilzkrankheit vernichtet. Die verstärkte Ausrichtung auf Monokulturen führte dazu, dass zur Nahrungsdeckung der Bevölkerung Reis importiert werden musste.

Der Arbeitskräftemangel wurde durch Tamilen aus Südindien gedeckt. Der Straßenbau, besonders vordringlich die Verbindung Colombo – Kandy, verbesserte die Infrastruktur; 1867 wurde die Eisenbahnlinie fertiggestellt. Neue Berufsgruppen entstanden: einheimische Unternehmer, Verwaltungsbeamte und Fachkräfte aller Art. Es entwickelte sich ein selbstbewusster Mittelstand, der nach **mehr Mitbestimmung** verlangte. Dem trugen die Engländer mit einer Verwaltungsreform Rechnung: Die neu geschaffene Exekutive blieb zunächst noch in den Händen der Kolonialherren, während die Legislative den Einheimischen übergeben wurde. Das Nationalbewusstsein der Ceylonesen wuchs jedoch immer mehr, und der Drang nach Selbstbestimmung artikulierte sich in der ersten einheimischen Oppositionspartei Ceylon National Congress. 1927 wurde das **Wahlrecht** ab 21 Jahren für alle Ceylonesen eingeführt.

Drang nach Selbstbestimmung

Da Ceylon im Zweiten Weltkrieg Luftstützpunkt der Engländer in Südasien war, wurde es 1942 von den Japanern bombardiert.

Der Druck auf England, das Land in die Freiheit zu entlassen, war auch während des Krieges nicht geringer geworden. **Don Stephen Senanayake** war die treibende Kraft in diesem Prozess. Am 21. November 1947 beschloss die britische Regierung die **Unabhängigkeit Ceylons**. Freie Wahlen sollten über die künftige Regierung entscheiden. Die von Senanayake ins Leben gerufene **United National Party (UNP)** gewann die Wahl, er selbst wurde der erste Premierminister des neuen unabhängigen Staates.

Von der Unabhängigkeit bis in die Gegenwart (ab 1948)

Die behutsame Überleitung von der Kolonialzeit in die Unabhängigkeit erfolgte auf Ceylon wegen der guten Vorbereitung problemlos. Der junge Staat, der sich zunächst bei seinen ersten Schritten in die Freiheit von dem ehemaligen Kolonialherrn leiten ließ, wurde als neues Dominion ins „Commonwealth of Nations" aufgenommen.

Überleitung in die Unabhängigkeit

Der erste Premierminister Don Stephen Senanayake und nach seinem Tod 1952 sein Sohn Dudley Shelton Senanayake versuchten, alle Volksgruppen in das Staatsgefüge einzugliedern, allerdings mit folgender Klausel: Jeder Einwohner musste nachweisen können, dass mindestens schon seine Großeltern in Ceylon geboren waren. Damit galten die von den Briten als Plantagenarbeiter ins Land geholten Indien-Tamilen nicht als Ceylonesen. Besonderes Augenmerk legte man auf die Landwirtschaft, insbesondere auf die Plantagenwirtschaft. Angesichts der rapide steigenden Bevölkerung wurde der verstärkte Reisanbau als dringende Notwendigkeit betrachtet.

Ausgrenzung der Tamilen

1956 konnte Solomon Bandaranaike mit seiner neu gegründeten Sri Lanka Freedom Party (SLFP) und einem neuen Programm die meisten Wählerstimmen auf sich vereinigen. Sein Wahlspruch hieß „Sinhala only!". Nach seiner Wahl brach mit dem ausgelösten Sprachenstreit aber der alte Nationalitätenstreit zwischen Singhalesen und Tamilen wieder aus; auch die englische Sprache wurde verdammt. Bandaranaikes extremer singhalesisch-buddhistischer Nationalismus schuf eine unnachgiebige Front bei den Ausgeschlossenen. Die Tamilen erhoben sich, und nach blutigen Kämpfen wurde ihnen in beschränktem Maße wieder das Recht auf ihre eigene Sprache zugestanden.

Im September **1959** erschoss ein enttäuschter buddhistischer Mönch Bandaranaike in Colombo. Nach dessen Ermordung übernahm **Sirimavo Bandaranaike** das Amt ihres Mannes und führte als **erste Premierministerin der Welt** die Politik in seinem Sinne weiter. Die auch vorher schon erkennbare sozialistische Tendenz gipfelte nun in der Verstaatlichung von Unternehmen, Schulen, Banken und Versicherungen.

1965 wurde neu gewählt und die UNP übernahm aufs Neue die Führung unter Dudley Shelton Senanayake. Wie schon sein Vater, der 1952 bei einem Reitunfall gestorben war, legte der neue Regierungschef besonderen Wert auf die Förderung der Landwirtschaft. Die Reisproduktion konnte 1970 drei Viertel des Bedarfs im Land decken.

Die Neuwahl 1970 brachte wieder Sirimavo Bandaranaike mit ihrer SLFP durch das Bündnis mit den Kommunisten an die Macht. In dieser Legislaturperiode wurde die sozialistische Zielrichtung noch unerbittlicher fortgesetzt. Die Pressefreiheit wurde eingeschränkt, und die Welle der Verstaatlichungen lief weiter. Die Rechtsprechung wurde überwacht und das Volk mehr und mehr in seiner Würde gedemütigt. Arbeitslosigkeit und Unzufriedenheit wuchsen.

1971/1972 kam es zu Aufständen und zur blutigen Niederschlagung der Rebellion 1972. Der Name der Republik Ceylon wurde in **Demokratisch-Sozialistische Republik Sri Lanka** geändert und eine **neue Verfassung** verabschiedet. An der Spitze des Staates stand fortan der Staatspräsident, alleinige Volksvertretung war die Nationalversammlung.

1977 gewann wieder die UNP mit **Junius Richard Jayewardene** die Wahl. Am 8. Februar 1978 wurde das Präsidialamt nach französischem Vorbild einge-

Von der Unabhängigkeit bis in die Gegenwart (ab 1948)

führt, womit der Staatspräsident erweiterte Vollmachten erhielt. Jayewardene wurde zum ersten Präsidenten. Anders als die SLFP steuerte die UNP einen marktwirtschaftlichen Kurs, doch trotz des einsetzenden ökonomischen Aufschwungs ließen die Spannungen zwischen Singhalesen und Tamilen nicht nach. Die tamilische Sprache wurde in der Verwaltung zugelassen. Auch der Name des Landes erfuhr wieder eine Veränderung. Er lautet fortan: **Demokratische Sozialistische Republik Sri Lanka**.

Trotz aller Kompromisse kam es 1983 und 1985 immer wieder zu Unruhen, bei denen die Untergrundorganisation „Liberation Tigers of Tamil Eelam" (LTTE), die einen selbstständigen Tamilenstaat „Tamil Eelam" im Norden der Insel erzwingen will, kräftig mitmischte. *Beginn des Bürgerkriegs*

1987 schlossen Sri Lanka (J. R. Jayewardene) und Indien (Rajiv Gandhi) ein sehr umstrittenes Abkommen. Den Tamilen sollte in ihrem Siedlungsgebiet im Norden und Osten der Insel eine eingeschränkte Autonomie gewährt werden, wenn im Gegenzug die „Tigers" ihre Waffen abgeben würden. Das Bedenklichste an dieser **sri-lankisch-indischen Vereinbarung** war, dass sie durch sogenannte indische „Friedenstruppen" garantiert werden sollte.

1988 wurde J. R. Jayewardene in der Präsidentschaftswahl von dem ehemaligen Ministerpräsidenten Ranasinghe Premadasa abgelöst. Die Macht blieb in den

Am Elephant Pass, dem Zugang zur Jaffna-Halbinsel, kam es während des Bürgerkriegs zu Kämpfen

Händen der UNP. Die Regierung verfolgte weiter den Kurs eines demokratischen Sozialismus. Obwohl wichtige Industrien in staatlicher Hand blieben, war eine liberale Staatsführung erkennbar. Der **Konflikt „singhalesische Löwen" gegen „tamilische Tiger"** schwelte weiter. Die Extremisten der „Tigers" wollten den bewaffneten Kampf nicht aufgeben, auf der anderen Seite erklärte sich die radikale Gruppe der „singhalesischen Befreiungsfront JVP" mit dem sri-lankisch-indischen Abkommen nicht einverstanden.

Wirtschaftliches Ungleichgewicht

Im März 1990 sollten alle indischen Truppen das Tamilengebiet Sri Lankas wieder verlassen haben. Die jahrtausendealte Spannung zwischen den ethnisch und religiös (Buddhisten/Hindus) verschiedenen Volksgruppen war damit aber nicht beendet. Die Tragik dieses Dauerkonflikts wirkte sich ungünstig auf die Wirtschaft des Landes aus. Während der Süden und das Kernland Sri Lankas, das singhalesische Siedlungsgebiet, dank ihres günstigen Klimas und ihrer natürlichen Ressourcen bessere Lebensbedingungen vorweisen konnten und deshalb ökonomisch nicht so sehr litten, waren der trockenere Norden und Nordosten, der tamilische Siedlungsraum, allein kaum lebensfähig: einer der Gründe, warum etliche Tamilen ihre Heimat verließen.

Bis 1996 wurde gekämpft, und der **seit 1983 anhaltende Krieg** zwischen den separatistischen Rebellen der LTTE, die im Norden und Osten der Insel für einen unabhängigen Staat der Tamilen kämpfen, und den Regierungstruppen ging mit unverminderter Härte weiter – obwohl die LTTE im Frühjahr 1996 die Kontrolle über die Halbinsel Jaffna weitgehend verloren hatte. Militärisch unterlegen, steigerte die LTTE ihre hinterhältigen Attacken in Form von Bombenanschlägen und Selbstmordattentaten gegen Soldaten und militärische Einrichtungen, die zahlreiche Tote, darunter auch Zivilisten, forderten. Am 29. September 1996 eroberten die Regierungstruppen die Stadt Kilinochchi im Nordosten Sri Lankas, in die die LTTE nach dem Fall Jaffnas ihr Hauptquartier verlegt hatte.

Am 13. Mai 1997 eröffnete die Regierungsarmee die bisher größte Offensive gegen die Rebellen. 20.000 Soldaten sollten die von der LTTE kontrollierte Landverbindung, den „Elephant Pass" zwischen Jaffna und dem Rest des Landes, freikämpfen, um die Versorgung und die militärische Sicherheit der bisher nur auf dem Luft- und Seeweg für die Regierungskräfte erreichbaren Halbinsel auf Dauer zu gewährleisten. Die Präsidentin Chandrika Bandaranaike Kumaratunga, deren mit einem Amnestieangebot verknüpfter Friedensplan im Sommer 1996 gescheitert war, hatte inzwischen eine härtere Gangart gegenüber den Rebellen eingeschlagen.

Stockende Friedensbemühungen

Trotz einiger teils massiver Verstöße gegen die Waffenruhe hielt der im Februar **2002** geschlossene **Waffenstillstand**. Im Frühjahr 2003 gerieten die Friedensverhandlungen, die unter norwegischer Vermittlung anfangs zu raschen Fortschritten geführt hatten, ins Stocken.

Überschattet wurde die zweite Gesprächsrunde am 31. Oktober 2002, als das Oberste Gericht in Colombo den Führer der LTTE, Vellupilai Prabhakaran, in Abwesenheit zu 200 Jahren Haft verurteilte. Prabhakaran war der Urheberschaft eines Bombenanschlags mit 91 Todesopfern im Jahr 1996 überführt worden. In der dritten Gesprächsrunde in Oslo vom 2. bis zum 5. Dezember 2002, von beiden Seiten als **„historische Verhandlungsrunde"** bezeichnet, einigten sich die Chefunterhändler des ethnisch geteilten Staates auf das Modell einer föderativen Ordnung nach dem Beispiel der Schweiz.

Am 28. April **2004** wählte Sri Lanka ein neues Parlament unter der Führung von **Mahinda Rajapaksa** (SLFP). Doch in diesem Jahr sollte die Geschichte Sri Lankas nicht von politischen und kriegerischen Auseinandersetzungen bestimmt sein: Am Sonntag, dem 26. Dezember, erschütterte ein Seebeben der Stärke 9,1 den Indischen Ozean. Der dadurch ausgelöste **Tsunami** hinterließ in der gesamten Region einschließlich Thailand und Indonesien unermesslichen Schaden und Leid. Allein Sri Lanka hatte 35.322 Tote und Vermisste zu beklagen. Die darauf einsetzende **weltweite Solidarität** erreichte auch Sri Lanka: 2005 gewährten Geberländer und -institutionen Hilfe in Höhe von drei Mrd. US-Dollar. Davon galten 90 % als Geschenk und 10 % als Schuldenmoratorium zur Bewältigung der Schäden. Unzählige private Initiativen wurden gegründet, um den Menschen in ihrem Elend zu helfen. Im Angesicht der Katastrophe einigten sich die LTTE und die Regierung über die sinnvolle Mittelverwendung.

Verheerender Tsunami

Doch die LTTE konnte von dem Vertrauensvorschuss nicht profitieren: Die EU-Kommission stufte sie **2006** als terroristische Organisation ein, und ab dem 31. Juli startete die sri-lankische Regierung eine **große Offensive**. Nun

Im Norden des Landes erinnern Panzer an die Zeit des Bürgerkriegs

ging es Schlag auf Schlag: Am 2. Januar 2008 kündigte die Staatsführung den von der LTTE häufig verletzten Waffenstillstand auf, am 2. Januar **2009** eroberten Regierungstruppen das Hauptquartier der LTTE in Kilinochchi. Kurz darauf fiel die letzte LTTE-Hochburg, die Stadt Mullaittivu. Am 17. Mai verkündete die LTTE die Einstellung der Kampfhandlungen, am Tag darauf wurde der LTTE-Führer Velupillai Prabhakaran für tot erklärt.

Die LTTE gibt auf

Am 19. Mai schließlich verkündete Staatspräsident Rajapaksa das **Ende des Bürgerkriegs**. Wie viele Opfer unter der Zivilbevölkerung allein die letzten hart umkämpften Wochen des Bürgerkriegs kosteten – und wer von den beiden beteiligten Parteien sie zu verantworten hat – ist bis heute nicht geklärt. Die Regierung Rajapaksa jedenfalls zeigte wenig Interesse an Nachforschungen. Der Konflikt sollte als bewältigt, die Auseinandersetzungen sollten als beendet gelten. Nach UN-Schätzungen kostete der Bürgerkrieg seit 1983 bis zu 100.000 Menschenleben.

Keine Aufarbeitung des Bürgerkriegs

Staatspräsident Rajapaksa konnte den Sieg über die LTTE auf sein Konto verbuchen und wurde am 26. Januar 2010 bei den Präsidentenwahlen im Amt bestätigt. Damit nicht genug: Am 8. September erweiterte das neugewählte Parlament unter Premierminister Dissanayake Mudiyanselage Jayaratne (SLFP) die Befugnisse des Staatspräsidenten. So wurde die Begrenzung auf zwei Amtszeiten aufgehoben, und der Staatspräsident erhielt größere Kompetenzen bei der Besetzung von Positionen in Justiz, Polizei und der Wahlkommission. Am 14. September 2011 hob Rajapaksa formell den seit 1983 mit kurzen Unterbrechungen geltenden Ausnahmezustand Sri Lankas auf.

Auf einer Welle der Zustimmung glaubte sich Rajapaksa in den folgenden Jahren und ließ das Parlament gleich für eine dritte Amtszeit die Verfassung ändern. Doch die vermeintlich sichere Wiederwahl – in Selbstüberschätzung zwei Jahre vor dem eigentlichen Ablauf seiner Amtszeit angesetzt – am 8. Januar 2015 ging für Rajapaksa verloren: Völlig unerwartet konnte sein früherer Weggefährte **Maithripala Sirisena** 51,3 % der Stimmen auf sich vereinen, trotz zahlreicher Einschüchterungsversuche in der Provinz und des massiven Einflusses von Rajapaksa auf die Wahlberichterstattung in den Medien. Die Wahlbeteiligung lag bei 75 %. Jetzt ruhen alle Hoffnungen auf dem 1951 geborenen Maithripala Sirisena. Auch wenn er den durch seinen Vorgänger eingeleiteten engsten Wirtschaftsbeziehungen zu China kaum mehr Einhalt gebieten kann – dafür ist die Schuldenlast schlichtweg zu hoch –, will er alle Geschäfte Rajapaksas auf Korruption untersuchen lassen, Rajapaksas Verfassungsänderung bzgl. einer dritten Amtszeit wieder aufheben und Brücken bauen zwischen Tamilen und Singhalesen. Die westliche Welt erwartet und erhofft, dass Sirisena die Jahre der politischen Isolation beendet und damit wieder ein zuverlässiger Partner des Westens wird. Eine Besonderheit war auf jeden Fall die erste Amtshandlung Sirisenas mit internationaler Bedeutung: Am 13. Januar 2015 empfing er Papst Franziskus in Colombo.

Überraschender Machtwechsel

Zeittafel

v. Chr.

Ab ca. 8000	Weddas, Nachfahren des Homo sapiens balangodensis, die Urbevölkerung Sri Lankas, im Entwicklungsstadium der Jungsteinzeit.
543–504	Vijaya, Anführer der ersten Einwanderung der Indoarier nach Sri Lanka, wird der erste König Sri Lankas.

Die Anuradhapura-Periode (380 v. Chr.–1017 n. Chr.)

380	König Pandukabhaya, Wahl Anuradhapuras zur Hauptstadt.
250–210	König Devanampiya Tissa, ab 247 Einführung des Buddhismus.
161–137	König Dutthagamani, Sieg über die Tamilen und Einigung Sri Lankas, Bau von Stauseen, Kanälen, Tempeln und Palästen.

n. Chr.

274–303	König Mahasena, Bau gewaltiger Stauseen in Anuradhapura und Tissamaharama, Verlust des Reiches an die Tamilen.
459–477	König Dhatusena, Verdrängung der Tamilen, weitere Verdienste: Bau des riesigen Wasserreservoirs Kala Wewa und des Jaya-Ganga-Kanals.
473–491	König Kassapa I., Ermordung des Vaters, missglücktes Attentat auf den rechtmäßigen Thronerben (Bruder), Rückzug auf die Felsenfestung Sigiriya, Tod in der Schlacht durch den Bruder Mogallana.
491–508	König Mogallana, Nachfolger des gefallenen Bruders.
618–648	Tamilenherrschaft in Anuradhapura.
684–718	König Manavamma, Vertreibung der Tamilen.
840	Verwüstung von Anuradhapura durch die Pandyas aus Indien.
833–853	König Sena I., Wiederaufbau der Hauptstadt.
947–993	Raubzüge der Cholas aus Indien.
1017	König Mahinda V., Gefangennahme durch die Cholas, Verschleppung und Tod in Haft, Aufgabe von Anuradhapura. Polonnaruwa wird königliche Hauptstadt.

Die Polonnaruwa-Periode (1017–1270)

1029–1040	König Kassapa VI., Kampf um die Unabhängigkeit der Singhalesen.
1055–1110	König Vijaya Bahu I., Befreiung von den Cholas, Wiederaufbau des Landes, Festigung des Buddhismus.
1153–1186	König Parakrama Bahu I. der Große, Bewässerungsanlagen auf dem Höchststand, Ausbau von Häfen, Zahnreliquie Buddhas nach Polonnaruwa.

1215–1236	Kalinga-Führer Magha, Verwüstung des Landes.

Der Niedergang des altsinghalesischen Königtums (1236–1505)

1236–1411	Zersplitterung des Königtums, verschiedene Teilreiche.
1411–1466	König Parakrama Bahu VI., die letzte Herrscherpersönlichkeit, Eroberung der ganzen Insel.

Die Kolonialzeit (1505–1948)

1505	Unfreiwillige Landung des Portugiesen Lorenzo de Almeyda in Sri Lanka (Sturm).
1517	Rückkehr der Portugiesen, Gründung einer Handelsniederlassung.
1518	Errichtung eines ersten Forts in Colombo.
1520	Belegung des Forts mit 400 Mann Besatzung, Aufstand der Bevölkerung.
1544	Christianisierung und zahlreiche Taufen der tamilischen Bevölkerung in Jaffna, anschließend Ermordung aller Christen durch den Tamilenkönig Sangily.
1559–1565	Schwere Kämpfe zwischen Einheimischen und Portugiesen.
1581–1593	König Rajasimha I. von Sitavaka, Belagerung des Forts von Colombo.
1597	Nach dem Tode König Dharmapalas von Kotte Vererbung seines Reiches an König Philip II. von Portugal.
1630	Erfolgloser Feldzug der Portugiesen gegen das Königreich Kandy.
1636	Schutzvertrag des Königs Rajasimha II. von Kandy mit den Holländern.
1638–1658	Eroberung von Batticaloa (1638), Trincomalee (1639), Negombo (1640), Colombo (1656) und Jaffna (1658) durch die Holländer.
1747–1782	König Kirti Sri Rajasimha von Kandy, stärkster Widersacher der neuen holländischen Kolonialmacht.
1796	Schutzvertrag mit den Engländern von Sri Vikrama Rajasimha – schon vor seiner Thronbesteigung.
1798–1815	König Sri Vikrama Rajasimha, letzter König von Kandy.
1802	Ceylon wird britische Kronkolonie.
1815	Absetzung des letzten Königs von Kandy durch die Briten.
1823	Die Briten errichten die erste Kaffeeplantage.
1837	Die erste Zuckerplantage, 1867 folgt die erste Teeplantage.
1867	Fertigstellung der Eisenbahnlinie Colombo – Kandy.

1869	Kaffeerost vernichtet die Kaffeeplantagen auf der Insel.
1919	Die erste Partei wird gegründet, der Ceylon National Congress (CNC).
1927	Wahlrecht der Ceylonesen ab 21 Jahren.
1942	Bombardierung durch die Japaner im Zweiten Weltkrieg.
1947	21. November Beschluss der Unabhängigkeit Ceylons durch die britische Regierung.

Von der Unabhängigkeit bis in die Gegenwart (ab 1948)

1948	4. Februar unabhängiges Dominion im britischen Commonwealth, erster frei gewählter Ministerpräsident: Don Stephen (D. S.) Senanayake von der United National Party (UNP), marktwirtschaftlicher Kurs, den sein Sohn Dudley Senanayake nach dem Unfalltod seines Vaters (1952) bis 1953 fortführt.
1956	Wahlsieger Solomon Bandaranaike von der Sri Lanka Freedom Party (SLFP), sozialistischer Kurs, ab 1957 wird Sinhala (Singhalesisch) statt Englisch Nationalsprache – Sprachenstreit zwischen Tamilen und Singhalesen, 1958 Unruhen.
1959	Am 25. September wird Bandaranaike von einem buddhistischen Mönch ermordet.
1960	Wahlsieg Sirimavo Bandaranaikes (SLFP), der Witwe des ermordeten Premierministers. Sie ist weltweit die erste Regierungschefin.
1965	Wahlsieg durch die UNP unter Dudley Senanayake, Förderung der Landwirtschaft.
1966	In den überwiegend tamilisch bewohnten Gebieten der Insel wird Tamil als Amtssprache zugelassen.
1970	Durch ein Bündnis mit den Kommunisten erneuter Wahlsieg durch Sirimavo Bandaranaike, Verschärfung des sozialistischen Kurses.
1972	Neue Verfassung, Umbenennung des Landes von „Ceylon" in „Sri Lanka".
1977	Erneute Machtübernahme durch die UNP unter Junius Richard Jayewardene, trotz Aufschwungs der Wirtschaft Spannungen und Kampf zwischen Tamilen und Singhalesen, Gründung der Untergrundorganisation „Liberation Tigers of Tamil Eelam" (LTTE), die einen selbstständigen Tamilenstaat anstrebt. Neuer Name des Landes: Demokratische Sozialistische Republik Sri Lanka.
1979	Alle Plantagen werden per Gesetz verstaatlicht.
1983, 1985	Blutige Unruhen zwischen Singhalesen und Tamilen – Bürgerkrieg.

Geschichtlicher Überblick

1984	Die Regierung riegelt den Norden Sri Lankas ab.
1987	29. Juli: sri-lankisch-indische Vereinbarung über Autonomie der Tamilen in Sri Lanka, fragwürdige indische „Friedenstruppe" auf der Insel. Am 25. Oktober erobern indische Truppen Jaffna.
1988	Tamil wird neben Sinhala Landessprache.
1990	Rückzug der indischen Truppen, die LTTE kontrollieren den Norden und Osten Sri Lankas und damit rund 29 % der Landesfläche.
1991	Am 21. Mai wird der indische Premierminister Rajiv Gandhi bei einem Bombenattentat der LTTE im südindischen Tamil Nadu getötet.
1993	Am 1. Mai wird der seit 1988 regierende Präsident Premadasa von der LTTE bei einem Bombenattentat in Colombo getötet.
1994	Die People's Alliance (PA) gewinnt die Parlamentswahlen. Chandrika Kumaratunga (SLFP) gewinnt die Präsidentenwahl und ernennt Sirimavo Bandaranaike zur Premierministerin.
1995	Regierungstruppen erobern Jaffna.
1996	Anhaltender Krieg zwischen Rebellen der Tamil-Tiger (LTTE) und Regierungstruppen. Diese bringen zum ersten Mal seit zehn Jahren die Halbinsel Jaffna in ihre Gewalt. Bombenattentate der LTTE in Colombo Fort und auf einen Zug erschüttern das Land. Der Tourismus geht um 40 % zurück.
1998	Die LTTE wird von der Regierung zur terroristischen Organisation erklärt und verboten.
2000	Am 22. April fällt der strategisch wichtige Elefantenpass im Norden der Insel nach heftigen Kämpfen an die LTTE. Die Regierung beschließt die Teilmobilmachung und am 11. Mai das Kriegsrecht.
2001	Das von der Regierung verhängte Wirtschaftsembargo gegen den Norden der Insel wird teilweise aufgehoben.
2002	Zunächst in Friedensverhandlungen Zugeständnisse der LTTE, auf einen unabhängigen Staat Eelam im Norden zu verzichten und einer Föderation zuzustimmen.
2004	Streit in der LTTE: Dissidenten unter Vinayagamoorthi Muralitharan (Oberst Karuna) lehnen sich gegen die bestehende Führung auf. Am 28. April wird ein neues Parlament gewählt, neuer Regierungschef wird Mahinda Rajapaksa (SLFP). Am 26. Dezember erschüttert ein Seebeben mit der Stärke 9,1 den Indischen Ozean. Der dadurch ausgelöste Tsunami hinterlässt in Sri Lanka 35.322 Tote und Vermisste. Allein der wirtschaftliche Schaden wird auf 1,45 Mrd. US-Dollar geschätzt.

2005	Geberländer und -institutionen gewähren eine Hilfe von drei Mrd. US-Dollar. Davon gelten 90 % als Geschenk, 10 % als Schuldenmoratorium zur Bewältigung der Tsunami-Katastrophe. Die LTTE und die Regierung einigen sich über die Mittelverwendung. Am 17. November wird der bisherige Premierminister Rajapaksa zum Staatspräsidenten gewählt.
2006	Die EU-Kommission stuft die LTTE ebenfalls als terroristische Organisation ein. Ab 31. Juli folgt eine Offensive gegen die LTTE.
2008	Am 2. Januar kündigt die Regierung den von der LTTE häufig verletzten Waffenstillstand auf.
2009	Ebenfalls am 2. Januar nehmen Regierungstruppen das Hauptquartier der LTTE in Kilinochchi ein. Es folgt die letzte LTTE-Hochburg, die Stadt Mullaittivu. Am 17. Mai verkündet die LTTE die Einstellung der Kampfhandlungen, am Tag darauf wird der LTTE-Führer Velupillai Prabhakaran für tot erklärt. Am 19. Mai verkündet Staatspräsident Rajapaksa das Ende des Bürgerkriegs. Nach UN-Schätzungen kostete der Bürgerkrieg seit 1983 bis zu 100.000 Menschenleben.
2010	Am 26. Januar wird Staatspräsident Rajapaksa bei den Präsidentenwahlen im Amt bestätigt. Am 8. September erweitert das neugewählte Parlament unter Premierminister Dissanayake Mudiyanselage Jayaratne (SLFP) die Befugnisse des Staatspräsidenten.
2011	Am 14. September wird der seit 1983 mit kurzen Unterbrechungen geltende Ausnahmezustand auf der Insel aufgehoben.
2013	Bei der ersten Regionalwahl im Norden der Insel seit Ende des Bürgerkriegs am 22. September erringt die früher der LTTE zugeneigte Tamil National Alliance 30 der 38 Sitze im Provinzrat. Der Provinz-Ministerpräsident C. V. Wigneswaran erklärt allerdings sofort, dass er mit der Zentralregierung in Colombo zusammenarbeiten wolle.
2014	Am 29. Oktober sterben bei einem Erdrutsch im Dorf Koslanda im Süden des Landes nach offiziellen Angaben 34 Menschen. Im Dezember werden weite Teile Sri Lankas von gravierenden Überschwemmungen betroffen, insbesondere im Norden und Osten des Landes. Es kommt zu z. T. erheblichen Einschränkungen im Straßen- und Schienennetz.
2015	Bei vorgezogenen Präsidentschaftswahlen am 8. Januar unterliegt der als Favorit gehandelte Amtsinhaber Rajapaksa dem Oppositionskandidaten Maithripala Sirisena. Dieser wird noch am gleichen Tag als neuer Staatspräsident vereidigt. Am 13. Januar trifft Papst Franziskus zu einem dreitägigen Besuch in Sri Lanka ein.

Geografischer Überblick

Adams Fußspuren

Indien und Sri Lanka sind nur durch die flache **Palkstraße** getrennt. Sie wird auch „Adamsbrücke" genannt. Hier soll Adam nach der Vertreibung aus dem Paradies herübergewandert sein. Kleine Inseln, angeblich seine Fußspuren, sind beim Überfliegen dieser Meerenge im seichten Wasser gut zu sehen. Die Trennung Sri Lankas vom Festland erfolgte wahrscheinlich erst vor 12 Mio. Jahren im Miozän.

Der geologische Aufbau des **zentralen Berglandes** liegt über 600 Mio. Jahre (Präkambrium) zurück. An Gesteinen findet man Quarzite, Schiefer und kristallinen Kalk.

Die Vorberge und das Tiefland im Osten, Südosten und Nordosten entstanden vor etwa 500 Mio. Jahren (Kambrium), die häufigsten Gesteinsarten sind Gneis und Schiefer. Auffällig sind die sogenannten „Inselberge" aus härterem Gestein, wie man sie auch oft in Afrika findet. Im Südwesten der Insel sind beide geologischen Typen gemischt. Die **nordwestliche Küstenregion** hat einen geologisch sehr jungen Aufbau und besteht in erster Linie aus Kalkgestein, das sich vor 12 Mio. Jahren gebildet hat (Känozoikum). Rötlicher Lateritboden gibt dieser Region einen kupferfarbigen Anstrich.

Landschaftsgliederung

Sri Lankas Reiz liegt in der Vielfalt von verschiedenen Landschaftsformen auf engstem Raum.

Zentrales Bergland und Vorberge

Zweifache Regenzeit

An den Bergflanken regnen sich der **Süd-West-Monsun** und der **Nord-Ost-Monsun** ab. Sie bringen der Tropeninsel eine zweifache Regenzeit, weil sie beide Mal zu verschiedenen Jahreszeiten über das Meer streichen und Feuchtigkeit aufnehmen, einmal über dem weiten Indischen Ozean (Süd-West-Monsun) und zum anderen über dem Golf von Bengalen (Nord-Ost-Monsun). Den regenreichen Bergen mit ihrer üppigen Vegetation – früher nur von tropischem Bergregenwald bedeckt, heute auch von Plantagen (hauptsächlich Tee) durchsetzt – entspringen zahlreiche Flüsse, die die Ebenen tränken.

In den Regenzeiten rauschen die Flüsse zunächst in Sturzbächen treppenartig zu Tal und bilden eindrucksvolle Wasserfälle, bevor sie dann doch fast überall von den Menschen gebändigt werden. Schon im Bergland fangen Stauseen das kostbare Wasser auf, um es in den Trockenzeiten dosiert in die Ebenen abzugeben.

Das zentrale Bergland Sri Lankas ist allein wegen der Ausblicke einen Besuch wert

Die höchsten Erhebungen des immergrünen zentralen Berglandes	
Pidurutalagala	2.524 m
Kirigalpota	2.396 m
Totapola	2.359 m
Kudahagala	2.351 m
Sri Pada oder Adam's Peak	2.238 m
Namunukula	2.033 m

Die längsten Flüsse	
Mahaweli Ganga	332 km
Aruvi Aru	164 km
Kala Oya	148 km
Kelani Ganga	145 km
Deduru Oya	142 km
Yan Oya	142 km
Walawe Ganga	138 km
Maduru Oya	136 km
Maha Oya	134 km

Tiefländer

Sie bedecken den größten Teil der Insel. Während sie im Süden, Südwesten und Westen nur einen Streifen von etwa 30–50 km einnehmen, besteht der Osten zum überwiegenden Teil und der Norden vollständig aus Flachland. Besonders auffällig ist das Auftauchen der „Inselberge" in den heißen, im Norden und Osten meist trockenen Ebenen. Diese Erhebungen aus hartem Gestein wurden in der Vergangenheit gerne zu Bergfestungen ausgebaut, beispielsweise in Sigiriya, oder als Zufluchtsstätte für Mönche, wie in Mihintale.

Küstenstreifen

Schneeweiße, besonders im feuchten Südwesten von Palmen gesäumte Strände, Lagunen und Strandseen sind charakteristisch für die Flachküsten rund um Sri Lanka. Steile Küstenabschnitte sind sehr selten.

Klima

Das Klima im tropischen Sri Lanka wird hauptsächlich durch **zwei Faktoren** bestimmt:

① Die **unterschiedliche Höhenlage** von 0 bis 2.524 m verändert naturgemäß das Klima. Im Tiefland liegt die durchschnittliche Temperatur bei plus 27 °C, in Kandy (477 m) bei plus 24 °C, in Nuwara Eliya (1.882 m) bei plus 15 °C und auf dem Gipfel des höchsten Berges, des Pidurutalagala (2.524 m), nur noch bei plus 11 °C. In den höheren Lagen kann es sogar zu Bodenfrost kommen. Während bei zunehmender Höhe die Temperatur sinkt, nimmt die Niederschlagsmenge zu, je höher man die Berge emporsteigt (Steigungsregen). Die Spanne reicht von minimal 1.000 mm in einigen Küstenregionen bis zu maximal

Badewetter am Strand von Unawatuna, im Südwesten des Landes

5.500 mm jährlich im zentralen Bergland. Zum Vergleich die Niederschlagsmenge in Mitteleuropa: 250–1.000 mm jährlich.

② Den wesentlichen Klimafaktor für Sri Lanka bilden jedoch die **zwei Regenzeiten**, die durch die Windsysteme des Monsuns ausgelöst werden. Der Begriff Monsun ist von dem arabischen Wort „mausim" abgeleitet und bedeutet so viel wie jahreszeitlich wechselnde Winde. Man unterscheidet den Nord-Ost-Monsun und den Süd-West-Monsun.

Der **Nord-Ost-Monsun** hat folgende Ursache: Über dem großen Festlandblock Asien entsteht alljährlich im Winter durch starke Abkühlung ein stabiles Kältehochdruckgebiet mit Kern über Sibirien und China. Gleichzeitig bauen sich im südlichen Afrika und Australien wegen starker Erwärmung im dortigen Sommer kräftige Tiefdruckgebiete auf. Bekanntlich bewirken Luftdruckgegensätze Windströmungen, deshalb strömt die Festlandluft von Norden aus dem Hoch heraus und wird von den beiden Tiefs im Süden angesogen. Die Erdumdrehung wiederum bewirkt die Ablenkung von Nord auf Nordost. Der ursprünglich kalte und trockene Nord-Ost-Monsun erwärmt sich über dem Golf von Bengalen, nimmt gleichzeitig Feuchtigkeit auf und beschert besonders der Ostküste, dem nördlichen und östlichen Flachland sowie den nordöstlichen Bergflanken von Dezember bis Februar Regen.

Beim **Süd-West-Monsun** ist es gerade umgekehrt: Über dem asiatischen Festland mit Kern über Indien und dem Iran bildet sich durch die stärkere Erwärmung des Festlandes im Gegensatz zum Indischen Ozean ein starkes Hitzetief, das die weniger heiße Luft vom Indischen Ozean aus dem Süden ansaugt. Dann bläst über Sri Lanka der Süd-West-Monsun. Weil er weite Strecken übers Meer streicht, ist er sehr feuchtigkeitsgeladen. Sri Lankas Süd- und Westküste und die dem Wind zugewandten Berge werden besonders von Mai bis August von starken Regenstürmen heimgesucht.

Zusammengefasst lassen sich für Sri Lanka vier Jahreszeiten festlegen:
- Nord-Ost-Monsun: Dezember–Februar
- Zwischenmonsunzeit: März–Mitte Mai
- Süd-West-Monsun: Mai–August
- Zwischenmonsunzeit: September–November

In den Zwischenmonsunzeiten kommt es leicht zu Gewittern und manchmal auch zu Wirbelstürmen.

Die Berge Sri Lankas wirken wie eine Wetterscheide. Man kann Sri Lanka ganz grob in eine Feuchtzone mit über 2.000 mm und eine Trockenzone mit unter 2.000 mm Niederschlag jährlich einteilen, wobei nur der Südwesten der Insel und das zentrale Bergland die Feuchtzone bilden.

Klimatabelle

	Jan	Feb	Mrz	Apr	Mai	Jun	Jul	Aug	Sep	Okt	Nov	Dez
Colombo												
Niederschläge mm:	88	96	118	260	353	212	140	124	153	354	324	175
Tage:	8	7	11	18	23	22	15	15	17	21	19	12
Tagestemperatur °C max.:	30,3	30,6	31,0	31,1	30,6	29,6	29,3	29,3	29,6	29,4	29,6	29,8
min.:	22,2	22,3	23,3	24,3	25,3	25,2	24,9	25,0	24,7	23,8	22,9	22,4
Kandy												
Niederschläge mm:	118	188	81	188	145	185	154	141	122	258	249	210
Tage:	8	5	9	12	11	18	16	14	12	17	17	13
Tagestemperatur °C max.:	27,9	29,6	31,1	30,9	29,8	27,8	27,2	27,8	27,8	28,4	28,2	27,6
min.:	18,3	17,9	19,4	21,1	21,4	21,4	21,0	21,0	19,7	20,0	19,7	18,8
Anuradhapura												
Niederschläge mm:	123	54	99	187	100	13	32	47	70	233	248	242
Tage:	12	6	7	13	8	4	3	5	5	16	19	17
Tagestemperatur °C max.:	28,6	30,7	33,2	33,3	32,7	32,2	32,7	33,0	33,4	31,8	29,9	28,5
min.:	20,7	20,7	21,9	23,6	24,6	24,7	24,3	24,2	24,0	23,1	21,9	21,3
Trincomalee												
Niederschläge mm:	211	95	48	77	68	19	54	103	89	235	355	374
Tage:	13	6	5	7	6	2	4	7	6	16	19	18
Tagestemperatur °C max.:	27,0	28,1	29,9	32,0	33,6	33,7	33,7	33,5	33,5	31,3	28,7	27,3
min.:	24,2	24,3	24,8	25,4	26,1	26,2	25,6	25,3	25,1	24,3	23,8	24,0

Die Tierwelt Sri Lankas

Einstige Landbrücke — Indien und Sri Lanka waren während der Eiszeiten, als der Meeresspiegel wegen des gebundenen Wassers in riesigen Eisgürteln und Gletschern sehr niedrig war, miteinander verbunden. Über diese Landbrücke konnten die nicht flugfähigen Landtiere Indiens Sri Lanka bevölkern. Da die Entwicklung der höheren Säugetiere vor den Eiszeiten lag, die vor etwa 2 Mio. Jahren begannen und sich bis in die erdgeschichtlich jüngste Zeit wiederholten, haben diese einschneidenden Klimaveränderungen mit den von ihnen verursachten Landbrücken die

Wanderungen der erdgebundenen Tiere und des Menschen entscheidend beeinflusst.

Wildtiere im tropischen Regen- und Monsunwald

Während der tropische Regenwald Sri Lankas dank genügend hoher Niederschläge im Hochland und im Südwesten der Insel gedieh, konnte der Monsunwald bei geringerer Niederschlagsmenge nur einen lockeren Baumbestand und viel Buschwerk hervorbringen. Es ist schwierig, die zahlreichen Wildtiere streng einem bestimmten Biotop zuzuordnen, weil es zu viele fließende Übergänge gibt. Dabei ist gerade in Sri Lanka auffällig, dass Tiere, die ursprünglich im tropischen Regenwald beheimatet waren, die **Vertreibung** durch den Menschen hinnehmen mussten, da der Regenwald immer stärker gerodet wird, um die wachsende menschliche Bevölkerung zu ernähren. In erster Linie hatte darunter der Asiatische Elefant zu leiden, den die Menschen am wenigsten in der Nähe ihrer Plantagen duldeten. So sind vor allem große Säugetiere in den Monsunwald abgedrängt worden, neben den Elefanten auch die Asiatischen Wildbüffel.

Verschiedene Biotope

Die großen **Nationalparks** – z. B. der Yala-, der Gal-Oya- und der Wilpattu-Nationalpark –, die in den trockeneren, von der Landwirtschaft nicht so begehrten Gebieten des Monsunwaldes liegen, wurden zu Rückzugsgebieten besonders der großen Säugetiere.

Mit etwas Glück kann man im Yala-Nationalpark Leoparden entdecken

Geografischer Überblick

Die unterschiedlichen Lebensbedingungen in beiden Klimazonen, zum einen im feuchten Bergland und Südwesten und zum anderen im trockenen Norden und Osten, haben trotz der Eingriffe der Menschen Bestand.

Artenvielfalt im Regenwald

Die feuchtheiße Treibhausluft des **tropischen Regenwaldes** in Sri Lanka schafft ideale Voraussetzungen für eine üppige Vegetation, die wiederum eine sehr artenreiche Kleintierfauna ermöglicht. Das Leben scheint hier zu explodieren. Unüberschaubar ist die gewaltige Anzahl an Insekten. Sirrende Mücken und surrende Fliegen, schwirrende und kriechende Käfer, bunt schillernde Schmetterlinge und lärmende Grillen bevölkern den Urwald. Lurche finden in dem von Nebel und Nässe triefenden Regenwald günstige Lebensbedingungen. Hierauf baut sich die Nahrungskette weiter auf. Viele Arten von Reptilien, Vögeln und Säugetieren profitieren von diesem „Überangebot" an Beutetieren, soweit sie Fleischfresser sind. Den Vegetariern unter ihnen steht natürlich auch ein reiches Nahrungsangebot zur Verfügung.

Schleichkatzen, Marder und auch Leoparden sind besonders nachts auf Beutejagd aus. Der selten gewordene Lippenbär hat sich in die letzten Refugien seiner angestammten Heimat zurückgezogen. Das Regenwaldgebiet ist ebenso das Reich des Indischen Riesenflughundes. In den Baumkronen der Urwaldbäume spielt sich ein reges Leben ab. Besonders die Hulman-Affen bevölkern diese Region.

Der **Monsunwald** birgt ähnlich wie die Savanne Afrikas eine sehr artenreiche Tierwelt. In dem offeneren Gelände des Monsunwaldes sind die Beobachtungsmöglichkeiten wesentlich besser als in der sehr dichten, oft undurchdringlichen Regenwaldvegetation. Neben den Säugetieren sind hier die Vögel besonders auffällig, deren Populationsdichte an den Wasserstellen sehr hoch ist. Die Wasserstellen ziehen das Leben in den Trockenzeiten wie ein Magnet an.

Kleines Tierlexikon

Säugetiere

Asiatischer Elefant (Asian Elephant)

Klasse: Säugetiere
Ordnung: Rüsseltiere
Familie: Elefanten
Schulterhöhe: bis zu 3 m
Gewicht: bis zu 4 t
Nahrung: Pflanzen
Tragzeit: 21 Monate
Zahl der Jungen: 1, selten 2

In den Nationalparks leben noch wilde Elefantenherden

Der Asiatische Elefant (*Elephas maximus*) weist folgende Unterschiede zum Afrikanischen Elefanten auf: eine steilere Stirn, einen runderen Rücken, kleinere, runde Ohren, kleinere Stoßzähne, nur eine Greiflippe am Rüssel, fünf Nagelhufe an den Vorder- und vier an den Hinterfüßen, statt vier und drei beim Afrikanischen Elefanten, enge, fast parallele Schmelzfalten bei den Backenzähnen für Grasnahrung statt schleifenförmiger Schmelzfalten für Blatt- und Zweignahrung beim Afrikanischen Elefanten.

Auf Sri Lanka beheimatet ist der **Sri-Lanka-Elefant** (*Elephas maximus maximus*), eine Unterart des Asiatischen Elefanten. Die Wildelefanten wurden schon seit alters her von den Menschen eingefangen, gezähmt und zu Arbeitselefanten abgerichtet. Sie werden einem Elefantenführer zugeteilt, der ihnen bis zu 40 Befehle beibringt: ein Beweis für die außerordentliche Lern- und Merkfähigkeit dieser klugen Tiere. In den Nationalparks sind die Elefanten noch wild.

Axishirsch (Chital)

Klasse: Säugetiere
Ordnung: Paarhufer
Familie: Hirsche
Kopfrumpflänge: 110–140 cm
Schwanzlänge: bis 30 cm
Schulterhöhe: 75–97 cm
Gewicht: 75–100 kg
Tragzeit: 7–7,5 Monate

Junge: 1–3
Merkmale: rotbraune Decke mit in Linien angeordneten weißen Flecken, schlankes, wenig verzweigtes Geweih
Er gilt als der schönste Hirsch der orientalischen Region. Nicht so sehr das Geweih, sondern das lebhafte, wunderschöne Fell verleiht ihm seine Anmut. Die Hirsche sind meist tagaktiv und werden sehr leicht zur Beute von Raubtieren. Sie halten sich gerne in der Nähe von Gewässern auf, in die sie auch bei Gefahr flüchten. Sie sind sehr fruchtbar und vermehren sich sehr rasch.

Goldschakal (Golden Jackal)

Klasse: Säugetiere
Ordnung: Fleischfresser
Familie: Hunde
Kopfrumpflänge: 70–85 cm
Schwanz: 22–28 cm
Schulterhöhe: 45–50 cm
Gewicht: 7–14 kg
Merkmale: wolfsähnliches Aussehen, nur kleiner
Der Goldschakal ist sehr anpassungsfähig und bei der Nahrung nicht wählerisch. Sie reicht von Pflanzenkost über Insekten bis zu kleinen Wirbeltieren. Auch Aas verschmäht er nicht. Goldschakale vereinigen sich gerne zu Gemeinschaftsjagden. Eine weitere Taktik ist das Totstellen. Plötzlich springen sie dann auf und packen ihr Opfer. Das Heulen der Schakale klingt schaurig schön und hat in erster Linie Signalwirkung über den Jagdverlauf in der Dunkelheit.

Hulman oder Hanuman (Gray Langur)

Klasse: Säugetiere
Ordnung: Primaten
Familie: Hundsaffen
Unterfamilie: Stummelaffen
Kopfrumpflänge: 43–79 cm
Schwanzlänge: 33–107 cm
Nahrung: pflanzliche Stoffe
Zahl der Jungen: 1
Merkmale: graue Grundfarbe mit silbrigem oder hellem Schimmer, weißer Kopf, schwarzes Gesicht und schwarze Hände, lange, borstenartige Augenbrauen, die seitlich wie eine Schirmmütze aussehen, schlanker Körper, langschwänzig
Die Hulmane, auch Graue bzw. Hanuman-Languren genannt, gelten unter den Hindus als heilig. In dem indischen Nationalepos *Ramayana* wird erzählt, wie Sita, die Gattin des Königssohns Rama, von dem Riesen Ravana geraubt und nach Sri Lanka verschleppt wurde. Der König der Affen, Sugriva, und sein kluger Minister Hanuman befreiten Sita und brachten sie Rama zurück. Außerdem stahl Hanuman noch die begehrte Mangofrucht aus dem Garten des bösen Riesen. Der Affe wurde bei dem Diebstahl gefasst und sollte auf dem Scheiterhaufen sterben. Es gelang ihm aber, das Feuer zu löschen. Hierbei verbrannte er sich Gesicht und Hände. Seitdem haben Hulmane schwarze Gesichter und Hände.

Hulmane gelten im Hinduismus als heilig

Die Hulmane sind baumlebende Languren und gehören zur Unterfamilie der Stummelaffen. Dieser Name verweist auf den stummelartig verkürzten Daumen, der beim Hangeln hinderlich ist. Sie zeigen nur geringe Angriffslust und fliehen vor Menschen meist in langen Sprüngen durch das Astwerk der Bäume. Die Hulmane bildeten deshalb auch nicht ein so stark gefestigtes Sozialgefüge aus wie die mehr am Boden lebenden, kriegerischen Makaken und Paviane. Friedfertigkeit und Verträglichkeit sind Charaktereigenschaften der Hulmane. Im Reich der Baumkronen, wo die Gefahren für sie geringer sind als am Boden, brauchen sie weder organisierte Kampfkraft noch die zwingende Zugehörigkeit zu einer Gruppe und deren Schutz. Eine strenge Rangordnung ist in ihrem Zusammenleben daher nicht gegeben, und Begegnungen mit Artgenossen verlaufen meist friedlich. Als reine Vegetarier verzehren sie gern Knospen, Blätter, Blüten und Früchte aller Art. Morgens und nachmittags wird ausgiebig Nahrung aufgenommen, mittags geruht, und abends werden die gewohnten Schlafbäume aufgesucht.

Indischer Riesenflughund (Indian Flying Fox)

Klasse: Säugetiere
Ordnung: Fledertiere
Familie: Flughunde
Kopfrumpflänge: 30 cm
Flügelspannweite: 120 cm
Merkmale: bräunliche Färbung, hundeähnlicher Kopf
Tagsüber hängen die rostbraunen Fledertiere kopfüber zu Hunderten in ihren Schlafbäumen und fächern sich mit jeweils einem Flügel wie mit einem

Ventilator Kühlung zu. Steigt die Außen- über ihre Körpertemperatur, die bei 37 °C liegt, dann belecken sie ihre Brust und ihren Bauch, um durch die Verdunstungskälte selbst wieder abzukühlen. Bei Kälte hüllen sie sich in ihre Flughäute ein. Manchmal gibt es Streit um die Schlafplätze. Abends, noch in der Dämmerung, schwingen sie sich auf, um ihre Futterplätze zu erreichen. Sie fressen Früchte wie Mangos, Bananen, Papayas und Feigen. Da sie keine Insektenjäger sind wie die Fledermäuse in Europa, benötigen sie auch nicht deren „Radarsystem". Langsam rudern sie in Richtung Fressplatz, der oft weit entfernt sein kann. Ähnlich wie Schwalben schöpfen sie manchmal fliegend Wasser aus Seen und Flüssen, um ihren Durst zu löschen. Einmal im Jahr stellt sich Nachwuchs ein. Das einzige Junge klammert sich an der Brust des Weibchens fest und ist erst nach einem halben Jahr selbstständig.

Leopard (Leopard)

Klasse: Säugetiere
Ordnung: Katzen
Kopfrumpflänge: rund 90 cm
Schulterhöhe: rund 70 cm
Nahrung: von Fischen und Fröschen bis hin zu Hirschen
Tragzeit: 93–103 Tage
Zahl der Jungen: 2–3, gelegentlich bis 6
Lebensdauer: bis 23 Jahre
Merkmale: kräftiger, gedrungener Körper, relativ kurze Gliedmaßen, langer Schwanz, mit Ausnahme der Innenseite der Gliedmaßen und der Bauchseite, die weiß sind, ist die Grundfarbe des Fells ockergelb und trägt schwarze Ringflecken, besonders in Urwaldgebieten kommen völlig schwarze Exemplare vor.
Der Leopard ist im Sprung, im kurzen Lauf und im Klettern ein wahrer Meister. Die meist einzeln gehenden erwachsenen Leoparden bleiben nur während der Paarung zusammen, und die Weibchen vertreiben ihre Jungen, wenn sie selbstständig geworden sind. Ihr Geruchssinn ist nicht so stark ausgebildet, dafür ist das Gehör umso besser. Geräusche im Schwingungsbereich bis zu 45.000 Hertz können noch vernommen werden. Leoparden sind sehr anpassungsfähig. Sie haben auf der Insel keine Konkurrenz zu befürchten, wie beispielsweise den Tiger in Indien. Ihr einziger Feind ist der Mensch.

Lippenbär (Sloth Bear)

Klasse: Säugetiere
Ordnung: Raubtiere
Familie: Bären
Kopfrumpflänge: 140–180 cm
Schwanzlänge: 10–12,5 cm
Schulterhöhe: 61–92 cm
Gewicht: durchschnittlich 91–113 kg, im Höchstfall 135 kg
Merkmale: rüsselartige Schnauze, lange Unterlippe in Form einer Rinne dehnbar, Fehlen zweier Schneidezähne, riemenartige Zunge kann lang herausgestreckt werden, langer, grobhaariger, tiefschwarzer Pelz, auf der Brust weiße, hufeisenförmige Zeichnung (U oder V), kurze O-Beine, sichelförmige, starke Krallen

Die außergewöhnlichen Mundwerkzeuge sind auf den Termitenfang ausgerichtet. Mit seinen starken Krallen bricht der Lippenbär die Wände der Termitenburgen auf, meist bei nasser Witterung, wenn die Bauten nicht so hart sind. Er bläst zuerst den Staub heraus und saugt anschließend die nahrhaften Insekten ein. Das Blasen und Saugen kann man bis zu 200 m weit hören. Ferner ernährt sich dieser Waldbewohner von Honig, Früchten, Blüten und auch Zuckerrohr. Man hat auch schon betrunkene Lippenbären angetroffen, weil sie die Palmen besteigen und die Palmweinbehälter austrinken. Für die Menschen können sie nur gefährlich werden, wenn sie von diesen überrascht oder angegriffen werden und die Fluchtdistanz unterschritten ist.

Rhesusaffe (Rhesus Macaque)

Klasse: Säugetiere
Ordnung: Primaten
Familie: Hundsaffen
Unterfamilie: Bodenaffen
Kopfrumpflänge: 38–76 cm
Gewicht: bis 13 kg
Nahrung: Allesfresser
Tragzeit: 5–6 Monate
Zahl der Jungen: 1
Lebensdauer: 30 Jahre
Merkmale: kräftiger Körper, ausgeprägte Gesichtspartie, rosa Gesichtsfarbe, rötlich braunes Fell

Die Rhesusaffen, eine Makakenart, gehören zu den Bodenaffen. Sie müssen sich zusammenrotten, um den großen Gefahren am Boden durch Raubtiere zu trotzen. Zur Selbstverteidigung ist ein starkes soziales Gefüge mit abgestufter Rangordnung das wirkungsvollste Mittel. Nach der Devise „Angriff ist die beste Verteidigung" verhalten sich alle Makakenarten, auch die Rhesusaffen. Das ist aber nur möglich, wenn von einer Führungsschicht schnel-

Begegnung mit Makaken im Hotelgarten in Unawatuna

le Entscheidungen gefällt werden können. Unter diesem sogenannten „Adel" gibt es wieder eine feste Hierarchie. Kräftezehrende Positionskämpfe innerhalb der Rangfolge werden meist durch bestimmte Gesten verhindert. Es gibt die Geste des Stärkeren, der demonstrativ den Schwächeren besteigt, wie bei der Begattung, ohne dass dies eine geschlechtliche Bedeutung hätte. Das soziale Zusammengehörigkeitsgefühl wird durch gegenseitiges Lausen gefördert. Rhesusaffen sind als Labortiere bekannt. An diesen Affen entdeckten die Wissenschaftler den Rhesusfaktor, eine erbliche Eigenschaft des Blutes. Die Population der Rhesusaffen nahm beispielsweise in Indien rapide ab, da die Tiere in großer Zahl zu Tierversuchszwecken „exportiert" wurden. Heute werden die Rhesusaffen für die Forschung meist gezüchtet. Die Rhesusaffen sind heute vor allem durch die Zerstörung ihres Lebensraums gefährdet.

Sambar (Sambar)

Klasse: Säugetiere
Ordnung: Paarhufer
Familie: Hirsche
Körperrumpflänge: 170–270 cm
Schwanzlänge: 22–35 cm
Schulterhöhe: 120–155 cm
Gewicht: 150–315 kg
Merkmale: hochbeinig, wollige Decke
Diese großen Hirsche, im Körperbau dem Rothirsch vergleichbar, wurden in Europa durch den Indienfeldzug Alexanders des Großen bekannt. Sie sind in der Nähe von Rinderherden anfällig für Milzbrand. Die Hirsche kämpfen in der Brunftzeit um ihr Territorium und um die Rudel der Kühe. Nach der Paarungszeit ziehen die kapitalen Hirsche wieder einzeln durch ihr Revier.

Wasserbüffel bei Arugam Bay

Wasserbüffel (Water Buffalo)

Klasse: Säugetiere
Ordnung: Paarhufer
Familie: Büffel
Kopfrumpflänge: 250–300 cm
Schwanz: 60–100 cm
Schulterhöhe: 150–180 cm
Gewicht: fast 1.000 kg
Merkmale: riesige, sichelförmige, flach nach hinten gezogene Hörner, 194 cm längstes Hornmaß, massiger Körperbau
Es gibt in Sri Lanka nur noch im Yala-Nationalpark reinrassige, nicht mit Hausrindern vermischte wilde Wasserbüffel. Noch mehr als alle anderen Wildrinder sind die Wasserbüffel ans Wasser gebunden. Sie äsen hauptsächlich Gräser, Kräuter, Sumpf- und Wasserpflanzen. Suhlen und Im-Wasser-Liegen ist in den heißen Tagesstunden ihre Lieblingsbeschäftigung. Alte Bullen sondern sich von der Herde ab und führen ein einsiedlerisches Leben. Einzeln gehende Stiere sind besonders gefährlich.

Vögel und Kriechtiere

Bengalenwaran (Bengal Monitor)

Klasse: Kriechtiere
Ordnung: Schuppenkriechtiere
Familie: Warane
Gesamtlänge: 175–200 cm
Der vorsintflutliche Drache geht oft sehr behäbig, doch im Angriff oder auf der Flucht kann er plötzlich eine erstaunliche Schnelligkeit an den Tag legen. Außerdem ist er ein ausgezeichneter Schwimmer und Kletterer. Nichts ist vor ihm sicher. Mit seiner gespaltenen Zunge, die auch seinen Geruchssinn beherbergt, spürt er zielsicher Nahrung auf. Warane verschlingen ihre Beute wie Schlangen ganz.

Blauer Pfau (Indian Peafowl)

Klasse: Vögel
Ordnung: Hühnervögel
Familie: Fasane
Körperlänge: sehr unterschiedlich, abhängig von der Schwanzlänge, im Allgemeinen 1,5–2 m
Nahrung: grüne Triebe, Samen, Früchte, Insekten
Gelege: 3–5 Eier
Brutdauer: 28 Tage
Merkmale: grüner Kopf, dunkelblauer Hals, grünlich gelber Rücken, Flügel an den Spitzen rötlich braun, sehr lange, grüne und blaue, mit gelbroten Kreisen geschmückte Oberschwanzdecken, nicht zu verwechseln mit dem eigentlichen Schwanz
Der Blaue Pfau gilt als der wohl prächtigste Vogel überhaupt. Wild lebend

wird man ihn bestimmt in Sri Lankas Nationalparks antreffen. Die ganze Schönheit entfaltet der Hahn in der Balz. Sein Radschlagen, der metallische Glanz seines Gefieders und die Grazie seiner Bewegungen zeigen nicht nur bei den Hennen ihre Wirkung, auch Menschen lassen sich vom Liebestanz des wilden Blauen Pfaus begeistern. Beim Radschlagen richtet der Hahn seine normal langen Schwanzfedern auf, die wiederum die langen Deckfedern empordrücken und gewissermaßen der Stabilität des großflächigen Rades dienen. Die Schreie der sehr aufmerksamen Pfauen sind in der Wildnis Warnsignale vor Räubern für andere Tiere. Die schönen Vögel sind schon vor Jahrtausenden gezähmt und an Königshöfen gehalten worden.

Brahminenweih (Brahminy Kite)

Klasse: Vögel
Ordnung: Greifvögel
Familie: Milane
Spannweite: 120 cm
Gelege: 2–3 Eier
Brutzeit: 4 Wochen
Merkmale: Kopf, Nacken und Brust weiß mit braunen Längsstreifen, übriges Federkleid kastanienbraun bis kupferrot
Der Brahminenweih ist ein häufig vorkommender, unverwechselbarer Greifvogel. Sein vorwiegend rötlich braunes Federkleid kontrastiert sehr stark mit dem Weiß an Kopf und Brust. Der Speisezettel des farbenprächtigen Vogels umfasst Insekten, Fische, Frösche, Krabben, Eidechsen, Schlangen, Mäuse und Spitzmäuse ebenso wie Abfälle und Aas. Dementsprechend reicht auch sein Biotop von den Mangrovensümpfen, Reisfeldern, Flussmündungen und Bergregionen bis zu Hafenanlagen und Müllkippen der Städte und Dörfer.

Einer der schönsten Greifvögel: der Einfarbhaubenadler

Einfarbhaubenadler (Crested Hawk-Eagle)

Klasse: Vögel
Ordnung: Greifvögel
Familie: Greife
Länge: 690–705 mm
Flügellänge: 405–460 mm
Gelege: ein weißes, leicht rötlich gesprenkeltes Ei
Brutdauer: 35–37 Tage
Merkmale: rötlich braun gefärbt, Brust heller, 10 cm langer Federkamm
Der Einfarbhaubenadler ist einer der schönsten Greifvögel der Insel. Sein Flugbild erinnert an einen Habicht, und er beweist großes Geschick, wenn er zwischen den Stämmen und Kronen der Urwaldbäume hindurchfliegt. Hau-

benadler sind sehr standorttreu. Beeindruckend sind die übermütigen Balzflüge hoch am Himmel, die der Brut und Aufzucht der Jungen vorausgehen. Trotz ihrer Kraft ist die Beute dieser Vögel nur kleineres Getier, z.B. mittlere und kleine Vögel sowie Säugetiere.

Fischuhu (Ceylon Fish Owl)

Klasse: Vögel
Ordnung: Nachtgreife
Familie: Eulen
Gesamtlänge: bis zu 70 cm
Flügellänge: 510–560 mm
Spannweite: 1.800–1.900 mm
Nahrung: Fische, Krabben, aber auch kleine Säugetiere, Vögel, Schlangen, Eidechsen, Lurche, Insekten und Aas
Gelege: 1–3 Eier, meistens 2
Merkmale: dunkelbraunes Gefieder, längliche Streifen auf der Brust, stark befiederte Ohrbüschel, große, gelbe Augen
Eine Eule, die sich auf den Fischfang spezialisiert hat, ist unter den Nachtgreifen etwas sehr Ungewöhnliches. Sie praktiziert zwei Jagdmethoden beim Fischfang: Entweder sie watet wie ein Reiher durchs seichte Wasser und fängt ihre Beute mit den Fängen statt mit dem Schnabel wie die Reiher oder sie sitzt an, meist auf dem gleichen Baum, von dem sie sich am Rand eines fischreichen Gewässers auf ihre Opfer stürzt. Die Stunden des Tages verschläft sie in den dichten Kronen der Bäume. Der Körperbau ist dem Fischfang vorzüglich angepasst: Die Zehen sind nackt, und die verhältnismäßig kurzen Flügel machen sie sehr wendig. Die langen, kräftigen Krallen sind stark gebogen und sehr spitz. Die Fußsohlen sind wie beim Fischadler mit spitzen Schuppen versehen, um die glatte Beute besser festhalten zu können.

Indischer Nimmersatt (Painted Stork)

Klasse: Vögel
Ordnung: Stelzvögel
Familie: Störche
Länge: 100 cm
Ausgebreiteter Flügel: 455–517 mm
Nahrung: Fische, Frösche, Insekten, Würmer, Krustentiere, kleine Säugetiere
Gelege: 2–4 Eier
Merkmale: orangefarbenes Gesicht, gelber Schnabel, Oberkopf, Wangen und Kehle nackt, schwarz melierte Binde über Brust und Flügel bei sonst weißem Gefieder

Der Indische Nimmersatt lebt in Feuchtgebieten

Der Nimmersatt ist eng an Feuchtgebiete gebunden, wo er mit halb geöffnetem Schnabel seine Beute im Wasser ertastet. Einen Fuß zieht er dabei vorsichtig durchs Wasser, um Fische und Krebse aufzuschrecken, die er auch im trüben Wasser fühlt. Manchmal beschattet er mit seinen Flügeln seine Fangzonen. Er brütet nach dem Monsun in Kolonien, die oft aus Hunderten Tieren bestehen.

Schlangenhalsvogel (Darter)

Klasse: Vögel
Ordnung: Ruderfüßer
Familie: Schlangenhalsvögel
Länge: 95 cm
Ausgebreiteter Flügel: 340–355 mm
Nahrung: Fische, selten Amphibien
Gelege: 3–5 Eier
Merkmale: Hals und Schwanz sehr lang, spitzer Schnabel, dunkelbrauner bis schwarzer Kopf und Hals, unterer Teil des Halses und der Brust rötlich, Schnabel und Beine grünlich

Schlangenhalsvögel, nahe Verwandte der Kormorane, spießen größere Fische, die sie tauchend erbeuten, wie mit einer Harpune auf und werfen sie in die Luft, sodass sie mit dem Kopf nach unten in ihrem Schlund verschwinden. Die Schuppen der Fische würden sich nämlich in dem schlanken Hals sperren, wenn sie rücklings heruntergeschluckt würden. Das Gefieder der Schlangenhalsvögel ist wasserdurchlässig und ermöglicht so ein sanftes Untertauchen und Anschleichen an die Beute, ohne das Wasser stark zu bewegen. Sie können sehr tief eingetaucht schwimmen. Nach dem Fischfang müssen sie ihr Gefieder trocknen. Mit ausgebreiteten Flügeln sieht man sie in dieser Haltung am Ufer oder auf Bäumen verharren. Sie brüten gern mit Reihern, Kormoranen, Ibissen und Löfflern in Kolonien in der Nähe von Gewässern.

Schützenfisch (Bended Archerfish)

Überklasse: Fische
Klasse: Knochenfische
Unterklasse: Strahlenflosser
Ordnung: barschartige Fische oder Stachelflosser
Familie: Schützenfische
Länge: über 30 cm
Merkmale: große Augen, rückgebildete Rücken- und Afterflosse, silbrige Grundfarbe mit dunklen Seitenbändern, in den Zwischenstreifen funkelnd, gelbe Flecken, die im trüben Schlammwasser fluoreszieren

Der Schützenfisch ist ein merkwürdiger Bewohner der Mangrovensümpfe und auch flacher Süßwasserläufe und -seen. Er erlegt Fluginsekten durch gezielt abgeschossene Wassertropfen, vergleichbar dem „Blasrohr" südamerikanischer Indianer. Menschen, Speikobras und Schützenfische sind die einzigen Lebewesen, die auf Entfernung töten können. Mit erstaunlicher Treffsicherheit werden kleine Insekten über Wasser normalerweise in bis zu 2 m Entfernung abgeschossen. Sie fallen dann auf die Wasseroberfläche und werden anschließend verspeist.

Im Gaumen des Fisches befindet sich eine Rinne, auf die die Zunge gedrückt wird. Die Entladung des Wassertropfens erfolgt durch Zusammenpressen des Kiemendeckels wie durch einen „Gewehrlauf". Die „Geschossöffnung", das Maul, wird an die Wasseroberfläche herangeschoben. Die Augen bleiben im Wasser. Wie kann dieser Fisch mit seiner ausgefallenen Jagdmethode diese Zielgenauigkeit erreichen, da doch die Lichtbrechung durch die zwei Medien Wasser/Luft diese beeinträchtigen müsste? Bekanntlich ist der Brechungswinkel umso größer, je schräger der Schuss erfolgt. Um den Brechungswinkel des Lichtstrahls auf ein Minimum herabzumindern, schwimmt der Fisch möglichst direkt unter sein Opfer, um einen Senkrechtschuss von unten nach oben abzugeben.

Sumpfkrokodil (Mugger)

Klasse: Kriechtiere
Ordnung: Krokodile
Familie: Echte Krokodile
Gesamtlänge: bis 5 m
Nahrung: je nach Alter Insekten und Wirbeltiere, besonders Fische
Gewicht: bis 1.000 kg
Merkmale: Schuppenpanzer
Die urweltlich aussehende Panzerechse wurde von den Menschen stark verfolgt, einmal wegen ihrer Gefährlichkeit, zum anderen wegen ihrer Haut. Sie sonnt sich gern am Ufer der Gewässer oder noch ungestörter auf Sandbänken mit geöffnetem Maul (wegen der Wärmeregulierung). Ihre dann sichtbar werdenden spitzen Zähne taugen nur zum Festhalten der Beute, nicht zum Zerkauen, deshalb werden kraftvolle, ruckartige Schleuderbewegungen, um sie in der Luft zu zerreißen. Augen, Ohren und Nasenlöcher sind am oberen Teil des Kopfes angebracht. Wie ein treibender Baumstamm schwimmt diese Riesenechse gefährlich unauffällig durchs Wasser. Ihr kräftiger Schwanz ist ihre Antriebskraft, die blitzschnell zu Überraschungsangriffen mobilisiert werden kann. Die Beine werden beim Schwimmen an den Körper gelegt.

Weißbauchseeadler (White-bellied Sea Eagle)

Klasse: Vögel
Ordnung: Greifvögel
Familie: Greife
Gesamtlänge: 70 cm
Flügellänge: Männchen 526–584 mm, Weibchen 588–606 mm
Spannweite: Männchen bis 180 cm, Weibchen bis 218 cm
Gewicht: bis zu 2.800 g
Nahrung: 90–95 % Fische, sonst auch Kleintiere und Aas
Gelege: 2–3 weiße Eier
Brutzeit: 51 Tage
Merkmale: weißer Kopf, Nacken und Bauch, übriges Gefieder kastanienbraun, bernsteinfarbene Iris, brettartige, eckige Flügel
Die Weißbauchseeadler in Südasien sind den Weißbrustseeadlern in Afrika und den Weißkopfseeadlern in Nordamerika sehr ähnlich. Die Seeadler in Sri Lanka sind wie auch ihre Vettern sehr große, kräftige Greife mit einem gewaltigen Schnabel und Fängen wie Schraubstöcke. Die Zehen sind verdickt,

um ihre Hauptnahrung, die Fische, besser festhalten zu können. Der Beutefang des Weißbauchseeadlers ist ein spektakuläres Schauspiel. Im Sturzflug wird ein nahe der Oberfläche schwimmender Fisch im Vorbeifliegen mit den scharfen Krallen aus dem Wasser gerissen. Meist sieht man die riesigen Fischer auf einem kahlen Ast fast immer des gleichen Baumes regungslos ansitzen.

Winkerkrabbe (Fiddler crabs)

Klasse: Krebstiere
Ordnung: Zehnfußkrebse
Unterordnung: Krabben
Merkmale: fünfeckige Schale, Stielaugen, Männchen besitzen eine ungewöhnlich stark entwickelte, rote Winkschere
Jedes dieser Tiere besitzt als Versteck eine eigene Erdhöhle, die bei Gefahr eilig aufgesucht wird. Wenn die Flut kommt, wird diese Höhle mit Schlamm „abgedeckelt". Die Weibchen haben zwei gleich große Scheren. Die Männchen besitzen jedoch eine riesige, meist rote Schere, die eindeutig als Signal nicht nur zum Anzeigen territorialen Besitzes an Nebenbuhler dient, sondern auch als „Wink mit dem Zaunpfahl" zur Paarungsbereitschaft. Folgt das Weibchen diesem Wink, werden merkwürdige Hochzeitstänze aufgeführt. Die Einsiedlerkrebse suchen mit ihrem weichen Hinterteil Schutz in leeren „Häusern" von Weichtieren.

Die Pflanzenwelt Sri Lankas

Waldarten

200 Jahre Raubbau

Heutzutage sind nur noch weniger als 30 % der Oberfläche der Tropeninsel mit Wald bedeckt. Wenn auch ursprünglich wegen zu geringer Niederschläge nicht überall Wald gestanden hat, so ist doch der größte Teil des Urwaldes in den letzten beiden Jahrhunderten von den Menschen durch Rodung, Holzeinschlag oder Brandrodungsfeldbau (*Chena*) zerstört worden. Um wertvolle Edelhölzer wurde der artenreiche Urwald beraubt. Vereinzelte Wiederaufforstungen mit völlig ungeeigneten Pinien und schnell wachsendem Eukalyptus zur Nutzholzgewinnung sind nur ein trauriger Ersatz für einen Waldbestand von 1.500 Baumarten, die die Restbestände der Primärwälder Sri Lankas aufweisen.

Aufgrund des wechselnden Reliefs der Insel und des unterschiedlichen Klimas kann man fünf Waldarten unterscheiden.

Monsunwald

In den Tiefländern des Nordens und Ostens, die zur Trockenzone gehören, existieren noch teilweise savannenartige Sekundärwälder (Vegetation nach mindestens einer Abholzung), die – in einem halbwüstenartigen Klima mit einer Regenmenge bis zu 1.000 mm jährlich und Trockenzeiten von einem halben Jahr – nur vereinzelt laubabwerfende Bäume und Akazienarten (Acacia leucophloea und Acacia catechu) sowie hauptsächlich **dornige Buschvegetation und Sukkulenten** (Wasser speichernde Pflanzen) hervorbringen können. Während der kurzen Regenzeit blühen und atmen die Pflanzen auf.

Bei Regenmengen von 1.000 bis 2.000 mm jährlich bildet sich ein lockerer Baumbestand, der auch mit langsam wachsenden, sehr wertvollen Edelhölzern wie Ebenholz (Diospyros ebenum), Eisenholz (Manilkara hexandra) und Seidenholz (Chloroxylon swietenia) durchsetzt ist. Dieser Trockenwaldtyp ist oft die Nachfolgevegetation der antiken Reisanbaugebiete, die vernachlässigt wurden und in denen sich im Unterwuchs eine stark verbuschte, undurchdringliche Wildnis ausgebreitet hat: der Dschungel.

Tropischer Regenwald

Er gedeiht in der Feuchtzone des Südwestens bis zu einer Höhenlage von 600 m. Typisch für diese Waldart ist die unterschiedliche Höhe der zahlreichen Pflanzen. Man kann bis zu **fünf Etagen** feststellen.

Das höchste Stockwerk bilden die majestätischen Urwaldriesen mit einer Wuchshöhe bis zu 45 m, die die übrigen Bäume überragen, wie z. B. der Dunabaum Shorea congestiflora und Shorea trapeziflora. Leider gibt es von dieser Waldform nur noch wenige Restbestände. Die meisten Areale ursprünglichen tropischen Regenwaldes mussten landwirtschaftlichen Nutzflächen in dem von Menschen dicht besiedelten, fruchtbaren Feuchtgebiet weichen.

Wenige Restbestände

Typisch für den tropischen Regenwald ist eine gleichmäßig hohe Durchschnittstemperatur von 24–28 °C bei geringen täglichen und jahreszeitlichen Schwankungen und hohen Niederschlägen von mindestens 1.800 mm, die gleichmäßig übers ganze Jahr verteilt sein müssen. Der jahreszeitliche Rhythmus vom Ergrünen, Blühen und Laubabwerfen fehlt völlig. All diese Vorgänge geschehen nebeneinander und gleichzeitig. Ein enormer **Artenreichtum** an Pflanzen und Kleinlebewesen ist in diesem Biotop vereinigt.

Bergregenwald

Diese immergrüne Wildnis bedeckte früher vollständig die regenreichen südwestlichen Hänge der Berge in einem Band von 600–1.500 m. Auch der Bergregenwald ist bereits weit von den Menschen zurückgedrängt worden, es gibt ihn allerdings noch in schwer zugänglichen Gegenden. Beispiele hierfür sind der zum Schutzgebiet erklärte Sinharaja Forest (130 km^2), 25 km südlich von Ratnapura in den Sabaragamuva-Bergen gelegen, und die Bergregenwälder an den Hängen der Knucklesberge. Sie bilden einen artenreichen, zweistöckigen

In höheren Lagen des zentralen Berglands ist auch der Bergregenwald zu finden

Wald, der sehr viel Regen erhält, aber wegen der geringeren Temperaturen im Vergleich zum tropischen Regenwald nicht so hohe Baumbestände hervorbringt. Es werden Wuchshöhen bis 25 m festgestellt.

Die Stämme und Äste der Urwaldbäume sind überwuchert von Epiphyten, das sind Pflanzen, die auf anderen Pflanzen wachsen, sich aber selbstständig ernähren, also keine Schmarotzer sind. Zu ihnen gehören Moose, Farne und Orchideen. Der **Orchideenreichtum** dieser Wälder ist beachtlich. Es soll hier noch ca. 150 verschiedene Arten dieser Kleinodien der tropischen Vegetation geben. Baumfarne durchsetzen die dichten Baumbestände.

Nebelwald

In Höhen von über 1.500 m trifft man den Nebelwald an. Ebenfalls mit sehr hohen Niederschlagsmengen bedacht, oft in Nebel und Wolken gehüllt, mit langen Bartflechten an den meist vom Wind zerzausten, verkrüppelten Bäumen und Sträuchern, macht der Nebelwald einen gespenstischen Eindruck. Der Artenreichtum ist stark eingeschränkt. In dem eher rauen Klima gedeihen nur noch wenige Spezies, z. B. der Baumrhododendron (*Rhododendron arboreum*). Man findet diese Nebelwälder jedoch nur noch in den Gipfellagen der Berge, etwa am Pidurutalagala, am Adam's Peak und auf den Horton Plains. Große Gebiete dieser Höhenzone sind von der Monokultur der Teeplantagen überzogen.

Nur noch in Gipfellagen

Die Pflanzenwelt Sri Lankas

Mangroven

Die Mangroven-Dickichte sind wohl die eigenartigste Vegetationsform der Tropen. Sie liegen im Einflussbereich der Gezeiten und werden vom Salzwasser der Meere regelmäßig überspült. Bei Flut ragen nur die Kronen aus dem Wasser heraus. Mangroven können nur dort gedeihen, wo Korallenriffe, geschützte Lagunen oder die Trichter der Flussmündungen die Brandungswellen des Meeres abschwächen. Diese Lebenskünstler schaffen ein neues Biotop, das vielen Tieren eine Heimat bietet. Verschiedene Krabbenarten, wie die Schwimm-, Renn-, Mangroven- und Winkerkrabben, Schlammspringer und Schützenfische, Wasser- und Watvögel bevölkern die Wildnis der Mangrovensümpfe.

Lebenskünstler

Die Pioniere unter den Bäumen können an diesen lebensfeindlichen Standorten dadurch überleben, dass sie in ihren Zellen Kochsalz anreichern können. So sind sie in der Lage, ihren Wasserbedarf aus dem salzigen Bodenschlamm zu decken. Ihre Wasser speichernden Blätter (Sukkulenten) wirken bei Überkonzentration an Salz als Regulator. Die dann an die Zellen abgegebene Blattflüssigkeit hält die Überdosis an schädlichem Salz in erträglichen Grenzen.

Am auffälligsten sind die Stelzenwurzeln. In weitem Bogen vom Hauptstamm gekrümmt, sichern sie die Pflanzen vor dem bedrohlichen Wellengang und sorgen so für genügend Stabilität. Zudem dienen sie noch als Atmungsorgane.

Einmalig in dieser für Pflanzen schwer zu besiedelnden Übergangszone zwischen Festland und Meer ist die Fortpflanzungsart der Mangroven. Man spricht von einer „**Lebendgeburt**" (Vivipare). Der Samen hat bereits an der Mutterpflanze gekeimt. Die lebensfähigen „Stecklinge" fallen in den Schlamm und bilden neue, eigenständige Pflanzen. Das „Wurzelschlagen" geht so erstaunlich schnell vor sich, dass die Stecklinge schon vor der nächsten Flut festen Halt in dem schlammigen Boden gefunden haben. Fällt der Sämling allerdings während des Hochwassers, kann er sich nicht im Schlamm zu Füßen der Mutterpflanze festsetzen. Die Strömung treibt ihn jedoch an andere Ufer, wo er sich entwickeln und seine Art vermehren kann.

Kleines Baumlexikon

Betelpalme (Areca catechu/Betel Palm)
Familie: Palmen
Aussehen: bis zu 30 m hohe Palme mit sehr schlankem Stamm und kleiner Wedelkrone
Blätter: 1,5–2 m lange, steife Blätter
Blüten: zitronengelbe Blütenstände
Früchte: gelbe, beerenartige Früchte mit fetthaltigen Samen

Das Betelkauen ist im ganzen südasiatischen Raum verbreitet. Die Samen der Betelfrucht werden geröstet oder gekocht, in Scheiben geschnitten, mit Kalk und mehreren Gewürzen in die Blätter des Betelpfeffers gewickelt und dann wie Kaugummi gekaut. Die leicht berauschende Substanz der Betelsamen bewirkt eine Verlangsamung der Herztätigkeit und einen Blutstau im Kopf. Die Zähne und der Gaumen färben sich beim Kauen orangerot.

Bodhi-Baum oder Pappelfeige (Ficus religiosa/Bodhi Tree)

Familie: Maulbeergewächse
Aussehen: gewaltige Bäume mit weit verzweigter Krone, beliebte Schattenspender
Blätter: immergrün
Blüten: urnenförmiger Blütenstand
Früchte: ähnlich Essfeige
Unter einem Bodhi-Baum hat Gautama Buddha seine Erleuchtung erfahren. Seitdem gilt er bei den Buddhisten als heilig und ist an vielen Dagobas (buddhistische Heiligtümer) zu finden.

Brotfruchtbaum (Artocarpus altilis/Breadfruit)

Familie: Maulbeergewächse
Aussehen: 15–20 m hoch, immergrün, wenig verzweigte Krone
Blätter: sehr groß, tief gelappt
Blüten: getrenntgeschlechtlich, männliche Blüten: 20 cm lange Kolben, weibliche: kugelige Blütenstände
Früchte: 20–30 cm große, kugelige Sammelfrüchte
Der Brotfruchtbaum ist eine wichtige Nahrungspflanze. Das stärkehaltige Fruchtfleisch wird gekocht oder gebraten. Es ist sehr leicht verdaulich.

Flammenbaum (Delonix regia/Flamboyant)

Familie: Sterkuliengewächse
Aussehen: bis 10 m hoch, Laub abwerfend, elefantenhautähnliche Rinde
Blätter: bis 30 cm lang, handförmig gelappt
Blüten: nach Laubabfall traubenartig, glockenförmig, brennend rot
Früchte: dunkel, an langen Stielen hängend, behaart
Das auffälligste Merkmal dieses Baumes sind seine feuerroten Blüten, ein Farbenrausch an dem unbelaubten Baum, eines der botanischen Wunder der Tropen.

Frangipani oder Pagodenbaum (Plumeria rubra/Pagoda Tree)

Familie: Hundsgiftgewächse
Aussehen: bis zu 10 m hoch, knorrig, dicke Äste
Blätter: 30 cm lang, Laubfall in der Trockenzeit
Blüten: rot, rosa, weiß oder gelb, 5 Blütenblätter, stark duftend
Früchte: schmale, bis 25 cm lange Kapseln
Einer der am schönsten blühenden Tropenbäume wurde nach dem Italiener Frangipani benannt, der angeblich aus den Blüten dieser Pflanze im 12. Jh. ein begehrtes Parfüm herstellte. Die ursprüngliche Heimat dieser Pflanze ist die Karibik. Frangipani wird gern in der Nähe von Tempeln angepflanzt, weil

seine aromatisch duftenden, großen Blüten beliebte Opfergaben sind. Der Saft von Stamm und Blüte ist giftig, wird aber als Rheumamittel und zur Salbenherstellung gegen Hautkrankheiten benutzt. Während der Trockenzeit ist der blattlose Baum nur mit seinen leuchtenden Blütendolden geschmückt.

Indischer Banyanbaum (Ficus bengalensis/Banyan Tree)

Familie: Maulbeergewächse
Aussehen: mächtiger, immergrüner Baum mit breiter Krone und vielen Luftwurzeln, die zur Erde wachsen
Blätter: 20–30 cm lang, oval, behaart
Blüten: unauffällig
Früchte: korallenrot, kirschgroß
Dieser Baum wird auch „Würgfeige" genannt. Er keimt meist in den Astgabeln anderer Bäume, ist jedoch kein Schmarotzer, weil er sich selbst ernähren kann. Er entwickelt eigene Luftwurzeln, die zunächst von ihrer hohen Warte aus versuchen, den Boden zu erreichen und sich in ihm zu verankern. Nach dieser Verankerung ist die Pflanze völlig selbstständig und gedeiht prächtig. Mit ihrer weit ausladenden Krone raubt sie ihrem Wirt immer mehr Licht und Luft, bedrängt und umschließt ihn völlig, bis der undankbare Gast seinen Wirt schließlich mit seinen vielen Armen (Luftwurzeln) „erwürgt" und absterben lässt.

Mächtige Wurzeln des Banyanbaums

Indischer Goldregen (Cassia fistula/Golden Shower Tree)

Familie: Johannisbrotbaum-Gewächse
Aussehen: bis zu 20 m hoch, mit breiter Krone
Blätter: bis 20 cm lang

Blüten: leuchtend goldgelbe Blütentrauben in großer Fülle
Früchte: in bis zu 50 cm langen Hülsen eingeschlossene Samen
Als Zierbaum sehr beliebt, werden seine Blüten gern als Tempelgaben gepflückt und an Heiligtümern abgelegt.

Indischer Rosenapfel (Dillenia indica)

Familie: Myrtengewächse
Aussehen: 6–8 m hoher Baum, ausladende Krone
Blätter: 30–50 cm lang
Blüten: 15–20 cm im Durchmesser, weiß, 5 Blütenblätter
Früchte: Kapselfrucht
Wegen seiner dekorativen Blüten wird der Indische Rosenapfel gern als Zierbaum in Parks angepflanzt. Wild wächst er in Flussniederungen und im Schwemmland.

Indischer Seidenwollbaum (Bombax ceiba/Silk Cotton oder Kapok Tree)

Familie: Wollbaumgewächse
Aussehen: hoher, laubabwerfender Baum
Blätter: handförmig
Blüten: scharlachrot, 5 Blütenblätter
Früchte: in der Reife aufspringende Kapseln mit wollartigen, weißen Fruchthaaren
Der Indische Seidenwollbaum ist für die Menschen sehr nützlich. Wenn seine reifen, länglichen Fruchtkapseln aufplatzen, enthalten sie ein weißes Gespinst, das bei Matratzenpolstern Verwendung findet und versponnen wird. Es wird auch als Füllmaterial für Schwimmwesten benutzt.

Kanonenkugelbaum (Couroupita guianensis/Canonball Tree)

Familie: Topffruchtgewächse
Aussehen: großer Baum, der mehrmals im Jahr sein Laub abwirft
Blätter: 25 cm lang, spiralförmig an den Zweigenden angeordnet
Blüten: 10 cm groß, rosa, fleischig, in lockeren Ähren an den Zweigenden und am Stamm, Bestäubung durch Fledermäuse, nachts schweren, süßlichen Duft verströmend
Früchte: kugelig, bis 8 kg schwer, neunmonatige Fruchtreifezeit, ganzjährig Blüten und Früchte gleichzeitig am Baum
Bemerkenswert an diesem Baum sind seine wunderschönen Blüten. Wenn man sie aufklappt, erscheint ein Gebilde, das einer Mini-Dagoba gleicht. Nicht weniger auffällig sind die bis zu kindskopfgroßen Früchte, die meist direkt am Stamm hängen.

Kokospalme (Cocos nucifera/Coconut Palm)

Familie: Palmen
Aussehen: 30 m hoher, nie ganz gerader Stamm
Blätter: 4–6 m lange Palmwedel mit starker Mittelrippe, an denen ca. 90 cm lange, ledrige Blätter sitzen
Blüten: rispenartig

Früchte: Kokosnüsse, von einer harten Schale und Faserschicht umschlossen, schwimmfähig, werden über weite Strecken der tropischen Meere transportiert.
Die Meeresströmungen haben diese Pflanze weit verbreitet. Die Kokospalme blüht über das ganze Jahr, und dementsprechend kann man ihre Früchte auch zu allen Jahreszeiten ernten. Die nahrhaften Nüsse werden auch das „Brot der Armen" rund um den Indischen Ozean genannt. Dieser Baum ist ein Segen für die Völker der Tropen. All seine Bestandteile – vom Stamm über die Rinde und die Palmwedel bis zu den Früchten – sind für die Menschen verwendbar.

Palisanderholzbaum oder Jacaranda (Jacaranda mimosifolia/Fern Tree)

Familie: Trompetenbaumgewächse
Aussehen: 10 m hoher Zier- und Nutzbaum
Blätter: fein gefiedert
Blüten: zartlila, glockenförmig, Blüten vor der Belaubung
Früchte: 8 cm große Kapselfrüchte
Sein Holz ist dunkelpurpur und riecht angenehm. Das Schönste an diesem Baum sind seine blass lilafarbigen Blütenstände, die den Baum während seiner Blütezeit in ein märchenhaft schönes Gewand kleiden. Der Baum stammt ursprünglich aus Brasilien, von dort wurde er wegen seiner Schönheit erstmals von den Portugiesen in alle ihre damaligen tropischen Kolonien und Stützpunkte verbreitet.

Palmyrapalme (Borassus flabellifer/Palmyra Palm)

Aussehen: Fächerpalme mit mächtigem, bis zu 30 m hohem Stamm
Blätter: weit gespreizte Blattfächer, bis zu 3 m Durchmesser
Blüten: bis zu 1,8 m lange Blütenstände
Früchte: glatte, braune bis gelbe Steinfrüchte, 2 kg schwer, inwendig drei harte Samen
Die Palmyrapalme wurde nach der altsyrischen Stadt Palmyra benannt. Der Blutungssaft der männlichen Blüten kann zu Palmwein (Toddy) vergoren und dieser wiederum zu Arrak destilliert werden. Aus den Blättern werden Matten geflochten sowie Besen und Pinsel hergestellt. Das Fruchtfleisch wird zu Mus oder Limonade verarbeitet. Natürlich findet das Holz auch beim Hausbau Verwendung. Die Palmyrapalme ist genauso wie die Kokospalme für den Menschen sehr nützlich.

Tamarindenbaum (Tamarindus indica/Tamarind)

Familie: Hülsenfrüchtler
Aussehen: 25 m hoher, immergrüner Baum, starker Stamm
Blätter: mit 12 bis 25 Fiederpaaren
Blüten: gelblich-rosa gestreift
Früchte: braune, dicke, längliche Hülsen
Die Früchte haben einen stark säuerlichen Geschmack. Der ausgepresste Saft wird meist mit Wasser zu einem erfrischenden Getränk verdünnt. Außerdem verwendet man den Saft gerne als säuerliche Beimischung zu Currygerichten.

Gewürze und Aromen in Sri Lanka

Der Reichtum an Gewürzen in Sri Lanka hat schon ab dem Mittelalter fremde Seefahrernationen wie Araber, Portugiesen, Holländer und Engländer angelockt. Zimt hatte einst eine magische Anziehungskraft für geschäftstüchtige Händler. Lange galt der Zimt Ceylons als der beste der Welt. Heute beträgt der Exporterlös nur noch wenige Prozent des Gesamtgewinns. Er wird hauptsächlich zwischen Negombo und Matara angebaut. Pfeffer, Kardamom, Kurkuma, Muskatnuss, Gewürznelken, Koriander und Chili werden überwiegend für den Eigenbedarf angebaut.

Pfeffer
Diese Pflanze ist eine Liane, die an Bäumen und Büschen emporrankt. Die in Trauben zusammenhängenden Beeren werden zweimal im Jahr geerntet.
- Grüner Pfeffer sind die unreifen Körner. In Essig gelegt, sind sie länger haltbar.
- Roter Pfeffer ist ausgereifter Pfeffer.
- Weißer Pfeffer sind die hellen Kerne des geschälten roten Pfeffers.

Ingwer
Von dieser Pflanze nutzt man die Wurzeln. Normalerweise erreicht die Pflanze eine Höhe von ca. 50 cm. Nach 3–4 Monaten wird sie gelb, dann schießen wieder neue Triebe aus dem Boden. Ingwer gehört zur Ginseng-Familie. Ginseng kann man erst nach 20 Jahren ernten, Ingwer jedoch jedes Jahr. Die Knolle dieser Pflanze wird geschält und getrocknet. Der Geschmack ist etwas scharf.
Verwendung:
- Zur Herstellung von Ginger Ale.
- Als Aroma für Marmelade, Kuchen und Limonade.
- Als Beigabe für Teemischungen.
- Als Beigabe für scharfe Suppen und Gerichte.
- Er ist nicht nur in Sri Lanka – zusammen mit Vanille – ein Heilmittel gegen Magen- und Halsschmerzen sowie gegen die Grippe.

Kardamom
Man verwendet nur die getrockneten Kapseln, die ca. 15 Kerne enthalten. Eine Blüte produziert mehr als 20 Kapseln. Das Aroma verfliegt verhältnismäßig schnell. In Sri Lanka wird es in den Kapseln aufbewahrt. In diesem Fall behält das Gewürz länger seinen Geschmack.
Verwendung:
- Die Körner werden beispielsweise in Lebkuchen, Pfeffernüssen und Plätzchen verbacken.
- Man kann Kardamom z. B. Tee und Kaffee hinzugeben oder es beim Kochen benutzen.
- Außerdem wird es gegen Mundgeruch von Knoblauch, Alkohol und Zigaretten eingesetzt. Es wird auch „Fahnen-" oder „Alkohol-Killer" genannt.

Vanille
Die Vanille ist eine Kletterpflanze, die zur Familie der Orchideen gehört. Sie blüht von Januar bis März mit gelben Blüten, die jedoch keinen Nektar haben. In den Blüten befinden sich männliche und weibliche Fäden. Neun Monate nach der Befruchtung entstehen reife, schotenartige, längliche Früchte. Wenn diese

reif sind, haben sie eine gelbliche Farbe, getrocknet eine braune bis schwarze Färbung. Man kann nur einmal im Jahr ernten.
Verwendung:
- Ihr zur Gärung gebrachter Saft ergibt eine braune, stark aromatische Flüssigkeit. Der Extrakt wird als Beimischung zu Eis, Pudding, Kuchen, Tee oder Kaffee benutzt. Er kann 5–6 Jahre aufbewahrt werden.

Zimt
Diese Gewürzpflanze ist in die Familie der Lorbeergewächse einzuordnen. Sie wächst in einem Jahr ca. 50 cm hoch und ist eine Staude. Mit einem scharfen Messer wird die Innenrinde des jungen Stamms geschält, anschließend wird sie gerollt und getrocknet. Das ergibt das Gewürz Zimt.
Verwendung:
- Weltbekannt ist der Ceylon-Zimt, der Milchreis, Kompott, Glühwein und Tee beigegeben wird.
- Das aus den Blättern der Pflanze gewonnene Zimtöl ist in Sri Lanka eine Naturmedizin gegen Ohrenschmerzen, Kältegefühl, kalte Hände und Füße. Fußsohlen und Schläfen werden mit dem Öl eingerieben. Außerdem gewinnt man aus dem Zimtöl Parfüm und Likör.

Verarbeitung von Zimt

Zitronengras
Es gehört zur Familie der Bambusgewächse und blüht erst nach Jahren. Weltbekannt ist der Name Citronella.
Verwendung:
- Das Zitronengras wird Tee beigemischt.
- In Sri Lanka benutzt man es beim Kochen oder als Beigabe beim Backen und bei der Zubereitung von Fisch.

- Die Blätter werden auch zu Naturmedizin verarbeitet. Aus ihnen wird eine Citronella-Creme hergestellt, die zur Vorbeugung gegen Insektenstiche (Moskitos, Mücken und Wespen) auf die Haut aufgetragen wird.
- Zitronengrasöl findet als Desinfektionsmittel gegen Keime und Bakterien in Toiletten und Bädern Verwendung.

Kakao

Es gibt zwei Sorten. Die großen Fruchtkapseln haben im reifen Zustand entweder eine rosa oder eine gelbe Färbung. Die Früchte, in denen sich ca. 30 sogenannte Kakaobohnen befinden, wachsen direkt am Stamm und können jährlich geerntet werden. Die Bohnen sind von einer schleimigen Pulpe umgeben und werden zumeist an der Sonne getrocknet. Hier setzt bereits der Fermentationsvorgang ein, das Rotten.
Mitunter wird der Vorgang auch durch ein Schwitzen bei bis zu 50 °C eingeleitet bzw. beschleunigt. Hierbei gewinnt das Innere der Bohne an Aroma und verliert Bitterstoffe. Schließlich werden die Bohnen samt Schale sanft geröstet, wonach die Schale abblättert bzw. sich mühelos entfernen lässt. Nach dem Zermahlen der Bohnen wird das stark fettige, kakaobutterhaltige Mahlgut entweder durch Pressen oder durch chemische Extraktionsvorgänge entfettet, wobei die Kakaobutter wiederum ein wichtiger Bestandteil von vor allem heller oder weißer Schokolade ist.
Das Kakaopulver ist stets entfettet. Daher auf Kakaopackungen der Hinweis „stark entölt".
Verwendung:
- Kakaomilch wird in Sri Lanka als Willkommenstrunk gereicht. Außerdem wird sie auch zu Schokolade verarbeitet.
- Kakaobutter ist außerdem ein Körperpflegemittel.

Kaffee

Die Blüten des Kaffeestrauchs sind weiß. Sie haben einen angenehmen Duft und riechen etwas nach Jasmin. Die zunächst grünen Früchte werden allmählich rot. Die Engländer haben den „Cafe arabica" vor rund 200 Jahren in Sri Lanka eingeführt. Die roten Bohnen, die man dreimal jährlich ernten kann, werden gewaschen, getrocknet, geröstet und zu Pulver gemahlen.

Aloe

Aloe gehört zur Familie der Kaktusgewächse.
Verwendung:
- Das gallertartige Innere der saftigen Blätter ist, auf die Haut gerieben, ideal gegen Sonnenbrand.
- Die Blätter enthalten mehr als 70 % Vitamin E. Sie werden zu Sonnenmilch und Bodylotion verarbeitet. Männer nehmen sie in Sri Lanka nach dem Rasieren. Weil die Aloe sehr Vitamin E-haltig ist, hilft ihr Saft gut gegen trockene Haut (z. B. trockene Hände) und Cellulitis der Frauen.

Gewürznelken

Sie kommen ursprünglich aus Indonesien und gehören zur Familie der Myrthengewächse. Die Blüten erscheinen erstmalig nach acht Jahren. Dann kann man sie zwei Mal im Jahr ernten. Die Blüten sind 1 cm lang und grün. Von der Sonne getrocknet, werden sie braun bis schwarz. Ein Kilogramm Gewürznelken reicht in der Regel für einen Haushalt 5–6 Jahre lang.
Verwendung:
- Bewährt haben sich Gewürznelken als Mittel gegen Zahnschmerzen.

Die Pflanzenwelt Sri Lankas

- In Indonesien werden Gewürznelken den Zigaretten beigemischt, wie bei Mentholzigaretten in Sri Lanka.
- Beliebt ist auch die Beimischung in Glühwein, Sauerkraut, Rotkohl und Fisch.
- Gewürznelken werden mit 35 weiteren Gewürzen zum sogenannten Siddharta-Öl verarbeitet (Siddharta ist der Vorname von Gautama Buddha). Man nennt es auch „Arzt im Haus": ein ideales Mittel gegen Rheuma, Arthrose, Gicht, Rücken-, Knie-, Meniskus-, Bandscheiben-, Nacken- und Schulterschmerzen. Außerdem wird dieses Öl als Massageöl benutzt.
- Man findet es als Beimischung bei Zahnpasta für gesunde Zähne. Aber auch Zahnfleischbluten und Karies werden damit bekämpft.

Safran / Kurkuma
Safran ist das teuerste Gewürz der Welt. Der echte Safran wird aus den getrockneten Narben der Blüten einer bestimmten Krokuspflanze hergestellt, die den wissenschaftlichen Namen *Crocus sativus* trägt, ein Herbstblüher. Für die Gewinnung von einem Gramm echten Safrans sind mehr als 1.000 Krokusblüten erforderlich. Der echte Safran hat ein eigenes, unverwechselbares Aroma. Der unechte Safran wird aus einer Kurkuma-Mischung (Ingwer- oder Gelbwurzel) hergestellt. Er ist wesentlich billiger und liefert nur die gelbe Farbe.
Verwendung:
- Echter und unechter Safran werden als Beigabe zum Kuchen und für Speisen verwendet.

Muskatnuss
Sie gehört zur Familie der Kastanien. Man kann sie zweimal im Jahr ernten. Der Muskatnussbaum liefert zwei Gewürze:
- In der schwarzen Schale befindet sich die Nuss, die gemahlen wird.
- Die rote Schale wird auch „Muskatblüte" genannt.

Verwendung:
- Die gemahlene Nuss wird als Beigabe zu Rosen- oder Blumenkohl sowie zu Kartoffelpüree, Spinat, Tee oder Kaffee verwendet.
- Die rote Schale wird beim Kochen benutzt.
- „Jägertee" ist heißer Tee mit viel Muskatnuss.
- Als Medizin gegen Magenschmerzen und Durchfall nimmt man ebenfalls Muskatnuss.

Sandelholz
Das stark duftende Sandelholz wächst nur in wenigen Ländern und Gebieten der Tropen und Subtropen, so in Indien, Sri Lanka, Indonesien, Neuseeland und auf einigen Inseln der Südsee. Die Pflanze wird mehr als 45 Jahre alt. Sandelholz ist ein Universalbaum mit vielseitigem Nutzen für den Menschen. Das Holz in Sri Lanka hat eine weiße oder rötliche Färbung.
Verwendung:
- Sandelholzöl wird als Bad- und Saunabeigabe, Gesichtsmaske, Haut- und Schönheitsmittel gegen Hautalterung, zur Bekämpfung von Akne, Pickeln, Hautausschlägen, Ekzemen, Hornhaut, Cellulitis, trockener und schuppiger Haut sowie Krampfadern eingesetzt.
- Sandelholzcreme wird gegen Hautkrankheiten, Ekzeme, rote Flecken und Neurodermitis, nach dem Rasieren, nach einem Sonnenbrand und speziell bei Sonnenallergien benutzt.
- Sandelholz wird außerdem zur Vertreibung von Motten verwendet.

Wirtschaftlicher Überblick

Landwirtschaft

Agrarland Sri Lanka ist in erster Linie ein Agrarland. Etwa 40 % des Landes werden landwirtschaftlich genutzt. Rund 82 % der Einwohner Sri Lankas leben in ländlichen Gebieten. 2,25 Mio. Menschen sind in der Landwirtschaft tätig. 60 % des gesamten Exports machen landwirtschaftliche Produkte aus. Grundlage der Agrarproduktion sind Reis (Paddy) sowie Tee, Naturkautschuk und Kokosnüsse, die auf Plantagen angebaut werden. Tee allein stellte 2013 14,8 % der gesamten Exportmenge der Insel. Haupterzeuger sind Plantagenbetriebe im Süden und Südwesten des Landes, die gegen Entschädigung verstaatlicht wurden (1971–1975).

Tee

Sri Lanka ist nach China, Indien und Kenia der viertgrößte Teeexporteur der Erde. 2013 lieferte Sri Lanka 317.710 Tonnen Tee in alle Welt. Die Anbaufläche beläuft sich auf ca. 220.000 Hektar. Die größten Plantagen sind verstaatlicht. Kleinere Anbaugebiete befinden sich seit etlichen Jahren in privater Hand, hier wird teilweise auch der Teeanbau nach Fairhandelskriterien erprobt.

info: Der Weg von fair gehandeltem Bio-Tee aus Sri Lanka

Der Bauer Abeyrathna, 59 Jahre alt, ist zufrieden. Sein Dorf, Samarakoonhena, liegt mitten in Sri Lanka, zwischen dem bekannten Kandy und dem weniger beeindruckenden Ort Gampola, 40 Autominuten von Kandy entfernt. Samarakoonhena besteht aus etlichen kleinen Bauernhöfen, alle liegen auf über 1.000 m Höhe. Die Wege hierher sind schmal und durchweicht, es regnet viel, nachts ist es kalt, und am Boden tummeln sich Blutegel.

Also ein idealer Ort, und daher hat Abeyrathna nichts zu meckern. Denn hier, im zentralen Hochland, wächst der berühmte Tee der Insel. Der ist, ganz traditionell britisch kolonial, in Qualitätsstufen eingeteilt. „F.T.G.F.O.P.1" ist das Feinste vom Feinen: „Finest Tippy Golden Flowery Orange Pekoe". Der Tee von Abeyrathnas Acker hat immerhin „BOP"-Qualität, also „Broken Orange Pekoe". Das heißt ungefähr so viel wie „zerkleinerte Blätter Schwarztee in Qualität des früheren niederländischen Königshauses der Oranier, geziert mit weißem Flaum". Letzteres ist „pekoe", eine Abwandlung eines chinesischen Ausdrucks für „weißen Flaum" auf jungen Teeblättern. „BOP" sichert gute Verkäufe und den bekannten Geschmack.

Abeyrathnas Tee landet irgendwann in 100-Gramm-Packungen abgefüllt und verpackt in den Weltläden Deutschlands, denn der Tee ist bio und fair gehandelt – ein Großteil des Profits landet beim Erzeuger selbst, Abeyrathna und seiner Familie geht es gut.

Landwirtschaft

2013 wurden weltweit 4,82 Millionen Tonnen Tee produziert, vermeldet der „Deutsche Teeverband". Davon wurden in Deutschland 19.396 Tonnen konsumiert, davon wiederum 1.205 Tonnen Bio-Tee. Der weltweit größte Teeproduzent ist China, gefolgt von Indien, Kenia und Sri Lanka.

Abeyrathna bewirtschaftet ganze 0,6 Hektar. Auf dieser Fläche wachsen neben Teebüschen auch Vanille, Zitronengras, Kaffee, Nelken, Ingwer, Paprika und Kurkuma. Hier und dort spitzelt eine Bananenstaude, es gibt auch Zimt und Ananas, Bohnen und Tomaten. Das Pflanzkonzept setzt darauf, dass der Bauer seine Produkte auch auf dem hiesigen Markt verkaufen und sich aus seinem eigenen Garten ernähren kann. Denn für Tee gibt es, anders als bei Kaffee oder Kakao, keinen international gültigen Handelspreis. Zum Glück aber gibt es **SOFA**.

Farmer Abeyrathna freut sich an seinen Teepflanzen

Bernard Ranaweera (59) ist SOFA. Oder vielmehr: Er ist der Präsident der „Small Organic Farmers Association" und hat in den letzten 16 Jahren SOFA zu dem gemacht, was es heute ist. 2.600 in Sachen Bioanbau zertifizierte Bauern arbeiten auf insgesamt 1.750 Hektar meist ehemaligem Plantagenland – unter fairen Bedingungen und in demokratischen Strukturen, mit größtmöglicher Transparenz auch in Fragen des Umweltschutzes.

Ranaweera, ein ehemaliger Gewerkschaftler, hat eine Mission. Irgendwann will er die sri-lankische Regierung so weit bringen, dass diese den biologisch-fairen Anbau unterstützt. Bis dahin aber nimmt er an unzähligen Diskussionsrunden teil, trifft seine Bauern auf dem Dorfplatz, auf dem Acker unterm Kaffeestrauch und schaut bei Abeyrathna vorbei, der seit dem Jahr 2000 bei SOFA ist.

Bio Foods ist gemessen an den Bauern von SOFA ein Riese: Mit 1.000 Mitarbeitern und fünf Fabriken verarbeitet das 1993 gegründete Unternehmen den von

Kleinbauern gelieferten Tee und die Gewürze – bio und international zertifiziert. Hier wird der Tee warm gelagert, bis die Teeblätter welken. Dann werden die Blätter gerollt und der Fermentierung anvertraut, sie gären, werden anschließend getrocknet und am Ende sortiert, verpackt und versendet. 56 % der Waren gehen nach Europa, 25–30 % davon nach Deutschland. Vor der Verschiffung aber schauen sich die Importeure die Ware und ihre Geschichte genau an. Einer dieser Importeure ist Peter Lendi.

Bernard Ranaweera kümmert sich um die Pflanzenqualität „seiner" Kleinbauern

Peter Lendi stammt aus dem Tessin und verdingte sich gemeinsam mit seiner Frau als Entwicklungshelfer, bevor er 1983 den biologischen Anbau für sich entdeckte. Seitdem hat sich das Unternehmen **Erboristi Lendi** auf biologische Kräuter, Gewürze, Tee, Trockengemüse, Trockenfrüchte, ätherische Öle und Extrakte spezialisiert. 1991 waren Silvia und Peter Lendi in Sri Lanka unterwegs, auf der Suche nach Kleinbauerngruppen, die bereits biologisch arbeiteten. So kamen die Lendis bald in Kontakt mit Bio Foods und den Kleinbauern, die sich später zur SOFA organisierten. Seither bezieht Lendi von hier regelmäßig Gewürze und Tee.

Die Fairhandelsgenossenschaft **dwp eG** aus Ravensburg schließlich bringt den „Schwarztee Ceylon BOP, kräftig und vollmundig aus Sri Lanka" in die Regale der Weltläden in Deutschland – ideal für Freunde von Milch und Zucker als Zugabe. Abeyrathna kann zufrieden sein.

Weitere Infos:
www.sofasl.org, www.biofoodslk.com, www.dwp-rv.de/cm/?getlang=de

Auf Sri Lanka gibt es drei verschiedene Anbaugebiete und damit auch drei unterschiedliche Qualitäten:
- **Tieflandtee**: Anbau bis 600 m, 25 % der Gesamtproduktion, unterste Qualität, Gebiet: Galle-Matara, auch im Norden Sri Lankas wird mittlerweile Tee abgebaut.
- **Berglandtee**: Anbau 600 bis 1.400 m, 35 % der Gesamtproduktion, mittlere Qualität, Gebiet: Kandy, Kegalle, Matale, Uva, Rakwana.
- **Hochlandtee**: Anbau 1.400 bis 2.250 m, 40 % der Gesamtproduktion, beste Qualität, Gebiet: Nuwara Eliya, Hatton, Banderawela, Haputale.

Der Teestrauch wird alle 2–5 Jahre gestutzt, damit seine Höhe ca. einen Meter nicht übersteigt und seine Kraft in das Blattwerk geht. Viel Regen und eine mittlere Temperatur von ca. 24 °C sind die besten Voraussetzungen für ein gutes Gedeihen.

Je nach Höhenlage kann er nach 2–5 Jahren erstmals „bepflückt" werden. Nach 25 Jahren wird sein Abernten unwirtschaftlich. Im Hochland wird alle 3–4 und im Tiefland alle 8–10 Wochen geerntet. Eine Teepflückerin kann pro Tag bis zu 25 kg pflücken. Nur die obersten drei Blätter geben die beste Qualität. Gepflückt wird nach der alten Devise „Two or three leaves and a bud" (zwei oder drei Blätter und eine Knospe). Nach dem Pflücken müssen die Blätter welken, anschließend werden sie zwölf Stunden lang in der Teefabrik getrocknet, gerollt, fermentiert, wieder getrocknet, nach Güteklassen sortiert und verpackt.

Naturkautschuk

Der zweitwichtigste Exportartikel der Insel ist Naturkautschuk. Die ersten Plantagen entstanden um 1900. Die Anbaufläche beträgt 130.000 Hektar, die Hauptanbaugebiete liegen bei Kalutara, Kegalle und Ratnapura. Drei Viertel der Kautschukplantagen gehören kleineren und mittleren Grundbesitzern. Jährlich werden an die 140.000 Tonnen hergestellt.

Kautschukbäume benötigen viel Regen und gleichmäßig hohe Temperaturen, um gut gedeihen zu können. Nach 5–6 Jahren wird die Rinde des jungen Baumes zuerst spiralförmig angeschnitten. Ein milchiger, zähflüssiger Saft (Latex), der zu 65–75 % aus Wasser und 25–35 % aus Kautschuk, Eiweiß und Harz besteht, tropft in ein Gefäß. Ca. 2–3 kg Latex können jährlich von einem Baum geerntet werden. Durch Beimischung von Säure wird Latex zum Gerinnen gebracht, in handtuchgroße Matten gewalzt, geräuchert und getrocknet. Der Bedarf an Naturkautschuk im Welthandel ist durch die Produktion von synthetischem Gummi in den Industrieländern stark zurückgegangen.

Palmen

Von ca. 1.200 verschiedenen Palmenarten werden 15 in Sri Lanka genutzt. Die wichtigsten sind die bis zu 30 m hohen Kokospalmen, von denen es auch unterschiedlichste Arten gibt. Die größten Plantagen befinden sich bei Colombo, Chilaw und Kurunegela. Die Erntemenge liegt bei ca. 2,2 Mio. Tonnen Kokosnüssen.

Bedeutendste Palmenart Sri Lankas

Kokospalme: Kokosnüsse sind im „Trockengürtel" das maßgeblichste Plantagenerzeugnis. Sie sind in Sri Lanka das wichtigste Grundnahrungsmittel. Das weiße Fruchtfleisch wird im Rohzustand gegessen, gekocht, als Curry-Beigabe verwendet, zu Süßigkeiten und Medizin verarbeitet. Getrocknet liefert es die Grundsubstanz von Fett, Öl, Kerzenwachs und Seife. Aus den Endsprossen wird ein Gemüsegericht, der sogenannte Palmkohl, zubereitet, und die Milch (*Curumbu*) ist ein köstliches Getränk. Nicht zuletzt wird aus dem Palmblütensaft Palmwein (*Toddy*) und in der weiteren Verarbeitung der stark alkoholische Arrak hergestellt. Auch die weiteren Bestandteile des Baumes werden genutzt: Die harte Nussschale wird als Brennmaterial und für verschiedene Haushaltsgeräte verwendet oder zu Holzkohle weiterverarbeitet. Palmwedel dienen als Viehfutter, Düngemittel oder werden zu Körben und Matten verarbeitet, die man auch zum Decken von Hausdächern benutzt. Aus den Kokosfasern werden Seile, Bindfäden, Fußmatten und Körbe gefertigt.

Die alten Sri Lanker behaupteten, dass man mit guten Kokospalmen, einem Brotfruchtbaum, einem Wasserbüffel und einem kleinen Reisfeld „wunschlos

Wichtigstes Grundnahrungsmittel: die Kokosnuss

glücklich" sein könne. Dieser für den Menschen so nützliche Baum blüht in der Regel dreimal jährlich und bringt reichlich Früchte hervor.

Exportiert werden getrocknete Kokosnüsse, Öl (aus 8.000 Nüssen wird eine Tonne Öl gewonnen, das zum Kochen oder zur Beleuchtung verwendet wird), Raspeln und Kopra (zerkleinerte und getrocknete Kokosnusskerne), aus 4.900 Nüssen wird eine Tonne hergestellt.

Palmyra- oder Borassuspalme: Diese Palme, die bis zu 300 Jahre alt wird, ist besonders häufig auf der Jaffna-Halbinsel anzutreffen. Sie ist der wohl beste Toddy-Lieferant, ihre weit gespreizten Palmwedel dienen als Fächer und werden von den buddhistischen Mönchen auch als Sonnenschirme verwendet.

Kitul- oder Toddypalme: Sie wächst vorwiegend im Hochland. Aus ihrem Blütensaft werden Palmwein, Süßigkeiten und Zucker hergestellt.

Betelnusspalme: Sie liefert die begehrte Betelnuss, die mit anderen Zutaten in ganz Südasien gekaut wird und die Zähne der Einheimischen gelbrot färbt. Sie hat eine leicht berauschende Wirkung.

Kakao und Reis

Kakao wird in der Gegend von Matale angebaut. Es werden in zwei Ernten jährlich 1.600 Tonnen geerntet. Die Kakaobohnen werden durch Erhitzen fermentiert, gewaschen, getrocknet und pulverisiert.

Reis ist ebenfalls ein wichtiges Grundnahrungsmittel der Bevölkerung Sri Lankas. Für den Reisanbau stehen 1.100.000 Hektar bewässerbare Fläche zur Verfügung. Produziert werden jährlich rund 4,3 Mio. Tonnen. In den meisten Fällen wird der Reis auf alte, herkömmliche Art ausgesät. Es gibt zwei Ernten, die große (*Maha*) erfolgt nach dem sehr regenreichen Süd-West-Monsun. Mit der modernen japanischen Anbaumethode erreicht man bessere Erträge. Der Unterschied liegt darin, dass der Boden besser gepflügt und gedüngt wird und dass die Reiskörner zunächst in Beeten ausgesät werden, anschließend jede junge Pflanze einzeln in den gepflügten, bewässerten, schlammigen Boden gesetzt wird und auch Insektizide verwendet werden. Mit dieser Methode erntet man 44 Doppelzentner pro Hektar statt nur 14.

Grundnahrungsmittel

Forstwirtschaft

Die nördlichen und zentralen Provinzen der Insel waren vor der Kolonisierung durch die Europäer einst reich an tropischen Edelhölzern. Der Raubbau begann in der Kolonialzeit und wird bis in die Gegenwart fortgesetzt. Die wertvollen Hölzer erzielen hohe Exportgewinne. Gab es 1990 noch 23.500 km²

Raubbau

Wald auf der Insel, so sind davon 2012 nur noch 18.308 geblieben. Einer der Hauptgründe dafür ist neben dem Edelholzexport der Bau von großen Staudämmen. So gilt Sri Lanka heute als eines der Länder mit tropischen Regenwäldern, in denen das natürliche Gleichgewicht und damit die Artenvielfalt gefährdet sind.

Im dicht besiedelten Süden des Landes und im zentralen Bergland sind nur noch geringe Restbestände des natürlichen Urwaldes (Tropischer Regen-, Bergregen- und Nebelwald) erhalten geblieben, wie der Sinharaja Forest und die Berg- und Nebelwälder in den Horton Plains und Knuckles-Bergen. Diese Gebiete wurden von der Regierung unter Schutz gestellt. Im Osten und Norden breiten sich Monsunwälder (Dschungel) aus. Die übrigen, nicht mehr als Urwald zu bezeichnenden Baumbestände bestehen zum größten Teil aus Nutzbäumen, Plantagen (Teak- und Kautschukbäume sowie Kokospalmen) oder Aufforstungen fremder Baumarten (Pinien und Eukalyptus).

Fischerei

Die Fischerei vermag den Eigenbedarf nicht zu decken. Trotz fischreicher Küstengewässer ist sie in Sri Lanka unterentwickelt. Die gewerblichen Fischer können ihrem Handwerk immer nur dann nachgehen, wenn ihre Küste nicht dem Einfluss des Monsuns ausgesetzt ist. Die raue See macht dann ein erfolgreiches Fischen äußerst schwierig, wenn nicht gar unmöglich. 2012 betrug die Fischfangmenge 484.639 Tonnen.

Eines der bekanntesten Fotomotive in Sri Lanka: die Stelzenfischer von Ahangama

Bodenschätze und Industrie

Sri Lanka ist nicht reich an Bodenschätzen. Fossile Energierohstoffe, z. B. Kohle, Erdöl und Erdgas, fehlen gänzlich.

Es werden allerdings **Edel- und Halbedelsteine**, u. a. Rubine, Saphire, Topase, Aquamarine, Berylle, Mondsteine, Turmaline, gefunden.
- Graphit wird zwischen Kahataga und Ruwanwella sowie zwischen Beruwala und Dondra abgebaut. Rund 3.400 Tonnen werden jährlich exportiert.
- Kaolin gibt es südlich von Colombo und bei Ambalangoda. Es findet Verwendung bei der Porzellanherstellung. 8.200 Tonnen werden jährlich exportiert.
- Quarzsand (SiO_2) von der Jaffna-Halbinsel und aus der Umgebung von Chilaw wird zur Glasherstellung benötigt.
- Monazit wird nördlich von Trincomalee abgebaut. Es dient der Herstellung von atomarem Strom und Helium.

Auf Sri Lanka produzieren nur wenige Großfirmen. Mittlere und Kleinbetriebe gibt es in der Leder-, Textil-, Bekleidungs-, chemischen und Metall verarbeitenden Industrie, in der Papier-, Holzver- und Holzbearbeitung.

Tourismus

Sri Lanka gilt als eines der wichtigsten Touristenziele Asiens, und seit dem Ende des Bürgerkriegs 2009 gingen die Besucherzahlen stetig nach oben. 2010 kamen 654.476 ausländische Touristen ins Land, im Jahr davor waren es 447.890. 2013 reisten dann schon 1.274.593 Menschen hierher, davon 85.470 aus Deutschland, 19.141 aus der Schweiz und 11.300 aus Österreich. Die größten Gruppen stellten Indien mit 208.795 und Großbritannien mit 137.416 Besuchern.

Aufschwung nach dem Bürgerkrieg

15.510 Hotelräume standen für Besucher 2012 zur Verfügung, 857 mehr als im Jahr davor. Durchschnittlich blieben die Besu-

Sri Lanka lässt sich gut per Eisenbahn erkunden

cher 2012 für zehn Nächte auf der Insel und beschäftigten so 162.869 Menschen, 17,4 % mehr als 2011.

Der Tourismus ist heute mit 132 Mrd. Rs. (rund 1 Mrd. US-Dollar) die fünftgrößte Devisen-Einnahmequelle der Wirtschaft nach den Überweisungen srilankischer Arbeiter ins Heimatland (763,9 Mrd. Rs.), der Textil- und Bekleidungswirtschaft (508,6 Mrd. Rs.), Transport (208,6 Mrd. Rs.) und Tee-Exporten mit 180,4 Mrd. Rs.

Ein glückliches Leben in Sri Lanka

Etwa 1,7 Mio. Sri Lanker arbeiten wegen des geringen Lohnniveaus im Ausland, davon rund 92 % im Nahen Osten. Allein 2013 verließen über 293.000 Wanderarbeiter das Land. Davon waren 40 % Frauen, die im Ausland vor allem als Hauspersonal tätig sind. Die Heimat-Überweisungen der Sri Lanker, die der Arbeit wegen ins Ausland zogen, sind heute die wichtigste Deviseneinnahmequelle des Landes (2012 rund 6 Mrd. US-Dollar). Besonders die internationale Hotellerie zieht junge Menschen von der Insel ab. Doch es geht auch anders.

Amarasingha Arachchige Don Cristi Niroshon Saparamadu stammt aus Puttalam und ist guter Dinge: Er hat einen guten Job, ist seit 2008 verheiratet, seine kleine Tochter wächst prächtig heran, ein Haus wünscht er sich irgendwann, und an sechs Tagen die Woche, morgens um 6.45 Uhr, kommt er frisch und gut gelaunt zur Arbeit. Das kann er auch: Seit seinem 21. Lebensjahr arbeitet er in der Hotellerie und hat heute bereits „Resident Manager" auf der Visitenkarte ste-

Cristi Niroshon Saparamadu denkt nicht daran, seine Heimat Sri Lanka zu verlassen

hen. Denn „Cristi", wie ihn der Einfachheit halber nicht nur seine Freunde nennen, leitet die Tagesgeschäfte des Icebear Hotel in Negombo. Eine schnelle Karriere ohne den für Sri Lanker üblichen Umweg über einen Job in Europa oder Dubai. Warum er hiergeblieben ist und ob es sich gelohnt hat, erzählt er gerne und in ausgezeichnetem Englisch.

Cristi, wo kommst Du her, und wo siehst Du Dich heute?
Cristi: Ich bin gemeinsam mit meinen zwei Brüdern und einer Schwester auf einem kleinen Bauernhof aufgewachsen. Eigentlich war mir also eine Bauernkarriere vorbestimmt. Doch meine Eltern ließen mich selbst entscheiden, und ich ging in die Hotellerie. Ich dachte, ich fange hier in Sri Lanka an, gehe ins Ausland so fünf bis acht Jahre, Geld verdienen, und komme dann zurück, um eine Familie zu gründen. Es kam alles anders – heute bin ich Manager, habe immer in Sri Lanka gearbeitet, und so soll es auch bleiben.

Was hat den Ausschlag gegeben, eben nicht ins Ausland zu gehen?
Cristi: Ich wollte mit interessanten, mit guten Menschen zusammenarbeiten. Und nach ein paar Jahren als Steward in einem hiesigen Hotel kam ich in ein Guesthouse, das für mich eine Art kleines Europa in Sri Lanka ist, das Icebear Hotel in Negombo. Gerry, der Inhaber, hatte mich in meinem alten Job beobachtet und dann angesprochen. Ob ich nicht für ihn arbeiten wolle, fragte er. Ich fühlte mich geschmeichelt und dachte: Gerry als Schweizer weiß sicher, was Europäer wünschen, also bleibe ich da mal vielleicht zwei Jahre. Bis heute sind es mehr als zehn geworden.

Zehn erfolgreiche Jahre?
Cristi: Unbedingt: Als ich 2003 im Icebear anfing, war ich der jüngste Mitarbeiter, heute bin ich der Chef. Damals waren wir vier Leute im Team, heute sind wir 20. Gerry trat immer als Ideengeber auf, ließ mich aber auch an der langen Leine. Ich lerne schnell, ich arbeite schnell. Das passte also hervorragend. Heute sind wir kein Fünf-Sterne-Hotel, das wollen wir auch gar nicht, sondern ein privates Guesthouse für Urlauber, die das Besondere suchen. Das zu erreichen, hier in Sri Lanka, ohne Unterstützung von einflussreichen und mächtigen Menschen oder Zahlungen von Geldern, die in tiefen Taschen verschwinden, das ist eine Leistung, auf die ich sehr stolz bin. Außerdem geben wir hier allen eine Chance, so wie ich sie hatte. Im Icebear arbeiten Anfänger neben Profis, Seiteneinsteiger neben ausgebildeten Fachkräften. Da habe ich jeden Morgen aufs Neue Lust, zur Arbeit zu gehen.

Wie siehst Du Deine Zukunft und die des Tourismus in Sri Lanka?
Cristi: Die Zukunft sieht generell gut aus. Leider tut die Regierung meiner Ansicht nach nicht genug für kleine Unternehmen und den privaten Tourismus und orientiert sich heute eher Richtung Fernost und China. Aber Sri Lanka hat nach Ende des schrecklichen Krieges so ein unglaubliches Potenzial: Denn wo sonst kann ein Europäer nach zehn Stunden Flug auf einer überschaubaren Insel all das genießen, was einen Urlaub ausmacht? Kilometerlange Strände, schönes Wetter, beeindruckende Geschichte und spannende Kultur, hervorragendes Essen, etliche Sportmöglichkeiten sowie Freizeitangebote und viele, viele liebenswerte Menschen. Da gibt es für mich noch viel zu tun. Mein Ziel ist es, ein glückliches Leben zu führen. Viel habe ich schon erreicht, einiges soll noch kommen. Vielleicht ist dann in ein paar Jahren Zeit für ein Haus für mich und meine Familie.

Gesellschaftlicher und kultureller Überblick

Die Hauptreligionen

Während sich Muslime und Christen problemlos in die Volksgemeinschaft eingliedern, bestehen Spannungen zwischen Buddhisten und Hindus. Die Singhalesen sind meist Buddhisten und die Tamilen zumeist Hindus. Der Konflikt zwischen diesen beiden Religionen und diesen zwei unterschiedlichen Volksgruppen besteht schon seit über 2.000 Jahren. Er eskaliert auch in der Gegenwart leider immer noch gelegentlich in kämpferischen Auseinandersetzungen.

Religionszugehörigkeiten in der Bevölkerung Sri Lankas (Stand 2012)	
Buddhisten	70,2 % (vor allem Singhalesen)
Hindus	12,6 % (vor allem Tamilen)
Muslime	9,7 %
Katholiken	6,3 %

Der Hinduismus

Ursprung

Der Name entstammt dem Strom Indus. Die um das Jahr 1000 n. Chr. ins Industal eindringenden Muslime nannten die dort ansässige Bevölkerung – mit der ihnen fremden Religion – Hindus. Der Hinduismus hat sich dann über den gesamten Subkontinent Indien einschließlich Sri Lanka ausgebreitet.

Der Hinduismus hat keinen Religionsstifter und keine starre Dogmatik. Er ist etwas Organisches, Lebendes, dessen Ursprung in der Verschmelzung verschiedener Elemente liegt. Vor der arischen Einwanderung aus dem Norden gab es schon vor etwa 2000 v. Chr. Religionsansätze der Menschen im Industal und religiöse Vorstellungen im drawidischen Süden Indiens.

Genaueres ist erst in den „heiligen Schriften" zu erfahren, die von den Indoariern verfasst wurden, deren Gedankengut sich mit den oben genannten Urreligionen verbunden hat. Die **Veden**, von 1500 bis 600 v. Chr. entstanden, sind religiöse Texte unterschiedlichster Art: Hymnen an die Götter, Opferformeln, Zaubersprüche und Riten.

Am Ende des 2. Jahrtausends v. Chr. breiteten sich die Arier weiter nach Süden aus und unterwarfen weite Teile Indiens. Neue Ideen und Praktiken beeinflussten den Hinduismus. Das **Kastenwesen** ist eine solche wesentliche Verände-

Im Hinduismus spielen Zeremonien eine große Rolle – wie hier im Koneswaram Kovil in Trincomalee

rung. Die arischen Herren stuften sich in höhere Kasten ein als die Besiegten. Mit der Verwirklichung des Kastenwesens begann die Vormachtstellung der am höchsten eingestuften Priester, der Brahmanen.

Vormachtstellung der Brahmanen

Die ursprünglichen vedischen Manuskripte wurden durch eine umfangreiche Literatur ergänzt. Die Brahmanas enthalten Beschreibungen über bestimmte Opfer. Die Upanishaden (ca. 8. Jh. v. Chr.) sind tiefsinnige Gedanken nach dem Suchen der letzten Wahrheiten: eine Geheimlehre und gleichzeitig die ältesten philosophischen Schriften Indiens. Eine Verinnerlichung und stärkere Abstraktion der Religion beginnt mit dem Einsetzen des sogenannten **Brahmanismus**, einer neuen Epoche des Hinduismus.

Wesenszüge des Hinduismus

Man kann den Hinduismus als eine Mischung von Religion, Philosophie, Glaube und rationellem Denken bezeichnen. Er besitzt eine erstaunliche Assimilierungskraft anderer Wahrheiten und Ideen, ist deshalb sehr vital und anpassungsfähig und gegen die Gefahr, im Dogma zu erstarren, gut gerüstet. So werden auch Gottheiten anderer Religionen anerkannt. Der Hinduismus besitzt die Fähigkeit, eine unerschöpfliche Fülle von Ansichten, Riten und Wegen zur Erlösung vom Fetischismus bis zur vollkommenen Vergeistigung in sich zu vereinigen.

Verbindung Religion/ Philosophie

Obgleich ein Riesenheer von Göttern, das ständig erweitert werden kann, den Fremden verwirrt, versteht sich der Hinduismus als monotheistische Religion, da es nur einen Gott mit unzähligen Erscheinungsformen gebe. Alle Hindus glauben an die Wiedergeburt und die Seelenwanderung (Samsara).

Jedes Lebewesen auf Erden unterliegt seinem Karma, dem ewigen Weltgesetz, der Bestimmung, in welche Lebensstufe es hineingeboren wird, die sich nach den guten und schlechten Taten des vorherigen Lebens richtet.

Es gibt keine ewige Verdammnis. Im Rahmen der Vergeltungskausalität des Karma hat jeder die Möglichkeit, in eine bessere Wiedergeburt aufzusteigen. Aus dieser Karma-Vorstellung hat sich das Kastenwesen entwickelt. Der Mensch soll sich zunächst mit der Kaste, in die er hineingeboren ist, abfinden und durch ein gottgefälliges Leben versuchen, eine höhere Stufe im späteren Leben zu erreichen. Das **höchste Ziel** ist, von dem Kreislauf der Wiedergeburten erlöst und mit dem Brahma (dem absoluten Etwas) vereint zu werden, die Verschmelzung der Weltseele (Brahman) mit der Seele des Individuums (Atman) zu erreichen.

Später kam man zu der Erkenntnis, dass die Erfüllung darin besteht, dass das Individuum völlig im Nirwana, im Nichts, aufgeht.

Die Erde wird als der Mittelpunkt des Kosmos angesehen. In den Himmeln leben die Götter und in den Höllen die Dämonen.

Große Toleranz Der Hinduismus zeichnet sich durch eine große Toleranz aus bezüglich der Wegfindung seiner Gläubigen zum Heil. Er lässt den Gläubigen völlig freie Hand über das Wie, zu einer höheren Stufe zu gelangen, daher haben sich viele Untergruppen gebildet. **Gautama Buddha**, der auch zu anderen Wahrheiten gefunden und aus dessen neuer Lehre sich erst später eine eigene Religion entwickelt hat, ist so ein Beispiel.

Das Kastenwesen

Die Gesellschaft gliedert sich in:
- Brahmanen (Priesterkaste) – Nach Auffassung der Brahmanen ist die oberste Kaste dem Mund Brahmas entsprungen, um die Weisheiten zu verkünden.
- Kshatriyas (Krieger, Land besitzende Adlige, Könige) – Sie entstammen seinen Armen.
- Vaishyas (Bauern, Kaufleute, Handwerker) – Sie sind aus den Schenkeln Brahmas hervorgegangen.
- Shudras (Knechte, Diener) – Aus seinen Füßen hat sich die unterste Kaste gebildet.

Die Unberührbaren (Paria) bilden die unterste Kaste, z. T. werden sie sogar als außerhalb des Kastensystems stehend angesehen.

Die wichtigsten Gottheiten in Sri Lanka

- Shiva war ursprünglich der vedische Sonnengott Rudra. Er gilt als der Gott der Zerstörung und wird gerne mit Schwert, Dreizack oder Keule dargestellt. Sein Reittier ist der Stier Nandi.
- Vishnu, der auch als Krishna, Rama und Buddha Gestalt (Inkarnation) angenommen hat, ist der Schöpfer und Erhalter der Welt. Er hat verschiedene Schutzformen übernommen.
- Lakshmi, die Gemahlin Vishnus, ist die Göttin der Schönheit und des Reichtums.
- Skanda (Kataragama) ist der zweite Sohn Shivas. Er genießt Verehrung als Kriegsgott mit sechs Gesichtern und zwölf Armen. Er soll Kraft im Kampf schenken.
- Pattini ist die Beschützerin der Ehe und auch für die Fruchtbarkeit der Reisfelder „zuständig". Außerdem wird sie angerufen, um Seuchen zu verhindern.
- Ganesha ist eine sehr populäre Göttergestalt. Er ist der Sohn Shivas und Parvatis. Elefantenköpfig verkörpert er Weisheit und gilt als Beseitiger von Hindernissen. Er wird um Sieg, Erfolg und Fruchtbarkeit angerufen.

Die wichtigsten hinduistischen Heiligtümer

- In Jaffna ist der große **Kandaswamy Kovil** das wichtigste religiöse Zentrum des Hinduismus in Sri Lanka.
- In Kataragama pilgert die hinduistische Minderheit zum Mahadevalaya, dem Haupttheiligtum mit seinen drei Tempeln.
- Auf dem Adam's Peak, dem Heiligen Berg, werden die Fußspuren Shivas verehrt.

Der Buddhismus

Gautama Buddhas Leben und Wirken

Sorglose Jugend

Das Leben Gautama Buddhas ist von einem Gespinst von Legenden umgeben. Trotzdem lässt sich aus der Fülle der Anekdoten ein geschichtlicher Wahrheitsgehalt über ihn herauskristallisieren.

Sein ursprünglicher Name ist Siddharta Gautama (ca. 560–480 v. Chr.). Sein Vorname Siddharta bedeutet „Derjenige, der sein Ziel erreicht hat". Er wuchs als Sohn des Shakiya-Fürsten Suddhodhana und dessen Gemahlin Mahamaya in Kapilavastu (Südnepal) in Luxus und Geborgenheit auf. Sein Vater hatte das Amt eines Raja (Vasallenfürst) inne. 20.000 Menschen waren ihm untertan. Kurz nach Siddharta Gautamas Geburt starb seine Mutter. Sein Vater ermög-

Der Buddhismus ist im Süden allgegenwärtig – kleiner Tempel bei Unawatuna

lichte ihm eine wohlbehütete, sorglose und heitere Jugend. Mit 16 Jahren wurde er mit der Prinzessin Yosodhara verheiratet, die ihm einen Sohn namens Rahula schenkte.

Menschliches Leid und Vergänglichkeit

Der junge Prinz unternahm vier Ausfahrten, die sein Leben maßgeblich beeinflussten. Er sah dabei in der Gestalt eines Greises, eines schwer Kranken, eines verwesenden Leichnams und eines Asketen das menschliche Leid und die Vergänglichkeit. Ihn berührte das Elend seines Volkes. Krankheit, Not, Unglück und Tod seiner Mitmenschen bedrückten seine Seele sehr stark, und mehr und mehr beschäftigten ihn die Probleme der menschlichen Existenz.

Askese

Diese vier Begegnungen veranlassten ihn schließlich mit 29 Jahren, sein Familienglück und seine gesicherte Existenz aufzugeben. Er schloss sich einer Samanagruppe von Bettelmönchen an, entsagte völlig dem satten Leben, verschrieb sich der Askese und suchte berühmte Yogalehrer auf.

Mit Yogaübungen und Selbstkasteiungen, an denen er beinahe gestorben wäre, versuchte er zu der Erkenntnis zu gelangen, wie man dem qualvollen Kreislauf von Werden und Vergehen entrinnen und wie man der leidgeprüften Menschheit helfen könne.

Trotz etwa sechs Jahren strenger Selbstkasteiungen und Entbehrungen kam er seinem Ziel nicht näher. Er gab deshalb seine asketische Lebensweise auf. Fünf seiner Gesinnungsgenossen wandten sich enttäuscht von ihm ab und hielten ihn für abtrünnig.

Erleuchtung (Bodhi)
In Bezug auf seine zentrale Frage, wie die Not der Menschen gelindert werden könne, soll er unter einem Pappelfeigenbaum (Ficus religiosa) in einer Mondnacht im Dorf Uruvela (heute Bodh Gaya in Bihar), 210 km südöstlich von Benares am Ganges gelegen, im Alter von ca. 35 Jahren die Erleuchtung (*bodhi*) gehabt haben, was die Ursachen des menschlichen Leidens seien und welche Wege beschritten werden müssten, um dieses Leiden zu überwinden.

Verkündigung
Er entschloss sich, seine neue Erkenntnis zu verkünden. Auf seinem Weg in die heilige Stadt Varanasi traf der völlig veränderte Siddharta Gautama im Gazellenhain von Isipatana, heute Sarnath genannt, seine fünf ehemaligen Vertrauten wieder. In einer ersten Predigt, die er ihnen hielt, ist der Funke der Erleuchtung auf diese übergesprungen, und diese Verkündigung des **Buddha**, wie der „Erleuchtete" fortan genannt wurde, ist „das Rad, das die Heilslehre (Dharmachakra) in Bewegung setzte". Diese Rede enthielt die berühmten „**Vier Edlen Wahrheiten**".

Gründung der Mönchsgemeinschaft „Sangha"
Gautama Buddha und seine ehemaligen und jetzt bekehrten fünf Wegbegleiter, Kondanna, Vappa, Bhaddiya, Mahanama und Assaji, gründeten den ersten buddhistischen Mönchsorden, den Sangha. Predigend zogen sie durch Indien. Schon einige Monate später erhöhte sich ihre Anhängerschaft auf 60. Es wurden Klöster gebaut, in denen die Bettelmönche während der Monsunzeit ausharrten, um danach wieder predigend durch Indien und Nepal zu wandern. Gautama Buddha hat so ca. 45 Jahre seines Lebens verbracht. Ob er in seinem langen Leben (80 Jahre) auch Sri Lanka erreicht hat, ist geschichtlich nicht erwiesen.

Tod
An der Ruhr erkrankt, richtete er folgende Worte an seinen Vetter und Lieblingsjünger:
„… darum, Ananda, seid selbst Eure Insel, selbst Eure Zuflucht; habt die Lehre als Insel, die Lehre als Zuflucht, habt keine andere Zuflucht."

Seine letzten Worte sollen dem Sinn nach folgende gewesen sein: „Alles Bedingte ist unbeständig, erwirkt Euch das Heil!" Danach soll er nach der erfolgreichen Verbreitung seiner Heilslehre von dem ständigen Kreislauf des Wiedergeborenwerdens erlöst worden und ins Parinirwana (das höchste, absolute Nirwana), den Ort des Erlöschens, eingegangen sein.

Gesellschaftlicher und kultureller Überblick

Die Lehre Gautama Buddhas

Hierzu sind **vier Kernwahrheiten** formuliert worden:
- Der Umfang des Leidens (*dukkha*) – Alles Leben ist unablässigem Leiden unterworfen, sei es durch Geburt, Krankheiten, Kummer, Verzweiflung, Trennung von den Liebenden, unerfüllte Wünsche oder Todeskampf.
- Die Ursache des Leidens (*samodaya*) – Die menschlichen Leidenschaften, die Begierden, die Lüste und der Wille zum Leben schaffen das Leiden.
- Die Überwindung des Leidens (*nirodha*) – Sie kann nur durch die völlige Abtötung dieser Leidenschaften und Begierden erreicht werden.
- Der Weg zur Überwindung des Leidens (*magga*) – Hierfür gibt es einen Leitfaden, den sogenannten „**achtfachen Pfad**", der in drei Stufen geteilt ist:
  - Weisheit (*Prajna*): rechter Entschluss, rechte Ansicht.
  - Zucht (*Shila*): rechtes Reden, rechtes Verhalten, rechtes Leben.
  - Meditation (*Samadhi*): rechte Anstrengung, rechte Achtsamkeit, rechte Versenkung.

Die Vormachtstellung der höchsten Kaste der Brahmanen (Priester), die im Hinduismus für sich in Anspruch nehmen, die einzigen Vermittler der Lehre zu sein, wird infrage gestellt.

Die Existenz eines Gottes, der auch in das Leben der einzelnen Menschen und anderer Lebewesen eingreift, wird verneint.

Da alle Nöte und Leiden der Menschen in ihrem vorigen und jetzigen Leben ihren Ursprung nur in ihrer eigenen Ichbezogenheit und ihrer Selbstsucht haben,

Buddhistisches Morgengebet in der OWF-Schule bei Ahungalla

kann ihre Erlösung nur durch ihr eigenes Streben erreicht werden. Dieses aktive An-sich-selbst-Arbeiten ist ein wesentlicher Bestandteil der Lehre Buddhas. Der Mensch ist für sein Tun und Denken selbst verantwortlich. Er bestimmt seine Entwicklung auch in einem weiteren Leben selbst.

Aktives An-sich-Arbeiten

Hauptunterschiede zum Hinduismus

Buddhismus	Hinduismus
Im Mittelpunkt der Lehre Buddhas stehen das Leid (Dukha), die Vergänglichkeit und die Wesenlosigkeit der Menschen, somit eine ziemlich düstere Ausgangsposition des gewöhnlichen Sterblichen.	Der Hinduismus sieht das menschliche Leben nicht als leidvoll an. Stoisch fügt sich der Einzelne in sein Schicksal (Karma), dem er unentrinnbar ausgeliefert ist.
Die Gottesidee war für Buddha unbedeutend. Er lehnte die Götter der Hindus zwar nicht ab, sie spielten jedoch eine untergeordnete Rolle.	Die Götter der Hindus spielen eine zentrale Rolle.
Die Existenz einer menschlichen Seele ist eine große Illusion.	Man glaubt an das Prinzip: Gott-Seele-Weltgeist.
Der Heil suchende Mensch steht im Zentrum der Lehre Buddhas und nicht Gott.	Die Götter stehen im Zentrum der hinduistischen Religion.
Das Töten von Tieren und somit auch Tieropfer werden abgelehnt.	Tieropfer waren früher üblich. Die Achtung aller Lebewesen beeinflusst den Hinduismus.
Anstatt des Feuerkults wird die Bekämpfung von Hass, Gier und Verblendung empfohlen.	Der Feuerkult ist im Hinduismus weit verbreitet.
Rituelle Waschungen werden als sinnlos angesehen, da Sünden nicht abgewaschen werden können.	Man glaubt an die sündenreinigende Kraft des Wassers.
Gleichgültigkeit zeigte Buddha gegenüber dem Kastensystem, keine Ablehnung, aber Angriffe gegen die Arroganz der Brahmanen und die Unterwürfigkeit der niedrigsten Kasten.	Die Schranken der Kasten sind nicht durchlässig.
Buddha zeigte einen Weg auf, das Heil zu erreichen. Das Heilziel ist das **Nirwana**, das Verlöschen, das Verwehen.	Im Hinduismus gibt es kein einheitliches Dogma über den Erlösungsweg.
Buddhist kann man werden!	Als Hindu wird man geboren (Kaste)!

(Tabelle nach Anneliese Keilhauer)

Der Mensch (wie auch der gesamte Kosmos) befindet sich in ständigem Wandel. Er ist aus seinem Körper, seinem Gefühl, seinen Wahrnehmungen, seinem Willen und seinem Bewusstsein zusammengesetzt. Diese großen Bausteine sind wiederum in kleinere Elemente unterteilt, die zusammenwirken und die jedoch ständigen Veränderungen unterworfen sind. Alles ist im Fluss. Nach dem Tod gehen diese Elemente in anderer Zusammensetzung auf das nächste Lebewesen (Wiedergeburt) über.

Im eigentlichen Sinne ist die reine Lehre Buddhas keine Religion, weil für sie ein höheres Wesen nicht existiert. Sie ist vielmehr eine **Lebensphilosophie** genau wie der Janismus, der sich auch aus dem Hinduismus entwickelt hat.

Die neue Lehre verstand sich als eine **Reformation alter hinduistischer Glaubensvorstellungen** mit einer Heilsverkündung.

Gemeinsamkeiten mit dem Hinduismus

Gautama Buddhas Lehre baut auf den Grundlagen des Hinduismus auf.
- Ausgangspunkt ist ein ewiges Weltgesetz (*Dharma*), in das auch das Menschengeschlecht eingebunden ist.
- Der Mensch ist nach einer Vergeltungskausalität seinem Karma unterworfen, d. h., die Taten seines vorherigen Lebens bestimmen die Stufe seines jetzigen Lebens.
- Der Glaube an die Wiedergeburt, an die unendliche Kette von Geburt, Tod und Wiedergeburt, ist somit auch im Buddhismus fest verankert.

Entwicklung des Buddhismus

Für den zum Buddhismus bekehrten Laien ergab sich nach der Lehre des „Erleuchteten" keine Möglichkeit, schon nach seinem jetzigen Leben im Nirwana zu erlöschen. Nur über das Mönchsleben war diese Möglichkeit gegeben. Dem Laien wurde nach einem tadellos geführten Leben lediglich in Aussicht gestellt, dem Nirwana ein Stück nähergekommen zu sein. Auch konnte er an keiner Kulthandlung teilnehmen. Dieser Problemkreis wurde erkannt und in **drei buddhistischen Konzilen** (483, 383 und 253 v. Chr.) behandelt. Dem einfachen Gläubigen mussten Aufgaben zugeteilt werden. Seine Passivität sollte in aktives Mitgestalten umgewandelt und die Hoffnung auf ein direktes Erreichen des Nirwanas gegeben werden. In diesem Punkt schieden sich jedoch die Geister.

Verschiedene Richtungen Diese verschiedenen Auffassungen führten zu drei Richtungen des Buddhismus:

1. Hinayana (Kleines Fahrzeug)
Es ist die orthodoxe Form des Buddhismus. Sie klammert sich streng an die ursprüngliche Lehre Gautama Buddhas und ist mehr als Lebensphilosophie mit

atheistischem Charakter denn als Religion zu verstehen. Buddha ist nur ein Lehrer, ein Helfer auf dem Weg zur Erlösung vom Kreislauf der Wiedergeburten. Diese Richtung des Buddhismus ist in den Ländern Sri Lanka, Burma, Thailand, Laos und Kambodscha verbreitet.

Grundzüge
- Alles Leben wandelt sich ständig. Leid, Vergänglichkeit und Wesenlosigkeit kennzeichnen das Individuum.
- Die Welt ist keine einmalige Schöpfung eines Gottes.
- Die Existenz eines Gottes, der auch in das Leben des Einzelnen eingreift, wird verneint.
- Der Mensch hat keine Seele, deshalb gibt es auch keine Seelenwanderung.
- Es gibt aber eine Wiedergeburt.
- Ein Lebewesen bestimmt einzig und allein aufgrund seiner guten und bösen Taten und seiner Tatabsichten die höhere oder niedrigere Stufe seiner Wiedergeburt.
- Bei der Geburt setzt sich der Mensch aus fünf Daseinsfaktoren zusammen: Organismus (*Rupa*), sich darin vollziehende geistig-psychische Vorgänge (*Namarupa*), Empfindungen (*Vedana*), Wahrnehmungen und Unterscheidungen (*Sanjna*), Triebkräfte (*Sanskara*) und Bewusstsein (*Vijnana*).
- Beim Handeln sollen die drei Grundübel Neid, Gier und Verblendung vermieden werden.
- Die Beachtung des achtfachen Pfades nach Gautama Buddha wird empfohlen.
- Das Heilsziel ist das Nirwana, der Stillstand des Rades der leidvollen Wiedergeburten.

2. Mahayana (Großes Fahrzeug)
Diese Glaubensrichtung hat sich in Vietnam, China, Korea und Japan durchgesetzt.

Grundzüge
- Es gibt **mehrere Erlösungswege**, die jedem Lebewesen je nach Stand, Willensstärke und Bildung die Heilssuche erleichtern.
- Der Bodhisattva-Weg ist nur wenigen Auserwählten möglich. Er verlangt genau wie der achtfache Pfad sehr strenge Zucht und Selbstdisziplin. **Bodhisattva** ist ein erleuchtetes Wesen (*Bodhi* = Erleuchtung, Sattva = Wesen), das aus Mitgefühl um die leidende Menschheit auf das Eingehen ins Nirwana verzichtet und so lange auf der Erde missioniert, bis alle Lebewesen aus dem leidvollen Kreislauf der Wiedergeburten befreit sind. Sich dieser Heilshelfer zu bedienen, ist der leichteste Heilsweg.
- Der Weisheits-Weg führt zu der Erkenntnis, dass alles Geborene wesensgleich ist und nur die Erscheinungsform variiert, dass sogar alle Lebewesen mit dem Absoluten den gleichen Kern besitzen. Daraus folgt, dass jedes Lebewesen die Erlösung verborgen in sich trägt. Das Erleuchtungsbewusstsein muss nur erweckt und aktiviert werden.

- Der Glaubens- und Ritualweg wird auch als Volksglaube bezeichnet. Der Glaube an die Fürbitte Buddhas, durch Opfergaben und Rituale unterstützt, seinem Heil ein Stück näherzukommen, ist sehr verbreitet.

3. Vajrayana (Diamantenes Fahrzeug)

Entgegen der reinen Lehre Buddhas finden noch mehr Rituale und Zeremonien in den Glauben Einlass. Diese Richtung des Buddhismus ist in den Ländern des Himalaya zu Hause. Mit Vajra ist der Donnerkeil des vedischen Gewittergottes und Himmelskönigs Indra gemeint. Der Vajra wurde zum Diamantzepter, dem Symbol der diamantklaren Erkenntnis der Wahrheit.

Unter Ashoka (269–232 v. Chr.) war fast ganz Indien einschließlich Sri Lanka unter buddhistischem Einfluss. Besonders der volkstümlichere Mahayana-Buddhismus fasste auch noch nach Ashokas Ableben weiter in Südasien Fuß. Doch in den folgenden Jahrhunderten setzte sich wieder der hinduistische Brahmanismus durch, sodass nur noch Bengalen, Bihar und Sri Lanka buddhistisch blieben. Im 12. Jh. drang der Islam mit Feuer und Schwert in den Norden des Subkontinents ein und vernichtete weiteres Terrain des Buddhismus. So sind in der Neuzeit nur noch Sri Lanka und Südostasien Hochburgen dieses Glaubens.

Der Volksbuddhismus in Sri Lanka

Abweichend von dem orthodoxen Hinayana (Kleines Fahrzeug) haben auch in Sri Lanka, dem ehemals klassischen Land des Buddhismus, immer mehr Kulte, Rituale und Symbole Einlass gefunden. Buddhastatuen, Tempel, Heiligenschreine, Götter, die um Hilfe angerufen werden, Dämonen, die es zu besänftigen gilt, Pilgerfahrten zu Heiligtümern und Verehrungen von Reliquien Gautama Buddhas sind volkstümliche, handfeste Sichtbarmachungen einer Religion geworden, die sich von der ursprünglichen Lehre Buddhas weiter entfernt hat.

Der Islam

Mohammeds Leben und Wirken

Mohammed, der Religionsstifter des Islam, wurde 570 n. Chr. in Mekka geboren. Er entstammt einem verarmten Zweig des sonst hochangesehenen Clans der Koraisch. Er war verheiratet mit Chadidscha, seinen Lebensunterhalt verdiente er als Kaufmann. Auf Handelsreisen kam er mit dem Juden- und dem Christentum in Berührung. Die Fragen der Sünde und des göttlichen Gerichts beschäftigten ihn sehr stark. Er soll häufiger Visionen gehabt haben, in denen ihm Allahs Wille kundgetan worden sei, und seit etwa 610 n. Chr. fühlte er sich schließlich **zum Propheten berufen**. Er verkündigte seine Offenbarungen in Mekka, fand dort aber nach etwa elfjährigem Wirken wenig Anklang, nach der Erkenntnis: „Ein Prophet gilt nichts in seinem eigenen Land."

Die Hauptreligionen

Radelnde Muslimas in Trincomalee

Lediglich die Niedrigsten des Sozialgefüges seiner Heimatstadt wurden seine Anhänger. Wirkliche Erfolge in der Verbreitung seiner Lehre hatte er erst, als er 622 (*Hidschra*) nach Medina übersiedelte, wo er eine Gemeinde gründete und im Laufe der Zeit seine Machtposition aufbaute. Er erklärte Medina zur „Heiligen Stadt".

Wahrscheinlich schon zu seinen Lebzeiten wurden seine Lehrsätze aufgeschrieben. Der **Koran** mit seinen 114 Suren enthält neben religiösen auch politische und gesellschaftliche Grundsätze.

Heilige Schrift des Islam

630 n. Chr. eroberte er nach mehreren Versuchen Mekka, und es gelang ihm, seine Bewohner für seine neue Lehre zu gewinnen.

Mittelpunkt des Islam und Ziel der Pilgerfahrten (*Haddsch*) wurde die **Kaaba** in Mekka. Mohammed starb 632 n. Chr. Seine Lehre wurde zunächst über die arabische Halbinsel und später über weite Teile des Nahen und Mittleren Ostens, Südasiens, Nord- und Ostafrikas, Südosteuropas und vorübergehend auch auf der Iberischen Halbinsel und in Südfrankreich verbreitet.

Lehre des Islam

- „Islam" ist ein arabisches Wort und bedeutet: „Ergebung in den Willen Gottes".
- Der Islam ist eine streng monotheistische Religion. Es gibt nur einen Gott, das ist Allah, und Mohammed ist sein Prophet.

- Die Glaubensquelle ist der Koran und die Überlieferung (*Hadih*) vom Reden und Tun des Propheten (*Sunna*).
- Das Schicksal des Menschen ist von Gott vorbestimmt. Es gibt ein Jüngstes Gericht.
- Verbote: Genuss von Schweinefleisch und Alkohol, Beteiligung an Glücksspielen.
- Beschränkung der Mehrehe auf vier Frauen.
- Die fünf Grundpflichten des Islam sind:
  Bekenntnis zur Einheit Gottes und Anerkennung Mohammeds als seinen Propheten,
  täglich fünffaches Gebet (*Salat*),
  Geben von Almosen (*Sakat*),
  Fasten (*Saum*) tagsüber während des Monats Ramadan,
  Pilgerfahrt nach Mekka (*Haddsch*) mindestens einmal im Leben.

Spaltung des Islam in Sunniten und Schiiten

Da aus Mohammeds Ehe kein männlicher Erbe hervorging, entbrannte ein Streit um die Nachfolge des Propheten in der Gemeinde. Es kam zur Spaltung in Sunniten und Schiiten. Die Sunniten (Anhänger der Sunna) erkennen nur die Kalifen als Nachfolger an, während die Schiiten (vom arabischen „schi at Ali" abgeleitet: Partei Alis) die Nachfolge aus den Nachkommen der Prophetentochter Fatima ableiten und die Kalifen der Sunniten als rechtmäßige Nachfolger ablehnen. 92 % der Muslime sind Sunniten und 8 % Schiiten. Die in Sri Lanka lebenden Muslime sind überwiegend Schiiten.

Die Bevölkerung

Ethnische Zusammensetzung (Volkszählung 2012)	
Singhalesen	74,9 %
Moors (Muslime)	9,2 %
Sri-Lanka- oder Jaffna-Tamilen	11,2 %
Indien- oder Kandy-Tamilen	4,2 %
Malaien	0,3 %
Burgher (Nachkommen der Portugiesen und Niederländer)	0,2 %

Die Singhalesen

Löwensöhne

Der singhalesische Bevölkerungsteil in Sri Lanka ist nordindischer Abstammung und im 5. Jh. v. Chr. in Sri Lanka eingewandert. Der Name Singhalesen bedeutet Löwensöhne (Sinha = Löwe). Ihre Sprache, das Singhalesisch (Sinha-

Teepause auf dem Gemüsemarkt bei Negombo

la), gehört zur indogermanischen Sprachfamilie und hat sich aus dem indischen Dialekt Prakrit entwickelt. Sanskrit (die Gelehrtensprache) und Pali, in der buddhistische Texte verfasst wurden, haben in das heutige Singhalesisch Eingang gefunden.

Die Singhalesen sind zum überwiegenden Teil Buddhisten. Obgleich diese Religion in ihrer reinen Lehre das Kastenwesen ablehnt, gibt es 25 singhalesische Kasten. Sie sind bei den Singhalesen mehr berufsbezogen als bei den Hindus, deren Kasten religiöse Abgrenzungen darstellen. Die höchste Kaste der Singhalesen ist die der Landwirte, denn der erfolgreiche Reisanbau ist in Sri Lanka von großer Bedeutung. Ebenfalls hohe Ränge haben die Zimtschäler und Palmsaftzapfer.

Überwiegend Buddhisten

Die niedrigste Kaste umfasst die Angehörigen der Rodhi-Kaste. Zu ihr gehören Bettler, Straßenkehrer und Prostituierte. Die Abgrenzungen durch die Kasten verwischen jedoch im Laufe der Zeit mehr und mehr, besonders in den Städten.

Man kann zwischen **Tiefland- und Hochland-Singhalesen** differenzieren. Dieser Unterschied beruht auf der historischen Entwicklung dieser beiden Bevölkerungsgruppen. Die Hochland-Singhalesen konnten ihre Unabhängigkeit gegenüber den europäischen Kolonialmächten länger verteidigen als die Tiefland-Singhalesen. Erst 1815 verlor das Königreich Kandy seine Selbstständigkeit.

Die Kandy-Singhalesen, wie sie auch genannt werden, sind traditionsbewusster und stolzer als die Singhalesen an den Küsten und im Tiefland, die schon Jahrhunderte früher Beeinflussungen von Arabern, Portugiesen, Holländern und Briten ausgesetzt waren.

Die Tamilen

Die ca. 3,2 Mio. Tamilen in Sri Lanka sind drawidischen Ursprungs. Ihre Herkunft ist nicht eindeutig geklärt. Sie haben sich genau wie die Singhalesen mit der Urbevölkerung, den Weddas, vermischt. Ihr meist zierlicher Körperbau ähnelt dem der Singhalesen.

In Sprache und Schrift unterscheiden sich die Tamilen und Singhalesen sehr stark voneinander. Das Tamil ist der drawidischen Sprachfamilie zuzuordnen. Das Alphabet des Tamil enthält 70 Buchstaben.

Größtenteils Hindus

Auch in der **Religion** gibt es verschiedene Auffassungen. Während die Singhalesen fast ausschließlich Buddhisten sind, gehören die Tamilen größtenteils dem Hinduismus an. Der Anteil der Tamilen, der dem christlichen Glauben angehört, ist an der Küste Sri Lankas verhältnismäßig hoch.

Man unterscheidet Ceylon- bzw. Jaffna-Tamilen und Indien- bzw. Kandy-Tamilen in Sri Lanka, die wegen der Kastenschranken und des sozialen Unterschieds keinen Kontakt miteinander pflegen.

Heimat vieler Tamilen ist Jaffna im Norden der Insel – ein Blick in den örtlichen Markt

Die „Tee-Tamilen" leben meist nahe bei ihrer Erwerbsquelle – den Teeplantagen

Die Sri-Lanka- oder Jaffna-Tamilen
Sie sind etwa zeitgleich mit den Singhalesen auf die Insel gekommen. Ihr Siedlungsgebiet sind der Norden und Nordosten, die Trockengebiete der Insel mit dem Schwerpunkt der Jaffna-Halbinsel. Vor der Unabhängigkeit 1948 bekleideten sie wichtige Schlüsselpositionen in der Verwaltung. Eine lange Serie von Diskriminierungen der Tamilen-Minderheit entfachte immer wieder in der Geschichte des jungen Staates Widerstände, von Protesten bis zu blutigen Revolten. *Diskriminierung*

Die Indien- oder Kandy-Tamilen (auch Tee-Tamilen genannt)
Sie wurden vor rund 100 Jahren von den Briten als billige Arbeitskräfte hauptsächlich für die Plantagen, aber auch für den Straßen- und Eisenbahnbau ins Land geholt. Die Indien-Tamilen entstammten meist der untersten Kaste der Parias, der Ärmsten der Armen aus dem südindischen Bundesstaat Madras (heute: Tamil Nadu). Zunächst nur saisonale Erntearbeiter in Kaffeeanbaugebieten, siedelten sie sich mit Einführung des Teeanbaus (Tee wird ganzjährig gepflückt) fest an. Ihre Wohn- und Arbeitsstätten liegen somit inselartig im Siedlungsgebiet der Singhalesen, im Plantagengebiet des Hochlands von Sri Lanka.

Nach dem Abzug der Briten verschlechterte sich die Situation der Indien-Tamilen. Ihnen wurden das Wahlrecht und die Staatsbürgerschaft entzogen. Sie waren arme, rechtlose Ausländer ohne Besitz und mussten ihre Arbeitskraft für sehr geringe Löhne verkaufen. 1964 wurde ein Repatriierungsabkommen *Entzug der Staatsbürgerschaft* mit Indien geschlossen, das die Übersiedlung von jährlich 40.000 Indien-Tamilen zum Inhalt hatte. Insgesamt wurden 350.000 Tamilen von vorgesehenen 525.000 bis zum Ende des vereinbarten Termins im Oktober 1981 nach Indien deportiert.

Die Moors

Muslimische Händler an der Küste

Die Moors, wie die Portugiesen sie nannten, sind arabischer und persischer Abstammung. Als Händler sind sie **seit dem 8. Jh.** eingewandert und haben sich fast ausschließlich in den Küstenstädten festgesetzt, vornehmlich in Puttalam, Colombo, Kalutara und Galle, Hambantota, Batticaloa und Trincomalee. Ihre bevorzugte Sprache ist Tamil.

Sie gehören der islamischen Religion an. Ihre Moscheen findet man entlang des Küstenstreifens. Als Minderheit fügen sie sich in die Gesellschaft ein und gehen unauffällig ihren oft einträglichen Geschäften nach. Im Wirtschaftsleben der Insel spielen sie eine entscheidende Rolle. Der Handel mit Edelsteinen und wichtige Branchen des Außenhandels sind fest in ihren geschäftstüchtigen Händen.

Die Burgher

Nachkommen der Europäer

Die Burgher (holländisch: Bürger) sind Nachkommen von Portugiesen, Holländern und anderen Europäern, die sich mit Einheimischen vermischt haben. Sie werden von keiner Volksgruppe so recht anerkannt und spielen in der Gesellschaft oft eine unglückliche Rolle.

Die Weddas

Urbevölkerung

Es gibt von der **Urbevölkerung Sri Lankas**, den Weddas, zwar nur noch wenige (1953 wurden 800 gezählt), die ihren angestammten Gewohnheiten nachgehen, aber gerade weil ihr völliges Erlöschen kurz bevorsteht, ist diese archaische Ethnie für die Völkerkundler von besonderem Interesse.

Ihre Erscheinungsmerkmale sind: oftmals geringe Körpergröße, eine dunkelbraune Hautfarbe, gewelltes bis krauses Haar, breite Backenknochen, breite Lippen, oft ein fliehendes Kinn, eine flache Nase und tief liegende Augen. Da die Anthropologen als erstes in Sri Lanka auf diese Menschen stießen, wurden auch andere vergleichbare Dschungelstämme Südasiens mit der Entwicklungsstufe der Weddas unter der Gesamtbezeichnung Weddiden zusammengefaßt. So wie hier in Sri Lanka zogen sich auch in Malaysia und auf Celebes (Sulawesi) die wenigen verbliebenen Ureinwohner in die Unzugänglichkeit der Dschungelberge des tropischen Regenwaldes zurück, um dem Druck der technisch und wirtschaftlich fortgeschrittenen Völker auszuweichen. Als umherstreifende **Jäger und Sammler** ist ihr Lebensraum in Sri Lanka auf ein kleines Terrain im Gal-Oya-Gebiet im Osten der Insel zusammengeschmolzen. In Höhlen, die vor kurzem noch von den Weddas bewohnt waren, wurden Funde ans Licht gefördert, die für die Altsteinzeit typisch waren. Noch zu Anfang des 20. Jh. bezogen die aus drei bis fünf Familien bestehenden Wedda-Gruppen ihren Nahrungsbedarf ausschließlich aus der Wildnis. Die natürlichen Nahrungsquellen waren:

- Honig der Felsenbienen, mithilfe von Strickleitern, über die Felswände gehängt, geerntet,
- Knollen, mit Grabstöcken freigelegt,
- Früchte des Urwalds,
- Fleisch vom Wild, mit Pfeil und Bogen erlegt,
- Fische, durch Vergiften des Wassers betäubt.

Als Unterschlupf dienten Windschirme und Höhlen aus Zweigen. Heute führen die Weddas nicht mehr ausschließlich das Nomadenleben der Jäger und Sammler. Sie treiben auch primitiven Brandrodungsfeldbau oder arbeiten auf den Feldern der Singhalesen.

Die Weddas glauben an **Götter und Geister**, die den Menschen helfen oder schaden können und die gnädig gestimmt werden müssen. Den Menschen am nächsten stehen die Geister der Verstorbenen. Es gibt bestimmte Männer, die im Trancezustand die Brücke zwischen den Lebenden und den Verstorbenen herstellen können. Die Weddas glauben, dass die Geister der Verstorbenen die guten und schlechten Taten der Lebenden auf der Erde sehen können. Leider wurden die Weddas durch verschiedene Dammbauten aus ihren angestammten Gebieten im Osten der Insel vertrieben.

Sitten und Gebräuche

Die entscheidende Veränderung in der Kulturgeschichte war die Einführung des Buddhismus 247 v. Chr. Der in Sri Lanka praktizierte Buddhismus ist seiner ursprünglichen Form nach sehr rein und unverfälscht, weshalb die Insel das Ziel zahlreicher Pilgerfahrten ist. Besucher, die zu den Heiligtümern, Tempeln und anderen Wallfahrtsstätten kommen, sollten dezent gekleidet sein. Mindestens knielange Kleidung ist angemessen. Vor dem Betreten der Heiligtümer müssen die Schuhe ausgezogen und Kopfbedeckungen entfernt werden.

Farbenfrohe religiöse Feste finden in allen Teilen des Landes statt. Zu den berühmtesten Festen in ganz Südostasien zählt das **Esala-Perahera-Fest in Kandy** mit seinen großen Elefantenprozessionen, das alljährlich zur Vollmondzeit im Juli oder August stattfindet. Ein Eckzahn Buddhas wird als Reliquie auf dem Rücken des heiligen Elefanten zu laut tönender Musik durch die blumen-

Farbenfrohe religiöse Feste

geschmückten Straßen Kandys getragen, begleitet von Hunderten kostbar geschmückten weiteren Elefanten und hohen Würdenträgern.

Im Februar zieht anlässlich des seit 1979 veranstalteten **Navam Perahera** eine prachtvolle Prozession mit vielen Elefanten vor den Gangarama-Tempel in Colombo. Im Mai ist zur Vollmondzeit das **Wesak** angesagt: ein Fest zu Ehren von Geburt, Erleuchtung und Tod Buddhas. Es wird im ganzen Land mit Fackelzügen, Puppen- und Freilichtaufführungen sowie Tempelbesuchen gefeiert. Das **Nallur-Festival** findet von August bis September statt. Tausende von Hindus besuchen dann den Tempel in Nallur bei Jaffna, um Gelübde zu erfüllen und an den Zeremonien teilzunehmen. Insgesamt dauert das Fest 25 Tage, wobei die letzten vier Tage in großem Rahmen gefeiert werden.

Kunst(geschichte) Sri Lankas

Schwerpunkte: Architektur und Plastik

Die Kunst Sri Lankas ist von derjenigen des Subkontinents Indien mitgeprägt worden. Religion, Kultur, Kunst und Sozialgefüge sind in Sri Lanka ineinander verwoben. Besonders durch die Impulse des Buddhismus und teilweise der Einflüsse des Hinduismus sind in erster Linie in der Architektur und der Plastik bedeutende Werke entstanden. Fast alle kunsthistorisch sehenswerten Kulturdenkmäler befinden sich im sogenannten „**kulturellen Dreieck**", dessen Eckpunkte die alten Königsstädte Anuradhapura, Polonnaruwa und Sigiriya bilden.

Auch in der (Bau-)Kunst der Neuzeit gibt es Rückgriffe auf die Religionsgeschichte

Klosteranlagen

Wenn es sich nicht gerade um Höhlenklöster handelt, setzen sich buddhistische Klosteranlagen meist aus folgenden Elementen zusammen: Dagoba, Bodhi-Baum, Steinthron und Statuenhaus.

Dagoba

In der Architektur haben sich eigenartige Bauwerke herausgebildet, die in Sri Lanka meist „Dagobas" genannt werden. Diese Bauwerke erheben sich auf einer kreisförmigen Basis (*Medhi*), auf Stufen von vier Seiten erreichbar. Auf dieser Grundfläche steht ein mehr oder weniger halbkugelförmiger, massiver Steinbau, der sogenannte Dom (*Andra*). Den Stufen gegenüber springen aus dem Dom Altäre oder kleine Statuenhäuser (*Vahalkadas*) hervor. Auf dem Dom ist ein viereckiger Aufsatz (*Hamika*) angebracht, der eine Spitze (*Chattra*) trägt. Diese wiederum wurde in der Vergangenheit meist von einem vergoldeten oder mit Edelsteinen verzierten Abschluss (*Kota*) gekrönt.

Symbolische Bedeutung einer Dagoba
Die Lehre des Erleuchteten, Gautama Buddha, war im Ursprung eine völlig abstrakte Lehre, der jeder Personenkult fremd war. Erst die Mahayana-Richtung (s. S. 93), die die Lehre auch dem Volk öffnete, rang um Formgebung und Symbolik. Alten Traditionen folgend, die bis in die frühgeschichtliche Zeit zurückgingen, hat sich aus dem Vorbild der Grabhügel eine steinerne Halbkugel herausgebildet, die das „Weltei" (*Udara*) darstellen soll. Der darauf ruhende Aufsatz soll den Wohnsitz der Götter andeuten, und die daraus emporragende Spitze soll die Weltachse symbolisieren.

Ursprüngliche Funktionen der Dagoba
Ursprünglich dienten die Dagobas (auch Stupas, Thupas, Cetiyas genannt) als Reliquienschreine und Grabanlagen, in denen Asche bzw. Gebeine Buddhas oder anderer Heiliger und heilige Schriften aufbewahrt wurden. Später gab es nicht mehr genügend dieser Reliquien, deshalb wurden die Dagobas zu Orten der Meditation und Andacht.

Dagoba - Formen

Blasenform *Glockenform* *Topfform* *Reishaufenform*

Formen der Dagoba
Im Lauf der Geschichte haben sich in Sri Lanka Formen der Dagobas herausgebildet, die an Ästhetik diejenigen des Ursprungslands Indien übersteigen.

Man unterscheidet in Sri Lanka **vier Formen**:
Blasenform (*Bubbulakara*), Glockenform (*Ghantakara*), Topfform (*Ghatakara*), Reishaufenform (*Dhanyakara*).

In Sri Lanka können heute nur noch die Blasenform und die Glockenform festgestellt werden. Man schließt aus Funden von Miniatur-Dagobas auf die übrigen Formen.

Bodhi-Baum (Ficus religiosa)

Der Baum der Erleuchtung

Unter einem Bodhi-Baum (Pappelfeige) in Uruvela/Nordindien (heute Bodh Gaya) hat Gautama Buddha seine Erleuchtung erfahren. Ableger dieses Baums gelangten auch nach Sri Lanka. Die Schößlinge des heiligen Baums wurden von den Mönchen auf erhöhte Terrassen der buddhistischen Klöster gepflanzt. So sind Bodhi-Bäume zum festen Bestandteil fast aller buddhistischen Klosteranlagen geworden.

Steinthron (Asana)

Unter den Bodhi-Bäumen einer Klosteranlage findet sich stets ein Steinthron, auf ihm steht heute meist eine Buddha-Statue.

Statuenhaus (Pilimage)

Als sich die figürliche Darstellung des Gautama Buddha immer mehr durchsetzte, musste man diese Bildnisse, Statuen und Reliquien unter Dach und Fach bringen. Es entstanden Statuenhäuser, überdachte Tempel, die im Laufe der Zeit immer größere Ausmaße annahmen. Es bildeten sich Sonderformen heraus, z. B.:

- Der **Rundtempel** (Vatadage)
In Sri Lanka entwickelte sich nach dem Vorbild indischer Rundtempel der Vatadage. Das ist ein auf Pfeilern ruhendes, rundes Bauwerk mit einer Dagoba, die von einem Dach beschirmt war. Da diese Dächer überwiegend aus Holz bestanden, haben sie die Zeiten nicht überdauert.

- Der **Tempel des Zahns** (Dalada Maligawa)
Im 4. Jh. n. Chr. wurde die Zahnreliquie Gautama Buddhas von Indien nach Sri Lanka gebracht. Sie wurde zum Machtsymbol des singhalesischen Königtums. Die verehrte Reliquie wurde im Laufe der Geschichte an verschiedenen Orten aufbewahrt (s. S. 272). Für diese äußerst wertvolle Reliquie wurden jeweils

Auf dem Weg zum Zahntempel in Kandy

besonders prächtige Tempel gebaut. Zzt. befindet sich die Zahnreliquie in Kandy, der jüngsten singhalesischen Königsstadt.

Buddha-Statuen

Bei den weit übers Land verbreiteten Buddha-Statuen wird auffallen, dass der Erleuchtete in **verschiedenen Posen** dargestellt ist. Wer die Statuen noch genauer betrachtet, kann anhand der Handhaltungen eine noch weiter verfeinerte Symbolik erkennen. Die wichtigsten Gesten (*Mudras*) sind:

Die Geste des Drohens (*Tarjani Mudra*)
Der ausgestreckte Zeigefinger wird als Drohgebärde gegen Schreckensgottheiten angewandt.

Die Geste der Erdanrufung (*Bhumisparsha Mudra*)
Als Gautama Buddha unter dem Bodhi-Baum von Bodh Gaya meditierte und er der Anfechtung ausgesetzt war, rief er die Erde als Zeugin dafür an, dass er stets bemüht war, nach der Wahrheit zu streben. Diese Pose wird auch die Geste des Unerschütterlichen genannt.

Die Geste der Furchtlosigkeit (*Abhaya Mudra*)
Der stehende Buddha lässt den linken Arm herabhängen. Seine rechte Hand ist erhoben und weist mit der Handfläche nach vorne.

Die Geste der Erdanrufung bei einem Buddha im Gangarama Temple in Colombo

Die Geste des Gebets oder Grußes (*Namaskara Mudra*)
Die Handflächen werden zusammengelegt und mit den spitz nach oben gehaltenen Fingerspitzen vor der Brust gehalten.

Die Geste der Meditation (*Samadhi Mudra*)
Der sitzende Buddha ist in tiefe Meditation versunken. Seine Beine sind übereinander gelegt – mit den Fußsohlen nach oben –, die Hände ruhen mit ebenfalls nach oben gekehrten Handflächen in seinem Schoß. Dies ist die wichtigste und häufigste Pose. Sie zeigt Gautama Buddha im Augenblick der Erleuchtung.

Die Geste des Predigens, stehend (*Vitarka/Varada Mudra*) und sitzend (*Bhumisparsa Mudra*)
Der stehende Buddha hält den linken Arm am Körper oder rafft das Gewand. Der rechte Arm ist gebeugt, und die rechte Hand bildet mit Daumen und Zeigefinger einen Kreis. Dieser symbolisiert das Rad der Lehre, das er mit seiner Predigt in Benares (Nordindien) in Gang gesetzt hat. Der sitzende Buddha hat die Beine übereinander gekreuzt. Die Finger seiner rechten Hand bilden ebenfalls einen Kreis.

Die Geste des Segnens (*Asisha Mudra*)
Der stehende Buddha rafft mit der linken Hand die Robe an der Schulter, während die rechte Hand mit der Schmalseite nach vorne zeigt (große Buddha-Statue von Aukana, s. S. 333).

Stilelemente von Kultbauten

Wächterstelen

Man findet sie in Sri Lanka an den Eingängen von Sakralbauten. Von schlichten, glatten Steinen entwickelten sie sich zu verzierten Kunstwerken mit Darstellungen beispielsweise von Zwergen (*Ganas*), Dienern des Gottes des Kuvera (Gott des Reichtums) und beschützenden Schlangengöttern (*Nagarajas*).

Mondsteine

Dies sind halbkreis- oder halbmondförmige Schwellensteine, in ihrer Vollendung auch die „schönsten Fußmatten der Welt" genannt. Sie sind mit Tierfiguren und Pflanzenornamenten verziert. In der Königstadt Anuradhapura ist die ursprüngliche Bedeutung der einzelnen Figurenbänder noch nachvollziehbar.
- Die äußeren Tierbögen verkörpern die unterste Stufe irdischen Lebens, wobei die Tiere die vier Grundübel der Menschheit – Unglück, Krankheit, Alter und Tod – darstellen sollen.
- Der Bogen der Gänse soll den Aufbruch des Menschen von zu Hause darstellen, um den Weg der Erkenntnis zu beschreiben.
- Die Lotosblumen schließlich symbolisieren die Reinheit, die nötig ist, um letztlich den Eingang ins Nirwana zu finden.

In Polonnaruwa ist die ursprüngliche Bedeutung der Mondstein-Gravuren zur reinen Ornamentik verflacht.

Die Mondsteine sind mit Tierfiguren und Pflanzenornamenten verziert (Anuradhapura)

2. REISETIPPS

Allgemeine Reisetipps A–Z

> **Hinweis**
>
> In den Allgemeinen Reisetipps von A–Z finden sich reisepraktische Hinweise für die Reisevorbereitung und den Aufenthalt in Sri Lanka. In den anschließenden Grünen Seiten (ab S. 157) sind Preisbeispiele für den Sri-Lanka-Aufenthalt aufgeführt. Der Reiseteil (ab S. 160) informiert bei den jeweiligen Orten und Attraktionen detailliert über Infostellen, Sehenswürdigkeiten, Unterkünfte, Restaurants, Verkehrsmittel, Geschäfte, Sportmöglichkeiten und andere Aktivitäten.
> Die Angaben in diesem Buch wurden sorgfältig recherchiert. Sollten sich dennoch einige Details geändert haben, so freuen wir uns über Anregungen und Korrekturen: info@iwanowski.de.

Alkohol und Zigaretten	110
An- und Abreise	111
Apotheken	114
Ärzte	114
Auto fahren und Verkehrsregeln	115
Ayurveda	117
Banken	119
Behinderung/ Reisende mit Handicap	119
Bettelei	119
Devisen	120
Diplomatische Vertretungen	120
Einreise	121
Einkaufen	122
Elektrizität	123
Essen und Trinken	123
Fahrrad fahren	127
Feste und Feiertage	127
Fotografieren	128
Führerschein	130
Geld	130
Gesundheit/Notfälle	130
Impfungen	132
Informationen	133
Kartenmaterial	134
Kinder	134
Kirche/Religion	135
Kleidung	135
Kreditkarten	135
Kriminalität	136
Maßeinheiten	136
Medien	137
Mietwagen	137
Nachtleben	139
Nationalparks	140
Notruf	143
Öffnungszeiten	143
Post	143
Reiseveranstalter	144
Reisezeit	144
Sicherheit	145
Sport und Erholung	145
Sprache(n)	147
Strände	147
Telefonieren/Internet	148
Trinkgeld	149
Trinkwasser	149
Uhrzeit	149
Unterkünfte	150
Verkehrsmittel	152
Versicherungen	155
Wandern	155
Zoll	155

Alkohol und Zigaretten

Wer in Jaffna versucht, eine Schachtel **Zigaretten** zu kaufen, der wird sich wundern: Es sind auf dem öffentlichen Markt keine zu haben. Wer sich weiter umschaut, wird feststellen, dass im Norden des Landes in öffentlichen Räumen nicht geraucht wird. Kein Wunder: Das Rauchen in der Öffentlichkeit ist verboten. Der bis Januar 2015 amtierende Präsident Rajapaksa bezeichnete das Rauchen als das zweite große Problem des Landes nach dem Bürgerkrieg. Immerhin ist es die zweithäufigste Ursache für Behinderungen und Sterbefälle auf der Insel.

2006 verabschiedete die Regierung den „Tobacco Control Act", zudem unterzeichnete sie als erstes süd-ost-asiatisches Land das **WHO-Rahmenübereinkommen zur Eindämmung des Tabakgebrauchs**, einen völkerrechtlichen Vertrag. Ziel des Übereinkommens ist, heutige und zukünftige Generationen vor den verheerenden gesundheitlichen, sozialen und ökologischen Folgen des Tabakkonsums und des Passivrauchens zu schützen. Ein ganzes Bündel an Maßnahmen soll den Tabakkonsum einschränken, darunter auch der in Sri Lanka sehr hohe Preis: 30 Rs. kostet eine Zigarette normalerweise; die Sri Lanker kaufen sie einzeln, um sie dann entweder heimlich oder in einem abgeschlossenen Raum wie einem Restaurant zu genießen.

Das Rauchverbot in der Öffentlichkeit wird von Region zu Region unterschiedlich strikt gehandhabt: Während im Norden wirklich niemand auf der Straße raucht und so gut wie keine Zigaretten zu haben sind, ist der Osten ein wenig flexibler, der Süden recht locker, während Colombo wieder sehr strikt ist.

Dasselbe gilt für **Alkohol**. Ex-Präsident Rajapaksa verfolgte den ehrgeizigen Plan, das Land 2015 drogenfrei erklären zu können. Dafür wurden alle Hebel in Bewegung gesetzt: Wer in der Öffentlichkeit raucht oder Alkohol trinkt, muss mit Geldstrafen von bis zu 5.000 Rs. rechnen. Wer beispielsweise im Zug von den Mitpassagieren betrunken erwischt wird, kann durchaus auch verprügelt und aus dem Zug geworfen werden – ist alles schon vorgekommen.

Wer unbedingt rauchen und Alkohol trinken möchte, sollte sich daran orientieren, was die Einheimischen tun. Am besten niemals auf offener Straße eine Zigarette anzünden oder eine Flasche Bier auspacken. Sicher sind normalerweise immer der Garten des Hotels, das Restaurant, in dem Aschenbecher auf dem Tisch stehen, und natürlich der Pub oder Club, in dem sowohl Alkohol als auch Zigaretten konsumiert werden. Dass man sich von allen anderen harten und weichen Drogen in Sri Lanka fernhalten sollte, steht bei den oben aufgeführten drakonischen Strafen außer Frage.

Allgemeine Reisetipps A–Z

An- und Abreise

Mit dem Flugzeug

Die meisten Sri-Lanka-Reisenden aus Übersee kommen per Flugzeug. Der Bandaranaike International Airport (CMB, ☏ 011-225286129, www.airport.lk) in Katunayake – rund 30 km vom Zentrum Colombos entfernt – ist bisher der einzige Flughafen des Landes mit internationaler Bedeutung. Am 18. März 2013 wurde der Mattala Rajapaksa International Airport (HRI), auch Hambantota International Airport genannt, im Süden der Insel eröffnet. Mehr als US$ 200 Mio. hatte Ex-Präsident Mahendra Rajapaksa in die Hand genommen, um den Süden Sri Lankas für den erwarteten internationalen Verkehr leichter erreichbar zu machen – und nebenbei seiner Heimatprovinz etwas Gutes zu tun. Die meisten internationalen Flieger allerdings starten und landen nach wie vor auf dem Bandaranaike International Airport.

Die Flugzeit von Mitteleuropa nach Colombo beträgt bei einem Nonstop-Flug zehn bis elf Stunden. Nonstop fliegt allerdings nur **Sri Lankan Airlines** ab Frankfurt.

Über Dubai und mit der Fluglinie **Emirates** beispielsweise verlängert sich die Flugzeit um vier bis fünf Stunden – je nach Aufenthaltsdauer beim Zwischenstopp. Dafür bietet Emirates weitere Abflugmöglichkeiten, beispielsweise München, Zürich oder Hamburg. Ähnliches gilt für Flüge mit dem Carrier **Qatar Airways**, hier gibt es einen Zwischenstopp in Doha. **Etihad Airways** macht einen Zwischenstopp in Abu Dhabi.

Die Flugpreise liegen je nach Saison zwischen 500 und 900 Euro.

Fluglinien
Emirates (www.emirates.com)
- Flughafen Frankfurt, Terminal 2, Abflughalle E, 60549 Frankfurt, ☏ +49-699-45192000
- Sri Lanka, ☏ +94-11-4704070

Etihad Airways (www.etihad.com)
- Palais am Jakobsplatz, Oberanger 34–36, 80331 München, ☏ +49-89-44238888
- World Trade Center, Level 3, East Tower, Colombo 01, ☏ +94-11-4766500

Qatar Airways (www.qatarairways.com)
- Schillerstraße 20, 60313 Frankfurt, ☏ +49-69-25739812
- World Trade Center, Level 3, West Tower, Colombo 01, ☏ +94-11-5570000

Sri Lankan Airlines (www.srilankan.com)
- Lurigiallee 6–8 d, 60439 Frankfurt am Main, ☏ +49-69-90439010
- World Trade Center, East Tower, Colombo 01, ☏ +94-10-735555

Allgemeine Reisetipps A–Z

Klimabewusst nach Sri Lanka

Ein Blick auf den Online-Emissionsrechner unter www.atmosfair.de zeigt: Für den Linienflug von Frankfurt nach Colombo fallen 1.270 kg CO_2-Emissionen an. Nimmt man Kondensstreifen, Ozonbildung und andere Effekte hinzu, so kommt der Rechner auf eine Summe von 3.730 kg CO_2. Das ist nicht wenig, wenn man bedenkt, dass das „klimaverträgliche Jahresbudget eines Menschen" bei 2.300 kg CO_2 liegt und ein Mensch in Indien auf gerade einmal 1.400 kg CO_2 im Jahr kommt.

Wer also nach Sri Lanka fliegt, hat für fast zwei Jahre sein Budget aufgebraucht – für vielleicht zwei Wochen Ferien. Urlauber, die die Folgen des Fliegens nicht ignorieren wollen, können ihr Jahresbudget bei verschiedenen gemeinnützigen oder profitorientierten Organisationen ausgleichen. Für jede Tonne CO_2 errechnen diese Klimaschutzagenturen eine freiwillige Abgabe. Dieses Geld wird gesammelt und in Klimaschutzprojekte investiert, die so möglichst die gleiche Menge Kohlendioxid einsparen sollen. **Atmosfair** ist eine der bekanntesten Agenturen. Sogar die deutsche Bundesregierung gleicht hier die Reisetätigkeit der Politiker und ihrer Mitarbeiter aus. „Diese Menge kann atmosfair für Sie in einem Klimaschutzprojekt kompensieren", heißt es dann auch im Online-Emissionsrechner, 86 Euro kostet das bessere Gewissen.

Wer eine der verschiedenen Klimaschutzagenturen unterstützen möchte, kann sich vorher genau über das jeweilige Programm informieren. Hier ein paar Adressen von Klimaschutzagenturen mit Emissionsrechnern: www.atmosfair.de, www.climatefriendly.com, www.myclimate.de.

Pauschalreisen und Online-Buchung

Etliche Reiseveranstalter, wie beispielsweise Studiosus (www.studiosus.de) oder TUI (www.tui.de), bieten Pauschalreisen nach Sri Lanka an – von der Bildungsreise mit den klassischen Highlights von Sri Lanka über den Ayurveda-Wellnessurlaub bis hin zu zwei Wochen Strand und Sonne satt. Nicht zu vergessen die Last-Minute-Angebote, die über Spezialanbieter wie L'Tur (www.ltur.com) das ganze Jahr über unter die Leute gebracht werden. Auch das heimische Reisebüro oder die zahlreichen Online-Reisebüros haben Angebote für Sri Lanka. Hier sind die Flüge teilweise günstiger als bei den Fluglinien selbst, da sich die Anbieter und Portale Kontingente gesichert haben.

Inlandsflüge

Der größte Flughafen im Inlandverkehr ist Ratmalana in Colombo. Es gibt tägliche Verbindungen zu den kleineren Flughäfen in Batticoloa, Gal Oya, Palali und Trincomalee mit kleineren Fluggesellschaften wie **Helitours** (www.helitours.lk).

Am Flughafen

Auch nach einem Direktflug von etwa zehn Stunden kommt man normalerweise ein wenig müde in Sri Lanka an. Zum Glück ist der Bandaranaike Internatio-

Nach mehr als zehn Stunden Flug freuen sich die Urlauber auf das sonnige Sri Lanka

nal Airport recht gut organisiert. Nach dem Prozedere bei der *immigration* (Einreise) geht es an etlichen Duty-Free-Schaltern vorbei zu den Gepäckbändern. In derselben Halle befinden sich auch die Bankschalter, an denen man sich zu normalen Bankkursen mit den ersten Rupees eindecken kann. Ist das Gepäck da, geht es durch den Zoll und anschließend raus aus dem Flughafengebäude. Wer sich schon vorher einen Transport organisiert hat, wird hier per Schild eingesammelt. Für alle anderen warten genügend **Taxifahrer** auf Kundschaft. Für eine Fahrt nach Colombo kann man die Fahrer oft auf ca. 1.500–2.000 Rs. herunterhandeln.

Wer mit dem **Bus** fahren möchte, hält sich vor dem Ankunftsterminal links, geht an allen Taxis und Schleppern vorbei und gelangt auf einen Parkplatz. Hier steht normalerweise der Bus 178, der ab 6 Uhr morgens regelmäßig nach Colombo fährt. 120 Rs. kostet die Reise, die seit der Eröffnung des 25,8 km langen Colombo-Katunayake-Expressway im Oktober 2013 deutlich kürzer geworden ist. Mit ein bisschen Glück ist man innerhalb einer Stunde mitten in Colombo. Der Busbahnhof befindet sich nur ein paar Meter entfernt vom Bahnhof Fort und von den Stadtvierteln Pettah und Fort.

Die sri-lankischen Behörden können Reisenden, die ihrer äußeren Aufmachung nach Anstoß erregen, die **Einreise verweigern** (zu saloppe Kleidung, lange, ungepflegte Haare usw.). Dass diese Regelung nicht nur in der Theorie existiert, musste im April 2014 die 37-jährige Britin Naomi Coleman schmerzlich erfahren. Noch auf dem Flughafengelände wurde sie festgesetzt und unverzüglich zurück in ihre Heimat England abgeschoben. Unter dem Ärmel ihres wei-

Allgemeine Reisetipps A–Z

ßen T-Shirts war deutlich eine Tätowierung zu erkennen: ein großer Buddha, der im Schneidersitz über einer Lotusblüte thront. Dies wurde von gläubigen Buddhisten als religiöser Affront gesehen.

Mit dem Schiff

Regelmäßige Passagierverbindungen von Europa nach Sri Lanka gehören der Vergangenheit an. Gelegentlich liegen Kreuzfahrtschiffe im Hafen von Colombo. Die Schiffe des Anbieters Dreamlines (www.dreamlines.de) beispielsweise laufen auf den Südostasien-Rundfahrten Sri Lanka an.

Bis 1982 gab es eine Fährverbindung zwischen dem benachbarten Indien und Sri Lanka, die 2011 für ein kurzes Intermezzo wiederbelebt wurde. 2013 sollte Gerüchten zufolge die Fährverbindung zwischen der Insel Mannar im Nordwesten Sri Lankas und Rameswaram in südindischen Bundesstaat Tamil Nadu wieder aufgenommen werden. Aktuelle Gerüchte besagen, dass erst die Bahnstrecke zum Hafen Talaimannar auf Mannar wiederhergestellt sein soll, bevor der Fährverkehr erneut beginnt.

Apotheken

In den größeren Orten gibt es jeweils eine oder mehrere Apotheken. Im *drugstore* gibt es allerlei gebräuchliche medizinische Artikel, die *pharmacy* (mit einem roten Kreuz auf weißem Grund gekennzeichnet) führt zusätzlich auch importierte Medikamente. Arzneimittel aus dem Ausland sind jedoch teuer, deshalb ist es ratsam, eine eigene Reiseapotheke von daheim mitzubringen. Sie sollte mindestens Folgendes enthalten (s. auch Stichwort „Gesundheit"):
- Mittel gegen Darminfektionen
- Fiebersenkende Mittel
- Mittel gegen Erkältungen
- Insektenschutzmittel
- Verbandszeug
- Fieberthermometer
- Sonnenschutzmittel

Ärzte

Es gibt in Sri Lanka viele englischsprachige Ärzte, die sich hauptsächlich in den größeren Städten niedergelassen haben. In Colombo und Kandy kann somit die ärztliche Versorgung als gut bezeichnet werden. In ländlichen Gebieten ist die Versorgung allerdings häufig unzureichend – zumindest entspricht sie selten mitteleuropäischen Erwartungen. Wenn die Landärzte auch unzureichend aus-

Allgemeine Reisetipps A–Z

gerüstet sind, besitzen sie doch erfahrungsgemäß gute Kenntnisse und stellen sichere Diagnosen. Nicht zu vergessen ist, dass die Methoden des Ayurveda in Sri Lanka vom Ansehen her gleichbedeutend sind mit denen der Schulmedizin. Auch der Weg zum örtlichen Ayurveda-Arzt kann sich also durchaus lohnen.

In Notfällen kann man sich direkt an ein Krankenhaus wenden. Es gibt auch Privatkliniken, die meistens fortschrittlicher eingerichtet sind als staatliche Krankenhäuser. Einen recht guten Ruf genießen beispielsweise die **Asiri Hospitals** (www.asirihospitals.com):

- Asiri Surgical Hospital PLC, No. 21, Kirimandala Mawatha, Narahenpita, Colombo 05, ☏ 011-4524400
- The Central Hospital, No.114, Norris Canal Road, Colombo 10, ☏ 011-4665500
- Asiri Hospital Matara (Pvt) Ltd, No.191, Anagarika Dhamapala Mw, Matara, ☏ 041-4390900

Rechnungen sind an Ort und Stelle zu begleichen. Die Quittungen können anschließend bei der Auslandskrankenversicherung zur Erstattung eingereicht werden.

Tipp

Erkundigen Sie sich vor Reiseantritt bei Ihrer Krankenkasse nach den für Sri Lanka geltenden **Auslandsversicherungsbedingungen** und im Reisebüro nach entsprechenden Zusatzversicherungen. Mit den gesetzlichen Krankenkassen besteht kein Abkommen zum Krankenversicherungsschutz. Vor allem beim Krankenrücktransport, bei der Zuzahlung für Medikamente und bei einem Krankenhausaufenthalt können hohe Kosten anfallen.

Auto fahren und Verkehrsregeln

In Sri Lanka herrscht nach alter englischer Tradition **Linksverkehr**. Überholt wird auf der rechten Seite, und beim Abbiegen gilt links vor rechts. Das Lenkrad befindet sich auf der rechten und der Schalthebel auf der linken Seite. Die Umstellung auf den ungewohnten Linksverkehr ist für die meisten Mitteleuropäer am Anfang sicherlich etwas ungewohnt, aber kein unüberwindliches Problem. Innerhalb geschlossener Ortschaften beträgt die erlaubte Höchstgeschwindigkeit für PKW 50 km/h und außerhalb geschlossener Ortschaften gilt meist 75 km/h. Innerhalb Colombos sind 40 km/h angesagt. Bei Verstößen gegen die Geschwindigkeitsbegrenzungen drohen hohe Geldstrafen.

Die Fahrweise der Einheimischen mutet für Touristen oft sehr abenteuerlich an. Besonders in Colombo und in anderen größeren Städten ergeben sich oft

Tägliches Verkehrschaos auf dem Weg zum Bahnhof in Kandy

beängstigende Augenblicke im dicht gedrängten Straßenverkehr. Wer unter diesen Bedingungen nicht selbst fahren möchte, kann ein Leihfahrzeug mit Fahrer mieten (s. S. 138). Eine Alternative ist die Anmietung eines **Scooters**: Diese kleinen Motorräder mit 90 ccm sind flotte Flitzer und eine gute Alternative zum Auto. Natürlich sollte man den Umgang mit einem Motorroller wenigstens ein bisschen gewöhnt sein …

Wer ein Fahrzeug zum Selbstfahren mieten möchte, benötigt offiziell einen internationalen Führerschein sowie eine temporäre Fahrerlaubnis für Sri Lanka (s. S. 138). Allerdings kommt es auch vor, dass Urlauber lediglich einen deutschen Führerschein vorzeigen und anschließend trotzdem problemlos weiterfahren können.

Bei der Einreise mit dem eigenen Auto muss ein „Carnet de Passage" vorgelegt werden, das man beim ADAC erhält.

Auf Sri Lanka sind die Landstraßen schmal und kurvenreich. Häufig läuft Vieh über die Fahrbahn. Radfahrer (im Dunkeln ohne Beleuchtung), spielende Kinder und auch die Fahrweise der Einheimischen machen das Autofahren zu einer nervenaufreibenden Angelegenheit. Die Asphaltdecken der Landstraßen sind zwar oft sehr uneben, aber zum größten Teil in passablem Zustand. Mittelstreifen sind nicht immer vorhanden. Die Randbefestigungen lassen zu wünschen übrig. Tankstellen (*filling stations*) gibt es im gesamten Land in ausreichender Anzahl.

Die **Expressways** dürfen nicht von allen Fahrzeugtypen befahren werden. Zudem werden für die Benutzung Gebühren fällig (Maut). Große Schilder an den Einfahrten zu den Expressways weisen darauf hin.

Ayurveda

„Ayurveda" bedeutet „Wissen vom Leben". Der Schwerpunkt liegt dabei auf der Gesundheitsvorsorge und der Therapie von Erkrankungen. Der wichtigste Faktor bei der Erhaltung der Gesundheit ist nach Ansicht der ayurvedischen Weisen das Glücklichsein.

Die ayurvedische Gesundheitsvorsorge und Therapie jeder Erkrankung basiert auf vier Säulen: einer gesunden, vollwertigen und konstitutionsangepassten Ernährung, einer gesunden (stressfreien) Lebensweise, Yoga-Asanas und Atemübungen sowie einer gesundheitsorientierten, konstitutionsangepassten Form der Bewegung.

Grundlage für die Gesundheitsvorsorge wie für die Therapie ist die Bestimmung der individuellen Konstitution (*Prakriti*) und der vorhandenen Störungen (*Vikriti*), denn jeder Mensch ist hinsichtlich seiner Lebensumstände und seiner Konstitution einzigartig. Die ayurvedische Lehre beschreibt, wie Krankheiten und Leiden vermieden und wie Körper, Geist und Seele im Gleichgewicht gehalten werden können. Die traditionelle ayurvedische Medizin bietet dafür eine

Ayurveda ist der Gegenpol zum oft stressigen und lauten Alltag in Sri Lanka

Allgemeine Reisetipps A–Z

Bei Ayurveda geht es um die Balance von Körper, Seele und Geist

große Anzahl an Mitteln, darunter Wurzeln, Baumrinde, Blätter und Früchte. Rund 1.500 Medizinpflanzen gibt es in Sri Lanka, 70 % davon gibt es nur hier.

Die Balance von Körper, Geist und Seele soll also hergestellt werden. Es gilt, die verschiedenen *Doshas* (Elemente) im Menschen auszugleichen und ins Gleichgewicht zu bringen. Bei den *Doshas* handelt es sich um *Vatha* (Luft), *Pitha* (Feuer) und *Kappha* (Erde). Ayurveda ist eine Frage des Lebensstils, des positiven Denkens und der Meditation. Das heute so aktuelle Thema Stressreduktion spielt dabei eine große Rolle. Krankheiten werden nicht isoliert betrachtet, sondern mit einem ganzheitlichen Ansatz gesehen.

Wer über eine Ayurveda-Kur in Sri Lanka nachdenkt, sollte zunächst in der eigenen Region nach einer Möglichkeit suchen, einen Einblick in diese Heilmethode zu bekommen, beispielsweise beim Heilpraktiker, Ayurveda-Therapeuten, in speziellen Restaurants oder Kochkursen. Auch mancher Schulmediziner hat ein offenes Ohr für das Thema. Wer sich dann für den Ayurveda-Aufenthalt in Sri Lanka entscheidet, sollte die Prospekte und Websites der einschlägigen, auf Ayurveda spezialisierten Anbieter anschauen und sich ein Bild über die Ernsthaftigkeit und Ausrichtung der Angebote machen. Zu beachten ist, dass nicht nur die Behandlung, sondern auch die Unterkunft möglichst den eigenen Vorstellungen entsprechen sollte. In Internetforen kann man nach Erfahrungsberichten von Menschen suchen, die schon an den jeweiligen Orten gewesen sind.

Wohin zur Ayurveda-Kur?

Die meisten Ayurveda-Unterkünfte in Sri Lanka befinden sich an der Westküste, von Beruwala aus in Richtung Süden. Jenseits der bekannten Hochburgen Beruwala und Bentota sind z. B. folgende Anbieter zu empfehlen:

Lawrence Hill Paradise, Hikkaduwa, s. S. 211.
Plantation Villa, Hikkaduwa, s. S. 212.
Barberyn Beach Ayurveda Resort, Weligama, s. S. 238.
Rainforest Lodge, Deniyaya, s. S. 298.

Banken

Die größte Bank Sri Lankas ist die Bank of Ceylon, die mit ihren Filialen übers ganze Land verteilt ist. Daneben gibt es beispielsweise die Commercial Bank, die Hatton National Bank, die People's Bank oder die Seylan Bank. Alle haben ihre Filialen über ganz Sri Lanka verteilt, oft sind auch Geldautomaten dabei. Geöffnet sind die Banken normalerweise Mo–Fr 9–13 oder 9–15 Uhr, einige haben auch am Samstag geöffnet. Hier kann man Bargeld und Reiseschecks umtauschen oder mit Kreditkarten Bargeld abheben. Nicht zu vergessen sind die kleinen Wechselbüros, die als „Money Changer" in mancher Einkaufs-Mall oder als Teil eines Juwelierladens zu finden sind. Häufig ist der Bargeld-Wechselkurs hier besser als der offizielle Bank-Kurs.

Behinderung/Reisende mit Handicap

Leider ist Sri Lanka kein ideales Land für Reisende mit einer körperlichen Behinderung. Der öffentliche Nah- und Fernverkehr ist nicht auf Rollstühle ausgelegt. Die Einstiege von Bussen und Bahnen sind eng und hoch, man muss also auf gemietete Kleinbusse oder andere Fahrzeuge ausweichen. Auch die Straßen und Fußwege haben ihre Tücken, z. B. mannsgroße Löcher im Fußweg oder plötzlich um die Ecke schießende Tuk-Tuks …

Nur in bestimmten größeren Strand-Resorts gibt es ein oder mehrere behindertenfreundliche Zimmer mit breiten Türen und großzügig ausgebauten Bädern.

Ein ganz gutes Portal, um sich einen Überblick über die Möglichkeiten in Sri Lanka zu verschaffen, ist: www.behindertengerechte-reisen.com.

Bettelei

Wer erstmalig Sri Lanka bereist, wird möglicherweise verunsichert oder auch genervt sein von der Bettelei und dem häufigen Angesprochenwerden. Der Umgang mit diesem Thema ist eine Frage der persönlichen Einstellung und des „Bauchgefühls" in der konkreten Situation. Einerseits gibt es wirklich viele Menschen, die ohne das erbettelte Geld nicht genug zu essen haben. Andererseits nutzen auch viele „Berufs-Bettler", die teils sehr hartnäckig und penetrant werden können, die Unwissenheit und das Mitleid der Touristen aus. Bei nicht erkennbarer Not und gleichzeitig sehr hartnäckiger Bettelei sollte man also besser nichts geben. Es ist zudem ein schlechtes Signal für die Bevölkerung, wenn durch Bettelei schneller und leichter Geld zu verdienen ist als durch Arbeit. Auf keinen Fall sollten Kugelschreiber (*school pens*), Bonbons usw. an Kinder verteilt werden, da der Handel mit diesen Waren in der Regel den Schulbesuch eher verhindert.

Devisen

Wer mehr als den Wert von US$ 10.000 in Fremdwährung bei der Einreise mit sich führt, muss das deklarieren. Hat man bei der Ausreise noch Rs. übrig, kann man diese am Flughafen zurücktauschen. Eventuell werden Belege über den Eintausch verlangt, diese also nicht wegwerfen.

Diplomatische Vertretungen

In der Bundesrepublik Deutschland
- Botschaft der Demokratischen Sozialistischen Republik Sri Lanka, Niklasstraße 19 14163 Berlin, ☏ 030-80909749, www.srilanka-botschaft.de.
- Generalkonsulat von Sri Lanka, Lyoner Straße 34, 60528 Frankfurt am Main, ☏ 069-66053980, www.srilanka-konsulat.de.

In Österreich
- Botschaft von Sri Lanka, Weyringergasse 33, 1040 Wien, ☏ 01-5037988, www.srilankaembassy.at.

Surfer am Weligama Beach

In der Schweiz
- Generalkonsulat von Sri Lanka, Rue de Moillebeau 56, 1209 Genf, ☏ 022-9191250.

Außer an den gesetzlichen Feiertagen der jeweiligen Länder sind die Botschaften und die Generalkonsulate noch an sri-lankischen Feiertagen geschlossen.

In Sri Lanka
- Deutsche Botschaft, 40, Alfred House Avenue, Colombo 3, ☏ 011-2580431, www.colombo.diplo.de/Vertretung/colombo/de/Startseite.html. Öffnungszeiten: Mo–Do 7.30–16, Fr 7.30–13 Uhr.
- Österreichisches Honorarkonsulat, Colombo 2: 424, Car Mart Building, Union Place, Colombo 2, ☏ 011-2691611, austriacon@sitnek.lk.
- Schweizerische Botschaft, Colombo: 63 Gregory's Road, Colombo 7, ☏ 011-2695169, www.eda.admin.ch/colombo.

Einreise

Seit dem 1. Januar 2012 gibt es das „Electronic Travel Authorisation System" (ETA). Dadurch ist die Einreise ein wenig einfacher geworden, denn ausländische Besucher müssen sich nach dem langen Flug nicht mehr in die „Visa-on-arrival"-Schlange einreihen. US$ 30 (ca. 23 €) kostet das Online-Prozedere, das denkbar einfach unter www.eta.gov.lk abläuft: die Fragen beantworten, per Kreditkarte das Geld überweisen, und kurz darauf ist das Visum per E-Mail da.

Bei der Ankunft in Sri Lanka erhalten Touristen dann von den *immigration authorities* einen Stempel in ihren Reisepass, der sie zu einem Aufenthalt bis zu 30 Tagen berechtigt. Der Reisepass muss dafür noch mindestens sechs Monate gültig sein. Wer erst bei der Einreise das Visum beantragt, zahlt einen Aufpreis von US$ 5.

Ist von vornherein ein längerer Aufenthalt geplant oder wird eine Aufenthaltsverlängerung notwendig, muss dies vor der Reise bei der jeweiligen Botschaft oder beim Konsulat bzw. rechtzeitig vor Ablauf der ersten 30 Tage beim Department of Immigration and Emigration (Ananda Rajakura Mw., Madarena, Colombo 10, ☏ 011-53290000) beantragt werden. Die Erteilung liegt im Ermessen der dortigen Behörde.

Visum für den Norden

Für den Besuch der Northern Province benötigen ausländische Touristen derzeit eine besondere Genehmigung. Anträge müssen auf Englisch per Fax (📠 011-2328109) oder E-Mail (modmlo@defence.lk) beim Verteidigungsministerium eingereicht werden. Weitere Infos unter: www.defence.lk.

Allein reisende Minderjährige benötigen einen mindestens noch sechs Monate gültigen Kinderausweis mit Passbild, falls dieser altersmäßig noch erlaubt ist, oder einen ebenfalls mindestens noch sechs Monate gültigen Reisepass. Im Kinderausweis muss die Nationalität eingetragen sein.

Einkaufen

Wer aus Sri Lanka zurück in die Heimat kommt und keine Souvenirs mitbringt, hat wahrscheinlich etwas falsch gemacht. Tee und Gewürze sind ein Muss, aber es gibt noch viel mehr zu entdecken. Einiges sollte allerdings beim Kauf beachtet werden:

- Schmuck und Edelsteine sollten nur in seriösen Geschäften gekauft werden. Die Reinheit und das Gewicht (Karat) der Edelsteine werden hier auf der Quittung bescheinigt. Am Strand und auf der Straße angebotene Waren sind mit einiger Wahrscheinlichkeit Fälschungen. Betrügerische Händler erzählen Lügenmärchen und rührende Geschichten, um Touristen zum Kauf zu bewegen.
- Batiken sind oft in guter Qualität als Blusen, Kleider, Röcke, Tücher und Wandbehänge erhältlich. Die Batik-Handwerkskunst stammt aus Indonesien und wird seit rund 50 Jahren in Sri Lanka praktiziert. Dabei werden die Muster zunächst auf den Stoff gezeichnet. Die Teile, die nicht eingefärbt werden sollen, werden mit Wachs bedeckt, dann wird der Stoff in das gewünschte Farbbad getaucht. Anschließend wird das nächste Farbmuster aufgetragen, wieder die nicht zu färbenden Teile mit Wachs abgedeckt, die nächste Färbung beginnt, usw. Bis zu acht verschiedene Färbungen erfolgen. Es ist wichtig, dass Farben aus Europa verwendet werden, weil beispielsweise Farben aus Indien sich mit der Zeit auswaschen (s. S. 328 „Batik-Herstellung").
- Holzmasken: Die bekanntesten Maskenschnitzer der Insel sind im Dorf Ambalangoda an der Südwestküste Sri Lankas zu finden (s. S. 208). Die Masken werden für die Aufführung von Tanzdramen, zur Dämonen- und Teufelsaustreibung und natürlich auch für Touristen hergestellt. Sie werden von Hand geschnitzt und bemalt. Jede Maske ist somit ein Unikat. Auch in anderen Orten auf der Insel können diese Masken erworben werden.
- Palmflechtarbeiten wie Körbe in den verschiedensten Formen und Ausführungen, Fächer, Matten, Hüte und Handtaschen werden vielerorts angeboten. Die Auswahl ist sehr groß, und die Preise sind gering.
- Messingwaren wie Kannen, Teller, Schalen und Vasen – teilweise ziseliert – werden massenhaft in vielen Souvenirläden angeboten.
- Übrige Handwerksartikel: Dazu zählen Häkel-, Strick- und feine Klöppelarbeiten, Lederartikel, Tonwaren usw. Eine große Auswahl dieser Waren findet sich bei den Filialen des staatlichen Souvenirhändlers Laksala (www.laksala.gov.lk). Zweigstellen von Laksala gibt es in Colombo, Kandy, Galle, Bentota, Hikkaduwa, Matara, Kegalle, Kurunegala, Anuradhapura, Battica-

loa und Jaffna. Diese Geschäfte übernehmen auch den Versand von Geschenkpaketen in alle Länder der Welt – vorausgesetzt, dass mit ausländischer Währung bezahlt wird.

Hinweis zum Artenschutz

Es ist verboten, Elfenbein, Schildpatt, Korallen – auch in verarbeiteter Form – sowie Tiere aus Sri Lanka auszuführen und in Deutschland, Österreich und der Schweiz einzuführen. Zuwiderhandlungen werden mit hohen Geldstrafen belegt. Derartige „Souvenirs" werden in Sri Lanka gelegentlich angeboten, man sollte also genau darauf achten, was man kauft.

Elektrizität

Die Stromspannung beträgt 230–240 Volt, 50 Hertz (Wechselstrom). Teilweise handelt es sich um Dreipunktsteckdosen, daher am besten einen entsprechenden Adapter mitbringen. Diese sind gelegentlich auch an der Hotelrezeption erhältlich. Sollte man dort keinen Erfolg haben, kann man auch mit einem Kugelschreiber in der oberen, mittleren Öffnung der Steckdose die Arretierung lösen und hat so dann die beiden benötigten Öffnungen für den eigenen Stecker frei. Dies darf natürlich **nur bei ausgeschalteter Steckdose** geschehen. Dann entfernt man den Kugelschreiber und schaltet die Steckdose ein.

Essen und Trinken

Die sri-lankische Küche ist berühmt für ihre Currys. Und die muss man einfach probieren – in allen möglichen Ausführungen, am besten in verschiedenen Landesteilen. Nicht alle sind so scharf, wie man vermuten könnte, aber es gibt durchaus auch welche, die einem die Tränen in die Augen treiben. Hier ein kleiner Überblick über das Angebot auf einer landestypischen Speisekarte:

Einheimische Küche
- Curd ist eine Art Dickmilch aus Büffelmilch. Diese sehr nahrhafte Speise wird in Tonschalen zum Verkauf angeboten. Die Dickmilch darf nicht herauslaufen, wenn man die Tonschale herumdreht, dann ist sie in Ordnung.
- Dhal besteht aus roten Linsen, die in Kokosmilch mit Trockenfisch, Zwiebeln, grünen Chilis und Salz gekocht werden. Anschließend werden noch getrocknete Chilis, Senfkörner, Gelbwurz und Öl hinzugefügt.
- Hoppers isst man gern zum Frühstück. Dieses Gericht wird aus einem Teig aus Reismehl und Kokosmilch hergestellt. Es gibt „String-Hoppers", wobei der Teig in dünne Fäden gezogen wird. Bei „Palin-Hoppers" wird der Teig in

Currys sind das Nationalgericht in Sri Lanka

einer kleinen Blechschüssel ausgebacken. Bei „Egg-Hoppers" ist ein Ei beigegeben. Zu den verschiedenen Hoppers essen die Insulaner gern Seeni-Sambal, ein Gemisch aus Trockenfisch, kleingeschnittenen Zwiebeln und verschiedenen Gewürzen.
- Kavun ist in Kokosfett gebackener Reiskuchen.
- Milchreis (Kiribath) wird besonders zum Neujahrsfest, aber auch zu anderen Feiertagen zubereitet. Er besteht aus braunem Reis, in Kokosmilch gekocht, dazu Seeni-Sambal und Currys.
- Pani Pol ist ein Gebäck aus Honig, Kokosnuss, kandierter Melone und Kardamom.
- Reis & Curry ist das Nationalgericht der Inselbewohner. Curry ist nicht etwa ein Gewürz. Currys bestehen vielmehr aus verschiedenen Zutaten wie Fleisch, Fisch, Zwiebeln, Chilis, Zimt, Safran, Kokosnussmilch und Butter. Die Zubereitung ist sehr zeitaufwendig. Normalerweise ist dieses Gericht durch die Chili-Beimischung sehr scharf – für unseren Geschmack oft unerträglich. Wassertrinken zur Abmilderung ist nicht ratsam. Das Brennen wird nur noch verstärkt. Kokosnussstücke oder Brot sowie warme Milch bringen dagegen etwas Linderung. Nicht ganz so scharf sind „White Curries". Sie werden mit viel Kokosmilch zubereitet.
- Wattalapam ist eine Nachspeise: ein Pudding aus Jaggery (braune zuckerartige Masse), Kokosmilch, Zimt und Kardamom.

Europäische Küche
- In Hotels wird meistens das sogenannte englische Frühstück serviert. Es besteht aus Toastbrot, Butter, Marmelade, Ei und Schinken.
- Bei den Hauptmahlzeiten, „Lunch" und „Dinner", versucht man, sich dem westlichen Geschmack anzupassen. Sehr gerne werden Curry-Gerichte mit Reis angeboten, die weniger scharf gewürzt sind, als es die Einheimischen mögen. Eine Delikatesse sind gut zubereitete Gerichte aus Meeresfrüchten, Fischen, Krebsen, Garnelen und Hummer.

Einheimische Getränke
- Arrack ist ein Destillat aus Palmwein und nicht, wie sonst üblich, aus Zuckerrohr. Er wird pur oder mit einer Beimischung von Cola oder Fruchtsaft getrunken.
- Bier wird in zwei Brauereien in Colombo und in Nuwara Eliya gebraut. Es ist leicht und schmeckt sehr gut. Bekannte Biermarken sind „Three Coins" und „Lions".
- Fruchtsäfte aus Zitronen, Orangen und Mangos sind sehr erfrischend.
- Softdrinks der üblichen Marken sind natürlich auch erhältlich.
- Kokosmilch der „Thambili" genannten King Coconut ist sehr gesund. Die gelben Nüsse werden an vielen Verkaufsständen angeboten. An Ort und Stelle geöffnet, sind sie immer gut temperiert – ein köstliches Getränk! Man trinkt den Saft am besten aus der frisch aufgeschnittenen Fruchthülle.
- Mineralwasser ist unter dem Namen „Soda" zu bestellen.
- Whisky, Gin und Rum stammen teilweise aus einheimischer Produktion.
- Tee ist das Nationalgetränk der Sri-Lanker (s. S. 312).
- Toddy ist ein milchfarbener Palmwein (s. S. 200).
- Wein wird nur im nördlichen Teil der Insel angebaut. In der Nähe von Jaffna gibt es ein Kloster, in dem Trappisten-Mönche den Martins-Wein, einen süßen Dessertwein, in kleinen Mengen produzieren. Andere Weine, meistens aus Frankreich, Sekt und andere Spirituosen werden eingeführt. Sie sind entsprechend teuer und werden nur in guten Restaurants und Hotels geführt.

Gewürze
Die sri-lankische Küche ohne Gewürze wäre ein Unding. Der Eigenbedarf an Gewürzen stammt aus kleinen bäuerlichen Betrieben und aus Hausgärten. Nur Zimt und Kardamom werden in größeren Mengen angebaut. Ausführliche Beschreibungen der einzelnen Gewürze ab S. 70.

Früchte
Wer einmal die schmackhaften Früchte Südasiens, speziell Sri Lankas, gekostet hat, wer die Vielzahl der Früchte auf den Märkten gesehen hat, dem wird die Erinnerung an die tropischen Köstlichkeiten Sri Lankas immer präsent bleiben. Anschließend sollen nur einige der beliebtesten Arten (alphabetisch geordnet) aufgezählt werden:
- Ananas: zwei Arten: eine grüngelbe und eine kleinere, rötliche; sehr saftig und aromatisch, guter Durstlöscher
- Avocados: grüne Frucht mit Kern, sehr fetthaltig und sättigend
- Bananen: 15 verschiedene Sorten in grüner, gelber, grauer und roter Färbung; besonders köstlich sind die kleinen roten Bananen mit süßsäuerlichem Geschmack
- Brotfrucht: wird wie Kartoffeln gekocht, sehr vitamin- und stärkehaltig
- Custard-Apfel: schuppenartige Schale, weißes bis gelbliches, süßes Fruchtfleisch

Die Auswahl an frischem Obst und Gemüse auf den Märkten ist fast unüberschaubar

- Jackfrucht: melonengroße, an Bäumen wachsende Frucht, gummiartiges Fruchtfleisch, gekocht als Gemüse oder gebraten im Curry verwendet
- Kokosnuss: außer dem vielseitig verwendbaren Fruchtfleisch liefert die Nuss die erfrischende Kokosmilch
- Mango: eine Vielzahl von Sorten mit verschiedenen Geschmacksrichtungen, sehr delikates, pfirsichartiges Fruchtfleisch
- Mangostan: apfelgroß, auberginefarbige Schale, würziger Kern, aus vier bis sechs Teilen bestehend, süßsaurer Geschmack, besondere Delikatesse
- Papaya: verschiedene Arten, birnenförmig, mit Zitronensaft beträufeltes Fruchtfleisch, sehr schmackhaft, sehr süßer, vitaminreicher Saft
- Passionsfrucht: grüngelb und pflaumengroß mit harter Schale, Inhalt geleeartig mit Kernen, süßlich-säuerlicher, köstlicher Geschmack
- Rambutan: orange-rot, walnussgroß, stachelige Haut, um einen Stein ein süßsaures, wohlschmeckendes Fruchtfleisch
- Pomelo: Zitrusfrucht, der Saft wird meist als Beigabe zu verschiedenen Speisen verwendet
- Stinkfrucht oder Durian: kopfgroß, grünliche, stachelige Haut, penetranter Gestank, aber wohlschmeckendes Fruchtfleisch
- Zimtapfel: birnenförmig, groß wie eine Pampelmuse, dünne, hellgrüne Haut mit Warzen, erfrischendes, meist säuerliches Aroma

Fahrrad fahren

Besonders in Anuradhapura und Polonnaruwa sind viele Sehenswürdigkeiten so weit verstreut, dass es sich anbietet, diese mit dem Fahrrad aufzusuchen. Auch bei einem Strandurlaub ist ein Fahrrad oft nützlich: So kann man bequem nahegelegene Nachbarorte oder einsamere Badebuchten besuchen. Auch Fahrten auf den verschlungenen Urwaldpfaden des Hinterlandes bieten sich an. In fast allen Orten werden Fahrräder zu erschwinglichen Preisen vermietet.

Feste und Feiertage

Ein Überbleibsel aus der britischen Kolonialzeit ist der Sonntag.

Der Vollmondtag jeden Monats, „**Poya**" genannt, ist ein spezieller Feiertag. Hier sollten die Menschen innehalten und am besten ein wenig meditieren. An diesem Tag gibt es offiziell keinen Alkohol zu kaufen und auch keinen Ausschank. Die Hotels machen freilich für ihre Gäste eine Ausnahme.

Die buddhistischen, hinduistischen und islamischen Feste richten sich nach den sich verschiebenden Mondphasen und sollten bei den jeweiligen Touristeninformationen aktuell erfragt werden. Hier ein nicht vollständiger Überblick:

Januar	14.: Tamil Thai-Pongal Day, das Erntedankfest der Hindus.
	Duruthu Perahera, eine farbenprächtige nächtliche Prozession im Tempel von Kelaniya bei Colombo mit Würdenträgern, Tänzern, Fackelträgern und Elefanten.
Februar	4.: National Day, der Unabhängigkeitstag mit Paraden, Spielen und Tänzen.
	Navam Perahera, eine weitere prächtige Prozession mit 100 Elefanten vor dem Gangarama Tempel in Colombo.
	Maha Sivarathri Day, ein Fest mit nächtlichen Zeremonien in allen Hindutempeln.
April	Sinhala und Tamil New Year, das Neujahrsfest, ein Familienfest, das mit neuen Kleidern, Knallfröschen und Freude über die eingebrachte Ernte gefeiert wird.
	Karfreitag, Passionsspiele auf Kirchenvorplätzen.
Mai	1.: Tag der Arbeit, gefeiert mit vielen Prozessionen und Kundgebungen.
	Wesak Full Moon Poya Day, Festival zu Ehren von Gautama Buddhas Geburt, Erleuchtung und Tod, wird im ganzen Land mit Fackelzügen, Puppen- und Freilichttheater sowie Tempelbesuchen gefeiert.
	22.: Tag der Nationalhelden, Kundgebungen in vielen Orten zur Erinnerung an die Nationalhelden.
Juni	Poson Full Moon Poya Day, zur Erinnerung an die Bekehrung des Königs Devanampiyatissa zum Buddhismus durch den Missionar Mahinda in Mihintale. Durch eine Prozession am Berg Mihintale bei Anuradhapura wird das Ereignis dargestellt. Weitere Feste finden in Anuradhapura statt.

Juli–August	Udappu Festival, Tempelfestival zu Ehren der Göttin Drupadi. Höhepunkt ist eine Zeremonie, in der Männer, Frauen und Kinder über glühende Kohle laufen.
	Dondra Festival, Tempelfest zu Ehren von Vishnu mit großem Umzug.
	Esala Perahera, wird in Kandy gefeiert und ist eines der spektakulärsten und farbenprächtigsten Festivals der Insel. Es handelt sich um die größte Prozession Sri Lankas zu Ehren der Zahnreliquie Gautama Buddhas, die in 10 Nächten und an dem folgenden Vollmondtag durch die Straßen von Kandy getragen wird, begleitet von etwa 150 Elefanten und hohen Würdenträgern. Es geht hoch her in Kandy, und es werden Extrazüge ab Colombo eingesetzt, damit möglichst viele Besucher zum Esala Perahera fahren können. Unterkünfte in Kandy sind Monate im Voraus ausgebucht.
	Kataragama Festival, zu Ehren des Hindugottes Skanda und seiner Gefährtin Valli, eine Prozession mit Elefanten und Tänzern, Pilgern aus allen Landesteilen, Hindus und Buddhisten. Einige treiben sich eiserne Haken durch die Waden und Wangen oder laufen über glühende Kohlen, ohne Schmerzen zu zeigen. Weitere große Prozessionen finden in Kotte, Chilaw (Munneswaram-Tempel), Dondra, Udappuwa (bei Chilaw), Colombo (Vel Festival) und Jaffna (Nallur) statt.
August–September	Vel Festival in Colombo, das größte Hindufestival der Hauptstadt, an dem die Waffen des Gottes Skanda mit einer prächtig geschmückten Kutsche von einem Tempel zum anderen gekarrt werden.
Oktober	Deepavali, beim Lichterfest der Hindus werden der Sieg des Guten und die Ankunft der Göttin Lakshmi gefeiert.
November	Sangamitta Day, hier wird der Tag begangen, an dem die heilige Sanghamitte einen Ableger des Bodhi-Baums nach Sri Lanka kam, unter dem Gautama Buddha die Erleuchtung fand.
Dezember	Christmas Day (25. Dezember), christliches Weihnachtsfest, das auch von anderen religiösen Gruppen mit Geschenken und festlichem Haus- und Straßenschmuck gefeiert wird.

Fotografieren

Motive gibt es in Sri Lanka genügend: tropische Landschaften, interessante Menschen, Prozessionen, exotische Tiere und eine Fülle von leuchtenden Blüten und Blumen, Strände, Berge und Urwälder, Tempel und Statuen.

Ideal ist eine robuste **digitale Spiegelreflexkamera** mit auswechselbaren Objektiven. Sehr großer Beliebtheit erfreuen sich Zoom-Objektive. Mit zwei Objektiven von 24–70 mm bzw. 70–200 mm hat man vom Weitwinkel- bis zum Telebereich eine große Palette an Möglichkeiten, die für Hobbyfotografen meist ausreicht. Für besonders gute Tieraufnahmen benötigt man ein Teleobjektiv (400 mm), ein stabiles Stativ und ein solides Blitzlichtgerät.

Eine **Systemkamera** ist eine gute Alternative, wenn man nicht zu viel Gepäck mit sich herumschleppen und trotzdem mit unterschiedlichen Brennweiten arbeiten möchte.

UV-Filter sind wegen der starken Strahlung am Strand und im Bergland keine schlechte Idee. Wer sich allerdings ein wenig mit der gängigen Bildbearbei-

Allgemeine Reisetipps A–Z

tungssoftware auskennt (z. B. Photoshop), der kann sich die Filter meist sparen und die Bilder hinterher bearbeiten. Genügend Ersatzbatterien und **Speicherkarten** sollten dagegen unbedingt dabei sein. Die Kameraausrüstung muss ausreichend vor Hitze, Feuchtigkeit, Stoß und Staub geschützt werden.

Wer **unter Wasser** mit der Kamera unterwegs ist, sollte logischerweise das eigene Equipment dabeihaben und es auch beherrschen. Fotografierende Anfänger unter Wasser sind in einer Tauchgruppe immer eine Qual für alle anderen Taucher, die „nur" schauen wollen. Für Unterwasserfotografen ist es manchmal angeraten, mit einem eigenen Guide (*Divemaster*) auf Tour zu gehen. Dieser kennt meist die besten Foto-Spots, und man hält die anderen Taucher nicht auf.

Sonstige Tipps
- Die Einwohner Sri Lankas sind in der Regel nicht fotoscheu, sie lassen sich meist gerne fotografieren. In jedem Fall ist vorher höflich anzufragen, ob ein Foto erlaubt ist. Bilder der Armut sollten nicht aufgenommen werden.
- Es sollte nicht so fotografiert werden, dass damit der Glaube der Sri Lanker verletzt werden könnte. Vor Buddhastatuen, heiligen Schreinen oder Stätten herumzualbern und dabei „Selfies" zu machen, kann umgehend zu Ärger führen.

Tolle Motive gibt es in Sri Lanka überall – manchmal muss man nur etwas genauer hinschauen

- Das Fotografieren von Soldaten oder militärischen Einrichtungen ist nicht gestattet.
- **Fotogenehmigungen** sind in Anuradhapura, Polunnaruwa und Sigiriya im Eintrittspreis enthalten. Im Tempel des Heiligen Zahns in Kandy und im Aukana-Tempel kostet die Fotoerlaubnis 1.000 Rs. extra, zu bezahlen am Haupteingang. In Colombo besteht beispielsweise im National Museum Fotografierverbot, im Dutch Period Museum sind 250 Rs. extra zu bezahlen.

Führerschein

Wer ein Fahrzeug leihen möchte, sollte einen Internationalen Führerschein sowie eine temporäre Fahrerlaubnis für Sri Lanka dabei haben (s. S. 138).

Geld

Die Landeswährung ist die Sri-Lanka-Rupie, abgekürzt: LKR oder Rs. Sie ist in 100 Cent unterteilt. In Sri Lanka herrscht auch bei der Währungsunterteilung das Dezimalsystem. Es gibt Banknoten von 10, 20, 50, 100, 500, 1.000, 2.000 und 5.000 Rupien von unterschiedlichem Format. Der Nennwert ist in Zahlen und Schrift in Englisch, Singhalesisch und Tamilisch auf beiden Seiten der Banknoten angegeben. Die Echtheit der Banknoten wird durch das Wasserzeichen des singhalesischen Löwen gewährt. Es sind Münzen von 5, 10, 25, 50 Cent und 1, 2, 5 und 10 Rupien im Umlauf.

Gesundheit/Notfälle

Die Wahrscheinlichkeit, in Sri Lanka ernsthaft krank zu werden, ist im Vergleich zu anderen tropischen Ländern verhältnismäßig gering. Auch Malaria ist deutlich auf dem Rückzug, aber man kann nie vorsichtig genug sein.

Malaria
Malaria wird durch einen Moskitostich, meistens in der Zeit zwischen Abenddämmerung und Sonnenaufgang, übertragen. In den Abend- und Nachtstunden sollte man möglichst helle, langärmlige Kleidung und lange Hosen tragen. Unbedeckte Hautstellen reibt man mit mückenabwehrenden Mitteln ein. In klimatisierten Räumen sind Türen und Fenster geschlossen zu halten. Wenn Moskitos in den Schlafraum gelangen können, ist unbedingt ein Moskitonetz zu verwenden. Dieses muss an allen Seiten unter die Matratze geschlagen werden. Abends ist im Schlafraum ein Insektenvertilgungsmittel zu sprühen.
In den touristischen Gebieten wie Colombo und den bekannten Badeorten der Westküste gibt es kein oder nur ein geringes Malariarisiko. Der Schutz vor

Moskitostichen ist die wichtigste Vorbeugungsmaßnahme gegen diese Tropenkrankheit.
Im Norden und Nordosten tritt die Malaria noch auf. Wer hier mehr Zeit verbringen will, sollte vor der Abreise den Hausarzt, das Gesundheitsamt oder ein Tropeninstitut kontaktieren. Es besteht die Möglichkeit, zusätzlich zu den o. g. Schutzmaßnahmen eine medikamentöse Malariaprophylaxe vorzunehmen. Der Arzt informiert über das derzeit erforderliche Medikament, seine Anwendung und Dosierung.

Hepatitis A
Auch wenige Tage vor der Abreise kann mit aktivem Impfstoff als Einmaldosis ein ausreichender Schutz aufgebaut werden. Reist man häufiger in Länder, in denen ein erhöhtes Hepatitis-A-Risiko besteht, empfiehlt sich eine Impfung mit Langzeitschutz (z. B. mit Twinrix nach Anweisung).

HIV
Ausländern, die im Verdacht stehen, HIV-positiv zu sein, kann die Einreise nach Sri Lanka verwehrt werden. Kurzfristige Änderungen der Bestimmungen sind möglich. Es ist überaus ratsam, sich rechtzeitig mit dem sri-lankischen Konsulat oder der Botschaft in Verbindung zu setzen. Bei ungeschütztem Sexualkontakt besteht grundsätzlich die Gefahr, sich eine HIV-Infektion oder andere schwerwiegende Infektionen zuzuziehen.

Bilharziose
Stehende Gewässer und Flüsse sind zum Baden tabu, es besteht Bilharziosegefahr (Wurmkrankheit).

Durchfallerkrankungen
Auf eine ausreichende Flüssigkeits- und Elektrolytzufuhr ist zu achten. Abgepackte Glukose-Elektrolyt-Mischungen sind im Handel erhältlich und gehören in jede Reiseapotheke.

Sonnenbestrahlung
Die Tropensonne ist stärker als beispielsweise die im Mittelmeerraum. Ein Sonnenbrand hat schon manchen Touristen die Freude an seinem Urlaub gekostet und sein körperliches Wohlbefinden stark beeinträchtigt. Besonders zu Beginn der Reise sollte man sich nicht zu lange der Sonne aussetzen. Das Tragen einer Kopfbedeckung sowie einer Sonnenbrille ist ein guter Schutz vor der starken Tropensonne. Außerdem wird dringend empfohlen, die Haut vor dem Sonnenbaden mit einem Sonnenschutzpräparat mit ausreichendem Lichtschutzfaktor einzureiben.

Kontakt mit Tieren
Jeglicher Kontakt zu streunenden Hunden, Katzen oder zutraulich wirkenden Wildtieren ist zu vermeiden, allein schon wegen der **Tollwutgefahr**.

Sonstige Tipps
- **Kochsalzbedarf** decken, besonders bei starkem Schwitzen!
- In unübersichtlichem Gelände nicht barfuß laufen. Gefahr von Schlangenbissen!
- Jede noch so kleine Wunde mit Jod oder Salben desinfizieren! In den Tropen entwickeln sich Entzündungen leichter als in gemäßigten Breiten.
- Kein ungekochtes **Wasser** trinken! Das Trinken von Leitungswasser ist riskant.
- Unzureichend erhitzte **Speisen**, nicht pasteurisierte Milchprodukte (z. B. Frischmilch, Speiseeis) sind gesundheitsgefährdend.
- Nur **Früchte**, deren Fruchtfleisch durch dicke Schalen geschützt ist, roh verzehren!

Körperliches Wohlbefinden
Für Europäer ist zu Anfang des Urlaubs oft die Hitze und besonders im Südwesten Sri Lankas auch die hohe Luftfeuchtigkeit ein Problem. Das ist ganz natürlich. Der Körper muss sich erst allmählich auf das Tropenklima umstellen. Durch das vermehrte Schwitzen entsteht ein erhöhter Bedarf an Flüssigkeit, Salzen und Mineralien. Mineralwasser, Obstsäfte, die Milch der „King Coconut", Tee, aber auch das bittersüße Ingwerbier sind sehr durstlöschend. Mit der Klimaanlage – sofern vorhanden – sollte man das Zimmer nur moderat abkühlen, sonst drohen Erkältungen.

Impfungen

Spätestens sechs Wochen vor Abreise sollte mit dem Hausarzt oder in einer reisemedizinischen Praxis der persönliche Impfplan besprochen werden. Für Sri Lanka sind bei Einreise aus Europa offiziell keine Impfungen vorgeschrieben. Empfohlen werden aber trotzdem folgende Impfungen, die im Internationalen Impfpass vermerkt werden sollten:
- **Hepatitis A**: Auch wenige Tage vor Abreise kann mit aktivem Impfstoff als Einmaldosis ein ausreichender Schutz aufgebaut werden. Nach sechs bis zwölf Monaten sollte die Impfung wiederholt werden, um einen mehrjährigen Impfschutz sicherzustellen.
- **Tetanus** (Wundstarrkrampf): Der Impfschutz sollte überprüft und ggf. aufgefrischt werden.
- **Polio** (Kinderlähmung): Der Impfschutz sollte überprüft und ggf. aufgefrischt werden.
- **Diphtherie**: Der Impfschutz sollte überprüft und ggf. aufgefrischt werden.
- **Typhus**: Bei Individualreisen unter schlechten hygienischen Bedingungen sollte spätestens zehn Tage vor Abreise mit der Injektionsimpfung (1 Dosis) oder Schluckimpfung (3 Kapseln) begonnen werden.
- **Gelbfieber**: Impfungen sind für Reisende, die sich innerhalb der letzten sechs Tage vor Ankunft in Sri Lanka in Infektionsgebieten aufgehalten oder

diese transitiert haben, zwingend vorgeschrieben. Befreit von dieser Regelung sind Kinder unter einem Jahr sowie Transitreisende, die in Sri Lanka den Flughafen nicht verlassen oder, aus infektionsfreien Gebieten kommend, ein Infektionsgebiet nur transitieren und dort den Flughafen nicht verlassen.

Informationen

In Sri Lanka
Auf der Insel gibt es sechs staatliche Touristeninformationen, die normalerweise von 9–17 Uhr geöffnet sind, am Flughafen auch länger.
- **Sri Lanka Tourism Airport**: Travel Information Center im Einreisebereich des Bandaranaike International Airport, ☏ 011-2252411. Zu viel an Information sollte man hier bei der Einreise allerdings nicht erwarten. Es liegen ein paar Broschüren aus, das Engagement des Personals hält sich in Sachen persönlicher Beratung in überschaubaren Grenzen.
- **Sri Lanka Tourism Colombo**: 80 Galle Road, Colombo 03, ☏ 011-2437059, 2437060, 2426900, 2437055. Netter kleiner Kiosk mit bunten Prospekten und motivierten Mitarbeitern. Hier liegt auch „Travellanka" aus, der offizielle Touristenführer mit nützlichen Adressen, Highlights und bunten Geschichten.
- **Sri Lanka Tourism Kandy**: Kandy City Center, L2/3 Level 2, ☏ 081-2222661, infokandy@srilanka.travel. Kleiner Info-Stand inmitten einer Einkaufsmall mit sehr engagiertem Personal und gutem Kartenmaterial zu Kandy und der Region.
- **Sri Lanka Tourism Sigiriya**: Travel Information Center, Sigiriya Museum Sigiriya. Hier gibt's hauptsächlich Infos zum kulturellen Dreieck.
- **Southern Provincial Council, Ruhunu Tourist Bureau, Galle**: Dharmapala Park, Galle (gegenüber dem Bahnhof im Park), ☏ 091-2247676, www.visit.sp.gov.lk. Hier handelt es sich um die Touristeninformation des Südens. Es gibt Prospektmaterial, Hinweise zu Unterkünften und Tipps.
- **Southern Provincial Council, Ruhunu Tourist Bureau, Bentota**: National Holiday Resort, Bentota, ☏ 091-3932157, www.visit.sp.gov.lk. Im kleinen Kiosk verteilt ein rühriger Mitarbeiter ganz brauchbare kopierte Karten zu Bentota und Umgebung. Auch praktische Tipps, beispielsweise für eine Fahrradtour oder einen Tempelbesuch, sind hier zu bekommen.

Online
- **www.srilanka.travel** ist die offizielle Website von Sri Lanka Tourism und hilft – in Ermangelung eines Büros in Deutschland – wort- und bildreich bei der ersten Orientierung und Planung eines Sri-Lanka-Aufenthalts.
- **www.sri-lanka-board.de** ist ein Forum, in dem sich Sri-Lanka-Kenner austauschen. Hier kann man manche aktuelle Info „mitnehmen".

- **www.backpacktosrilanka.com** ist eine sehr schöne private Website eines Paares, das in Sri Lanka lebt und sein Land hauptsächlich mit dem Rucksack erkundet. Hier gibt es jede Menge Infos rund ums Rucksackreisen, aktuelle Tipps bis hin zu Beschreibungen von Hostels und Unterkünften. Nur auf Englisch.
- **www.travellanka.lk** ist die Website des gleichnamigen Monatsmagazins, das in Sri Lanka in den größeren Hotels und Touristen-Informationen ausliegt. Hier gibt es umfangreiche Infos zu allen Themen, die Touristen interessieren könnten.

Kartenmaterial

Diesem Reiseführer liegt eine detaillierte Reisekarte bei. Darüber hinaus gibt es in fast allen Buchläden Karten Sri Lankas im Maßstab 1:450.000 (z. B. von Nelles oder BP). Vor Ort ist Arjuna's Tourist Map of Sri Lanka im Maßstab 1:800.000 keine schlechte Wahl. Die Karte wird alle zwei Jahre überarbeitet und kostet nur 200 Rs.

Nicht nur für Selbstfahrer wichtig: eine gute Reisekarte

Kinder

Sri Lanka ist ein kinderreiches und kinderfreundliches Land. Einerseits bringen die hohen Geburtenraten Probleme mit sich, andererseits werden die Kinder in der Regel liebevoll aufgezogen. Sri Lanka eignet sich gut für eine Reise mit

Kindern. Der Reiseplan sollte nur genügend Pausen und „freie Zeit" vorsehen, damit es für die Kinder nicht zu anstrengend bzw. zu langweilig wird. Zudem sollte man die hygienischen Aspekte, die unter dem Stichwort „Gesundheit" aufgeführt werden, natürlich besonders beachten.

Kirche/Religion

In Sri Lanka leben Angehörige mehrerer Religionen, wobei die Aufteilung in religiöse Gruppen mit den ethnischen Gruppen weit gehend übereinstimmt. Die Religion spielt im Leben der meisten Sri-Lanker eine große Rolle. Selbst in den kleinen Ortschaften gibt es zahlreiche religiöse Festlichkeiten. Wer die Gelegenheit bekommt, an einem solchen Fest teilzunehmen, sollte sie unbedingt nutzen (und dabei nicht allzu leger gekleidet sein …).

Kleidung

Kleidung im Allgemeinen
Da es in Sri Lanka im Tiefland und an den Küsten immer warm ist (um 30 °C), die Temperaturschwankungen nur sehr gering sind und der Südwesten außerdem noch feucht ist, bietet sich leichte, atmungsaktive und gut waschbare Bekleidung (möglichst aus Baumwolle) an. In größeren Hotels wäscht der sogenannte „Laundry-Service" Kleidung über Nacht. Außerdem werden ein breitkrempiger Sonnenhut und eine Sonnenbrille empfohlen. Sandalen sind komfortabler als anderes Schuhwerk.
Bei Besuchen des zentralen Berglands sollten wärmere Wollsachen mitgeführt werden, weil die Temperaturen morgens und abends auf plus 10 °C absinken können. Ein leichter Regenponcho oder ein Schirm, gegen Regen und Sonne gleichermaßen verwendbar, ist angebracht. Bei Bergtouren ist festes Schuhwerk erforderlich.
Oben-ohne-Baden ist generell verboten.

Kleidung in Tempeln und anderen Heiligtümern
Es wird dezente Kleidung empfohlen. Strandkleidung, Miniröcke, nackte Schultern und Rücken sind nicht gern gesehen. Außerdem wird von allen Besuchern buddhistischer und hinduistischer Tempelanlagen erwartet, diese barfuß und ohne Kopfbedeckung zu betreten.

Kreditkarten

Die bekanntesten Kreditkarten von VISA, MasterCard, American Express und Diners Club werden in den größeren Hotels, Restaurants, bei verschiedenen

Mietwagenunternehmen und in etlichen Geschäften akzeptiert. Auch „Cash Advance", also das Bargeldabheben über die Kreditkarte, ist problemlos möglich. Man sollte sich allerdings vorher bei der heimischen Bank über die anfallenden Kosten erkundigen.

Offiziell ist es in Sri Lanka nicht erlaubt, dass bei der Bezahlung mit Kreditkarte zum eigentlichen Preis noch eine zusätzliche Gebühr erhoben wird. Praktisch kommt es aber vor, 3–5 % können verlangt werden. Das Hotel oder die Tauchschule argumentiert dann, dass es sich um eine Bearbeitungsgebühr handle, da man ja die ganze Arbeit mit dem Kreditkartenwesen habe …

Die zentrale Sperrnotrufnummer für Kreditkarten lautet: ☏ 0049-116116.

Kriminalität

Sri Lanka gilt als verhältnismäßig sicheres Reiseland. Wenn man die normalen Vorsichtsmaßnahmen beachtet, ist das Risiko eines Diebstahls oder Überfalls gering. Es gilt außerdem, mit den Regeln des gesunden Menschenverstands missverständlichen Situationen aus dem Weg zu gehen. Zum Beispiel sollte man größere Mengen Bargeld nicht offen zeigen oder nicht „oben ohne" zur Abenddämmerung nahe eines muslimischen Fischerdorfs baden usw.

Maßeinheiten

1981 ist zwar das metrische System eingeführt worden, aber trotzdem trifft man noch immer auf die englischen Einheiten, deshalb sind Umrechnungen erforderlich.

Längenmaße		
1 inch (in)		2,540 cm
1 foot (ft)	12 in	30,48 cm
1 yard (yd)	3 ft.	91,44 cm
1 mile (mi)		1,609 km

Flächen- und Hohlmaße		Gewichte	
1 acre (ac)	4.047 m²	1 ounce (oz)	28,35 g
1 cubic foot (ft3)	28,317 dm³	1 troy ounce (troy oz)	31,103 g
1 gil (gl)	0,142 l	1 pound (lb)	16 oz. (453,592 g)
1 pint (pt)	4 gl. (0,568 l)	1 stone (st)	14 lb. (6,35 kg)
1 quant (qt)	2 pt. (1,136 l)	1 quarter (qr)	28 lb. (12,7 kg)
1 gallon (gal)	4 qt. (3,785 l)	1 hundredweight (cwt)	4 qt (50,8 kg)
1 imperial gallon (imp gal)	4,546 l	1 short ton (sh t)	0,907 t
1 barrel (bl)	158,983 l	1 long ton (l t)	1,016 t

Medien

Fernsehen
Es gibt zwei staatliche Fernsehsender in Sri Lanka: Rupavahini und Independent Television Network (ITN). Darüber hinaus gibt es mehrere Privatsender, beispielsweise: MTV, TNL, ETV, Art, Siyatha und Swarnavahini. Nur in englischer Sprache senden ETV, MTV, Fox News und Art TV. Aber auch die anderen Sender bringen englischsprachige Filme.

Radio
Zusätzlich zu der staatlich geführten Sri Lanka Broadcasting Corporation (SLBC) gibt es mehr als 15 verschiedene private Radiostationen auf der UKW-Welle, die in Singhalesisch, Tamil und Englisch ausstrahlen. Darunter YES FM, E, TNL oder Real Radio.
SLBC sendet täglich von 5.40 bis 23 Uhr, YES FM 24 Stunden täglich in Englisch, TNL Radio von 6 bis 24 Uhr auch in Englisch und FM 99 von 6 Uhr bis Mitternacht in Englisch, Singhalesisch und Tamil.

Zeitungen
Sämtliche einheimischen Zeitungen unterliegen einer strengen Zensur; die Situation der Journalisten in Sri Lanka muss als sehr gefährdet betrachtet werden. Laut der Journalistenorganisation „Reporter ohne Grenzen" tummelt sich Sri Lanka auf der jährlich aktualisierten „Rangliste der Pressefreiheit" 2014 auf dem 165. Platz von 182 Ländern, neben so illustren Nachbarn wie Usbekistan und Saudi-Arabien.

Die englischsprachige Zeitung Daily News gilt als das „Sprachrohr der Regierung". Regelmäßig erscheinen außerdem folgende englische Tageszeitungen: Ceylon Daily News, Morning Leader, The Island und Daily Mirror. Nur sonntags sind Sunday Observer, Sunday Island, Sunday Times, Sunday Leader, The Nation, Lakbima Express und Ceylon Today zu haben.

Deutsche Zeitungen sind nur sehr selten, höchstens in größeren Hotels erhältlich.

Mietwagen

Wer das Land intensiv kennenlernen und schnell die wichtigsten Sehenswürdigkeiten erreichen möchte, nimmt am besten einen Mietwagen. Dabei gibt es zwei Möglichkeiten:

Selbstfahren
Das Selbstfahren des Leihwagens hat den Vorteil der absoluten Freiheit. Allerdings sind die Straßen- und Verkehrsverhältnisse oft geradezu chaotisch, wo-

durch die Fahrerei viel Konzentration kostet und man sich evtl. nicht mehr richtig auf Kultur und Landschaft einlassen kann. Zudem kann es im Fall eines Unfalls zu erheblichen Schwierigkeiten kommen.

Bei Übernahme eines Wagens sollte man diesen einer genauen Prüfung unterziehen. Auf den Zustand und das Vorhandensein folgender Autoteile ist zu achten: Bremsen, Tank, Stoßdämpfer, Blinker, Scheibenwischer, Scheinwerfer, Ersatzrad, Wagenheber, Werkzeug. Am besten unternimmt man eine kurze Probefahrt.

Bei der Anmietung muss eine Kaution hinterlegt werden, oder diese muss mit der Kreditkarte abgedeckt sein. Man benötigt zudem eine temporäre Fahrerlaubnis („Recognition Permit"). Dafür legt man den Internationalen Führerschein zusammen mit zwei Passbildern bei der Automobile Association of Ceylon (40 Sir Mohamed Macan Marker Mawatha, Colombo 03, ☏ 011-2421528, www.aaceylon.lk) vor. Für die Fahrerlaubnis wird eine Gebühr von 1.000 Rs. fällig.

Mietwagen mit Fahrer
Ein Mietwagen mit Fahrer ist die von Ausländern meistgewählte Transportart. Sie ist bequemer und auch nicht unbedingt teurer, weil die Leihfirmen ihre Wagen ungerne ohne routinierte Fahrer in das Verkehrsgetümmel Sri Lankas entlassen. Die Anmietung ist teilweise bereits im Heimatland möglich.

Auskünfte gibt es bei den Touristen-Informationen, den Hotels und Guest Houses sowie in örtlichen Reisebüros. Die Kosten für die Anmietung eines Mittelklassewagens mit Fahrer betragen pro Tag ab 40 Euro, je nach geplanter Kilometer-Leistung, inklusive Benzin, Unterkunft und Verpflegung für den Fahrer. Häufig müssen Urlauber die Maut für die Expresswaystrecken übernehmen. Für Gruppenreisende können auch Kleinbusse gemietet werden.

Plädoyer für Busse und Bahnen

Irgendwann fängt der irgendwo zwischen Vavuniya und Trinco zugestiegene Musikant an, „By the rivers of Babylon" zu singen. Ja, von Boney M., denn der Busfahrer hatte ihm kichernd gesteckt, dass ich Deutscher sei. Der ganze Bus lachte, und der Musiker konnte zufrieden meinen Obolus für seinen Gesang einstecken.
Bus- und Bahnfahren in Sri Lanka ist eine wunderbare Sache. Auch wenn es einfacher, unkomplizierter, vielleicht auch im wahrsten Sinne des Wortes „cooler" erscheint, mit einem Chauffeur und einem klimatisierten Fahrzeug über die Insel zu flitzen, zur richtigen Zeit am richtigen Ort aufzukreuzen, kaum verschwitzt, um sich dann im vorgebuchten Hotel von was auch immer zu erholen. Nein, Sri Lankerinnen und Sri Lanker sind ständig unterwegs – und wer sie erleben oder auch kennenlernen möchte, der sollte mit den öffentlichen Bussen und Bahnen fahren.

Allgemeine Reisetipps A–Z

Der Nah- und Fernverkehr ist – egal, an welchem Ort man sich gerade aufhält – normalerweise immer hervorragend organisiert. Der nächste Bus kommt bestimmt und nimmt einen in die richtige Richtung mit. Die Kontrolleure sagen einem, wo man umsteigen oder aussteigen muss, wenn man zu einem speziellen Guest House will. Der Busfahrer ist, wenn er nicht gerade telefoniert, einer Kuh ausweicht oder Tuk-Tuks aus dem Weg hupt, immer zu einem kleinen Schwätzchen aufgelegt – Englischkenntnisse hin oder her. Gut, wenn einem beim Aussteigen dann noch zugeflüstert wird, dass das Tuk-Tuk von Pottuvil nach Arugam Bay nur 150 Rs. kosten darf, denn: „Die bescheißen alle."

Dazu kommt, dass Busse und Bahnen in Sri Lanka spottbillig sind. Für eine siebenstündige Busfahrt, beispielsweise von Anuradhapura nach Negombo, werden im Semi-Luxus-Bus ganze 2,50 Euro fällig. Mit dem Zug in der 2. Klasse geht es von Colombo bis hoch in den Norden nach Jaffna für 4,50 Euro. Der Zug hat Toiletten, der Bus legt regelmäßige Pausen ein, und an jeder Haltestelle eilen Verkäufer mit Wasser, anderen Getränken und kleinen Snacks durch Zug und Bus. Zudem sind diese Verkehrsmittel für einen von den deutschen Bahnverhältnissen wirklich nicht verwöhnten Reisenden einfach unglaublich pünktlich.

Also: Wer nicht ganz so in Eile ist, wer mit wehenden Haaren stundenlang aus dem Fenster schauen will, um großes, echtes und auf keinen Fall langweiliges Kino zu erleben, der sollte sich den Bussen und Bahnen anvertrauen. Spaß ist garantiert – und vielleicht gibt es sogar ein wenig Gesang.

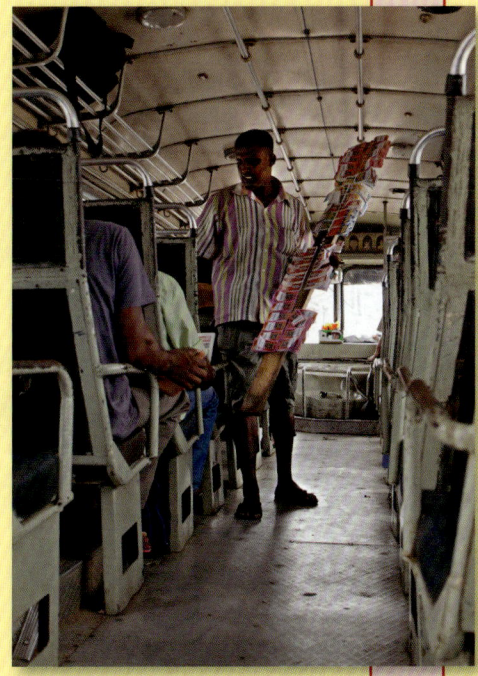

In den Bussen kommt man leicht mit Einheimischen ins Gespräch

Nachtleben

Viel Nachtleben gibt es in Sri Lanka nicht. Natürlich finden sich in Colombo, wie in jeder Metropole, einschlägige Clubs, in denen es bis in die Morgenstunden zur Sache geht – auf europäischem Preisniveau. In den bekannteren und größeren Touristenorten wie Hikkaduwa, Unawatuna und Arugam Bay gibt es noch die ein oder andere Vergnügungsmöglichkeit. Aber normalerweise nimmt das Leben auf den Straßen deutlich ab, sobald es dunkel wird. Die meisten Restaurants möchten ab 22 Uhr gerne schließen.

Nationalparks

Obgleich Sri Lanka klein und verhältnismäßig dicht besiedelt ist, sind rund 10 % seiner Gesamtfläche für Wildschutzgebiete reserviert.

In vielen Nationalparks können seltene und farbenfrohe Vögel beobachtet werden

Man unterscheidet Nationalparks, die auf festgelegten Wegen befahren werden dürfen, *Strict Natural Reserves*, die für Besucher gesperrt sind, und *Nature Reserves*, die von Menschen besiedelt sein können, in denen die wilden Tiere aber geschützt sind. Die wichtigsten Schutzgebiete (in alphabetischer Reihenfolge) sind:

Bundala National Park
Lage: 240 km südöstlich von Colombo, an der Südküste, östlich von Hambantota.
Besonderheiten: Lagunenlandschaft, Endstation der Vogelzugstraße nach Süden, zahlreiche Flamingos (s. S. 255).

Gal Oya National Park
Lage: 312 km nordöstlich von Colombo.
Besonderheiten: umschließt den See Senanayaka Samudra und ist in erster Linie die Heimat von Elefanten geworden, kann auch mit dem Boot erschlossen werden (s. S. 394).

Horton Plains National Park
Lage: 190 km östlich von Colombo, Ausgangspunkt: Nuwara Eliya.
Besonderheiten: eindrucksvolle Flora und Fauna in den Wäldern auf etwa 2.000 m Höhe, raues Klima (s. S. 315).

Lahugala Kitulana National Park
Lage: 319 km östlich von Colombo, in der Nähe von Pottuvil an der Südostküste (Siedlungsgebiet der Tamilen).
Besonderheit: einer der kleinsten Nationalparks Sri Lankas, Heimat des Sri-Lanka-Elefanten und endemischer Vogelarten (s. S. 399).

Allgemeine Reisetipps A–Z

Allgemeine Reisetipps A–Z

info: Nationalparks: Eintrittspreise und weitere Infos

Auch wenn die Nationalparks Sri Lankas nach Regierungsaussage nicht kommerziell geführt werden, ist der Eintritt doch nicht ganz billig. Die Kosten können sich beim Besuch mehrerer Parks schnell zu einem beachtlichen Betrag addieren:

Die Nationalparks **Yala**, **Wilpattu**, **Udawalawe**, **Minneriya** und **Horton Plains** kosten US$ 15 Eintritt für Erwachsene, US$ 8 für Kinder. **Alle anderen Parks** kosten US$ 10 für Erwachsene, US$ 5 für Kinder. Auf den Eintrittspreis wird eine Steuer in Höhe von 15 % fällig. Dazu kommt eine sogenannte *team fee* (Bearbeitungsgebühr) in Höhe von US$ 8. Ein Allradfahrzeug muss gemietet werden, was nochmal mit 4.400–5.500 Rs. zu Buche schlägt. Die Parks dürfen nicht mit dem eigenen Fahrzeug befahren werden. Das Allradfahrzeug darf nicht verlassen werden, außer an speziell gekennzeichneten Stellen. Jeder Besucher erhält einen „Tracker", damit er nicht verlorengehen kann. Radio, CD-Spieler etc. sind verboten, jeglicher Müll muss wieder mitgenommen werden.

In manchen Nationalparks kann man auch in **Bungalows** übernachten. Diese sind sehr einfach ausgestattet, Bettzeug und Verpflegung muss selbst mitgebracht werden. Die Übernachtung kostet US$ 15 pro Tag (Kinder bis 6 Jahre frei); Servicegebühr US$ 35/Tag (beides zzgl. 15 % Steuer).
Infos: Department of Wildlife Conservation, Jayanthipura, Bodhraja Mawatha, Battaramulle, ☎ 2888585.

Sinharaja Forest
Lage: 170 km südöstlich von Colombo.
Besonderheiten: bedeutendes Schutzgebiet, das noch unzerstörten Bergregenwald umschließt; mit einer sehr artenreichen, teilweise endemischen Pflanzen- und Tierwelt (s. S. 298).

Udawalawe National Park
Lage: 200 km südöstlich von Colombo. Er ist beispielsweise von Ratnapura, Embilipitya oder Tissamaharama erreichbar.
Besonderheiten: umschließt den gleichnamigen Tank, wildreich, u. a. Elefanten (s. S. 299).

Wilpattu National Park
Lage: 176 km nördlich von Colombo.
Besonderheiten: größter NP Sri Lankas, verschiedene Landschaftsformen: flaches Grasland, Sanddünen, Buschland, mit Wasser gefüllte Senken; hatte unter dem Bürgerkrieg zu leiden und wurde 2009 wiedereröffnet; Leoparden, Elefanten, Lippenbären, Hirsche und Tausende von Wasservögeln (s. S. 196).

Yala National Park
Lage: 305 km südöstlich von Colombo.
Besonderheiten: umfasst hügeliges Gelände, Inselberge und Lagunen. Elefan-

tenherden, außerdem auch Leoparden, Lippenbären, Hulman-Affen, Wasserbüffel, Kammschweine, Sumpfkrokodile und zahlreiche Vögel (s. S. 256). Im Osten schließt der Kumana National Park mit seltenen Vogelarten an (s. S. 399).

Notruf

- Polizei, ☏ 119 in Colombo, Rest der Insel 118.
- Notruf, ☏ 110.

Öffnungszeiten

Kaufhäuser und andere **Geschäfte** haben meist Mo–Fr 8.30–17.30 Uhr und Sa 8.30–13 Uhr geöffnet. Die Zeiten sind jedoch nicht amtlich vorgeschrieben. Kioske und Buden schließen und öffnen nach Lust und Laune. **Ämter** und Büros haben in der Regel Mo–Fr von 8/9–16/17 Uhr geöffnet. Die meisten **Banken** öffnen Mo–Fr 9–15 Uhr. Einige Banken halten spezielle Wechselschalter auch länger offen sowie an Wochenenden und Feiertagen. Die Bank im internationalen Flughafen in Colombo hat zu allen Abflug- und Ankunftszeiten geöffnet. **Apotheken** sind meist Mo–Fr 9–18 und Sa 9–14 Uhr geöffnet. Die meisten **Restaurants** sind ganztägig von 8–23 oder 24 Uhr geöffnet.

Post

- Das Hauptpostamt (General Post Office) in Colombo, ☏ 011-2326203, liegt an der Bristol Street. Es erteilt Auskünfte über Postgebühren. Die Briefkästen sind rot, wie in Großbritannien.
- Briefe, Postkarten, Briefmarken sind in Schreibwarengeschäften, Kiosken und Hotels erhältlich.
- Postlagernde Sendungen sind in allen größeren Orten des Landes möglich. Der Anfangsbuchstabe des Nachnamens sollte möglichst unterstrichen sein, weil danach die Post sortiert und gelagert wird. Am besten sieht man bei Abholung selbst den Stapel der postlagernden Briefe oder Karten durch. Die Adresse sollte lauten: „Central Post Office …" und dann der entsprechende Ortsname. In der Regel werden die Sendungen einen Monat aufbewahrt. Zur Abholung sollte man sich ausweisen können.

Die Postämter haben Mo–Fr 9–18 Uhr und Sa 9–12 Uhr geöffnet.

Reiseveranstalter

Alle großen Reiseveranstalter haben Sri Lanka im Angebot. Bei der Auswahl sollte man die jeweilige Ausrichtung des Anbieters beachten. Für Bildungs- und Kulturreisende sind beispielsweise Studiosus (www.studiosus.de) oder Lotus Travel (www.lotus-travel.com) empfehlenswert. Aber auch andere Anbieter haben neben dem klassischen Strandurlaub oft noch eine Rundreise für das Kulturprogramm parat.

Reisezeit

Das Klima Sri Lankas, zwischen dem sechsten und zehnten nördlichen Breitengrad gelegen, ist ein ausgesprochen tropisches Monsunklima, das durch den Einfluss des Indischen Ozeans etwas gemildert wird. Man unterscheidet den Nord-Ost-Monsun und den Süd-West-Monsun. Jahreszeiten als solche gibt es nicht. Die Jaffna-Halbinsel im Norden der Insel ist heiß und trocken. Die Küstengebiete sowie das Flachland im Süden und Westen sind warm und feucht, und das zentrale Bergland mit Höhen bis zu 2.500 m ist teils trocken, teils feucht, aber kühler als das Flachland. In Colombo und im Südwesten regnet es im Allgemeinen in den Monaten Mai bis August und im Nordosten von November bis Februar. Im Bergland fallen in der Regel die meisten Niederschläge von Juli bis Dezember. Die Durchschnittstemperaturen betragen in der Ebene 29–35 °C, in den Bergen ca. 22 °C, nachts ca. 10–16 °C. Die wärmsten Monate sind März und April.

- Der Nord-Ost-Monsun weht von Dezember bis Februar. Er bringt dem Osten und dem Nordosten der Insel mäßigen Regen. Der Westen und Südwesten bleiben trocken, da sie im Windschatten der Berge liegen.
- Die 1. Zwischenmonsunzeit von März bis Mitte Mai kann als Übergangszeit angesehen werden, mit wechselhaftem Wetter und gelegentlichen Hitzegewittern.
- Der Süd-West-Monsun weht von Mai bis September. Er beschert dem Westen und Südwesten sehr viel Regen. Der Osten und Nordosten bleiben, da sie im Windschatten der Berge liegen, trocken.
- Die 2. Zwischenmonsunzeit von Oktober bis November ist wieder eine Übergangszeit mit unterschiedlichem Wetter.

Die beste Reisezeit
Für Reisen an die Nordostküste bietet sich ein Zeitraum zwischen April und September an. Für Reisen an die Südwestküste sind die Monate von Oktober bis April geeignet. Saison für das Bergland ist der April.

Sicherheit

Es ist empfehlenswert, sich in Notfällen, bei Diebstählen oder sonstigen Schwierigkeiten an die Touristenpolizei zu wenden. Sie ist in allen größeren touristischen Orten vertreten. ① 2421451.

Der **Hotelsafe** ist zur Aufbewahrung von Wertsachen und wichtigen Papieren empfehlenswert. Dieser Service wird von den Hotels teilweise kostenlos angeboten.

Vorsicht vor **aufdringlichen Händlern**, Schleppern und „Beach Boys"! Auf Angebote, beispielsweise einen besseren Wechselkurs zu geben oder Geschäfte mit „Sonderpreisen" zu zeigen, sollte man keinesfalls eingehen. Die „Vorteile" kommen nur dem Händler zugute. Ein gesundes Misstrauen ist angebracht.

Seit dem **Ende des Bürgerkrieges** 2009 hat es keine Terroranschläge mehr gegeben. Polizei und Militär sind dennoch sehr präsent. Demonstrationen und andere Menschenansammlungen sollten gemieden werden, da es zu Eskalationen kommen kann. Anweisungen der Sicherheitskräfte ist unbedingt Folge zu leisten.

Besonders im **Norden** Sri Lankas, für den man derzeit ohnehin eine Sondergenehmigung benötigt (s. S. 403), ist nach Angaben des Auswärtigen Amtes für Touristen Vorsicht geboten. Die Militärpräsenz ist sehr hoch, und es finden Entminungsmaßnahmen statt.

Alleine und in kleinen Gruppen reisende **Frauen** sollten besondere Vorsicht walten lassen. Es gibt immer wieder Berichte über Belästigungen und Übergriffe, auch in Touristenzentren. Die Polizei nimmt unter ① 1938 derartige Beschwerden auf. Trotzdem ist Panik oder gar der gänzliche Verzicht auf die Reise keinesfalls angebracht. In den meisten Fällen kommt es auch bei wochenlangen Rundreisen zu keinerlei Belästigung.

Sport und Erholung

In Sri Lanka ist man sehr sportbegeistert. Auch für den Besucher bieten sich gute Sportmöglichkeiten:

- **Ballspiele** wie Kricket, Rugby, Tennis, Badminton und Fußball sind sehr beliebt. Das Fernsehen trägt zur zunehmenden Popularität bei. Die Jugend wird zu aktivem Sport angeregt. Kricket wird auf dem kleinsten Stück Rasen zu jeder möglichen Zeit gespielt. Zuschauen ist interessant, auch wenn

Allgemeine Reisetipps A–Z

Kricket wird überall mit großer Begeisterung gespielt

die Regeln nicht leicht zu verstehen sind. Wer sich traut, kann sicher mal mitmachen.

- **Golf**
  Auf Sri Lanka gibt es drei Golfplätze:
  • The Royal Colombo Golf Club, Colombo 8, ① 011-2595431, www.rcgcsl.com.
  • The Nuwara Eliya Golf Club, Nuwara Eliya, ① 052-222 835.
  • Victoria International Golf Club and Country Resort, Kandy, ① 081-2376376, www.golfsrilanka.com.

- **Wassersport** ist sicherlich die beliebteste Freizeitbeschäftigung in Sri Lanka. Segeln, Rudern, Wasserski, Surfen, Schwimmen, Tauchen und White Water Rafting werden von Urlaubern besonders intensiv betrieben.
  Die Halbinsel Kalpitiya ist bekannt als Destination für Kitesurfer (www.kitesurfinglanka.com).
  Tauchmaske, Schnorchel und Flossen können an den Stränden ausgeliehen werden. Tauchschulen gibt es in den größeren Ferienzentren an der Küste.

  Während des Monsuns, aber auch zu anderen Zeiten kann es zu hohen Wellen, starker Brandung und gefährlichen Unterströmungen im Meer kommen. Die rote Fahne am Strand bedeutet Badeverbot! Es ist großer Leichtsinn, diese Anweisung zu ignorieren. Die jährlichen Todesopfer an der Küste sollten Warnung genug sein.

Allgemeine Reisetipps A–Z

Sprache(n)

In Sri Lanka werden drei Sprachen gesprochen:
- Singhalesisch sprechen die Singhalesen, die Mehrheit auf der Insel. Geschrieben wird diese Sprache mit 56 Buchstaben. So weich, wie sie gesprochen wird, so abgerundet und weich sehen auch die Schriftzeichen aus.
- Tamil sprechen die Tamilen und Mauren (*Moors*), die größten Minderheiten Sri Lankas.
- Englisch wird von den meisten Einheimischen als erste Fremdsprache verstanden und auch gesprochen. Sie ist Geschäfts- und Amtssprache.

Kleiner Sprachführer		
Singhalesisch	Tamil	Deutsch
Mahatmaya	Aiya	Guten Tag (für Männer)
Nona mahatmaya	Thirumadhi	Guten Tag (für Frauen)
Ayubowan	Vanakkam	Guten Tag, allgemeiner Gruß
Kohomada sahpa sahneepa?	Ehpaddi sugam?	Wie geht's?
Sanee-pen innava	Nalla sugam	Danke, gut
Ou	Ahm	Ja
Na-tha	Illai	Nein
Es-thu-ti	Nandri	Danke
Karunakara	Thayavu sai du	Bitte
Mage nama…	Ennudaya payar …	Ich heiße …
Samavenna…	Manniyungal …	Entschuldigen Sie …
Kahmata monarada thiyennay?	Sappida enna erukkiradu?	Die Speisekarte, bitte
Karunakara bila gaynna	Bill kondu varungal	Die Rechnung, bitte
eka	on dru	eins
deka	irandu	zwei
thuna	moondru	drei
hathara	naangu	vier
paha	eyendu	fünf
haya	aaru	sechs
hatha	eilu	sieben
ata	ettu	acht
namaya	onbadu	neun
dahaya	patthu	zehn

Strände

Sri Lanka kann sich auf seiner gesamten Küstenlänge von 1.600 km wunderschöner, feiner Sandstrände erfreuen.

Erstklassige Erholungsstrände – von dichten Kokospalmenwäldern gesäumt – erstrecken sich von Negombo über Mount Lavinia, Wadduwa, Kalutara bis Be-

Allgemeine Reisetipps A–Z

Sri Lanka ist fast vollständig von tollen Sandstränden umschlossen

ruwala im Westen und Südwesten sowie bis Bentota, Ahungalla, Hikkaduwa, Dickwella, Tangalla und Hambantota im Süden. Unberührte, einsame Ostküstenstrände ziehen sich nördlich und südlich von Trincomalee dahin. Im Norden und Nordosten flankieren Dünen und Palmyrapalmen in lockeren Formationen die Gestade.

Viele Strandhotels, speziell im Westen und Süden, haben gute Freizeitangebote und Erholungseinrichtungen sowie professionelle Anbieter für Windsurfen, Wasserski, Sporttauchen, Schnorcheln, Segeln, Surfen, Bootfahren und Tiefseefischen. Einige besitzen Fitnesszentren und bieten ayurvedische (Kräuter-) Therapien an.

Telefonieren/Internet

- Die Vorwahl von Deutschland nach Sri Lanka ist 0094 (+94). Von Sri Lanka nach Deutschland wählt man 0049 (+49).
- **International Direct Dialing (IDD)** gibt es in den meisten Hotels. Diese Möglichkeit, ins Ausland zu telefonieren, ist allerdings sehr teuer.
- Handy/Smartphone: Guthaben-Karten der fünf Mobilfunkanbieter Etisalat, Mobitel, Airtel, Hutch und Dialog sind in den größeren Geschäften, Supermärkten, Kiosken und Buchläden erhältlich. Einige bieten spezielle Touristen-Pakete an, die SMS, Telefonate und Datentransfer bereits beinhalten. So erhält man beim Flug mit Sri Lankan Airlines bereits einen „free sim pack", die SIM-Karte kann man sich dann in Sri Lanka freischalten lassen.

Auch am Flughafen in Colombo sind gegen Vorlage des Passes SIM-Karten lokaler Anbieter erhältlich. Es lohnt sich, die Preise und Leistungen der einzelnen Anbieter zu vergleichen. Die SIM-Karte kommt dann ins mitgebrachte Handy, es gibt eine sri-lankische Telefonnummer – und los geht's. Wer seine deutsche, österreichische oder Schweizer Karte im Smartphone lassen möchte, sollte sich vorher über die jeweiligen Roamingkosten informieren.

WiFi/WLAN

Mittlerweile ist es ein Auswahlkriterium, ob ein Resort, Guest House oder Restaurant über WiFi (dt. WLAN) verfügt. Zu beachten ist allerdings, dass die WiFi-Dichte in den touristischen Regionen der Insel recht hoch ist, dafür ist das Netz noch nicht wirklich stabil und recht störungsanfällig. Ein starker Regenschauer kann die Skype-Session schnell zu einem Ärgernis machen.

Trinkgeld

Grundsätzlich sollten Trinkgelder in angemessenem Verhältnis zur ausgeübten Leistung stehen, wobei auch der Grad der Freundlichkeit und des Engagements beachtet werden sollte. In den Hotels und Restaurants kommt meist ein Bedienungszuschlag von 10 % auf die Rechnung; ein kleines Trinkgeld von etwa 5 % kann nicht schaden – wird aber auch nicht erwartet. Ist kein Zuschlag auf der Rechnung ausgewiesen, gibt man normalerweise 10 % Trinkgeld. Trinkgelder sind für alle Dienstleistungsbereiche üblich, beispielsweise auch für Kofferträger, Barmänner und Taxifahrer.

Trinkwasser

Leitungswasser kann stark keimbelastet sein und sollte daher nicht getrunken werden.
In den meisten Hotels stehen in den Zimmern Flaschen oder Thermoskannen mit abgekochtem oder gefiltertem Trinkwasser. Dieses Wasser kann ohne Bedenken getrunken werden. Ansonsten ist man mit den in Supermärkten und Geschäften erhältlichen PET-Wasserflaschen auf der sicheren Seite.

Uhrzeit

Zur Mitteleuropäischen Zeit (MEZ) ergibt sich ein Zeitunterschied von 4,5 Stunden. Wenn es z. B. in Colombo 12 Uhr mittags ist, zeigt die Uhr in Berlin erst 7.30 Uhr an. Während der Sommerzeit in Mitteleuropa verkürzt sich der Zeitunterschied auf 3,5 Stunden.

Allgemeine Reisetipps A–Z

Unterkünfte

Die Spanne der Übernachtungsmöglichkeiten reicht von einfachsten Guest House bis zum Luxushotel.

Für dieses Buch gelten in den jeweiligen Reisepraktischen Informationen folgende Preiskategorien:

$ _____ bis 2.500 Rs.
$$ _____ 2.500–5.000 Rs.
$$$ _____ 5.000–10.000 Rs.
$$$$ _____ ab 10.000 Rs.

Der Preis gilt für ein Doppelzimmer in der jeweiligen Saison. Die Preise können zwischen Haupt- und Nebensaison erheblich schwanken. Dazu kommt, dass es meist eine „Internet-rate" gibt, also einen Preis für die Buchung über die Website, und eine „Walk-in-rate": Wer einfach vorbeikommt, kann durchaus auch

Blick aufs Meer direkt nach dem Aufstehen – wie in den Rockside Cabanas bei Unawatuna

einen guten Preis erzielen. In diesem Buch sind bei den Unterkünften – sofern vorhanden – auch die Websites genannt. Teurere Guest Houses geben den Preis gerne in US$ oder sogar in Euro an. Man kann dort aber trotzdem zum aktuellen Wechselkurs mit Rupees bezahlen.

Zu beachten ist außerdem, dass etliche Guest Houses und Hotels auf den genannten Preis noch eine sogenannte „Government Tax" erheben (zwischen 12 und 15 %) und/oder eine „Service Charge" (normalerweise 10 %). Man sollte

bei der Buchung also unbedingt fragen, ob der genannte Preis „inclusive tax and service charge" ist. Bei vielen Unterkünften ist das Frühstück im Preis inbegriffen. Diese Angebote gehen dann als „B&B" (Bed & Breakfast) über die Theke. Auch das sollte im Voraus erfragt werden.
WiFi (s. S. 149) ist so gut wie überall Standard in den Guest Houses und Hotels. Zumindest in den Gemeinschaftsräumen sollte normalerweise WiFi vorhanden sein. Man kann sich also mit dem Smartphone oder dem Tablet problemlos per Passwort einloggen.
Auch wenn es heißt, das ganze Dorf sei ausgebucht, wie beispielsweise während der Hochsaison in Arugam Bay, gibt es normalerweise immer einen Tuk-Tuk-Fahrer, der noch einen kennt, dessen Bruder noch ein Zimmer frei hat. Ansonsten hilft es, einfach bei den Guest Houses vorbeizugehen und zu fragen. Vielleicht sind gerade Gäste ausgezogen ...

Über die beliebten und gut funktionierenden Portale www.agoda.com und www.booking.com kann man sich über die Guest Houses, die Auslastung und die Preise informieren. Hier ist auch jeweils aufgeführt, ob alle Gebühren im Preis inklusive sind und ob es ein Frühstück gibt. Bei beiden Portalen kann über die jeweilige App auch direkt und normalerweise zuverlässig gebucht werden.

Guest Houses
Sie sind teilweise in Privatbesitz. Es herrscht oft eine sehr familiäre Atmosphäre. Der Inhaber kümmert sich meistens persönlich um seine Gäste. Es sind einfache Unterkünfte. In der Regel genügen sie bezüglich Ausstattung und Hygiene mitteleuropäischen Ansprüchen.

Hotels
Sie sind in mehrere Klassen eingeteilt – je mehr Sterne, desto teurer. Was aber nicht unbedingt heißen muss, dass das teurere Hotel das bessere ist.

Jugendherbergen
Die Herbergen christlicher und buddhistischer Jugendorganisationen sind von unterschiedlicher Qualität. Die Skala reicht von Schlafsaallagern bis zum Niveau eines Gästehauses. Es gibt Jugendherbergen (Y.M.C.A.) in Colombo, Mount Lavinia, Galle, Kandy, Nuwara Eliya, Bandarawela, Batticaloa, Trincomalee, Jaffna und Matale.

Zimmer für Fahrer
Wenn man mit Mietwagen und Fahrer im Land unterwegs ist und nach einem Hotel oder einer anderen Unterkunft Ausschau hält, dann sollte man darauf achten, dass auch der Chauffeur eine brauchbare Unterkunft benötigt. Denn ein gut ausgeruhter Fahrer ist auf Sri Lankas Straßen sehr wichtig und die beste Lebensversicherung!

Allgemeine Reisetipps A–Z

Verkehrsmittel

Zug

Den Briten ist die Erschließung der Insel durch die **Eisenbahn** zu verdanken. 1867 wurde die erste Strecke Colombo – Kandy eröffnet. Heute unterhält die Sri Lanka Railways zwar ein teilweise reduziertes, aber noch leistungsfähiges Schienennetz. Alle größeren Orte sind per Bahn zu erreichen. Strecken, die während des Bürgerkriegs gesperrt oder nicht mehr nutzbar waren, werden wieder aufgebaut – wie beispielsweise die Fortführung der Bahntrasse von Vavuniya nach Jaffna.

Kinder unter 3 Jahren reisen frei, während Kinder zwischen 3 und 12 Jahren nur die Hälfte des Fahrpreises bezahlen müssen. Die Eisenbahn führt drei Wagenklassen. Die meisten Züge führen jedoch nur die 2. und 3. Wagenklasse mit. In einigen Zügen kann man im Speisewagen dinieren. In der 1. Klasse werden nur Schlaf- und Liegewagen-Abteile angeboten. Alle Plätze hierfür müssen reserviert werden, beispielsweise im Bahnhof Colombo Fort.
Besonderer Beliebtheit erfreuen sich die Intercity-Züge Colombo – Kandy mit Aussichtswagen. Zweieinhalb Stunden geht es dabei durch die reizvolle, bergige Landschaft. Besondere Tagestouren in klimatisierten Zügen werden ab Colombo nach Hikkaduwa und Kandy angeboten. Die Fahrkarten hierfür sollte man sich rechtzeitig besorgen. Im Zug befindet sich ein Speisewagen.

Alle größeren Orte in Sri Lanka sind per Eisenbahn zu erreichen

Infos, Verbindungen und Preise gibt es unter **www.railway.gov.lk**. Buchungen können bis zu zehn Tage vor dem geplanten Abfahrtstermin vorgenommen werden. ☏ 011-2432908, Mo–Sa 8.30–15.30, So und Feiertag 8.30–12 Uhr.

Bus

Die öffentlichen Busse des Central Transport Board (CTB) sind das billigste Verkehrsmittel Sri Lankas. Es handelt sich um ein ausgedehntes Busnetz mit relativ gutem Standard. Auskunft gibt es am Central Bus Stand, der Saunders Place Bus Station und der Bastian Mawatha Bus Station. Alle drei liegen dicht beieinander an der Olcott Mawatha, drei Gehminuten vom Bahnhof Fort.
Die CTB-Busse sind an der englisch/singhalesischen Beschriftung zu erkennen. Das Netz des CTB ist weit verzweigt und sehr engmaschig. Die Busse sind nicht gerade komfortabel und meistens sehr überfüllt, aber sie haben den Vorteil, dass sie auch in die entlegensten Ecken der Insel fahren. Das CTB unterhält auch Expresslinien mit weniger Zwischenstopps zu größeren Zielorten. Bei diesen Fahrten sind Platzbuchungen im Voraus möglich.
Eine Konkurrenz für die CTB-Busse sind verschiedene Privatfirmen mit schnelleren, besser ausgestatteten Bussen, aber dafür auch höheren Fahrpreisen.
Alle einheimischen Reisebüros erteilen mehr oder weniger vage Auskünfte über Fahrpreise und Fahrzeiten, die sich zudem laufend ändern. Am besten erkundigt man sich an Ort und Stelle am Bus selbst, wenn man einen solchen für seinen Zielort ermittelt hat.
Die Bushaltestellen sind meistens mit dem Hinweisschild „Bus Stop" oder einem Bus-Symbol gekennzeichnet. Oft halten die Busse auch an „Gewohnheitshaltestellen", die nicht gekennzeichnet sind, oder auf Handzeichen der Reisenden. Es ist auf jeden Fall empfehlenswert, eine Rundreise per Bus am Busbahnhof eines größeren Orts zu beginnen, weil man dort noch am ehesten Auskünfte über ungefähre Fahrzeiten sowie durch das Lösen der Fahrkarten Sitzplatzberechtigungen erhalten kann.
Das Auswärtige Amt rät allerdings, bei Überlandreisen wegen der relativen **Unfallhäufigkeit** lieber den Zug als den Bus zu nehmen.

Taxi

Taxen gibt es in den meisten Städten Sri Lankas. In Colombo sind die Funktaxen mit Taxameter ausgestattet. Pro km kosten sie derzeit 68 Rs. Ohne Taxameter und besonders bei Anmietung über einen längeren Zeitraum ist der Preis vor Fahrtantritt zu vereinbaren. Es ist darauf zu achten, dass der Fahrer das Ziel genau verstanden hat!
Eine interessante Alternative in Colombo und vielen Provinzstädten ist das Dreirad-Taxi (Three-Wheeler), das im oft dichten Straßenverkehr sehr wendig ist. Es gibt sie mit Zähler („metered"), wobei der erste km 50 Rs. kostet, die folgenden 30 Rs. Hat der Three-Wheeler keinen Zähler, ist es dringend empfehlenswert, auch hier den Fahrpreis vor Fahrtantritt auszuhandeln.

Allgemeine Reisetipps A–Z

Von Three-Wheelern und Tuk-Tuks

Sie rasen um die Ecken wie der Teufel, wenden rasant auf der Stelle, und ihre Fahrer können sehr aufdringlich sein. Die Rede ist von „Three-Wheelern", wie sie noch im offiziellen Sprachgebrauch und in vielen Reiseführern heißen. Auf der Straße heißen sie nur „Tuk-Tuk", und mit diesen Tönen kann hier jeder etwas anfangen. Ob der Name aus Thailand importiert wurde, bleibt dahingestellt. Sie transportieren Fische, Handwerkszeug, Säcke mit Reis oder Surfbretter. Und sie kommen zu Tausenden als Taxis, als „Metered Taxis" mit Taxametern, die selten funktionieren oder doch bei Nutzung viel teurer sind als der ausgehandelte Festpreis. Ganze Familien passen hinein, ganze Schulklassen oder eben zwei rucksackbewaffnete Touristen aus dem Westen. Sie haben keine festen Betriebszeiten und sind immer präsent.

Tuk-Tuks sind in Sri Lanka allgegenwärtig

Tuk-Tuks sind eine Wirtschaftsmacht. Rund eine Million Tuk-Tuks, so schätzt man, sind auf Sri Lankas Straßen unterwegs. Denn wenn ein Sri Lanker einen Businessplan für die Zukunft macht, so heißt es, dann kaufe er sich ein Tuk-Tuk – und der Reichtum stehe schon vor der Tür. Wenn man bedenkt, dass an jedem Tuk-Tuk-Fahrer eine Familie hängt, dazu die Menschen addiert, die an den Gefährten schrauben, sie am Laufen halten oder hübsch machen, dann leben vier bis fünf Millionen Sri Lanker von den Tuk-Tuks. Vielleicht also beim nächsten Mal nicht allzu unwirsch reagieren auf die üblichen Fragen: „You need Taxi?", „Sightseeing? Whole Colombo for 500 Rs.!" Die Familien brauchen ihren Ernährer, und der lebt nun mal vom Tuk-Tuk-Fahren.

Versicherungen

- **Reiserücktrittsversicherung:** Der Abschluss einer Reiserücktrittsversicherung ist empfehlenswert. Sie wird beispielsweise im Krankheitsfall relevant.
- **Reisegepäckversicherung:** Eine Reisegepäckversicherung erstattet Kosten, die durch Verlust oder Diebstahl von Gepäckstücken entstehen können. Allerdings ist es im Bedarfsfall oft schwierig, die Versicherung auch tatsächlich zur Zahlung zu bewegen …
- **Reisekrankenversicherung:** Vor der Reise sollte man sich bei der eigenen Krankenkasse erkundigen, ob sich der Versicherungsschutz auch auf den Aufenthalt in Übersee erstreckt. Falls nicht, bitte unbedingt eine zusätzliche Reise-Krankenversicherung abschließen. Auf jeden Fall sind Quittungen für Arzt- und Medikamentenrechnungen aufzubewahren.

Wandern

Besonders reizvolle Wandergebiete liegen im zentralen Hochland. Die beste Zeit hierfür ist von Mitte Dezember bis Ende März. Ein idealer Ausgangspunkt ist Nuwara Eliya (1.882 m). Von hier aus kann man beispielsweise den höchsten Berg Sri Lankas, den Pidurutalagala (2.524 m), in 2 bis 3 Stunden ohne allzu große Anstrengung ersteigen oder die Hochebene Horton Plains erreichen. Ein Höhepunkt könnte die nächtliche Besteigung des Adam's Peak (2.243 m) in Begleitung von Pilgern sein, die zu der Fußspur Adams wallfahren. Die beste Zeit hierfür ist der Januar und Februar.

Zoll

Einreise nach Sri Lanka

Gegenstände, die für den persönlichen Bedarf des Reisenden bestimmt sind – Kleidung, Wäsche, Schuhe, Toilettenartikel usw. – dürfen zollfrei mitgeführt werden. Dazu zählen auch weitere Dinge des täglichen Lebens, wie beispielsweise eine Kamera, ein Tablet, ein Laptop oder das Smartphone. Diese Gegenstände müssen bei der Einreise angegeben und bei der Ausreise wieder ausgeführt werden.

Verboten ist die Einfuhr von illegalen oder nur eingeschränkt verkäuflichen Dingen (Rauschgift bzw. Medikamente). Auch Waffen und Gold dürfen nicht undeklariert eingeführt werden.

Zollfrei dürfen von über 18 Jahre alten Reisenden noch mitgeführt werden:
- 0,5–1 l Spirituosen oder 2 Flaschen Wein.
- eine kleine Menge Parfüm und Reisesouvenirs im Wert von weniger als US$ 250.

Ausreise aus Sri Lanka

Zollfrei ist alles, was eingeführt wurde (s. o.).
Bis zu sechs Kilo sri-lankischen Tees dürfen ausgeführt werden, die ersten drei Kilo sind zollfrei.

Nicht erlaubt sind:
- mehr Bargeld, als bei der Einreise angegeben.
- Edelsteine oder Schmuck, sofern nicht bei der Einreise angegeben oder falls der Wert den der Bargeldsumme übersteigt, die bei der Einreise angegeben wurde.
- mehr als 1.000 Rs. dürfen nicht ausgeführt werden.
- Waffen, Antiquitäten, alte Bücher oder Statuen dürfen nicht ausgeführt werden.
- lebendige oder tote Tiere dürfen nicht ausgeführt werden.
- Tee-, Gummi- oder Kokosnusspflanzen sowie Drogen dürfen nicht ausgeführt werden.

Handgeschnitzte Holzmasken sind ein beliebtes Souvenir

Das kostet Sie das Reisen in Sri Lanka

Stand Januar 2015

Die Grünen Seiten geben Preisbeispiele für den Urlaub in Sri Lanka, um eine realistische Vorstellung der Gesamtkosten einer Reise auf die Insel zu ermöglichen. Aufgrund der Währungs- und Preisschwankungen, sollten die hier angegebenen Preise allerdings nur als Richtschnur aufgefasst werden.

Wechselkurs
1 € = 155,23 Rs. (Sri-Lanka-Rupien)
1 Rs. = 0, 006 €

1 CHF = 129,25 Rs.
1 Rs. = 0,008 CHF

Beförderungskosten

Flug

Die Flugpreise für eine Reise nach Sri Lanka bewegen sich zwischen 500 und 900 €, je nach Saison und Verbindung.
Sri Lankan Airlines (www.srilankan.com) ist momentan der einzige Carrier, der direkt von Frankfurt nach Colombo fliegt (Flugzeit 10 Std.). Emirates (www.emirates.com) fliegt über Dubai, Etihad (www.etihad.com) über Abu Dhabi. Die Direkt-Flugzeit verlängert sich dann um die Aufenthaltsdauer beim Zwischenstopp.
Inlandsflüge mit dem zum Militär gehörenden Anbieter Helitours (www.helitours.lk) beginnen bei ca. 25 € One-Way.

Mietwagen

Die Kosten bewegen sich zwischen 40 und 60 € pro Tag, wobei die Anmietung eines Fahrzeugs samt Fahrer kaum teurer ist als ein Auto für Selbstfahrer (s. S. 138).

Taxi/Tuk-Tuk

Ein Taxi mit Taxameter kostet in Colombo pro Kilometer 68 Rs.
Ein Dreirad-Taxi (Tuk-Tuk) mit Taxameter kostet für den ersten Kilometer 50 Rs., für die folgenden 30 Rs. Ohne Taxameter ist der Preis Verhandlungssache.

Bahn

Die Bahnfahrt von Colombo nach Matara kostet 230 Rs. in der 2. Klasse, 420 Rs. in der 1. Klasse. Von Colombo nach Batticaloa kommt man für 500 bzw. 840 Rs.
Vorortzüge wie beispielsweise von Fort nach Bambalpitiya kosten 12 Rs.
Die Strecke Colombo–Negombo kostet 40 Rs.

Bus

Kurzstrecken in Colombo kosten 7–12 Rs.
Für die Langstrecke Anuradhapura–Colombo (über Negombo) werden beispielsweise 312 Rs. fällig.

Motorroller und Fahrräder

Motorroller (Scooter) kosten ca. 700–1.500 Rs. pro Tag, Fahrräder ca. 400 Rs.

Aufenthaltskosten

Unterkunft

Auf Sri Lanka gibt es eine große Auswahl an Unterkünften, die von kleinen Pensionen über Hotels bis hin zu Luxusresorts mit Privatstrand reichen. Zimmer in sehr einfachen Guest Houses sind für unter 2.500 Rs. zu haben. Der Normalpreis für brauchbare Guest Houses liegt zwischen 2.500 und 5.000 Rs. Ein bisschen schicker – Klimaanlage, Strandlage usw. – wird es bei 5.000–10.000 Rs. Nach oben gibt es bei den Preisen keine Grenze, je luxuriöser die Ausstattung, je schöner die Lage und je mehr ansonsten geboten wird, desto höher der Preis.

Freizeitaktivitäten

Nationalparks: Die Nationalparks Yala, Wilpattu, Udawalawe, Minneriya und Horton Plains kosten US$ 15 Eintritt für Erwachsene, für Kinder US$ 8. Alle anderen Nationalparks kosten US$ 10 bzw. 5. Dazu kommt eine sogenannte *team fee* in Höhe von US$ 8 sowie 15 % Steuer. Zusätzlich muss ein Fahrzeug gemietet werden, was etwa 4.000–5.500 Rs. kostet.

Museen: Das National Museum Colombo, das National Museum Kandy und das Dutch Museum in Colombo kosten 500 Rs. Eintritt für Erwachsene und 300 Rs. pro Kind. Das National Museum in Ratnapura, das National Museum in Galle, das Anuradhapura Folk Museum, das National Museum of Natural History und das Galle Maritime Archaeology Museum kosten 300 Rs. Eintritt für Erwachsene und 150 Rs. pro Kind.

Kulturelles Dreieck: Ein Tag in Anuradhapura, Polonnaruwa oder Sigiriya kostet US$ 30.

Tauchen: Ein Tauchgang kostet im Schnitt ca. 30–50 €.

Briefmarken

Ein Luftpostbrief nach Deutschland, Österreich oder in die Schweiz kostet 75 Rs., eine Postkarte 25 Rs.

Benzin

Benzin ist ohne Probleme erhältlich, Tankstellen (*filling stations*) sind in großer Dichte in Sri Lanka zu finden. 1 l Sprit kostet 162 Rs.

Essen und Trinken

Restaurants
Wer sich an ein einfaches Curry in einem einfachen Restaurant heranwagt, kann ein opulentes Mittagessen für weniger als 2 € bekommen. Je schöner das Restaurant ist – bis hin zu Stoffserviette, Hintergrundmusik und befracktem Ober –, desto eher kann der Preis auf europäisches Niveau ansteigen. Wer dies alles nicht braucht, ist mit 3–5 € für eine wirklich gute und schmackhafte Mahlzeit dabei.

Getränke
Eine große Dose oder Flasche lokales Bier (z. B. Lions) kostet im „Beer Shop" 150–170 Rs., im Restaurant oder Hotel 300–450 Rs. Softdrinks wie Cola oder Sprite bewegen sich im Shop zwischen 30 und 100 Rs., im Restaurant oder Hotel um 150 Rs. Frischgepresste Säfte kosten 100–300 Rs., ein Lassi zwischen 200 und 350 Rs. 1 l Wasser aus der Pet-Flasche kostet im Shop ca. 50 Rs., im Restaurant/Hotel ca. 100 Rs.

3. REISEN IN SRI LANKA

Sri Lanka im Überblick

2.500 Jahre Geschichte und eine unglaubliche Vielfalt der Landschaft und Tierwelt: Das ist Sri Lanka. Man kann morgens an einem wunderbar grünen Reisfeld vorbeiwandern und den Nachmittag am strahlenden Sandstrand verbringen, um dann in einem Kolonialhaus zu dinieren. Oder man geht auf Safari und besichtigt später einen der berühmten Tempel, bevor der Tag mit einem Abendessen am Strand langsam ausklingt. In welche Himmelsrichtung man sich auch wenden mag – was im Zweifelsfall nicht zuletzt von der Jahreszeit abhängt –, Sri Lanka macht all dies möglich.

Colombo

Die größte Stadt Sri Lankas ist seit 1982 eigentlich **nicht mehr die Hauptstadt**, aber sie wird so behandelt und versprüht das entsprechende Flair; hier wird ganz großstädtisch gelebt. Colombo ist mehr als einen Tagesausflug von den nahen Stränden des Westens wert: Hier kann man eine unvergleichliche, rastlos-brummende Dynamik erleben, während in den Gassen dahinter das Leben nach wie vor seinen Lauf nimmt wie vor 100 Jahren.

Die Westküste

Wer zwischen November und April nach Sri Lanka kommt, der findet die **besten Strandbedingungen** an der West- und Südküste. Die Westküste wartet mit weltberühmten Ayurveda-Resorts rund um Beruwala und Bentota auf, hat mit Hikkaduwa ein Hippiedorf mit interessanter Geschichte aufzuweisen und bietet Wassersport und Beachlife ohne Ende. Es lohnt sich, auch mal einen Blick in die Gegend nördlich von Colombo zu werfen: Negombo hat sich bei Besuchern längst einen Namen gemacht, und das durchaus verdient!

Der Süden

„Sun, sea, sand and surf", so lautet eines der Versprechen Sri Lankas. Und erleben kann man das an der Südküste. Zwar gilt Arugam Bay auf der Ostseite als das Surfer-Eldorado, doch auch am Strand von Weligama warten die Boards auf Anfänger und Profis. Außerdem gibt es im Süden **geschichtsträchtige Orte** wie das wunderbar pittoreske Galle, prächtige Strände wie in Unawatuna oder Tangalle – und in Mirissa die Möglichkeit, Wale zu beobachten.

Kandy und das Bergland

Kandy gehört definitiv zum „Pflichtprogramm" in Sri Lanka: eine mythische Stadt hoch in den Bergen, manchmal sogar in den Wolken, in ihrer Mitte ein künstlicher See. Hier liegt ein Zahn des Buddha, und wohl nirgendwo ist man der **Spiritualität Sri Lankas** näher als in dieser traditonsreichen Stadt, die bis 1815 den britischen Besatzern widerstehen konnte und noch heute mit dem Stolz des Hochlandes auf die Tiefebenen schaut. Dann geht es mit der Bahn weiter durch und über die Berge, Teeplantage reiht sich an Teeplantage, man passiert einsame Orte mit klingenden Namen wie Ella und Nuwara Eliya und wandert über verwunschene Wege im Nebelwald. Jacke und stabile Schuhe nicht vergessen!

Das kulturelle Dreieck

Nicht nur Bildungsreisende fragen sich bereits nach ein paar Schritten über den Heiligen Bezirk in der alten singhalesischen Königsstadt Anuradhapura bewundernd, ja ehrfürchtig, wie damals in derart prachtvollen Dimensionen gebaut werden konnte. Auch ein Blick auf die anmutigen Wolkenmädchen in der Felsenfestung Sigiriya lässt den Besucher staunen, dass solch eine Schönheit 1.500 Jahre überdauern konnte. Der über 800 Jahre alte Stausee Parakrama Samudra ist bis heute der Lebensnerv der Menschen geblieben, die in der Umgebung der ehemaligen Königstadt Polonnaruwa leben.

Stupas, **Tempel**, **Festungen** und „**Tanks**", künstlich angelegte, beeindruckende Wasserbecken: Dies macht das kulturelle Dreieck aus, das nördlich von Kandy entspringt.

So stellt man sich die Strände des Südens vor – Mirissa Beach

Sri Lanka im Überblick

Der Mahaweli River ist der längste Fluss des Landes

Der Osten

Wer im europäischen Sommer nach Sri Lanka kommt, findet **die wohl besten Strände** der Insel im Osten. In Nilaveli und Uppuveli ruht noch manche Strandschönheit. Dazu gibt es spannende, nach 30 Jahren Bürgerkrieg gerade erwachende Städte wie Trincomalee und Batticaloa, die immerhin einen kurzen Besuch wert sind – und sei es auch nur auf der Durchreise nach Arugam Bay, dem am wenigsten geheimen Geheimtipp Sri Lankas: von Surfern gegründet, weit weg von allem und vom Tsunami längst wieder genesen.

Der Norden

Der Norden ist sicherlich **die spannendste Region**, zu deren Entdeckung man sich aufmachen sollte. Wie der Osten war auch dieser Landesteil 30 Jahre von jeglicher Landkarte verschwunden, weil von hier aus die Tamilischen Tiger gegen die singhalesische Führung Sri Lankas in den Krieg zogen. Jetzt aber sind fast alle Minen im Vanni weggeräumt, die Bahnlinie Colombo–Jaffna verkehrt wieder regelmäßig, und irgendwann soll es ab Mannar auch wieder eine Fähre nach Indien geben. Bis dahin steckt der Norden in den Startlöchern: Die Kayts-Inseln sind ein kleines Paradies, Jaffna eine brummende Stadt voller Optimismus, und wer genug vom sri-lankischen Dschungel hat, der findet in der Manalkadu Desert eine faszinierende Wüstenlandschaft.

4. COLOMBO

Überblick

Colombo ist eine sehr kosmopolitische Stadt. Die rund 750.000 Einwohner sind unterschiedlicher Abstammung, Ethnie und Religion, und auch der krasse Gegensatz von Arm und Reich ist hier allgegenwärtig: Villenviertel folgen auf ärmliche Behausungen, Ochsenkarren mischen sich unter blitzende Limousinen. Singhalesen, Tamilen, Muslime, Burgher, Geschäftsleute und Reisende aus aller Welt strömen durch die verkehrsreichen Straßen. Handys brummen, Fußgängerampeln werden ignoriert, immer hupt ein Bus. Trotz der Unterschiede in Herkunft und Religion herrschen ein bereicherndes **Miteinander und viel Toleranz**.

Der Name Colombo stammt wahrscheinlich von dem singhalesischen Wort „Kolamba", der Bezeichnung für Hafen. Die Lage am Meer und darüber hinaus in dem fruchtbaren Küstenstreifen, der den meisten Regen erhält, schuf die Voraussetzung, dass sich Colombo zur **größten und bedeutendsten Stadt Sri Lankas** entwickeln konnte. Die vorherigen großen Königsstädte lagen im Binnenland, wie in der Vergangenheit auch der Blick des Landes eher nach innen gerichtet war. Colombo hingegen ist für sein Land das Tor zur Welt ge-

Tor nach Sri Lanka

Colombo 7 – was ist das?

Der Großraum Colombo ist in **15 Stadtteile** gegliedert, die sich an der Galle Road, der traditionellen Hauptverkehrsachse, orientieren. Die Bezirke sind durchnummeriert, und jede Nummer steht für etwas. So ist „Colombo 7", Cinnamon Gardens, die Ecke mit vornehmen Galerien, schicken Cafés, stylishen Unterkünften und ruhigen Parks. Wer hier lebt oder arbeitet, der hat es gut erwischt. Weitere Bezirke, die für Besucher interessant sind:
  Colombo 1: Fort
  Colombo 2: Slave Island
  Colombo 3: Kollupitiya
  Colombo 4: Bambalapitiya
  Colombo 11: Pettah

Wer beispielsweise online auf der Suche nach einer Unterkunft ist, kann sich gut an den Nummern orientieren und dann einkreisen, in welchem Stadtviertel sich das Hotel befindet. Auch sagt die Nummer viel über die Nachbarschaft aus.

Überblick

In Pettahs Straßen ist immer viel los

worden – und gleichzeitig das Eingangstor für den Reisenden nach Sri Lanka.

Colombo ist eine angenehme Stadt, was allerdings nicht unmittelbar ins Auge fällt. Es wuselt, es ist hektisch, und rund um den Bahnhof Fort und im Stadtteil Pettah treten sich die Menschen gegenseitig auf die Füße. Am Beira Lake aber kann man einen gemütlichen Spaziergang machen oder im Stadtteil Cinnamon Gardens herrschaftliche Häuser betrachten. Die Meeresküste an der Westseite, der Beira Lake im Zentrum, die Grünfläche Galle Face und das weiträumige, vornehme Park- und Villenviertel Cinnamon Gardens (Zimtgärten) gelten als die „sympathischen Zonen" der Stadt.

Die Metropole ist der **wichtigste Verkehrsknoten der Insel**. Die großen Überlandstraßen und Eisenbahnlinien bündeln sich hier. Ferner ist Colombo ein bedeutendes Drehkreuz im internationalen Schiffs- und Flugverkehr. Die Stadt selbst ist durch Buslinien, Bahnstrecken und Taxiverkehr hervorragend erschlossen, und ihre interessanten Punkte sind verhältnismäßig schnell zu erreichen.

Geschichte

Zu den ältesten Städten des Landes gehört Colombo nicht. In vorgeschichtlicher Zeit existierte an der Mündung des Kelani Ganga nur ein kleiner singhalesischer Fischerort. Erst im 8. Jh. n. Chr. erlangte die Siedlung mit dem aufblühenden arabischen Handel an der Küste eine zunehmende Bedeutung.
1344 wurde „Calenbou" erstmals erwähnt, als der arabische Weltreisende Ibn Battuta die Hafenstadt besuchte. Die orientalische Geschäftigkeit im Basarviertel Pettah erinnert noch heute an die damalige Zeit.
1505 gingen die Portugiesen in Colombo an Land.
1518 errichteten sie ein Fort, um den Hafen und den eingeleiteten Zimthandel zu schützen.

1658 eroberten die Holländer nach sechsmonatiger Belagerung die Stadt. Die Wolfendaal-Kirche ist das wichtigste Bauwerk aus der niederländischen Epoche. Auch den neuen Kolonialherren ging es hauptsächlich um den einträglichen Zimthandel. Sie legten ein Kanalsystem an, das die Zimtgärten nördlich von Colombo mit der Hafenstadt verband.

1796 übernahmen die Briten kampflos Colombo. Sie drückten in ihrer 150-jährigen Herrschaft der Stadt nachhaltig ihren Stempel auf und erhoben Colombo sogar zur Hauptstadt ihrer Kolonie. Die Infrastruktur (Straßen, Eisenbahnen) wurde ausgebaut, die verstärkte Plantagenwirtschaft im Hinterland ermöglichte einen regen Handel.

Redaktionstipps

▶ Sehen: die Rooftop-Bars und -Restaurants eines großen Hotels in Fort besuchen und über Colombo schauen (S. 169).
▶ Riechen: sich ins Getümmel von Pettah stürzen (S. 171).
▶ Schmecken: in Bambalapitiya im Greenlands Hotel ein scharfes vegetarisches Curry essen (S. 181).
▶ Fühlen: auf dem Galle Face Green an einem Sonntag das Lebensgefühl der Menschen hautnah erleben (S. 173).

1869: Nach der Eröffnung des Suezkanals erhielt der Seehandel zwischen Europa und Mittel- und Fernost neue Impulse, und Colombo wurde eine wichtige Anlaufstelle auf dieser Schiffsroute.
1882 wurde der Hafen durch Wellenbrecher besser geschützt.
1912 entstanden weitere Schutzmaßnahmen gegen die starken Wellen des stürmischen Südwest-Monsuns. Colombo entwickelte sich zu einer pulsierenden Großstadt.
1948 erreichte D. S. Senanayake die Unabhängigkeit Ceylons von Großbritannien. Colombo blieb Hauptstadt des neuen Staates.

Colombo in aller Pracht – Blick aus dem obersten Stockwerk des Galadari-Hotels

Sehenswürdigkeiten

1982 zog das sri-lankische Parlament auf Veranlassung des damaligen Präsidenten J. R. Jayewardene in Colombos Vorort Sri Jayawardenepura Kotte, auch „Kotte" genannt. Hier befindet sich seitdem die offizielle Hauptstadt Sri Lankas.

1983: Während des „Schwarzen Julis" zog ein verwüstender und mordender singhalesischer Mob – unterstützt wohl durch Armee und Polizei – durch Pettah. Geschätzte 2.000 Tamilen mussten sterben, Teile von Pettah lagen in Schutt und Asche.

31. Januar 1996: Die Central Bank in Fort wurde Ziel eines Bombenattentats der LTTE. Ein mit 440 Pfund Sprengstoff beladener LKW rammte das Gebäude der Central Bank und explodierte. Dem LKW folgte ein Tuk-Tuk (Three-Wheeler) mit zwei wild um sich schießenden LTTE-Kämpfern. 91 Menschen starben, 1.400 wurden verwundet. Bis Ende 2013 sollte das Fort daraufhin zum größten Teil eine abgeschirmte, militärische Sperrzone bleiben.

Sehenswürdigkeiten

Den Stadtbereich, der das ehemalige Fort umschlossen hat, und Pettah, das östlich angrenzende Basarviertel, kann man gut zu Fuß erkunden, während die übrigen Sehenswürdigkeiten des südlichen Stadtteils wegen der weiten Entfernungen besser mit dem Bus oder dem eigenen Fahrzeug zu besuchen sind.

Fort

Fort ist nach Jahren der Schockstarre und hermetischen Absperrung langsam erwacht. Heute wird an allen Ecken saniert, jeden Monat ein altes Gebäude aus dem Winterschlaf geholt, Designer-Läden und Restaurants beleben die historische Bausubstanz. Das heutige Wahrzeichen sind die

Das alte Dutch Hospital in Fort: heute Gourmet-Tempel und Shoppingziel

Fort

★ Sehenswürdigkeiten
1 World Trade Center
2 Dutch Hospital
3 Laksala
4 Cargill & Millers
5 Clock Tower
6 Economic History Museum
7 Janadhipathi Medura (President's House)
8 Sambodhi Chaitiya
9 Maritime Museum
10 Hafenanlage
11 Dutch Period Museum
12 Jami-ul-Alfar-Moschee

⓪ Unterkünfte
1 Grand Oriental Hotel
2 CityRest Hostel
3 Colombo City Hotel
4 The Kingsbury
5 Hilton Colombo

⓪ Essen & Trinken
1 Akasa Kade Rooftop Restaurant
2 Ministry of Crab
3 Ocean Seafood Restaurant

Zwillingstürme des **World Trade Center (1)**, daneben steht das Hochhaus der Bank of Ceylon, dahinter die Hotels Hilton und Galadari, ein Stück weiter Richtung Wasser das Hotel Kingsbury. Wer sich einen Überblick über Fort verschaffen will, besucht am besten eines der oberen Stockwerke der Hotels.

Vor dem World Trade Center liegt das **Dutch Hospital (2)**, Heimat von interessanten Shops, Restaurants und Cafés. Das ehemalige Krankenhaus aus dem 17. Jahrhundert wurde aufwendig restauriert.

Von den alten Befestigungsanlagen aus der Epoche der Portugiesen und Holländer ist bis auf wenige Mauerreste nichts mehr erhalten geblieben. Ein paar Kanonen erinnern noch an die historische Festung. Heutzutage umfasst dieses Stadtzentrum große Kaufhäuser, etwa das staatlich geführte **Laksala (3)** sowie das älteste seiner Art, das 1844 erbaute **Cargill & Millers (4)**, in der Hauptgeschäftsstraße, der York Street. Dieser Laden in Fort ist die Mutter aller Cargills rund um Sri Lanka. Man betritt das herrschaftliche Gebäude mit ein wenig Ehrfurcht, doch leider muss man viel Fantasie entwickeln, um sich vorzustellen, wie großartig die inzwischen leeren Holzregale gut gefüllt in den Gründerzeiten aussahen. Heute hat hier noch ein stickiger Supermarkt geöffnet, der aber nur wenige Quadratmeter der vorhandenen Fläche einnimmt.

Entlang der **York Street** gibt es Banken, Hotels, Reisebüros und öffentliche Gebäude, z. B. die Hauptpost, ein weißes Bauwerk aus dem 19. Jahrhundert. Bei einem Spaziergang kann man diverse Sehenswürdigkeiten in Augenschein nehmen:

Historischer Leuchtturm Der **Clock Tower (5)**, an der Ecke Chatham Street und Janadhipathi Mawatha gelegen, ist der markanteste Punkt des Forts. Er wurde 1837 errichtet und sollte Uhr- und Leuchtturm zugleich sein. Heute erfüllt er nur noch die Funktion als Uhrturm. Der neue Leuchtturm aus den 1950er-Jahren befindet sich direkt an der Küste.

Gegenüber dem Clock Tower liegt das Central Point Building, das beim Attentat von 1996 schwer in Mitleidenschaft gezogen wurde. Seit November 2013 beherbergt das inzwischen restaurierte, schöne Haus das **Economic History Museum (6)**. Hier geht es auf drei Stockwerken um Geld, die heimische Währung und die Welt des Commonwealth. Wen die Ausstellung nicht interessiert, der kann aus den hohen Fenstern auf die Umgebung schauen. Von hier aus lässt sich gut die ursprüngliche Anmut des Forts erahnen.
Economic History Museum, *Chatham Street (gegenüber Clock Tower), Mo–Fr 9–18 Uhr, Eintritt frei.*

Janadhipathi Medura (7), der Amtssitz der Staatspräsidenten („President's House"), liegt ebenfalls an der Janadhipathi Mawatha. Das frühere „Queen's *Amtssitz des* House", in dem schon der holländische und der britische Generalgouverneur *Präsidenten* residierten, ist ein schönes Beispiel kolonialen Baustils. Von Bäumen straßenseitig halb verdeckt, schirmen Gitter und Wachsoldaten das Gebäude gegen Unbefugte ab. Der unter Sir Arthur Gordon angelegte **Gordon Garden** an der Nordseite des Präsidentenpalastes ist leider nicht für die Öffentlichkeit zugänglich.

Die auf Betonbögen stehende Dagoba des Buddha Jayanthi, **Sambodhi Chaitiya (8)**, ist ein sehr eigenwilliges, auffälliges, modernes Bauwerk, das ab 1956 errichtet wurde.

Ebenfalls in der Chaitiya Road, ein paar Schritte weiter, befindet sich das **Maritime Museum (9)**. Die Ausstellung widmet sich der Geschichte der sri-lankischen Seefahrt, zu sehen sind u. a. Modelle der Schiffe, mit denen Berühmtheiten und Forscher in Sri Lanka landeten.
Maritime Museum, *Chaitiya Road, tgl. 10–19 Uhr, Eintritt frei.*

Die **Hafenanlage (10)** von Colombo kann man am besten vom Dachrestaurant des Hotels Kingsbury überblicken. Das **Grand Oriental Hotel** war einst das erste Haus am Platz, da man hier aus dem Schiff direkt ins Hotel schlendern konnte. Heute nur noch ein Schatten seiner selbst, wartet es auf seine Wiederentdeckung im Rahmen der Fort-Sanierung.

„Colombo port city project, a reality soon"

So betitelte der „Sunday Observer" am 30. März 2014 seine Geschichte über eine Initiative, die das Gesicht des Forts, des Hafens und der ganzen Stadt Colombo verändern wird: 230 ha Gesamtfläche vor dem Fort und neben dem Hafen sollen im wahrsten Sinne des Wortes zu einer „Hafenstadt" aufgebaut werden.

Ein chinesischer Investor hat auf 99 Jahre den Seegrund vor dem Fort geleast und schüttet momentan jede Menge Baumaterial auf, um die Fläche auf Wasser- und Wohlstandsniveau und höher zu bringen. Dann soll hier neben eleganten Wohnungen all das entstehen, was der moderne, eher begüterte Mensch in solch einer Satellitenstadt erwartet: Wassersportmöglichkeiten, ein Golfplatz, eine Formel-1-Rennstrecke, Hotels, Apartments und natürlich eine Marina für die Jacht. Gleichzeitig wird der Hafen von Colombo saniert.

Das Gesamtvolumen des auf drei Jahre angesetzten Projekts wird auf US$ 15 Mrd. geschätzt. Die Idee stammt angeblich von dem langjährigen Präsidenten Rajapaksa selbst.

Pettah

Der Name ähnelt dem Tamilenwort „Pettai" und bedeutet „außen". Auf der Main Street geht es über einen Kanal, nur wenige Minuten vom Fort entfernt, zu dem **alten Basarviertel**. Schausteller, Schlangenbeschwörer und Gaukler zeigen ihre Künste, geschäftig schieben sich die Menschen durch die engen Gassen. Hier gibt es alles zu kaufen, vom rostigen Nagel bis zum teuren Rubin: Saris, Fahrradersatzteile, Haushaltswaren, Lebensmittel, Früchte, Gewürze, Andenken, Transistoren, Tonwaren und vieles mehr. Karren schaukeln durch das Gewirr des Basars. Fremde Gerüche steigen in die Nase, orientalische Musik klingt an das Ohr, Händler bedrängen Besucher, Singhalesen, Tamilen und Muslime wogen durcheinander. In jeder Straße werden auf einer ganzen Blocklänge die gleichen Dinge feilgeboten, die nächste Gasse ist wiederum einer anderen Produktsparte gewidmet.

Buntes Markttreiben

Mittendrin, in der Prince Street, findet sich im ehemaligen Rathaus der Holländer das **Dutch Period Museum (11)**. Das Gebäude von 1780 ist mit seinen knarzenden Böden, den Innenhöfen und den hohen Decken interessanter als die Ausstellung, die sich mit der holländischen Kolonialgeschichte befasst und viele Stücke aus der Zeit zeigt.
Dutch Period Museum, *95 Prince Street, Di–Sa 9–17 Uhr, Eintritt: Erwachsene 500 Rs., Kinder 300 Rs., Fotoerlaubnis 250 Rs.*

In Pettah kann es durchaus recht eng werden

Bemerkenswert auf dem Weg durch das Basarviertel ist die mit roten und weißen Backsteinen gezierte **Jami-ul-Alfar-Moschee (12)** aus dem Jahr 1908. „Jami ul-Alfar" heißt „Versammlung zum Gebet", und fünfmal täglich hallt der Ruf des Muezzins aus dem Lautsprecher durch die Altstadt. Die Moschee steht in der Second Cross Road in der Nähe des Hafens, ist für Nicht-Muslime allerdings nicht zugänglich.

Den alten Glockenturm, **Kayman's Gate** („Kayman" = niederländisch für Krokodil), sollen die Holländer von einer portugiesischen Kirche aus Kotte an diese Stelle in der Pettah von Colombo umgesetzt haben.

In der Nähe des Glockenturms liegt die **Old Town Hall (13)**, das alte Rathaus. Hier kann man hineinschauen und sich vom Charme des alten Gebäudes einfangen lassen. Ein Teil ist zu einem pittoresken Markt umfunktioniert worden. Außerdem findet sich in der Old Town Hall das **Municipal Museum** (*Sa–Do 9–17 Uhr, Eintritt frei*), das sich der Geschichte der Stadtverwaltung Colombos widmet.

Interessant ist die Sea Street, in der sich Juwelierladen an Juwelierladen reiht. An einer weiteren Straßeneinmündung liegen der Kathiresan-Tempel (ein Hindu-Kovil mit einem älteren und einem neueren Bauwerk), der dem Kriegsgott Skanda geweiht ist, und der Ganesha-Tempel. Auf dem Fischmarkt herrscht ebenfalls reges Treiben.

Nördlicher Stadtteil/Kotahena

Die **Wolfendaal-Kirche** wurde zwischen 1749 und 1757 von den Holländern auf den Resten der portugiesischen Kirche „Aqua de Lupa" auf einem Hügel, dem „Vivekananda Hill", erbaut: ein Wahrzeichen christlichen Glaubens in Sri Lanka. Grabsteine einer noch älteren holländischen Kirche pflastern den Fußboden. Gottesdienste werden heute in Englisch und Tamil abgehalten.

Die **St.-Lucia-Kathedrale** wurde nach langer Bauzeit 1906 fertiggestellt. Sie fällt durch ihr silbriges Kuppeldach auf. Im Inneren haben 6.000 Besucher Platz, 1994 war sogar Papst Johannes Paul II. vor Ort.

Colombos Süden

Der ehemalige Parade- und Pferderennplatz **Galle Face Green (14)** ist heute ein Naherholungsgebiet direkt an den Brandungswellen des Ozeans. Besonders abends, an Wochenenden und Feiertagen beleben sich die Grünflächen. Erwachsene gehen spazieren oder sitzen in Gruppen plaudernd zusammen, und am Strand toben sich Kinder und Jugendliche bei Ballspielen aus oder lassen ihre Drachen steigen.

Beliebtes Erholungsgebiet

Das Highlight von **Slave Island** ist der **Beira-See**, ein innerstädtisches Erholungsgebiet mit Inselchen in der Mitte, einer Hängebrücke und Ruderbooten,

Gut besuchter Feiertags-Treff: die Promenade von Galle Face Green

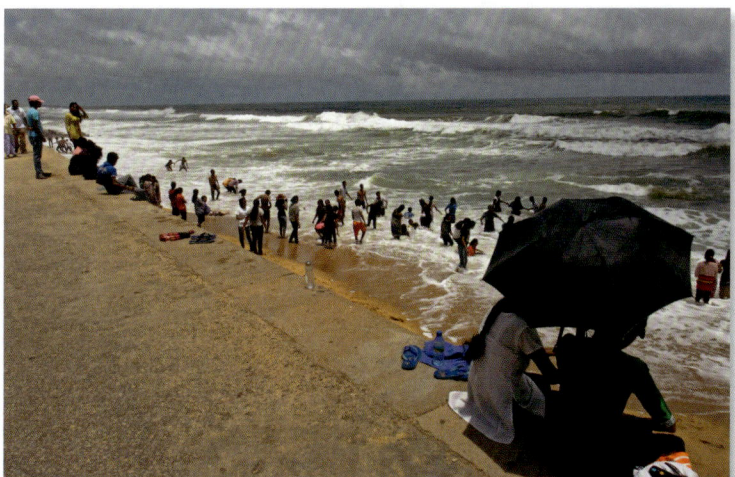

Beeindruckendes Bauwerk: der Tempel Seema Malaka

Seetempel

die von der Armee vermietet werden. Im See liegt der unbedingt sehenswerte **Seema Malaka (15)**: Kein geringerer als Sri Lankas größter Baumeister Geoffrey Bawa hat diesen wunderschönen, verwunschenen Tempel entworfen und sich dabei an den berühmten Tempelanlagen von Anuradhapura und Ritigala orientiert.

Seema Malaka, *Sir James Peiris Mawatha, tgl. 7.30–23.30 Uhr, Eintritt frei.*

Der **Gangaramaya-Tempel (16)** ist ein moderner buddhistischer Tempel mit vergoldeten Buddha-Statuen. Unter anderem wird dargestellt, wie sich

Der Gangaramaya-Tempel ist Heimat unzähliger Buddha-Statuen

Gautama Buddha von seinem einzigen Sohn verabschiedet, bevor er seine Familie verlässt und auf die große Wanderschaft als Bettelmönch geht. Ein heiliger Bodhi-Baum und eine weiße Dagoba im Hof werden von Gläubigen gern zur Meditation aufgesucht. In einem kleinen Museum sind alte, von Mönchen auf Palmenblättern geschriebene Manuskripte aufbewahrt. Dem Gangaramaya-Tempel angeschlossen ist das Sima Malaka Meditation Centre.

Gangaramaya, *Sri Jinarathana Road,* ① *011-2435169, http://gangaramaya.com, tgl. 5.30–23.00 Uhr, Eintritt 125 Rs.*

In dem weiträumigen Villenviertel **Cinnamon Gardens** (= Zimtgärten) liegt der **Viharamahadevi Park (17)**, eine riesige, baumbestandene Grünanlage, die früher Victoria Park hieß. Viharamahadevi war eine singhalesische Königin, die Mutter des großen Königs Dutthagamani (161–137 v. Chr.), der Anuradhapura von den Tamilen zurückeroberte und zum ersten Mal die Insel unter singhalesischer Herrschaft einigte. Das Standbild der Königin steht mitten im Park. In der üppigen Anlage gedeihen u. a. Zimt-, Eisenholz-, Mahagoni-, Ebenholz-, Kasuarine-, Banyan-, Feigen- und Kautschukbäume. Lotosteiche zieren die Grünanlagen, und Scharen von Singvögeln, Paddyreihern, Eisvögeln und Fliegenden Hunden (große, Früchte fressende Fledermäuse) bevölkern die „grüne Oase" inmitten der lärmenden Großstadt.

Ausgedehnte Parkanlage

An der Südostecke des Parks liegt in blendendem Weiß das stattliche Rathaus: die 1928 erbaute **Town Hall (18)**. Die große Bandaranaike Memorial International Conference Hall (BMICH) wurde 1971 von den Chinesen errichtet und bietet 1.500 Konferenzteilnehmern Platz. Die **Independence Memorial Hall** (Unabhängigkeitshalle) ist ein auf Säulen stehender Audienzsaal. Hier eröffnete der Duke of Gloucester am 4. Februar 1948 das erste Parlament des unabhängigen Ceylon.

Gleich südlich des Parks steht das in prächtigem, klassizistischem Gewand strahlende **National Museum (19)**. Das 1877 eröffnete Museum ist das älteste und größte des Landes und definitiv einen Besuch wert. Ein Rundgang vermittelt einen sehr guten Einblick in die Kultur und Geschichte des Landes. Gerade für Besucher, denen die Zeit fehlt, die alten Königsstädte zu besuchen, ist es sehr informativ. In der Bücherei des Museums sind mehr als 4.000 Palmblätter-Manuskripte untergebracht, die von längst vergangenen Zeiten berichten. Ausgestellt sind auch die Insignien des Königs von Kandy, Juwelen, traditionelle Masken, Holzschnitzereien, buddhistische und hinduistische Bronzekunst und Keramiken bis hin zu steinernen Skulpturen aus vielen Jahrhunderten.

Sri Lankas größtes Museum

National Museum, *Sir Marcus Fernando Mawatha, Colombo 7,* ① *011-2695366, tgl. 9–18 Uhr, Eintritt Erwachsene 500 Rs., Kinder 300 Rs. Fotografieren nur gegen Gebühr.*

Das **Naturhistorische Museum** ist auf demselben Gelände untergebracht und beherbergt Schauvitrinen mit ausgestopften Tieren in ihren Biotopen. Zu

Klassizistisches Gebäude: das National Museum

sehen gibt es Säugetiere (Leopard, Lippenbär, Wasserbüffel, Wildschwein, Axishirsch, Sambar, Muntjak u. a.), außerdem Vögel (Flamingo, Pelikan, Nimmersatt, Klaffschnabel, Löffler, Schlangenhalsvogel, Heiliger Ibis, Reiherarten, verschiedene Adler, Hornrabe, Hinduracke, Bakivahuhn u. a.), Reptilien (Kobras, Vipern, Geckos u. a.) und Insekten (Schmetterlinge, Käfer, Heuschrecken, auch Schädlinge verschiedener Nutzpflanzen).

Bewässerungssysteme aus dem Altertum und der Neuzeit geben einen guten Einblick in antike und moderne Methoden. Daneben ist der Anbau von Nutzpflanzen wie Tee, Kaffee, Zimt, Pfeffer, Kardamom, Zuckerrohr, Getreide, Paprika, Auberginen, Kürbissen u. a. Gemüsearten modellhaft dargestellt.

National Museum of Natural History, *Horton Place, Colombo 7, ① 011-2691399, tgl. 9–18 Uhr, Eintritt Erwachsene 300 Rs., Kinder 150 Rs.*

Am Horton Place befindet sich auch die **National Art Gallery**. Hier ist die moderne Kunst Sri Lankas in einem Raum untergebracht.
National Art Gallery, *Horton Place, tgl. 9–17 Uhr, Eintritt frei.*

Ein paar Schritte weiter befindet sich das ungemein prächtige **Nelum Pokuna Mahinda Rajapaksa Theatre**, das am 15. Dezember 2011 vom gleichnamigen Präsidenten eröffnet wurde und als Schauspielhaus und Kunststätte dient. Hier fand im Oktober 2013 die Eröffnungszeremonie des Commonwealth-Gipfels statt.

Colombo pur! Wer der Galle Road weiter nach Süden folgt, der passiert die belebten Stadtteile **Kollupitiya** und **Bambalapitiya**, die für Besucher allein schon wegen

Mancher Hindutempel versteckt sich in der zweiten Reihe wie hier an der Galle Road

der Dichte der Geschäfte, Restaurants und Guesthouses interessant sind. In diesen Bereich hatte sich Colombos Mitte verschoben, während Fort jahrzehntelang im Dämmerschlaf lag. Hier entstehen neue Hotels, werden die Straßen saniert, Banken haben sich niedergelassen, Einkaufsmalls und Kinos haben eröffnet – es ist quirlig, es ist laut, Colombo pur!

Ausflüge in die Umgebung Colombos

Dehiwala-Zoo

Der Dehiwala-Zoo, rund 10 km südlich von Colombo Fort, hat sich aus einer Tierfängerstation John Hagenbecks entwickelt. Beeindruckend sind der hohe, urwaldartige Baumbestand, der das gesamte, ca. **20 ha große Gelände** beschirmt, und das dichte Beieinander tropischer Fauna und Flora. Hier treffen freie und gebändigte Natur aufeinander, mischen sich die Schreie der wildlebenden Vögel mit denen der gefangenen. *Tropische Flora und Fauna*

Zu sehen gibt es gibt es neben Großkatzen (Tiger, Löwen, Leoparden, Jaguare, die beiden letzteren auch in den schwarzen Varianten) auch Braun- und Lippenbären sowie Affen, u.a. Rhesusaffen, Gibbons, und Husarenäffchen. Auch die Tierwelt Afrikas ist mit Elefanten, Giraffen, Antilopen und Flusspferden vertreten. Vögel, Schlangen und Krokodile sind ebenfalls zu sehen. Nicht verpassen sollte man den „Tanz der Elefanten", tgl. um 17.15 Uhr.
Dehiwala-Zoo, *Anagarika Dharmapala Mawatha, Dehiwala,* ☏ *011-2761554, tgl. 8.30–18 Uhr, Eintritt (ausländische) Erwachsene 2.000 Rs., Kinder 1.000 Rs.*

Pilgerort Kelaniya

Kelaniya, gut 7 km nordöstlich des Zentrums von Colombo gelegen, ist eine der ersten Niederlassungen der Singhalesen auf der Insel und wird in der *Mahavamsa* (singhalesisches Geschichtswerk, s. S. 367) als „Kalyani" erwähnt. Die bedeutende **Tempelanlage Raja Maha Vihara** ist das Ziel ganzer Pilgerscharen, besonders zu den Vollmondzeiten (*poja*) und während der „Duruthu Perahera". Die ursprünglich sehr alte, wahrscheinlich aus dem 3. Jh. v. Chr. stammende Dagoba wurde von den Portugiesen im 16. Jh. zerstört, was auch in den Wandmalereien des Tempels dargestellt ist.

Weit sichtbar strahlt eine große Kuppel in blendendem Weiß von einem Hügel des bekannten Pilgerortes. Dies ist die jetzige Dagoba, die im 18. Jh. in der seltenen Reishaufen-Form (*dhanyakara*) wieder aufgebaut wurde. Der Thron, auf dem Gautama Buddha der Überlieferung nach bei seinem Besuch des Naga-Königs Maniakkhika gesessen hat, soll in der Dagoba eingemauert sein. Der Aufenthalt des „Erleuchteten" in Sri Lanka und damit auch in Kelaniya ist jedoch geschichtlich nicht erwiesen.

Der Thron Buddhas

Der Tempel neben der Dagoba ist außen mit Reliefs und Göttergestalten verziert, so auch mit dem Elefantengott Ganesha, der Weisheit symbolisiert. Berühmt ist das dreiteilige Fries mit den heiligen Gänsen, Gnomen und Elefanten. Wenn man den Tempel betritt, blickt man in der Haupthalle auf die von zwei Leibwächtern eingerahmte Statue des Königs Maniakkhika. Malereien aus dem 17. Jahrhundert erzählen überwiegend Geschichten (*jatakas*) aus Gautama Buddhas Leben, wie er Versuchungen ausgesetzt war und ihnen widerstanden hat. Im linken Saal sind in einem goldenen Behälter die Buddha-Reliquien aufbewahrt, die im Mittelpunkt der jährlichen Tempel-Zeremonie stehen. Der rechte Saal beherbergt eine ruhende Buddha-Statue.

Der heilige Bodhi-Baum ist das dritte Charakteristikum jeder buddhistisch-singhalesischen Tempelanlage. Anlässlich der Feierlichkeiten werden zu seinen Füßen Öllampen entzündet.

Kelaniya Raja Maha Vihara, *Kelaniya, ☏ 011-2911505, www.kelaniyatemple.org.*

Reisepraktische Informationen Colombo

ℹ Information

Sri Lanka Tourism Airport: *Travel Information Center im Einreisebereich des Bandaranaike International Airport, ☏ 011-2252411.*
Sri Lanka Tourism Colombo: *80 Galle Road, Colombo 03, ☏ 011-2426900, 2437055/-59/-60, www.srilanka.travel. Hier gibt es Informationsprospekte und auch Beratung.*

Wichtige Telefonnummern
Tourist Police, ☏ 011-2421451, 2421052.
General Hospital, Regent Street, Colombo 08, (24-Stunden-Dienst), ☏ 011-2691111 (s. a. A–Z).
General Post Office, Janadhipathi Mawatha, Colombo 01 (postlagernde Sendungen), ☏ 011-2326203.

 Banken
In Fort, Kollupitiya und Bambalapitiya sind alle sri-lankischen Banken mit Geldautomaten vertreten. Money Changer, die häufig einem Juwelierladen oder ähnlichem angeschlossen sind, geben oft einen besseren Cash-Kurs als die Banken. Eine gute Adresse ist beispielsweise **Niketh Money Exchange**, 2. Stock im Majestic City, Bambalapitiya.

Unterkunft
(s. Karte in der hinteren Umschlagklappe bzw. S. 169)

FORT
CityRest Hostel $$$ **(2)**, 46 Hospital Street, Colombo 01, ☏ 011-2339340. 2014 eröffnet und schon sehr beliebt ist dieses einfache Hostel, das fast wie eine übergroße WG anmutet. Es gibt Doppelzimmer und Schlafsäle unterschiedlicher Größe. Der Service ist aufmerksam und nett – und wer will, wird sicher ein paar Freunde für die weitere Reise gewinnen. WiFi inklusive.

Grand Oriental Hotel $$$$ **(1)**, 2 York Street, Colombo 01, ☏ 011-2320320, www.grandorientalhotel.com. Allen Unbilden der Geschichte und Absperrungen der Armee hat dieser Klassiker für Schiffsreisende getrotzt. Hier sind schon Schriftsteller abgestiegen, Weltreisende und Lebenskünstler. Heute gibt es die üblichen Standard- und Deluxe-Zimmer mit Klimaanlage. Seine besten Tage scheint das Hotel hinter sich zu haben – dafür wird hier Geschichte förmlich spürbar. WiFi inklusive.

Colombo City Hotel $$$$ **(3)**, 33 Canal Row, Colombo 01, ☏ 011-5341962/-63, www.colombocityhotel.com. Direkt gegenüber dem World Trade Center und neben dem Dutch Hospital gelegen, bietet das City Hotel in Fort guten Gegenwert für einen günstigeren Preis als die großen Namen in der Nachbarschaft. Nett ist das Café vor dem Eingang: eine Theke und ein paar Plastikstühle samt Tischen. Von hier aus kann man schön das Treiben um das World Trade Center auf sich wirken lassen. WiFi inklusive.

The Kingsbury $$$$ **(4)**, 48 Janadhipathi Mawatha, Colombo 01, ☏ 011-2421221, www.thekingsbury.lk. 250 Zimmer mit Klimaanlage und TV. Das Hotel verfügt über acht Bars und Restaurants, darunter ein auf Meeresfrüchte spezialisiertes Restaurant (s. u.), einen Friseursalon, eine Shopping-Arkade und einen Swimmingpool. Bei einer Wellness-Massage kann man sich entspannen. WiFi inklusive.

Hilton Colombo $$$$ **(5)**, 2 Sir Chittampalam A. Gardiner Mawatha, Colombo 02, ☏ 011-2492492, www3.hilton.com. 384 Gästezimmer mit Klimaanlage, Minibar, Bad, Radio und TV. Neun Restaurants und Bars, eine Diskothek, Arzt auf Abruf, Shopping-Arkade, Friseursalon, Sauna, Massage, Babysitting, modernste Kommunikationsmittel im Konferenzsaal und der größte Ballsaal in Colombo stehen den Gäs-

ten zur Verfügung. Es gibt ein Sport- und Fitnesscenter, einen Swimmingpool und eine Tennisanlage. WiFi inklusive.
Ramada Colombo $$$$ **(7)**, 30 Sir Mohamed Macan Markar Mawatha, Colombo 03, 1 km vom Colombo Fort entfernt, ☏ 011-2422001, www.ramadacolombo.com. Ein empfehlenswertes Hotel in zentraler Lage. 94 Gästezimmer mit Klimaanlage, Minibar und TV sorgen für einen angenehmen Aufenthalt. Restaurants und Bars, Swimmingpool, Wäscherei-, Taxi- und Reisedienst, Schönheitssalon, Shopping-Arkade, Konferenzraum, Arzt mit Rufbereitschaft und Geldwechselschalter gehören zum Service. WiFi inklusive.

GALLE FACE GREEN
Galle Face Hotel $$$$ **(8)**, 2 Galle Road, Colombo 03, ☏ 011-2541010, www.gallefacehotel.com. Das älteste Hotel von Colombo (von 1864). Auch wenn es vom Galle Face Green wie eine Bruchbude aussieht, da der gesamte Nordflügel aufwendig renoviert wird – Eröffnungsdatum unbekannt –, strahlt das Gall Face Hotel immer noch einen nostalgischen Charme aus und ist empfehlenswert für Reisende, die mehr Wert auf viktorianischen Stil und vergangene Pracht als auf modernen Komfort legen. Das Hotel versucht, die alte Tradition aufrechtzuerhalten mit seinen riesigen Räumen samt hohen, stuckverzierten Decken. Namen prominenter Gäste sind auf Tafeln vermerkt. Der Blick aufs Meer ist besonders bei Sonnenuntergang reizvoll. Hier werden gerne Hochzeiten gefeiert. WiFi inklusive.

KOLLUPITIYA
Colombo Haven $$$ **(11)**, 263/6 Galle Road (kleine Gasse vorbei am Carnival Ice Cream Parlour), ☏ 011-2301672, www.colombohaven.com. Ein für diese Ecke Colombos typisches, kleines B&B mit Familienanschluss. Wer möchte, bekommt das Frühstück von der Mutter der Hauses gemacht und serviert, abends kann man mit dem Manager vor der Haustür plaudern, der sich als ehemaliger Fremdenführer in Sri Lanka hervorragend auskennt. Vier Zimmer mit Klimaanlage, teilweise mit Gemeinschaftsbad, in einem netten Häuschen. WiFi inklusive.
Cinnamon Lakeside $$$$ **(6)**, 115 Sir Chittampalam A. Gardiner Mawatha, Colombo 02, ☏ 011-2491000, www.cinnamonhotels.com. Dieses Luxushotel am Ufer des Beira Lake bietet 358 Gästezimmer mit Klimaanlage, Blick auf den Ozean oder den Binnensee, TV und Minibar. Zum weitreichenden Service gehören fünf Restaurants, außerdem u. a. ein mit modernster Technik ausgerüsteter Konferenzsaal, Reisedienst, Wechselstube, Shopping-Arkade, Babysitter-Service, Friseursalon, Tiefgarage, Bibliothek, Swimmingpool, Sauna und Nachtclub. WiFi inklusive.
Lake Lodge $$$$ **(10)**, 20 Alvis Terrace, Colombo 03, ☏ 011-2326443, www.taruvillas.com. Hier haben Besucher einen Überblick über den Beira-See, eine kleine Oase im lebhaften Großstadtgetümmel. 16 sehr modern eingerichtete, reduzierte Zimmer. WiFi inklusive.

SLAVE ISLAND
YWCA $$–$$$ **(9)**, 393 Colvin R. De Silva Mawatha (Union Place), Colombo 02, ☏ 011-2324181, www.ywcacolombo.com. Frauen und Männer können in einem alten

holländischen Kolonialhaus in zehn Räumen (Doppel- und Familienzimmer) übernachten.

BAMBALAPITIYA
Greenlands Hotel $$ **(13)**, 3A Shrubbery Gardens, Colombo 04, ① 011-2585592. Selbst wer hier nicht übernachten will, da es rund um den angeschlossenen Beer Shop doch recht laut werden kann, sollte unbedingt in das **vegetarische Restaurant** gehen, ein Curry essen und die Geschehnisse um einen herum betrachten. Das Haus ist definitiv aus der Zeit gefallen – genauso wie die Bedienungen. Die Zimmer mit Klimaanlage sind okay und günstig.

Mrs. Marie Barbara Settupathy's $$–$$$ **(14)**, 23/2 Shrubbery Gardens, Colombo 04, nur ein paar Häuser weiter, ① 011-2587964, ist ebenfalls ein echter Klassiker. Sechs z. T. klimatisierte Zimmer, ein Gemeinschaftsraum, und in der Küche kann man auch selber kochen. WiFi inklusive.

CJ Villas $$$ **(12)**, Marine Drive, Schofield Place, Colombo 04, ① 077-3507051. Sehr nette Pension direkt am Marine Drive mit einer kleinen Dachterrasse, von der man aufs Meer schauen kann. Ordentliche Zimmer mit Bad und Klimaanlage, gleich in der Nähe des Bahnhofs von Bambalapitiya. WiFi inklusive.

Restaurants *(s. Karte in der hinteren Umschlagklappe bzw. S. 169)*
FORT
Akasa Kade Rooftop Restaurant (1), Ecke York Street/Sir Baron Jayathilaka Mawatha, Colombo 01, ① 011-2333332. Hier werden nicht nur östliche und westliche Spezialitäten sowie Abendunterhaltung geboten, sondern auch ein fantastischer Blick über den Ozean. Das Restaurant ist täglich von 18–23 Uhr geöffnet.

Ministry of Crab (2), Dutch Hospital, Colombo 01, ① 011-2342722, www.ministryofcrab.com. Aufwendig gestaltetes, auf Seafood spezialisiertes Restaurant im schönen Ambiente des Durch Hospital. Geöffnet tgl. 18–23 Uhr.

Ocean Seafood Restaurant (3), 48 Janadhipathi Mawatha, Colombo 01, ① 011-2421221, Hotel The Kingsbury. Leckere Meeresfrüchte, bei deren Zubereitung man den Köchen von seinem Tisch aus zusehen kann. Geöffnet tgl. zum Lunch und zum Dinner.

GALLE FACE GREEN
Golden Dragon (4), 25 Galle Face Center Road, Colombo 03, Hotel Taj Samudra, ① 011-2446622. Das einzige hochklassige chinesische Restaurant in Colombo ist stolz auf seine ausgezeichneten Spezialitäten, gepaart mit komfortablem und elegantem Ambiente. Geöffnet 11–15 und 19–23 Uhr.

The Bavarian (5), 11 Galle Face Court 2, Colombo 03, gegenüber dem Galle Face Hotel, ① 011-2421577. In diesem typisch deutschen Restaurant mit Eisbein und Sauerkraut, Steaks und Schnitzel ist Beck's Bier eine Selbstverständlichkeit, dazu gibt es deutsche und französische Weine. Der ausgezeichnete Service und günstige Preise machen dieses Restaurant zum Favoriten europäischer und nordamerikanischer Gäste. Geöffnet 12–15 und 18–24 Uhr.

KOLLUPITIYA

Crescat Boulevard (6), Galle Road, Colombo 03, ☏ 011-5540402. Hier, im Keller der Mall, kann man sich an zahlreichen Theken kulinarisch einmal quer durch die asiatische Welt bewegen: von mongolischem Barbecue über Thai bis hin zu einer chinesischen Suppenküche. Zur Mittagszeit brummt der Keller von Angestellten der umliegenden Bürotürme. Tgl. 10.30–23 Uhr.

Amaravathi (7), 2 Mile Post Avenue, Colombo 03, ☏ 011-2577418. Gute indische Küche in angenehmer Atmosphäre und zu fairen Preisen. Besser reservieren! Geöffnet tgl. 11.30–15.30 und 18.30–23 Uhr.

The Gallery Café (8), 2 Alfred House Road, Colombo 03, ☏ 011-2582162. Hier hatte Baumeister Geoffrey Bawa früher sein Büro, heute wird hier in großem Stil Kunst verkauft. Das Café ist ein Ort, um zu sehen und gesehen zu werden. Das Ambiente rechtfertigt die ziemlich hohen Preise. Tgl. 10–23 Uhr.

Green Cabin (9), 453 Galle Road, Colombo 03, ☏ 011-2588811. Von außen unscheinbar, aber mit einer ausgezeichneten Karte rund um Rice & Curry. Geöffnet tgl. zum Lunch und Dinner.

Barefoot Garden Café (10), 704 Galle Road, Colombo 03, ☏ 011-2589305, http://barefootceylon.com/cafe. Schickes, gemütliches Café im Innenhof des mindestens genauso schicken und gemütlichen Barefoot-Shops. Bekannt für das gute Lunch-Menü, das sonntags oft von Live-Jazz untermalt wird. Mittwochs findet ab 20 Uhr ein Pub-Quiz inkl. Dinner statt. Mo–Sa 10–19, So –17 Uhr.

 Einkaufen

MALLS

Crescat Boulevard, Galle Road, Kollupitiya. Wer vor oder nach dem Mittagessen in der Food Mall des Hauses noch ein wenig Zeit hat (s. Restaurants), sollte sich noch ein wenig in der Einkaufsmall umsehen. Hier gibt es Tee, Bücher, T-Shirts, einen Geldwechsler und – neben der Food Mall – einen wunderbar ausladenden Keel's-Supermarkt.

Majestic City und **Unity Plaza** nebenan, Galle Road, Bambalapitiya. Alles ein wenig günstiger und trashiger als im Crescat Boulevard, dafür gibt es alle Dinge des Lebens – von der Unterhose bis zum Smartphone. Und wer keine Lust mehr auf den Großstadttrubel hat, der verbringt den Nachmittag einfach im dortigen Kino.

Barefoot, 706 Galle Road, Kollupitiya, ☏ 011-2589305, www.barefootceylon.com. Hier muss man reinschauen. Es gibt herrlich bunte Stoffe für die verschiedensten Anwendungen – vom Sarong bis zum Tischläufer –, außerdem noch ein paar Souvenirs, einen kleinen, aber feinen Buchladen und eine Ecke für Bio-Kosmetika.

BUCHLÄDEN

Lake House Bookshop, 100 Sir Chittampalam A. Gardiner Mawatha, Colombo 02, ☏ 011-4734137/-8. Diese Verlagsbuchhandlung führt Titel aller Art, von Romanen bis zu Fachliteratur.

Vijitha-Yapa-Buchläden gibt es in den Malls wie dem Crescat oder dem Unity Plaza. Sie haben stets eine ordentliche Auswahl englischsprachiger Literatur sowie aktuelles Informations- und Kartenmaterial zu Sri Lanka im Angebot.

JUWELIERE UND EDELSTEINE
Colombo Jewellery Stores, 1 Alfred House Gardens, Colombo 03, ① 011-2585187, www.cjs.lk.
Elizabeth Jewellers, 347A Galle Road, Colombo 03, ① 011-2573723.
Hemachandra Brothers, Manufaktur-Juwelier, 229 Galle Road, Colombo 03, ① 011-2325147.

Verkehrsmittel
Alle Wege führen nach Colombo, und das gilt auch für sämtliche Verkehrsmittel.

Zugverbindungen
Fort Railway Station *ist der wichtigste Bahnhof in Sri Lanka. Die Frontseite des ausladenden, weißen Gebäudes beherbergt etliche Schalter, an denen man die Tickets für die dort angeschriebenen Züge kaufen kann. Wer es sich einfacher machen will, fragt den freundlichen Kollegen in dem kleinen Tourist-Information-Pavillon vor dem Bahnhof. Hier werden zwar keine Fahrkarten verkauft, aber es gibt Auskunft über die Abfahrtszeiten und den korrekten Ticketschalter.* **InterCity- und andere Reservierungen** *kann man in einem besonderen Büro links vom Haupteingang vornehmen.*

Die jeweiligen **Gleise und Abfahrtszeiten** *werden im Inneren des Bahnhofs auf einer großen Tafel mit Leuchtbuchstaben angezeigt. Achtung: Das erste Gleis nach dem Eingang ist das Gleis 3. Gleis 1 und 2 befinden sind links vom Eingang neben dem Bahnhofsgebäude. Am Gleis 1 gibt es auch öffentliche Toiletten.*

Immer viel los: die Fort Railway Station

Die Fahrkarten für **Vorortzüge** werden nur am Einlass zum Bahnhof sowie beim Verlassen des Zielbahnhofs kontrolliert. Also das Ticket gut aufheben, sonst könnte es Ärger geben.

Für die aktuellen **Abfahrtszeiten** empfehlen sich zwei Websites: www.railway.gov.lk, die offizielle Internetpräsenz der Sri Lankan Railways und www.seat61.com, die Homepage eines Bahnfans, der die ganze Welt auf dem Sitzplatz 61 erkundet hat und seine Website immer auf dem neuesten Stand hält.

Busverbindungen

Colombo hat **drei Busterminals**: Saunders Place, Bastian Mawatha und den Central Bus Stand. Klingt kompliziert, ist es aber nicht: Alle drei liegen dicht beieinander, und man kann sich problemlos zum richtigen Bus durchfragen. Außerdem sind die Terminals nur rund 500 m vom Bahnhof entfernt, sodass man durchaus einen Zug-Bus-Anschluss planen kann.

Von **Saunders Place** fahren meist Long-Distance-Busse.
Von **Bastian Mawatha** fahren Privatbusse Richtung Kandy, Nuwara Eliya und entlang der Küste.
Vom **Central Bus Stand** fahren alle CTB-Busse in jegliche Richtungen.
Ausgewählte tägl. angefahrene Ziele: Airport (40-60 Min.), Anuradhapura (5 Std.), Arugam Bay/Pottuvil (10 Std.), Batticaloa (9 Std.), Hambantota (5 Std.), Hikkaduwa (2,5 Std.), Galle (2,5 Std.), Kandy (3 Std.), Matara (3,5 Std.), Negombo (1 Std.), Nuwara Eliya (4,5 Std.), Ratnapura (3 Std.), Tangalle (4,5 Std.), Tissamaharama (6 Std.), Trincomalee (7 Std.).

Busnummern zu häufig angefahrenen Orten ab Colombo-Busterminal			
Ampara:	98	Kurunegala:	5, 6
Anuradhapura:	4, 15, 57	Matara:	32
Badulla:	99	Negombo:	240
Batticaloa:	48	Nuwara Eliya:	79
Galle:	2	Polonnaruwa:	48
International Airport:	187	Ratnapura:	3
Kandy:	1	Sigiriya:	47
Kataragama:	32	Trincomalee:	49

BUSSE IM STADTVERKEHR

Colombo ist von einem dichten Netz von Linien durchzogen, die von Stadtbussen befahren werden. Es gibt 41 Ziele in der Hauptstadt und deren Umfeld. Alle Linien laufen knotenförmig auf dem Zentralen Busbahnhof, Central Bus Station, Olcott Mawatha, Colombo 01, ☏ 011-2581120 (Auskunft), zusammen.

Busnummern zu häufig besuchten Orten in Colombo	
Fort Railway Station (Bahnhof), ab Galle Road:	100, 101
Galle Face Green, ab Galle Road:	100, 101, 137
Galle Face Green, ab Bambalapitiya:	112
Kelaniya Tempel, ab Pettah:	224, 235
Mount Lavinia, ab Galle Road:	alle Busse, die die Galle Road Richtung Süden befahren
Pettah, ab Galle Road:	100, 101, 137
Pettah, ab Bambalapitiya:	112
Zoologischer Garten, ab Dehiwela:	117, 119

Taxis

In Colombo und den Vorstadtbezirken operieren mehrere Taxi-Gesellschaften, beispielsweise Kangaroo, Quick Cabs (rote Autos) und GNTC Cabs (dunkelblaue Wagen). Die Wagen besitzen einen Zähler. Der erste Kilometer kostet zzt. 68 Rs. Berechnet wird vom Abholpunkt. Taxis können auch für längere Strecken gemietet werden.

Es gibt auch Tuk-Tuks (Autorikschas) mit einem Taxameter, diese sind als „Metered" gekennzeichnet. Der erste Kilometer kostet 50 Rs., die folgenden jeweils 30 Rs.

Günstig unterwegs ist man mit dem Tuk-Tuk

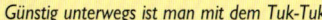

5. DIE WESTKÜSTE

Überblick

Die Westküste von Sri Lanka gilt nicht ohne Grund als das Hauptreisegebiet der Insel. Hier liegen die bekannten Orte, im Norden Colombos beispielsweise **Negombo** mit den einzigartig geschnittenen Segeln der Fischerboote, die zum Strand herübergrüßen. Da ist der 2009 wiedereröffnete **Wilpattu National Park** mit Wasservögeln, Bären und Elefanten. Und hier liegt die Halbinsel **Kalpitiya** – noch ist sie von der Welt abgeschnitten, aber nach Regierungsplänen soll sich das in Zukunft ändern.

Im Süden Colombos stehen **Beruwala** und **Bentota** für kilometerlange Sandstrände, an denen man es sich – vielleicht noch gesteigert durch eine Ayurveda-Kur in den riesigen Resortanlagen – richtig gut gehen lassen kann. In **Hikkaduwa** erinnern sich viele noch an die goldenen Zeiten, als die Hippies sich hier ein Stelldichein gaben. Auf dem Weg dorthin finden sich leider immer noch Spuren des Tsunami von 2004, die längst nicht überall beseitigt werden konnten. Die Naturkatastrophe wird im unbedingt sehenswerten Tsunami Photo Museum in **Telwatta** dokumentiert.

Redaktionstipps

▶ Besuchenswert: der Fischmarkt in Negombo (S. 189).
▶ Sehenswert: das Tsunami Photo Museum in Telwatta (S. 209).
▶ Ersteigenswert: der Kande Vihara in Aluthgama mit einer der größten Buddhastatuen Sri Lankas (S. 201).
▶ Lebenswert: Ayurveda in Beruwala (S. 200).

Nördlich von Colombo

Unterwegs nach Negombo

Nach der Überquerung des Kelani Ganga geht es auf einer Nebenstraße durch ländliches Gebiet. Die kleinen Häuser der Einheimischen sind von Kokospalmen, Mangos, Bananen, blühenden Bougainvillea und Frangipani umstanden. Entlang des Hamilton-Kanals, der von Colombo bis Puttalam reicht, verläuft der Weg durch eine **idyllische Landschaft**. Auf dieser Binnenwasserstraße konnten die Holländer ihre Handelsgüter schneller transportieren als über Land. Bunt bemalte Kähne spiegeln sich auch heute noch im Wasser. Fischer fahren auf das nahe Meer oder in die Lagune. Malerische Zugbrücken und

Entlang des Hamilton-Kanals

hochziehbare Stege über den Kanal erinnern an holländische Landschaften auf den Bildern Vincent van Goghs. Nur die Palmen und die mit Palmwedeln gedeckten Fischerhütten zeigen wieder eindeutig, dass man sich in den Tropen befindet. Kormorane, Braunlieste, Lotosblumen und Sümpfe sind typisch für dieses früher malariagefährdete Tiefland.

Ab Pamunugama geht es auf einer schmalen Nehrung über die Pamunugama Road nach Norden. Zur Linken sieht man das rauschende Meer und zur Rechten die stille Lagune. Mittagsblumen blühen auf den Dünen. Fischerhütten und Wochenendhäuschen beleben die Küste, sogar eine Jugendherberge der YMCA wurde hier eingerichtet. Immer wieder passiert man katholische Kirchen und christlich erzogene Kinder in Schultracht, die von Priestern unterrichtet werden. Die **Missionierung** der einheimischen Bevölkerung durch die Portugiesen verlief ziemlich erfolgreich, weil die Fischer einer niedrigen Kaste angehörten, der sie sich durch einen Übertritt zum Christentum entziehen konnten.

Negombo

Dieser Fischerort mit heute rund 120.000 Einwohnern war zur Zeit der Portugiesen und Holländer wegen des regen Zimthandels bedeutend. Zur Sicherung dieser Handelsniederlassung wurde ein Fort auf einer Landzunge errich-

Buntes Markttreiben am Strand von Negombo

tet, das inzwischen als Gefängnis dient. Heute hat die Stadt andere Einnahmequellen wie den Obst- und Gemüseanbau. Gleichzeitig hat sich Negombo zu einem **wichtigen Marktflecken** entwickelt, bei dem auch der Fischfang eine große Rolle spielt. Dabei kommen sowohl Fische aus dem Meer als auch aus der ausladenden Lagune auf den Markt. In der näheren Umgebung Negombos gibt es Fertigungsstätten für Fischernetze. Am Nachmittag kommen die Fischer mit ihren Auslegerbooten, den schön anzuschauenden *Oruwa*, von ihrer Fahrt zurück. Ihren Fang verkaufen sie zum größten Teil direkt am Strand.

Auffallend sind die **vielen Kirchen** in der Stadt: Auch hier haben die Portugiesen während ihrer Herrschaft missioniert und die Einwohner Negombos, die Karavas, in der Mitte des 16. Jahrhunderts in Scharen zum Katholizismus übertreten lassen. Ein gutes Beispiel für die christlichen Prachtbauten ist die neoklassizistische Kirche **St. Mary's** von 1874 an der Main Street: bunt, im Zuckerbäcker-Stil und mit vielen Heiligenstatuen.

Klerikale Prachtbauten

Eine andere Besonderheit von Negombo ist der Dutch Canal. Früher wurde auf der auch **Hamilton Canal** genannten Wasserstraße auf kleinen Booten Zimt in Richtung Puttalam verschifft, heute liegen hier zahlreiche Fischerboote. Die Wege entlang des Kanals sind allerdings nicht überall pittoresk, sondern eher schmuddelig. Es gibt Pläne, den Hamilton Canal aufzuhübschen und mit Ausflugsbooten befahrbar zu machen.

Vor allem dank der Nähe zum Flughafen hat sich Negombo zu einer **beliebten Destination** entwickelt. Viele Reisende machen hier ihren ersten und/oder

Früher wurde auf dem Dutch Canal Zimt verschifft

ihren letzten Stopp in Sri Lanka, denn die Fahrt zum Internationalen Flughafen mit dem Tuk-Tuk oder dem Taxi dauert nur 20 Min. Obwohl die Anfahrt vom Flughafen nach Colombo durch den neuen Expressway deutlich kürzer geworden ist und in Colombo fortwährend neue Hotels und auch günstige Hostels entstehen, um die Urlauber nach der Landung direkt in die Großstadt zu ziehen, fürchtet Negombo nicht um seine touristische Zukunft. Hier wird weiter investiert: Augenfälligster Beweis dafür ist die seit Jahren andauernde Großbaustelle Brown's Hotel, die den Negombo Beach in zwei Teile teilt.

Besonders gern besucht wird der **Negombo Beach** im Norden, namentlich die Ortsteile Lewis Place und Ettukala. Hier gibt es einen eigentlich sehr schönen Sandstrand, der allerdings nicht immer sauber ist. In der Abenddämmerung kann man die heimkehrenden Auslegerboote beobachten und es bei einem guten Abendessen und einem anschließenden Barbesuch relaxen.

Reisepraktische Informationen Negombo

Information
www.negombonet.com *ist eine ausführliche Stadtdarstellung mit einem Stadtplan, nützlichen Adressen und zahlreichen Infos in Sachen Tourismus.*

Wichtige Telefonnummern
General Hospital, ☏ *031-2222261.*

Nördlich von Colombo

💰 Banken

Banken mit Geldautomaten gibt es entlang der Main Street in der Innenstadt. In Negombo Beach sind am Topaz Beach Hotel zwei gut frequentierte Geldautomaten untergebracht. Ein paar Meter weiter, knapp südlich vom Restaurant Alta Italia (s. u.), befindet sich ein Wechselbüro von Thomas Cook, 16 Porutota Road, ☏ 031-2278045.

🛏 Unterkunft

Es erscheint fast unmöglich, die genaue Zahl der Unterkünfte am Negombo Beach zu bestimmen. Ständig eröffnen neue Häuser, bestehende werden umbenannt und/oder gleichzeitig erweitert. Wer nicht gebucht hat, der kann vom Bahnhof oder Busterminal ein Tuk-Tuk nach Lewis Place nehmen (ca. 200 Rs.), sich unterwegs vom Fahrer beraten lassen oder vor Ort entscheiden. Vom Busterminal fährt auch ein Bus (Nr. 905) den gesamten Beach hoch. Hier ein paar Vorschläge:

Tipp

The Icebear $$$ **(10)**, 95 Lewis Place, icebearhotel@yahoo.com, www.icebearhotel.com.
Wie der Name schon sagt, erwartet einen hier eine etwas andere Unterbringung: Im kleinen Park, vom Strand nur durch ein Mäuerchen getrennt, tummeln sich Hund, Katze, Enten und Schildkröten, ein Gongschlag um sieben ruft zum mit sanfter Musik untermalten Abendessen. Die Zimmer sind auf verschiedene Häuser verteilt, unterschiedlich groß, mit oder ohne Klimaanlage, aber stets individuell und geschmackvoll eingerichtet. Der Dinner-Tisch ist mit Stoffservietten eingedeckt, das Bier kommt im Kühler. Der seit über

Im Garten des Icebear-Hotels

Negombo

> 20 Jahren bestehende Icebear ist das Projekt des Deutsch-Schweizers Gerry Haisch, der hier einen einmaligen Ort entwickelt hat. Die Speisekarte ist originell mit Schweizer Einschlag, nachmittags gibt es Gratis-Tee, und für einen Gratis-Espresso können sich die Gäste auf eines der hauseigenen Fahrräder schwingen und in die Stadt radeln zum **Icebear Century Café**, 25 Main Street, das in einer wunderbaren Kolonialvilla untergebracht ist. Sehr freundlicher und aufmerksamer Service, WiFi ist inklusive. The Icebear ist häufig ausgebucht.

Seetha's Hostel $ **(7)**, 112/3 Lewis Place, ① 0777-920430. Das Hostel liegt zwar in der zweiten Reihe und auf der wasserabgewandten Seite der Straße. Doch dafür „entschädigen" die sehr günstigen Preise, das freundliche Management, eine nette, einfache, aber klimatisierte Unterkunft und der Familienanschluss bei der Chefin. WiFi inklusive.

Hotel Silver Sands $–$$ **(3)**, 229 Lewis Place, ① 031-2222880, www.silversands.go2lk.com. 15 gute Zimmer mit und ohne Klimaanlage. Von der Dachterrasse hat man einen schönen Meerblick.

Sea Joy $$ **(5)**, 122/1 Lewis Place, ① 031-2221659. Acht einfache Zimmer im Hinterhof, und das auf der falschen Seite der Straße. Trotz seiner Lage erfreut sich das Sea Joy einer treuen Anhängerschaft, denn Chefin und Personal sind sehr freundlich, und das kleine Restaurant ist bekannt für das gute Frühstück und die günstigen Currys. WiFi inklusive.

Angel Inn $$ **(6)**, 189/17 1/1 Lewis Place, ① 031-2236187, www.angelinnlk.com. Gute Unterkunft, zwar nicht am Strand, aber mit Familienanschluss. Die klimatisierten Zimmer sind nicht überwältigend, für den Preis aber völlig in Ordnung. WiFi inklusive.

Dephani Beach Guest House $$ **(8)**, 189/15 Lewis Place, ① 031-2234359, www.dephaniebeachguesthouse.com. Zwölf Zimmer in Strandnähe mit und ohne Klimaanlage. Vernünftiges Preis-Leistungs-Verhältnis.

Ocean View Tourist Guest House $$–$$$ **(9)**, 122 Lewis Place, ① 031-2238689, www.oceanview-negombo.com. Wer den Blick auf den Ozean wünscht, muss in die schönen, klimatisierten Zimmer der oberen Stockwerke gehen. Doch auch weiter unten ist das Guesthouse nett und ordentlich, und die Besitzer sind sehr um ihre Gäste bemüht. WiFi inklusive.

Hamilton House $$$ **(11)**, 2 Asarappa Road, ① 031-5675544, 0777-888484. Gleich an der Main Street und direkt am Hamilton Canal gelegen, ist dieses Guesthouse eine nette Alternative zu den Unterkünften am Strand im Norden Negombos. Das Hamilton House war früher eine Ayurveda-Klinik und strahlt bis heute Sauberkeit und Ruhe aus. Die klimatisierten Zimmer sind riesig, und die Anlage ist in gutem Zustand. Als Schmankerl gibt es zwei gemütliche, günstige Schlafsäle mit oder ohne Klimaanlage ($). WiFi inklusive.

Catamaran Beach Hotel $$$–$$$$ **(4)**, 209 Lewis Place, ① 0845-1541320, www.catamaran-beach-hotel-negombo-sri-lanka.de.ww.lk. 48 kürzlich renovierte Zimmer mit Dusche/WC, Balkon, Klimaanlage, Ventilator, Telefon und TV. Ein Restaurant und eine gut bestückte Bar sorgen für das leibliche Wohl. Swimmingpool,

Safe, Wäschereidienst, Fernsehraum und Arzt auf Abruf vervollständigen den Komfort. WiFi im öffentlichen Bereich inklusive.

Jetwing Blue $$$$ (1), Ettukala, ✆ 031-2279000, www.jetwinghotels.com. Im renovierten Zustand macht das Jetwing Blue wieder einen sehr ordentlichen Eindruck: 102 schicke, klimatisierte und in Blautönen gehaltene Zimmer mit Seeblick, Klimaanlage, Bad, TV, Telefon und Minibar sind im Angebot. Zum Service gehören zwei Restaurants, eine Bar, ein Konferenzraum und ein Ayurveda-Zentrum. Ein Swimmingpool sowie Anlagen für Tennis und Squash stehen den Gästen zur Verfügung. Die Sportanlagen teilt man sich mit dem benachbarten **Jetwing Beach Hotel $$$$**. WiFi inklusive.

Camelot Beach Hotel $$$$ (2), 345 Lewis Place, ✆ 031-2222318, www.camelot.lk. Schon ein wenig in die Jahre gekommen, aber immer noch recht gut in Schuss. Großer Swimmingpool, ordentliche und klimatisierte Zimmer.

Restaurants

The Icebear (s. o.), 95 Lewis Place, icebearhotel@yahoo.com, www.icebearhotel.com. Man sollte schon vorbestellen, um ab 19 Uhr einen der begehrten Plätze im Open-Air-Restaurant zu ergattern. Hier wird mit Schweizer Einschlag gekocht, vom „Röschti" bis zum Fang des Tages. Zum Captain's Dinner werden besondere Feinheiten mehrgängig aufgetan.

Family Restaurant (3), ein paar Meter weiter Richtung Norden auf der meerabgewandten Straßenseite. Dass es geschmeckt hat, haben etliche Besucher in allen Sprachen der Welt an den Wänden des kleinen Hinterhof-Restaurants festgehalten. Dass es außerdem noch günstig war, auch.

Dolce Vita (1), 27 Porutota Road, ✆ 031-2274968. Hier kann man gut einen Espresso oder einen Caffè Latte trinken, einen Croissant essen und dabei den Blick übers Meer schweifen lassen.

Alta Italia (2), 36 Porutota Road, ✆ 031-2279206. Hier sieht's aus wie bei einem echten Italiener in Deutschland und schmeckt auch so.

New Rest House (4), 14 Circular Road, gegenüber dem Fischmarkt. Das Kolonialhaus sieht aus, als ob schon britische Besatzer hier gespeist hätten. So alt ist es nicht, versprüht aber kolonialen Charme. Die Einheimischen kommen vor allem wegen der weithin bekannten Currys.

The Pearl Negombo (5), 13 Porutota Road, ✆ 031-4927744, www.pearl-negombo.com. Das zum gleichnamigen, unter deutscher Leitung stehenden Hotel ($$$) gehörende Restaurant bietet regionale und internationale Gerichte und rühmt sich mit Recht seiner Reis-Curry-Variationen. Von Lesern empfohlen!

Sport

Die **Jetwing-Hotels** bieten ein umfangreiches Sportangebot, genauso wie die größeren Strandhotels und -resorts. Das **Hotel Pearl**, www.pearl-negombo.com, bietet Kurse im Kitesurfen und Tauchausfahrten an.

Alma Tours, 217 Lewis Place, ✆ 077-7621625, gilt als zuverlässiger Touranbieter für die Gegend rund um Negombo und für Sri Lanka. Hier kann man auch Scooter mieten.

Zugverbindungen

Es gibt regelmäßige Verbindungen mit Vorortzügen nach Colombo Fort und in die andere Richtung Puttalam.

Busverbindungen

Vom großen und gut organisierten Busterminal kommt man in so gut wie alle Richtungen, ohne notwendigerweise über Colombo fahren zu müssen. Es verkehrt ein Direktbus nach Colombo, die Nr. 240, den es seit der Eröffnung des Expressway auch als klimatisierten Schnellbus gibt (120 Rs.). Die Nr. 240/3 fährt von hier ab morgens 6 Uhr direkt zum Flughafen. Tgl. angefahrene Ziele: Chilaw (1,25 Std.), Colombo (1 Std.) Kandy (3,5 Std.), Kurunegala (2,25 Std.), Puttalam (2,25 Std.).

Ausflüge in die Region

Alma Tours und The Icebear (s. o.) veranstalten halb- bis ganztätige Rundfahrten in die Gegend rund um Negombo. Auf dem Programm stehen beispielsweise der **Angurukaramulla-Tempel** mit seinem riesigen Standbild des meditierenden Buddhas, der **Aluthapola-Tempel** mit der Statue des liegenden Buddhas und der **Henerathgoda Botanical Garden**. Hier wurde zum ersten Mal in Asien Kautschuk im großen Stil angebaut.

Nördlich von Negombo

Entlang der A 3, die bis zur Lagune vor Puttalam teilweise an der Küste entlangläuft, ändert sich bald das Landschaftsbild. Während die Straße von Plantagen und zahlreichen Ziegelfabriken gesäumt wird – erkennbar an den meist qualmenden Kaminen, die zwischen den Bäumen am Straßenrand aufblitzen –, wandelt sich die Küstenlinie vom Sandstrand zur felsigen Uferlandlandschaft. Die Orte **Waikkal** und **Marawila** können sich eigentlich keiner Attraktionen rühmen; wer hier Unterschlupf sucht und findet, wohnt in der Tat weit ab vom Schuss. **Mahawewa** ist berühmt für seine Batikkunst, die in einigen Läden entlang der Straße angeboten wird.

Das 32 km entfernt liegende **Chilaw** (ausgesprochen „Chilao") glänzt mit dem 4 km östlich der Stadt liegenden **Munneswaram-Tempel**, der zu einem der vier heiligsten Shiva-Tempel in Sri Lanka gehört. Rama, die oberste Gottheit, soll den Tempel selbst an diese Stelle gesetzt haben, so wird es zumindest aus dem Epos Ramayana herausgelesen. Der ursprüngliche Tempel wurde von den Portugiesen geschliffen und in seiner heutigen Form unter britischer Herrschaft wieder aufgebaut.

Hinduistisches Heiligtum

20 km weiter verläuft die A 3 durch immer ländlichere Gegenden bis zum Örtchen Battulu Oya. Wer kurz dahinter links auf die B 614 abbiegt, landet in **Udappuwa**, das für seinen imposanten Hindu-Tempel bekannt ist, dessen

Torturm die Gegend beherrscht. Im August findet hier während eines großen Festes das alljährliche „Über-Kohle-Laufen" statt.

Die nächste große Abzweigung in Palavi führt westlich in eine Region, für die die Regierung große Pläne hat: die **Kalpitiya-Halbinsel**. 2008 rief die Sri Lanka Tourism Authority das „Kalpitiya Dutch Bay Resort Development Project" ins Leben – nicht mehr und nicht weniger als Sri Lankas größtes Tourismus-Entwicklungs-Projekt. Geplant ist ein Luxus-Resort mit 10.000 Betten, 80 Villen, Hubschrauberlandeplatz, Floating Restaurant, Spa und vielem mehr. Die weltweit tätige Six Senses Group investiert US$ 175 Mio. in das Projekt **Dutch Bay Resort**, das die bisher ruhige Halbinsel Kalpitiya mit Sicherheit verändern wird. Bisher gibt es hier nur ein paar einfache, aber sehr teure Resorts – beliebt ist Kalpitiya bisher vor allem wegen seiner Möglichkeiten, das Kitesurfen zu lernen und Delfine zu beobachten (*www.kitesurfinglanka.com* und *www.kalpitiyadolphin.com*).

Großes Tourismusprojekt

Wer auf der Hauptstraße bleibt, kommt bald durch Puttalam und fährt auf der A 12 weiter Richtung Anuradhapura. Nördlich der Straße liegt der **Wilpattu National Park**, der auch von einer ehemaligen Militärstraße Richtung Mannar durchquert wird.

Wilpattu National Park

Der Parkeingang ist 25 km von Puttalam entfernt in Hunuwilagama; hier gibt es auch ein paar einfache Unterkünfte. Guesthouses in Anuradhapura organisieren Tagestouren in den Nationalpark.

Der Wilpattu-Park ist der **größte Nationalpark Sri Lankas**, geriet durch die vielen Jahre des Bürgerkrieges allerdings ein wenig in Vergessenheit. Auch die Tier- und Pflanzenwelt hatte unter dem Krieg zu leiden, da die Politik andere Prioritären setzte – beispielsweise die Einschlagung einer Militärstraße entlang der Küste zwischen Puttalam und Mannar. 2009 wurde der Wilpattu National Park wiedereröffnet und

Mit etwas Glück bekommt man im Park einen Lippenbären (sloth bear) zu Gesicht

zieht seitdem auch wieder Besucher an. Immerhin leben hier Leoparden, Elefanten, Lippenbären, Hirsche und Tausende von Wasservögeln. Durch seine schiere Größe ist es auch möglich, unterschiedliche Vegetationsformen wahrzunehmen, auch viele *villus* machen den Park aus. *Villus* sind Seen bzw. eher mit Wasser gefüllte Senken. Daher auch der Name Wilpattu: „Land der Seen". Am Eingang befindet sich ein Informationsbüro.

„Land der Seen"

Wilpattu National Park, *Öffnungszeiten tgl. 6–18 Uhr, Eintritt Erwachsene US$ 15, Kinder US$ 8, dazu kommen US$ 8 Team Fee und 15 % Steuer. Miete für ein Allradfahrzeug mit Fahrer ca. US$ 50 für einen halben Tag (s. a. S. 138).*

Südlich von Colombo

Mount Lavinia

Mount Lavinia war eine beliebte Sommerfrische während der Kolonialzeit, von der noch das Mount Lavinia Hotel zeugt. Der Ort eignet sich gut für einen Wochenend-Ausflug, wenn die gestressten Großstädter aus dem 10 km entfernten Colombo Erholung am Strand suchen. Seit der Expressway eröffnet wurde, zieht es die Großstädter allerdings auch gleich weiter Richtung Hikkaduwa und Unawatuna.

Unterkunfts-Tipp

Mount Lavinia Hotel $$$$, *100 Hotel Road, ① 011-2711711, www.mountlaviniahotel.com. Dieses auf einer felsigen Halbinsel gelegene Hotel blickt auf eine mehr als 200 Jahre währende Tradition zurück. Britische Gouverneure benutzten es als Zweitresidenz an der erfrischenden Meeresküste. Im Zweiten Weltkrieg diente es als Lazarett. Für den Filmklassiker „Die Brücke am Kwai" war es eine würdige Kulisse. Als Gast kann man sich für ein Zimmer im „historischen Trakt" oder in einem modernen Teil mit allem Komfort entscheiden; insgesamt stehen 275 klimatisierte Zimmer mit Balkon und Telefon zur Verfügung. Ein Reise- und Ausflugsbüro, eine Shopping-Arkade, Restaurants und Bars, ein Konferenzsaal, ein Geldwechselschalter und ein Taxiservice sind im Leistungspaket des Hotels enthalten. Ein Swimmingpool sowie Anlagen für Golf, Tennis und Tischtennis sind vorhanden. Außerdem besteht die Möglichkeit, am Strand zu reiten. WiFi inklusive.*

Kalutara

Kalutara, 43 km südlich von Colombo an der A 2 gelegen, ist die Distrikthauptstadt an der Westküste und hat ca. 38.000 Einwohner. Der Kalu Ganga („Schwarzer Fluss") mündet hier ins Meer. Dieser Küstenabschnitt wird von starken Brandungswellen heimgesucht, die Menschen leben vom Fischfang. Neben der herkömmlichen Handwerkskunst versteht man sich auf Mattenweben,

Südlich von Colombo

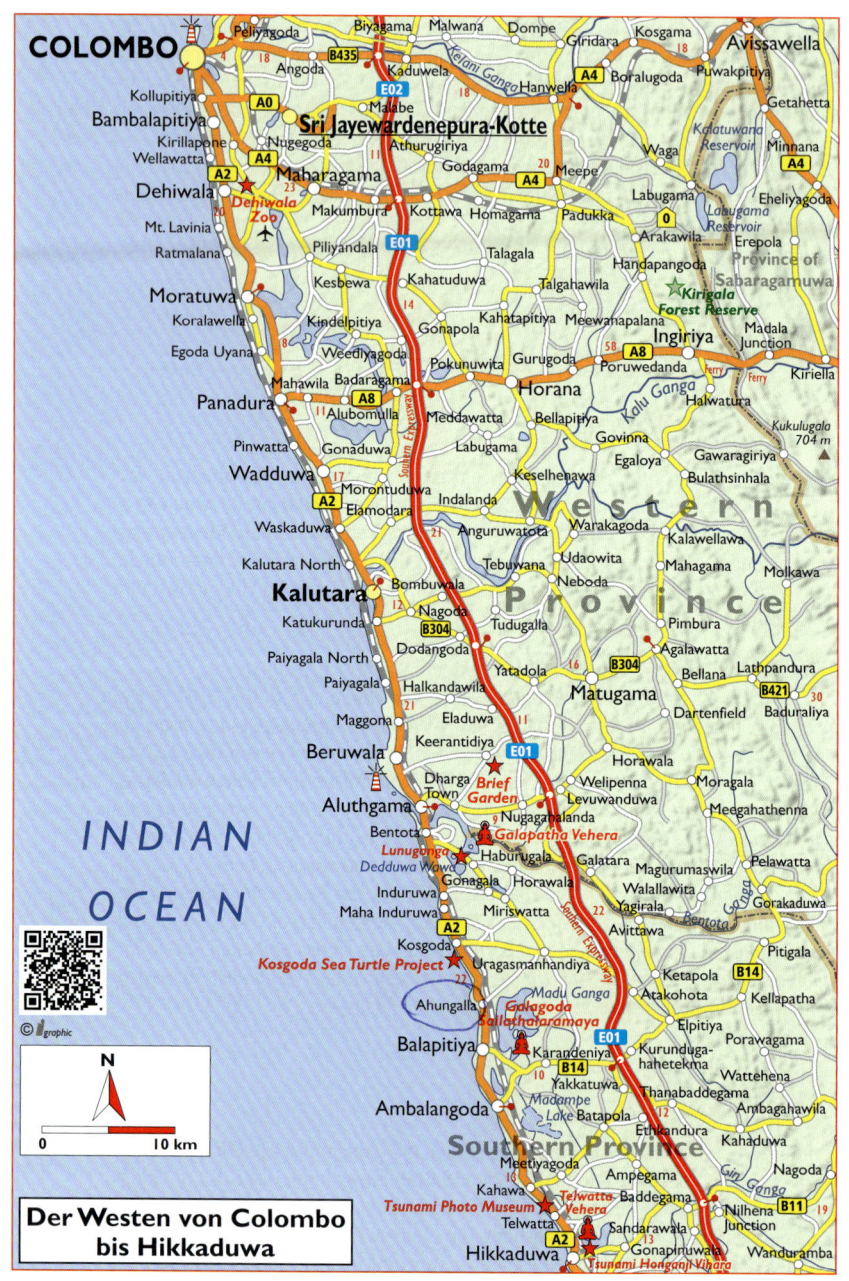

Der Westen von Colombo bis Hikkaduwa

Besenbinden und Palmstrohflechten. Ein lukrativer Industriezweig ist die Kautschuk-Gewinnung und die Arrack-Herstellung. Natürlich blüht hier überall der Handel. Die Landwirtschaft produziert köstliche Früchte. Bekannt sind die schmackhaften **Mangostanfrüchte** dieser Region.

Die gewaltige, weiß glänzende Dagoba **Gangatilaka Vihara** erhebt sich unübersehbar gleich hinter der Brücke über den Kalu Ganga links an der A 2. Als einzige ihrer Art auf der Insel kann sie von innen besichtigt werden. Die Innenwände des Hohlraums zieren Wandmalereien über das Leben Gautama Buddhas.

Betretbare Dagoba

Rechts liegt eine kleine Dagoba. Viele einheimische Autofahrer halten hier, beten kurz mit aneinandergelegten, erhobenen Handflächen, opfern einige Geldmünzen und hoffen auf eine unfallfreie Fahrt. Dieser Brauch stammt noch aus der Zeit, als der Kalu Ganga mit der Fähre überquert werden musste und man auf dieser Seite des Flusses übernachtete, bevor man nach Colombo weiterfuhr.

Reisepraktische Informationen Kalutara

Unterkunft

Garden Beach Hotel $$–$$$, Fonseka Lane, Kalutara North, ☏ 034-2237380, www.gardenbeachhotels.com. Sechs Zimmer sind mit Klimaanlage ausgerüstet. Die restlichen Räume besitzen keine Klimaanlage. Ein Swimmingpool und ein Kinderspielplatz gehören zum Service. WiFi inklusive.

Tangerine Beach Hotel $$$$, Abrew Drive, Waskaduwa, ☏ 034-2237982/-3, www.tangerinehotels.com/tangerine-beach-hotel.html. Das Hotel vermietet 179 Zimmer mit TV und Balkon mit Meerblick. Zur Angebotspalette des Hotels gehören Swimmingpool, Spa, Fitness-Bereich, Wäschedienst, Taxiservice, Ausflugsschalter, Shopping-Arkade, Restaurant, Bar, Geldwechselschalter und ein Konferenzsaal für 350 Personen. Sportliche Aktivitäten sind Schwimmen, Surfen, Bootfahren, Fischen, Billard, Tennis, Squash und Badminton. WiFi inklusive.

Royal Palms Beach Hotel $$$$, Abrew Drive, Waskaduwa, ☏ 034-2228113/-7, www.tangerinehotels.com/royal-palm-home.html. Das ebenfalls zur Tangerine-Gruppe gehörende Hotel bietet 129 klimatisierte, gut ausgestattete und in warmen Holztönen eingerichtete Zimmer und Suiten mit Balkon und Blick auf das Meer. Mehrere Restaurants und Bars bedienen hier jeden Geschmack, außerdem gibt es einen riesigen Swimmingpool mit Kinderbecken, einen Fitness- und einen Spa-Bereich (z. B. Ayurveda), Gelegenheiten zu Billard, Tennis, Tischtennis, Volleyball und weiteren sportlichen Aktivitäten. Von Lesern empfohlen!

Beruwala

Beruwala (33.000 Einw.) liegt 57 km südlich von Colombo. Diese alte Siedlung der *Moors* (Mauren) hat bis heute ihren **islamischen Charakter** erhalten und wird auch mehrheitlich von Muslimen bewohnt. Die älteste Moschee der Stadt ist die Ketchimalai-Moschee aus dem 14. Jahrhundert; um dieses Wahrzeichen des maurischen Viertels scharen sich dicht gedrängt die Häuser des Basars auf der Barberyn-Halbinsel. Auf einer Insel vor der Küste blinkt das Licht eines Leuchtturms.

Neben Bentota ist Beruwala *die* **Ayurveda-Destination** in Sri Lanka (s. A–Z, Ayurveda S. 117). Außerdem gibt es hier einen schönen Strand, der mit einer kurzen Unterbrechung bei der Lagune von Aluthgama auch in Richtung Bentota weiter verläuft. Die Klientel der Resorts ist offensichtlich weniger auf Experimente aus, sondern sucht sich für die zwei Wochen Strandurlaub eine passende Unterkunft mit einem schönen Stückchen Sand, brauchbaren Restaurants – am besten im Hotel – und vielleicht noch etwas Wellness. Daher gibt es auch wenige preiswerte Unterkünfte.

Erwerbsgrundlagen der Bewohner sind neben dem Tourismus die Kokosfaserspinnerei, eine besonders wichtige Erwerbsquelle in dieser Region, der tradi-

---

info

Die Toddy-Zapfer von Beruwala

Entlang der Südwestküste sind die Wipfel einiger Kokospalmen auffällig durch doppelte Seile miteinander verbunden. Dies ist der Arbeitsplatz der Toddy-Zapfer. Wie Seiltänzer bewegen sie sich halsbrecherisch auf Tauen in luftiger Höhe von Palmwipfel zu Palmwipfel. Ein Laufseil für die Füße, ein Seil für die Hände zum Festhalten: So geht es von Zapfstelle zu Zapfstelle, um das anstrengende Hoch- und Herabklettern von den Palmen zu vermeiden.

Jeder dieser „Akrobaten" schneidet pro Tag die Blüten von bis zu 100 Kokospalmen an. Der milchige Blütensaft rinnt dann in einen Tontopf, wobei der Fluss bei richtiger Behandlung mit jedem Tag steigt. Die Kompetenz des Zapfers besteht darin, die Blüten möglichst lange und stark „bluten" zu lassen – im besten Fall mehr als 30 Tage. Etwa 300 Liter Palmenblütensaft können auf diese Weise innerhalb von acht Monaten von einer einzigen Palme gewonnen werden. In der übrigen Zeit benötigt der Baum eine Ruhephase. Kokospalmen haben eine Lebensdauer von rund 80 Jahren. Aus dem Palmenblütensaft wird ein Palmwein gegoren, der sogenannte **Toddy**.

In der Weiterverarbeitung von Toddy entstehen folgende Produkte:
- Wird Toddy in einer Destillerie weiter gebrannt, so wird daraus Arrack.
- Wenn die Fermentierung von Toddy weiter fortschreitet, erhält man Essig.
- Wird der Fermentierungsvorgang durch das Zutun von gelöstem Kalk und der Rinde eines Kopalbaums unterbrochen, entsteht daraus ein süßer Sirup. Aus dem Sirup wird durch weiteres Eindicken ein dunkler Zucker hergestellt.

tionelle Fischfang und die Gewinnung von Toddy, der aus dem Kokosblütennektar bereitet wird.

Reisepraktische Informationen Beruwala

Unterkunft
Ypsylon Resort $$$, *Moragalla,* ① *034-2276132, www.ypsylon.info. Das unter deutscher Leitung stehende Resort bietet auf zwei Etagen 31 z. T. klimatisierte Zimmer mit Meerblick, Dusche/WC und Moskitonetz. Hier kann nach den PADI- und SSI-Regeln getaucht werden (auch Lehrgänge möglich), hinter einem Korallenriff ist dazu sicheres Baden im Meer gewährleistet.*
The Palms $$$$, *Moragalla,* ① *034-2276043, www.palmsberuwala.com. 105 Zimmer mit Klimaanlage, Telefon, Bad und Musikanlage. Von allen Gästezimmern blickt man auf den Ozean. Swimmingpool, Spa. Sportangebote: Tennis, Tischtennis und Badminton. WiFi inklusive.*

Verkehrsmittel
Die Bushaltestelle befindet sich in Beruwala Town und ist einige Kilometer von den Resorts entlang des Strands entfernt. Man sollte auf der Karte schauen, ob es sich lohnt, bis in den nächsten Ort Aluthgama weiterzufahren. Von hier nach Moragalla sind es nur ein paar Kilometer. Beruwala und Aluthgama werden von allen Bussen auf der Colombo-Matara-Strecke angefahren.

Aluthgama

Der sympathische Ort Aluthgama, 60 km südlich von Colombo, liegt nördlich der Mündung des Bentota Ganga, der seine braunen Wassermassen träge fließend ins Meer ergießt. Der farbenfrohe Fisch- und Gemüsemarkt, auf dem die Händler lärmend ihre Ware anbieten, ist ein Traum für Fotografen.

Im Gegensatz zu Beruwala und Bentota gibt es in Aluthgama noch **ziemlich günstige Unterkünfte** und das Dorf ist recht quirlig. Wenn man unten an der Lagune ein Guesthouse findet, kann man in der Abenddämmerung nach Paradise Island hinüberschauen, wo sich die Reichen und Schönen gerne einmieten. Die Lagune ist ein Eldorado für Wassersportler. Wer also noch nie von einem Banana Boat gefallen ist, hat hier die Gelegenheit dazu. Außerdem eignet sich Aluthgama hervorragend zum Fahrradfahren. Ein lohnendes Ausflugsziel, rund 1 km nördlich der Ortsmitte, ist der **Tempel Kande Vihara**, von dem aus eine der größten Buddhastatuen Sri Lankas beeindruckend in die Ferne blickt.

Wassersportparadies

Einige Kilometer östlich davon liegt der **Brief Garden**. An diesem Ort hatte sich der Bruder des Baumeisters Geoffrey Bawa, der Schriftsteller Bevis Bawa, ein kleines Paradies im Grünen geschaffen. Nicht nur der wunderbar verwun-

Eine der größten Buddha-Statuen des Landes steht bei Kande Vihara

schene Garten ist einen Besuch wert, sondern auch das alte, mindestens ebenso verwunschene Herrenhaus. Hier soll sich Geoffrey Bawa die eine oder andere Inspiration für seine Architekturkunst geholt haben.
Brief Garden, *tgl. 8–17 Uhr, Eintritt mit Tour 1.000 Rs.*

Reisepraktische Informationen Aluthgama

Banken
In der Hauptstraße, nahe dem Busterminal, gibt es einige Banken mit Geldautomaten.

Unterkunft
Die **River Avenue** (oder Road) ist eine gute Adresse für bezahlbare Unterkünfte. Hier kann man entlangschlendern und in das eine oder andere Haus hineinschauen. Schon lange etabliert und gut ist:
Hemadan $$$, *25A River Avenue, ① 034-2275320, www.hemadan.dk*. Ein nettes, überschaubares, zweistöckiges Hotel direkt an der Lagune. Auch die meisten der einfachen, aber großen Zimmer blicken über einen Balkon auf die Lagune. Ein hoteleigenes Motorboot befördert die Gäste zum Baden nach Paradise Island.
German Lanka $$–$$$, *5 River Avenue, ① 034-2275333, www.german-lanka.de*. Wie der Name schon sagt, ist dieses Guesthouse unter deutscher Leitung. Der Eingangsbereich mag nicht sehr eindrucksvoll sein, aber die Zimmer sind in Ordnung und ziemlich groß und haben einen Zugang zum Garten mit Sicht auf die Lagune.

Dort gibt es auch einen Garten sowie einen Steg, von dem man prima über das Wasser blicken oder den kreischenden Wassersportlern zusehen kann. WiFi inklusive.

Restaurant
Sinharaja Bakery & Restaurant, Galle Road, am Nordende von Aluthgama. Hier muss man vorbeischauen. Allein schon, um die Speisekarte mit deutschen Nationalgerichten zu studieren und sich vielleicht für eine Bratwurst zu entscheiden. Auch das Backwerk orientiert sich an der deutschen Tradition und ist absolut schmackhaft.

Verkehrsmittel
Der Busterminal befindet sich mitten im Ort, hier halten alle Busse auf der Strecke Colombo–Matara. In 500 m Entfernung gibt es auch einen Bahnhof, der von so gut wie allen Zügen der Strecke Colombo-Matara angesteuert wird.

Bentota

Bentota, am Südufer des gleichnamigen Flusses gelegen, ist heute ein bedeutendes touristisches Zentrum und ein **beliebter Badeort**. Der Bentota-Fluss markiert die Grenze zwischen der West- und der Südküste sowie zwischen dem Kalutara- und dem Galle-Distrikt. Palmengesäumte Sandstrände und die Flachwasserzone an der vom Fluss gebildeten Lagune bieten dem Badeurlauber ideale Voraussetzungen.

Entlang des Bentota-Flusses kann man hervorragend radeln

Südlich von Colombo

Fahrrad- und Bootsausflüge Neben dem zu erwartenden schönen Strand ist die eigentliche und unerwartete Attraktion das Hinterland: In die Landschaft entlang des Bentota kann man schöne Fahrradausflüge machen oder sich ein Boot mieten, um näher an die Mangroven heranzukommen oder den einen oder anderen Tempel in Augenschein zu nehmen.

Ein Highlight im Hinterland ist **Lunuganga**, Geoffrey Bawas atemberaubende Parklandschaft am Dedduwa-See. 50 Jahre hat er an diesem Garten-, Landschafts- und Architekturprojekt gearbeitet, und jeder Augenblick, jede neue Perspektive schafft überraschende Eindrücke von der Natur und der kreativen Kraft des Künstlers.
Lunuganga, *6 km von Bentota Richtung Inland, Touren tgl. 9–17 Uhr, Eintritt 1.250 Rs.*

Reisepraktische Informationen Bentota

Information
Southern Provincial Council, Ruhunu Tourist Bureau, *153B S. H. Dahanayaka Mawatha, Galle,* ☏ *091-2224072, www.visit.sp.gov.lk.*
National Holiday Resort, *Bentota,* ☏ *091-3932157, www.sltda.lk/bentota_holiday_resort. Bevor man sich versehen hat, ist man schon vorbei an diesem unscheinbaren Kiosk, der zum Bentota National Holiday Resort gehört und direkt am Bahnhof von Bentota neben der Hauptstraße liegt. Doch der Kollege in dem kleinen Kiosk freut sich über jede Beratung, die er auf Englisch abhalten kann, und gibt eine kopierte Karte der Umgebung heraus, auf die er die lohnendsten Ziele von Bentota, Aluthgama und Beruwala einzeichnet.*

Unterkunft
Serena Villa Guesthouse $$$, *27 Mangala Mawatha, Pahurumulla,* ☏ *034-2271390, www.serena-villa.com. Fünf einfache, aber gute Zimmer mit Klimaanlage und Blick auf den Bentota-Fluss.*
Hotel Vivanta by Taj $$$$, *Bentota,* ☏ *034-5555555, www.vivantabytaj.com. Der 5-Sterne-Hotelkomplex wurde auf einem gewaltigen Granitfelsen erbaut und ermöglicht einen weiten Blick über den Strand der Südwestküste der Insel. Die Sonnenuntergänge über dem Indischen Ozean sind hier spektakulär. Rund um die luxuriöse Unterkunft gibt es eine Vielzahl an tropischen Bäumen und Sträuchern, z. B. Kokospalmen, Frangipani, Almond, Helliconien, Oleander und Hibiskus. WiFi inklusive.*
Bentota Beach Hotel $$$$, *Bentota,* ☏ *034-2275176/-7, www.cinnamonhotels.com/BentotaBeachHotel.htm. 4-Sterne-Hotel mit 133 klimatisierten Zimmern. Im „Peacock"-Restaurant gibt es europäische und asiatische Gerichte. Zum Service gehören drei weitere Restaurants, eine Bar, eine Ladenzeile, ein Friseursalon, ein Wäschereidienst, eine spezielle Unterbringung für Fahrer, eine Geldwechselstelle und eine Diskothek. Das Freizeitangebot umfasst Bootfahren, Windsurfen, Seebaden, einen Swimmingpool, Fischen, Tennis, Billard, Volleyball, Squash u. a. WiFi inklusive.*

Avani Bentota $$$$, *Paradise Island, Bentota,* ✆ 034-4947878, www.avani hotels.com. 75 Zimmer mit Klimaanlage, Balkon oder Terrasse, Seeblick, Bad und DVD-Player stehen in diesem schicken, von Geoffrey Bawa entworfenen Haus zur Verfügung. Dazu gibt es zwei Restaurants und zwei Bars, einen Coffee-Shop, eine große Gartenanlage, eine Shopping-Arkade, einen Massageraum sowie einen Swimmingpool mit Sonnenterrasse und Kinderbecken. Außerdem besteht die Möglichkeit zu Squash und anderen Spielen. Gute Voraussetzungen fürs Windsurfen, regelmäßige Tanz- und Folkloreabende.

Club Villa $$$$, *138/15, Galle Road,* ✆ 034-2275312, www.club-villa.com. Und wieder hatte Geoffrey Bawa seine Finger im Spiel bei der Gestaltung dieser ungemein geschmackvollen und individuellen Anlage. 17 klimatisierte Zimmer, die günstigeren im Erdgeschoss, aber alle mit Blick auf den ausladenden Garten. Außerdem wird eine Club-Suite mit Jacuzzi und eigenem Garten angeboten. Alle Zimmer sind im kolonialholländischen Stil eingerichtet. Es gibt einen Swimmingpool, Spieltische und eine Volleyball-Anlage. WiFi inklusive.

Zugverbindungen
Der Bahnhof von Bentota ist nur ein Nebenstreckenbahnhof. Wer mit dem Zug an- oder abreisen will, sollte dies von Aluthgama aus tun (s. o.).

Busverbindungen
Bentota liegt auf der Strecke Colombo–Matara und wird von allen Bussen auf dieser Strecken angefahren.

Kosgoda

Kosgoda, knapp 12 km südlich von Bentota, ist bekannt für die **Schildkröten-Brutanstalten** oder „Hatcherys". Hier legen die Tiere ihre Eier in den warmen Sand des Strandes, und das Kosgoda Sea Turtle Project gibt auf den Nachwuchs Acht. Für 500 Rs. Eintritt kann man sich anschauen, wie die kleinen Schildkröten heranwachsen, bevor sie später in die freie Wildbahn ausgesetzt werden.

Kosgoda Sea Turtle Project, *13A Galle Road, Mahapelena,* ✆ 091-2264567, www.kosgodaseaturtle.org, tgl. 9–17 Uhr.

Ahungalla: Besuch in einer besonderen Schule

Es gibt einige **Hilfsprojekte entlang der „Tsunami-Küste"** Sri Lankas, die leider nicht so gut umgesetzt wurden, wie sie ursprünglich gedacht waren. Ein Beispiel ist die „Green Hope Pre School" im Örtchen Patuwatha, nicht weit entfernt von Hikkaduwa. „For sale" steht an der grünen Mauer, darunter eine Telefonnummer. Anfang 2005 war die Schule von zwei französischen Theaterleuten gegründet worden, die in Sri Lanka lebten. Nach dem Tsunami am 26. Dezember

2004 hatten sie die Organisation „Green Hope" ins Leben gerufen, doch heute ist diese Hoffnung erloschen: „Green Hope" gibt es nicht mehr, die „Pre School" steht zum Verkauf.

„90 Prozent aller Schulprojekte, die mit ausländischer Hilfe an der Tsunamiküste seit 2005 aufgezogen wurden, mussten wegen Geldmangels schließen", weiß Prabath Wijesekara. Er ist Rektor einer **„free education unit"** in Ahungalla, rund 20 km nördlich von Hikkaduwa. Seine Schule ist eine auf Montessori-Prinzipien beruhende Alternative zu dem auf Drill ausgerichteten sri-lankischen Schulsystem und wird von der Stiftung „One World Foundation" finanziert.

„Free education unit" heißt nichts Geringeres, als dass Wijesekaras Privatschule kein Schulgeld verlangt. Außerdem bekommen seine Schülerinnen und Schüler zwei Uniformen im Jahr spendiert, die Klassen sind mit durchschnittlich 25 Kindern eher klein, und auf dem **16.000 m² großen Schulgelände** tummeln sich heute bis zu 1.085 Mädchen und Jungen zwischen drei und 17 Jahren. Davon können die Kinder in den staatlichen Schulen Sri Lankas nur träumen: Pro Jahr gibt es genau eine Uniform, die Klassen bestehen im Schnitt aus 40 Kindern, und die mit zwei- bis dreitausend Schülerinnen und Schülern vollgestopften Gebäude sind meist stickige Wissensbunker, umgeben von Beton, umzäunt und ungemütlich. Zudem fängt der Schultag an den staatlichen Schulen bereits um 7.30 Uhr an.

Schneiderunterricht für Mütter

Ab 8.30 Uhr beginnt im Innenhof der „free education unit" in Ahungalla der Tag mit Gesang. Natürlich wird die sri-lankische Nationalhymne angestimmt und auch ein Gebet zum Tage gesprochen – 90 Prozent der Kinder sind Buddhisten, zehn Prozent Muslime –, es folgen die allgemeine Begrüßung und ein paar Singspiele und Bewegungslieder. Dann startet der Unterricht in den verschiedenen Klassen und in der „Women's Cooperation": ein eigenes **Ausbildungsprogramm für die Mütter**. Ein Jahr lang lernen sie stricken, nähen oder Batik, erhalten zum Abschluss ein Zertifikat und per staatlicher Förderung ein günstiges Bankdarlehen. So können sie ihre eigene Werkstatt eröffnen, um den Unterhalt ihrer Familien zu sichern.

„Wir helfen sozial Schwachen", sagt Schulleiter Wijesekara. „Wir bieten besseren Unterricht, bei uns in der Schule können sie frei denken, hier ¹ernen sie für das Leben." Um das Leben, das Überleben ging es den Österreichern Kathrin Messner und Josef Ortner auch, als sie 1995 die Stiftung „One World Foundation" gründeten und eine kostenlose Schule eröffneten. Sie beschlossen, mit der „One

World Foundation" eine **neue Art von Tourismus** zu unterstützen, die „auf gegenseitigem Verständnis und einem fairen Austausch basiert" (www.owf.at): Die kompletten Einkünfte aus ihrem 1984 erbauten Ayurveda-Hotel „Bogenvillya" stecken sie in die „One World Foundation" – und damit in Bildung.

Das Konzept funktioniert bis heute, wie T. J. Raji De Silva stolz vermeldet. Die Managerin der „One World Foundation" verwaltet das Hotel, kümmert sich um die Gehälter der 65 Stiftungsangestellten und sorgt dafür, dass das Haus in der Hochsaison bestens ausgelastet ist, damit genug Geld in die Schule in Ahungalla fließt. Der Geldfluss sei allerdings ein wenig spärlicher geworden seit der Finanzkrise, sagt sie. Dennoch blickt sie zuversichtlich in die Zukunft. So gehört heute der Bereich „Fundraising", also Geldbeschaffung, zu ihren Hauptaufgaben.

Die Schule liegt T. J. Raji De Silva am Herzen, genauso wie Prabath Wijesekara. Er erinnert sich gerne an seine Schulzeit – umso mehr, als schon damals viele Bewerbungen abgelehnt werden mussten, er aber zu den Glücklichen gehörte, die die Aufnahme schafften. „Wir haben auch heute noch einen strengen Kriterienkatalog. Und die Auswahl fällt unserem Komitee jedes Jahr aufs Neue sehr schwer", sagt er und zückt ein blaues Notizbuch. „Hier: P. Nimarshi Wasana Nuwanjalee de Silva. Beim Tsunami starben ihre Eltern, ihre zwei Schwestern und ihre zwei Brüder. Eine Tante kümmerte sich um das Mädchen und brachte sie zu uns. Heute ist sie 18 Jahre alt und hat vor Kurzem ihren Abschluss gemacht." Für P. Nimarshi Wasana Nuwanjalee de Silva also besteht Hoffnung.

Infos
owf One World Foundation Wien, Hofmühlgasse 17/2/25, 1060 Wien, Österreich, ✆ +43-1-533 58 40-33, office@owf.at, www.owf.at.
owf One World foundation Sri Lanka, 162/45 Wathuregama, Ahungalla, Sri Lanka, ✆/📠 +94-91-2264147, owf@sltnet.lk.

Ein Besuch der Schule ist Urlaubern nach Voranmeldung möglich. Beim Reiseveranstalter „Studiosus" ist ein Besuch Bestandteil des Sri-Lanka-Rundreiseprogramms, z. B. „Sri Lanka – Höhepunkte".

Ambalangoda

25 km südlich von Bentota liegt die Handelsstadt Ambalangoda, schon seit alters her ein wichtiger Umschlagplatz für Zimt. Bekannt geworden ist Ambalangoda jedoch durch seine **Maskenschnitzer** und die **Dämonentänze**. Entlang der Hauptstraße gibt es viele Maskenschnitzerwerkstätten, in die man gerne einen Blick werfen kann. Außerdem hat sich die Stadt den Antiquitäten verschrieben. Vielleicht lässt sich das eine oder andere Schnäppchen machen, allerdings ist die Ausfuhr von echten Antiquitäten offiziell verboten.

Maskenwerkstätten und -museen

Am nördlichen Ortseingang gibt es zwei Maskenschnitzermuseen: Das **Ariyapala & Sons Mask Museum** (*Main Street,* ✆ *091-2258373, www.masksariya palasl.com*) und schräg gegenüber das **Museum Ariyapala Traditional**

Südlich von Colombo

Masks. Beide machen einen eher dunklen, wenig einladenden Eindruck, sind für Kunstfreunde aber gewiss ein lohnender Besuch. Beide sind normalerweise tgl. geöffnet, Eintritt: Spende.

Die Maskenschnitzer von Ambalangoda

In Ambalangoda ist die Maskenschnitzerei noch Familientradition. Schon seit langer Zeit werden in Sri Lanka Masken geschnitzt. Diese haben **drei verschiedene Funktionen**:
- Kolam-Masken für volkstümliches Tanztheater,
- Sanni-Masken zur Austreibung von Krankheitsdämonen,
- Bali- oder Thovil-Masken zur Austreibung übriger Dämonen.

Für die Schnitzwerke wird das Holz des Sandelbaums, der Kadura-Mangrove und des Brechnussbaums verarbeitet.

Diese Holzarten werden zunächst eine Woche im Rauch getrocknet und dann grob behauen. Danach werden die Rohlinge nochmals monatelang im Rauch getrocknet. Erst dann beginnt die eigentliche Arbeit der Künstler. Mit Meißeln und Messern schnitzen sie die verschiedenen Gesichter aus dem haltbar gemachten Holz heraus. Im Anschluss werden die Masken – früher ausnahmslos, heute nur noch vereinzelt – mit Naturfarben aus Pflanzensäften bemalt und mit einer Ölglasur überzogen.

Tipp
Man sollte möglichst eine mit gedämpften Naturfarben bemalte Maske kaufen. Sie ist zwar teurer als die mit Chemiefarben grell bemalten Exemplare, dafür aber traditioneller und schöner.

Unterkunft

Shangrela Beach Resort $$–$$$, *38 Sea Beach Road, Ambalangoda, ① 091-2258342 (Resort), +49 89-175020 (Kontaktnummer in München), www.shangrela.de. Wer nicht gleich weiterfahren möchte, der kann in diesem unter deutscher Leitung stehenden Hotel unterkommen. 25 z. T. klimatisierte Zimmer auf drei Etagen, dazu ein hübscher Garten, der Strand ist zu Fuß in wenigen Minuten erreicht. Außerdem werden Ausflüge, individuelle Rundreisen und Wassersportaktivitäten angeboten.*

Telwatta

Die Strecke zwischen Ambalangoda und Hikkaduwa zeigt leider immer noch deutlich die **Verheerungen des Tsunamis** von 2004. Links und rechts der Hauptstraße sind viele beschädigte Hausfassaden zu sehen, teilweise liegen noch Bootsteile herum – ein wenig Endzeitstimmung liegt über der Landschaft.

Nach dem Tsunami mussten die damaligen Besitzer die Seegrundstücke aufgeben und ins Hinterland ziehen: eine Schutzmaßnahme der Regierung gegen einen möglichen weiteren Tsunami, die allerdings zur Folge hat, dass hier ganze Landstriche brachliegen.

Wer sich noch einmal ganz konkret vor Augen führen will, wie die Gegend nach dem Tsunami ausgesehen hat, der sollte das kleine, informative **Tsunami Photo Museum** in Telwatta besuchen, ein paar Kilometer vor Hikkaduwa. Die Niederländerin Jacky van Oostveen hatte Bilder vom Tsunami und seinen Verwüstungen im Fernsehen gesehen und sich umgehend als freiwillige Helferin nach Sri Lanka begeben. Um das Gedächtnis an den Tsunami möglichst umfassend zu bewahren, begann sie, ausnahmslos alle Menschen, die sie kannte oder kennenlernte – Sri Lanker, Helfer, Freunde –, nach Bildmaterial von den Zerstörungen zu fragen. Die Bilder kamen reichlich: 2007 konnte sie ein Museum eröffnen. Heute kümmert sich die Sri Lankerin Kamani de Silva um den täglichen Betrieb und hat viel zu erzählen.

Gedenken an den Tsunami 2004

Tsunami Photo Museum, Templeroad (gleich neben der Hauptstraße), Telwatta, ☏ 091-3900884, http://tsunami-photo-museum-srilanka.blogspot.com, tgl. 9–18 Uhr, Eintritt: Spende.

Im Tsunami Photo Museum werden die Verheerungen des Tsunamis wieder lebendig

Hikkaduwa

Hikkaduwa, 97 km südlich von Colombo gelegen, ist ein langes Straßendorf entlang der Küste mit einer mindestens ebenso langen Geschichte. Schon in den 1970er-Jahren kamen **Hippies** hierher, kurzzeitig wurde Hikkaduwa sogar in „Hippieduwa" umbenannt. Hier fühlte man sich gut, genoss das Leben, das Klima und den Sonnenuntergang. Es wurde zweckmäßig und schnell auf- und später umgebaut, denn die neuen Bewohner legten nicht viel Wert auf Komfort, sondern waren meist schon mit einem Dach über dem Kopf zufrieden. Entsprechend sahen die Ergebnisse aus. Die Verwüstungen des Tsunamis führten dazu, dass etliche Altlasten an dem ursprünglich schönen Strand entsorgt werden konnten, aber etwas richtig Schönes und Sinnvolles entstand dabei bislang nicht – obwohl immer wieder Versuche unternommen werden.

Ehemals „Hippieduwa"

Auch heute zeigt sich Hikkaduwa **dem Erstbesucher gegenüber recht sperrig**. Die Hauptstraße führt dröhnend durch den Ort, die Dieseldämpfe der Busse ziehen in die kleinen Gassen zu beiden Seiten, und der Strand ist auf mehrere Kilometer verbaut. Zudem wird oft beklagt, dass seit der Eröffnung des Expressway einheimische „Party-Touristen" aus Colombo übers Wochenende hierher kommen würden, um lautstark zu feiern – wenig verwunderlich bei der Dichte an Cafés, Kneipen, Pubs, Bars und Restaurants.

Auf der anderen Seite liegen hier vor der Küste faszinierende **Korallengärten**, die man als Taucher, Schnorchler oder vom Glasbodenboot aus erforschen kann. Sie sind immer noch ein Anziehungspunkt für die Freunde der tropischen Unterwasserwelt. Das unter Naturschutz stehende Korallenriff hält

Faszinierende Unterwasserwelt

Wer die Augen offen hält, erlebt manche Überraschung am Straßenrand – wie hier in der Nähe von Hikkaduwa

sowohl die schweren Brandungswellen als auch die Haie von der Küste ab. Hikkaduwa hat also durchaus seinen Reiz. Falls man sich nicht in den Trubel von Hikkaduwa Town stürzen möchte, kann man auch etwas weiter im Süden in Wewala, Narigama oder Thirangama übernachten, die aufgrund der abnehmenden Dichte der Strandbebauung ruhiger sind.

Reisepraktische Informationen Hikkaduwa

Information
www.hikkaduwa.info ist eine rührige, kommerzielle Website mit vielen Informationen rund um den Ort.

Banken
In Hikkaduwa Town nahe dem Busterminal gibt es einige Banken mit Geldautomaten.

Unterkunft
Hotel Säntis $$, 22 Waulagoda Cross Road, Hikkaduwa, ① 091-2277042, www.hotelsantis.com. Ca. 100 m von der Hauptstraße entfernt, mitten im Dschungel, Einfahrt gegenüber vom Coral Reef Hotel. Das Hotel erscheint fast wie eine Oase im touristischen Gewimmel von Hikkaduwa. Die Zimmer verfügen über Betten mit Moskitonetz, Bad und eine Veranda mit Blick auf den Garten, fünf Zimmer zudem über eine kleine Küche. Lokale und internationale Gerichte, Ayurveda-Angebot. Im oberen Stockwerk befindet sich eine große Dachterrasse.
Nippon Villa Beach Resort $$$, No 412 D Galle Road, Wewala, Hikkaduwa, ① 091-4383095, www.nipponvillabeach.com. Die Gäste werden familiär betreut. Der Besitzer ist ein Mann vom Fach: Nach seiner Hotelausbildung im Inland hat er seine Kenntnisse in Japan vervollständigt, bevor er dieses Hotel übernahm. Neben den Doppelzimmern gibt es Zimmer für Familien. Einige Räume haben Balkone mit Blick aufs Meer, andere eine große Terrasse zum Innenhof. Strandbar, Ayurveda-Angebote. WiFi inklusive.
Hotel Ritas $$$–$$$$, Galle Road, Narigama, Hikkaduwa, ① 091-2277496, hotelritashikkaduwacoralsurfingsrilanka.com. Im Innenhof wächst ein wunderschöner, gelb blühender Frangipani. Der Strand ist an dieser Stelle Hikkaduwas besonders breit und ohne vorgelagertes Riff. Es gibt 30 Zimmer für zwei bis drei Personen. Essen kann man im angeschlossenen Strandrestaurant. WiFi inklusive.
Hotel Lanka Super Corals $$$–$$$$, 390 Galle Road, Hikkaduwa, ① 091-2277387 und 4383385, www.hotellankasupercorals.com. 100 gut ausgestattete, klimatisierte Zimmer mit Balkon und Bad. Im Restaurant gibt es asiatische und europäische Gerichte sowie ein Seafood-Büffet, die Bar befindet sich im Erdgeschoss. Ein Swimmingpool, Boutiquen und ein großer Garten sind vorhanden, auch Ayurveda wird angeboten. Darüber hinaus kann man an Glasbodenbootfahrten teilnehmen. WiFi inklusive.
Lawrence Hill Paradise $$$$, 47 Waulagoda, Middle Road, Hikkaduwa, ① 091-2277544, www.ayurvedakurlaub.de. Das auf Ayurveda spezialisierte Hotel

liegt in einem tropischen Garten bei Hikkaduwa. Es wird sehr familiär von einer Deutschen geführt, und auch der Individualtourist erhält bei allen Problemen und Fragen Hilfe. Die 14 Zimmer mit jeweils eigenem Balkon bzw. Terrasse sind mit Deckenventilatoren ausgestattet, auf Wunsch gibt es auch eine Klimaanlage. Großer Swimmingpool, nur fünf Gehminuten zum Strand. Zu buchen allerdings nur mit ayurvedischer Vollpension und Kur. WiFi inklusive.

Chaaya Tranz Hikkaduwa $$$$, Galle Road, Hikkaduwa, ☏ 091-2277188, www.cinnamonhotels.com/ChaayaTranzHikkaduwa.htm. In der großzügigen Hotelanlage befinden sich 150 Zimmer mit Klimaanlage und Balkon mit Meerblick. Das gastronomische Angebot umfasst mehrere Restaurants, einen Coffee Shop und eine gut bestückte Bar. Swimmingpool, Spa-Bereich, Tauchzentrum. WiFi inklusive.

Plantation Villa $$$$, Wattalaya Watta, Nehinna, Dodangoda, Kalutara, ☏ 011-2 574270/-1, www.srimalplantation.com. Dieses sehr stilvoll eingerichtete, 150 Jahre alte Haus liegt malerisch in einer Mahagoni- und Kokosnussplantage und bietet sechs Doppelzimmer sowie zwei Suiten. Die Küche übertrifft die herkömmlichen Büffets der Hotels. Umfangreiches Ayurveda- und Yoga-Angebot.

Coral Seas Beach Resort $$$$, 346 Galle Road, ☏ 091-2277248. Das Strandhotel bietet Zimmer mit Klimaanlage und Balkon. Swimmingpool, Restaurant mit internationaler Küche. WiFi inklusive.

Restaurants

Refresh, 384 Galle Road, ☏ 091-2275783, www.refreshsrilanka.com. Dieses auf Meeresfrüchte spezialisierte Spitzenrestaurant wurde 1986 zunächst mit nur sechs Tischen eröffnet und anschließend ständig erweitert. Neben Seafood werden auch besonders leckere asiatische und italienische Speisen und erlesene Weine angeboten.

Farm House Restaurant, 341 Galle Road, ☏ 0912-277082. Das kleine, saubere Restaurant liegt schräg gegenüber vom Chaaya Tranz Hikkaduwa (s. o.) direkt an der Hauptverkehrsstraße, man kann hier jedoch preiswert und abwechslungsreich essen (Burger, Seafood, Sri-Lankisch, Italienisch).

J. H. L. Beach Restaurant and Bar, 382/1 Galle Road, ☏ 091-2277139 Im sauberen Restaurant direkt am Strand wird eine große Anzahl an schmackhaften asiatischen und europäischen Gerichten zubereitet. Gutes Preis-Leistungs-Verhältnis.

Sport

Die Galle Road hinauf und hinunter gibt es etliche Anbieter von Schnorchel-, Tauch- und Glasbodenboot-Touren in den Hikkaduwa Marine National Park. Auch das Surfen kommt nicht zu kurz. In den großen Hotels gibt es meist ein komplettes Wassersportangebot.

Die **Poseidon Diving School** im Hikkaduwa Beach Hotel, ☏ 091-7201200, www.divingsrilanka.com, betreibt auch einen Ableger in Nilaveli im Osten der Insel und genießt einen guten Ruf.

Fahrräder werden von den Hotels sowie von etlichen Anbietern entlang der Galle Road für 200–300 Rs./Tag vermietet, ein Scooter sollte um die 700 Rs. kosten.

Zugverbindungen

Hikkaduwa liegt auf der gut frequentierten Bahnstrecke Colombo-Matara und wird dementsprechend oft angefahren. Bitte beachten: Der Bahnhof liegt an der nördlichen Grenze des Orts, die Distanzen von dort bis zur Wunsch-Unterkunft können also recht groß sein.

Busverbindungen

Der Busterminal befindet sich am nördlichen Ende von Hikkaduwa. Wer weiß, wo sich sein Guesthouse befindet, kann an so gut wie jeder Stelle entlang der Galle Road aus den Bussen aussteigen, die von hier Richtung Galle oder Matara fahren. Die Fahrt mit einem Tuk-Tuk sollte bis nach Thiranagama nicht mehr als 200 Rs. kosten. Wer noch keine Unterkunft hat, kann sich natürlich vom freundlichen Tuk-Tuk-Fahrer helfen lassen.

Durchfahrende Busse halten meist nicht im Busterminal, sondern daneben, direkt an der Galle Road. Man muss also ein wenig die Augen offenhalten, um den richtigen Bus nicht zu verpassen.
Tgl. angefahrene Ziele: Colombo (3 Std.), Galle (45 Min.), Kalutara (1,5 Std.).

Tsunami Honganji Vihara

Auf dem Weg in den Süden sollte man auf jeden Fall einen kurzen Stopp beim **Tsunami Honganji Vihara** einlegen. Dieses mit japanischer Unterstützung errichtete Denkmal wurde am 26. Dezember 2006, dem zweiten Jahrestag des Tsunamis, eingeweiht: Ein 18 Meter hoher Buddha steht inmitten eines kleinen Teichs und versucht mit sanftem Blick und sanfter Handhaltung (*Mudra*), die Gewalten des Ozeans im Zaum zu halten. Der Ort für das Denkmal ist gut gewählt. Dahinter verlaufen die Bahngleise der Strecke Colombo–Matara. Hier wurde am 26. Dezember 2004 der Zug „Samudra Devi" („Königin der See") vom Tsunami von den Gleisen gefegt. Dabei starben mindestens 1.700 Menschen.

Tsunami Honganji Vihara

6. DER SÜDEN

Überblick

Nüchtern betrachtet besteht der Süden, oder vielmehr die südliche Provinz, aus den drei Städten Galle, Matara und Hambantota sowie ihren sehr ländlichen Umgebungen, in denen Reis und Kokosnüsse angebaut werden und auch die Fischerei einen wichtigen Erwerbszweig darstellt. Horcht mancher vielleicht bei dem Wort **Galle** auf, immerhin die sicher **schönste Festungsanlage Sri Lankas**, so lösen Matara und Hambantota auf Anhieb wahrscheinlich nicht viel aus. Wenn man sich aber den Süden ein bisschen genauer anschaut, beginnen die Namen plötzlich zu klingen: **Unawatuna**, **Weligama**, **Mirissa** und **Tangalle** werden die Freunde des Strandlebens begeistern. Auch die berühmten Stelzenfischer von Ahangama, die Blauwale vor Mirissa sowie die berühmten **Nationalparks Bundala** und **Yala** locken in diesen Teil des Landes, ebenso die buddhistischen Felsentempel, ein weltberühmtes „Blow Hole" und die Teilnahme an einem Abendgebet in **Kataragama**.

Kurz: Der Süden hat unglaublich viel und für wirklich jeden Geschmack etwas zu bieten. Es gibt **singhalesische Geschichte** zu erleben, eine **reichhaltige Kultur** kennenzulernen und eine **einzigartige Natur** zu entdecken. Nicht ohne Grund ist der Süden seit eh und je das wichtigste touristische Ziel Sri Lankas. Er kann das ganze Jahr über bereist werden, Hauptsaison ist aber von Oktober bis April, wenn der Monsun auf die andere Seite der Insel wandert und das Meer mit seinem tiefen, ruhigen Blau zum Schauen und Entspannen einlädt.

Touristenhochburg

„Ruhunu" nennt sich der Süden nach dem früheren singhalesischen Königreich, das sich gegen indische Einflüsse aus dem Norden weitgehend abzuschotten vermochte: eine Tendenz, die sich verstärkte, als die Seehäfen von Matara und Galle gegenüber Colombo an Bedeutung verloren. Doch heute, nachdem die verheerenden Schäden durch den Tsunami weg- und aufgeräumt sind, ist man wieder sehr stolz auf Ruhunu.

Auch der bis Anfang 2015 amtierende Präsident Mahinda Rajapaksa ist ein Kind des Südens. Er stammt aus der Gegend um Hambantota und hat seine Heimat in den letzten Jahren großzügig gefördert: Mit chinesischem Geld ließ er den

Überblick

Überblick

Redaktionstipps

▸ Ein Bummel durch Galle Fort am Vormittag (S. 222).
▸ Ein hervorragendes Dinner bei Kingfisher in Unawatuna (S. 232).
▸ Mindestens einmal aufs Surfbrett springen in Weligama (S. 236).
▸ Whale Watching in Mirissa (S. 239).
▸ Am Strand spazieren in Tangalle (S. 248).
▸ An einer abendlichen Puja teilnehmen in Kataragama (S. 258).
▸ Tiere beobachten in einem der Nationalparks (ab S. 255).

Hafen von Hambantota in kaum mehr darstellbaren Dimensionen ausbauen – nach Vollendung des Projekts sollen hier 50.000 Menschen 33 Containerschiffe gleichzeitig be- und entladen können – und setzte rund 20 km nördlich von dort einen Flughafen in die ausgedörrte Wiese. Der **Mattala Rajapaksa International Airport** nahm am 18. März 2013 den Betrieb auf und wartet seitdem auf seine internationale Entdeckung. Ein weiteres Projekt war der vierspurige, mautpflichtige Southern Expressway E-01 von Kottawa (Colombo) nach Godagama (Matara), dessen letztes Teilstück am 15. März 2014 eröffnet wurde. Damit verkürzt sich die Fahrzeit von bisher knapp fünf Stunden auf der bisherigen Strecke entlang der Küste auf nur noch zwei. Die Weiterführung des Expressway Richtung Osten ist geplant.

Alle Weichen sind also gestellt, um den Süden jederzeit und auf die bequemste Art und Weise besuch- und erlebbar zu machen.

Von überfüllten Stränden keine Spur – Angler bei Unawatuna

Von Galle bis Kataragama

Galle

Der Name Galle stammt wahrscheinlich von dem singhalesischen Wort „Gala" = Fels. Dieser Name wurde von den Portugiesen übernommen, aber mit ihrem Wort „Gallo" = Hahn in Verbindung gebracht, der auch heute noch im Wappen der Stadt erscheint. In angelsächsischer Tradition ist die korrekte Aussprache eigentlich „Gawl". Wer aber im Westen und Süden z. B. viel mit dem Bus unterwegs ist, wird schnell feststellen, dass der einladende Ausruf des Busbegleiters „Gallegallegalle" – mit kurzem „a" und einem ein wenig betonten, aber kurzen „e" – durchaus Galle als Zielstation benennt.

Topziel: Galle Fort

Die Bedeutung als Hafenstadt mit heute rund 100.000 Einwohnern reicht bis ins Altertum zurück. Von der Kolonialzeit bis zur Fertigstellung des künstlichen Hafens in Colombo 1882 hatte Galle den bedeutendsten Ankerplatz der Südwestküste der Insel. Das von den Holländern erbaute Fort ist ein sehr gut erhaltenes Relikt aus der Kolonialzeit. Findige Menschen, meist aus dem Westen, erkannten schon vor Jahrzehnten, was für ein Potenzial im Galle Fort zu finden ist: historische Bausubstanz, wunderschöne Kolonialhäuser, pittoreske Gässchen, Geschichte an allen Ecken. Also kauften sie das eine oder andere Haus im Fort, renovierten es und machten ihren Zweit- oder Drittwohnsitz daraus – oder eine kleine Boutique-Pension. Davon inspiriert, stiegen auch wohlhabende Bürger aus Colombo, meist Burgher, ins Immobiliengeschäft ein. So wurde und ist das Galle Fort bis heute ein **Gesamtkunstwerk** mit engen Gassen, kleinen Shops und unzähligen Büros, netten Boutiquen, Kunsthandwerk-Manufakturen, Künstler-Cafés, Museen und vor allem Pensionen und Hotels, die fast alle eines gemeinsam haben: Sie sind schön renoviert, sehr ansprechend möbliert und definitiv eine lohnende Unterkunft für ein bis zwei Nächte.

Straßenszene im Fort

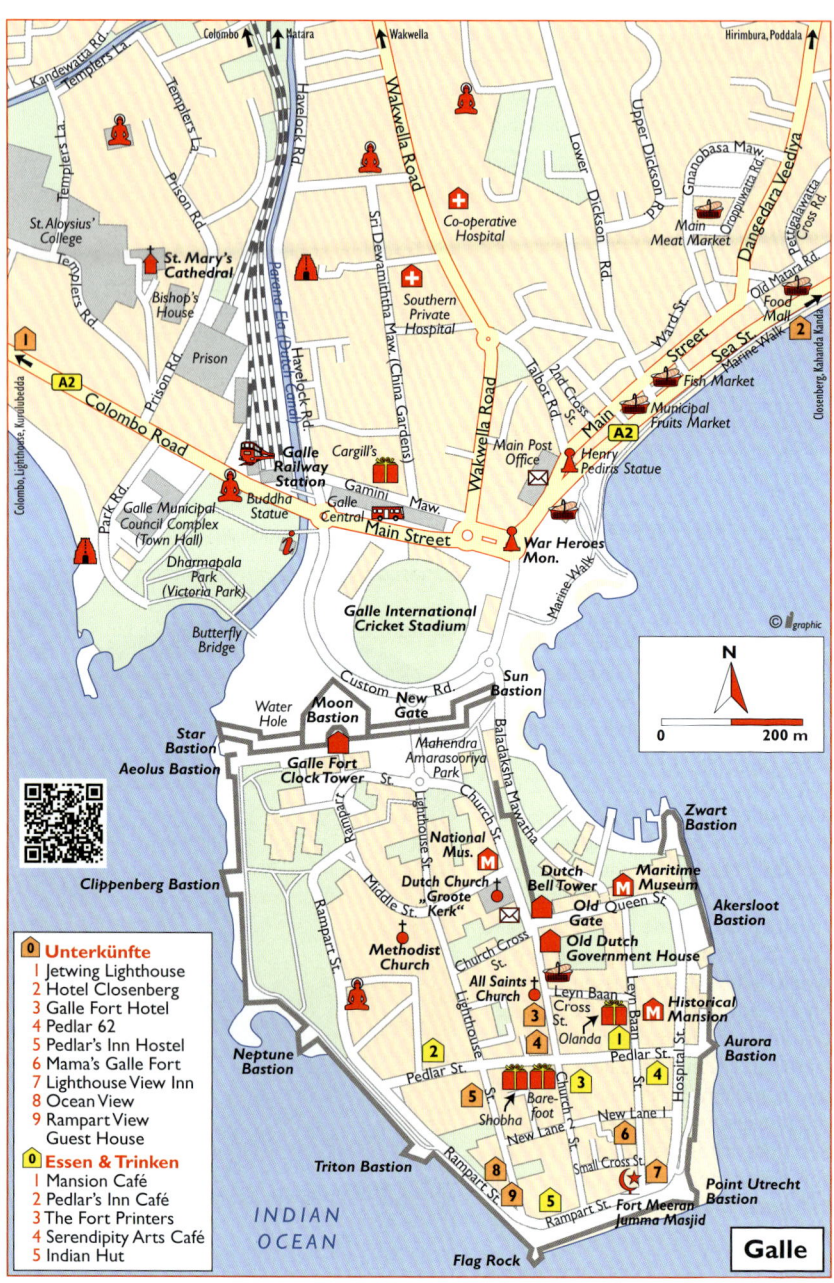

Geschichte

Der Gründungszeitpunkt von Galle ist unbekannt. Nach Ansicht einiger Historiker ist die Ansiedlung mit dem biblischen Tarschisch identisch, über dessen Hafen Edelsteine, Elfenbein, Gewürze, Pfauen und Affen an den König Salomo ausgeführt worden sein sollen.

Im **14. Jh. n. Chr.** beschrieb der arabische Weltreisende Ibn Battuta Galle als einen noch ziemlich unbedeutenden Hafen.
1505 landeten die Portugiesen in Galle. Sie erkannten die günstige Voraussetzung für einen Hafen an den sonst durch Riffe, Sandbänke und glatte Ausgleichsküsten für die Schifffahrt abweisenden Gestaden der Insel.
1589 bauten sie zum Schutz der Hafenanlage ein erstes bescheidenes Fort, das sie Santa Cruz nannten.
1640, am 13. März, eroberten die Holländer unter General Coster nach langem Ringen Galle, nachdem der König Rajasimha II. (1635–1687) von Kandy die Holländer um Beistand gegen die Portugiesen ersucht hatte. Das Fort der Portugiesen wurde völlig zerstört.
1656 errangen die Holländer mit der Eroberung Colombos die Kontrolle über die Westküste der Insel; auch der Handel, besonders mit Zimt, war nun in ihren Händen.
1663 errichteten die Holländer das Fort, das die gesamte Halbinsel (36 ha) umfasste.

Relikte der Vergangenheit: das Wappen der Niederländischen Ostindien Kompanie

1796 wurde den Briten der Stützpunkt Galle kampflos überlassen.
1815 Nach ihrem Sieg über das Königreich Kandy entschlossen sich die Briten zum Ausbau von Colombo. Damit verlor Galle seine Stellung als wichtigster Hafen der Südwestküste.
1988 wurde Galle Fort von der UNESCO in die Liste des Weltkulturerbes aufgenommen.

Fort

Vor dem Fort befindet sich ein großer Kricketplatz, auf dem der Nationalsport der Sri-Lanker betrieben wird. Das kleine Sri Lanka wurde zum wiederholten Mal Weltmeister in dieser Disziplin. Sein größter Gegner ist Indien.

Reise in die Vergangenheit

Die größte Sehenswürdigkeit Galles ist zweifellos das Fort mit seinen eingeschlossenen historischen Gebäuden. Im Fort oder auf seinen trutzigen Befestigungsmauern herumwandernd, kann man sich mit etwas Fantasie in die damalige Zeit hineinversetzen. Zu dem nostalgischen Bild des Forts muss man sich beim Blick aufs Meer die geblähten Segel der holländischen Schiffe vorstellen. Hier müssen Besucher nicht in einem Ruinenfeld herumlaufen, um der Geschichte zu begegnen: Das alte Galle gleicht einem zum Leben erwachten **Museum des 17. Jh**.

Ein Spaziergang

Ab Hauptbahnhof oder Tourist Information in der sogenannten „New Town" führt rechts eine Nebenstraße ab, die über ein weites, freies Gelände, die aufgeschüttete Esplanade, zum Fort führt. Die New Town ist die neuzeitliche Erweiterung des Forts auf dem Festland. Das Fort selbst liegt auf einer vorgelagerten Halbinsel. Zwischen der „Sun Bastion" und der „Moon Bastion" befindet sich das **New Gate**, die einzige von den Engländern gebrochene Maueröffnung. Hier gelangt man in das Innere des Forts. Über dem New Gate prangt das Wappen der VOC, der niederländischen „Vereenigde Oostindische Compagnie", die als Handelskompanie im Auftrag Hollands mit aller Macht in den Kolonien Hoheitsrechte ausübte. Das Bindematerial des gewaltigen Mauerwerks ist Korallenkalk.

Historische Festungsanlage

Wenn man sich nach rechts wendet und gegen den Uhrzeigersinn im Fort geht, stößt man als Erstes auf den Glockenturm von 1883. Wer sich zum Erklimmen der **Moon Bastion** entschließt, wird oben mit einem eindrucksvollen Blick über die gesamte Festungsanlage belohnt. Die weiße Dagoba des Sudharmalaya-Tempels und die Moschee (vor dem Leuchtturm aus der britischen Kolonialzeit, am Südende des Forts) kontrastieren mit den europäischen Gebäuden.

Wieder in nördlicher Richtung, kommt man an dem 1782 erbauten holländischen Waffenmagazin vorbei. Zu Beginn der Church Street gewährt das **Na-**

tional Museum einen winzigen Einblick in Geschichte und Kunst des Landes. Ein Spaziergang durch das Fort ist aber sicher sinnvoller.
National Museum, *Church Street, Di–Sa 9–17 Uhr, Eintritt Erwachsene 300 Rs., Kinder 150 Rs.*

Zwei Häuser weiter steht die **Groote Keerk**. Das holländische Gotteshaus wurde 1754 erbaut und ist damit die älteste protestantische Kirche Sri Lankas. Die Gattin eines niederländischen Gouverneurs hatte sie aus Dankbarkeit für die Geburt eines lang ersehnten Sohnes gestiftet. Bemerkenswert sind die in den Boden eingelassenen Wappenbilder. Daneben findet sich ein alter Glockenturm aus dem Jahre 1701.

Nun passiert man die alte Bibliothek und biegt in die Queen's Street. Hier liegt auf der linken Seite das **Maritime Archaeology Museum**. In dieser nach den Zerstörungen des Tsunamis komplett wieder instandgesetzten Einrichtung wird die Geschichte der hiesigen Seefahrt anhand von Karten und Modellen vermittelt. Auch gibt es den Nachbau eines Kanonenboots, wie es die Holländer während ihrer Herrschaft nutzten.
Maritime Archaeology Museum, *Queen's Street, Di–Sa 9–17 Uhr, Eintritt Erwachsene 300 Rs., Kinder 150 Rs.*

Am **Court Square** folgt das ehrwürdige Gerichtsgebäude. Gerade am Gerichtstag herrscht hier geschäftiges Treiben: Dann beraten die Rechtsanwälte in ihren kleinen Büros lautstark ihre Klienten, auf dem Vorplatz schwitzen Juristen in Anzug und Krawatte, und im einsehbaren Gerichtssaal wird verhan-

Rechtsanwaltsbüros am Court Square

delt, während drumherum Familienangehörige, Tuk-Tuk-Fahrer, Touristen und Händler herumschwirren.

An der Leyn Baan Street hinunter folgt das amüsante **Historical Mansion Museum**, das Kunst und Krempel aus manchen Jahrhunderten zeigt. Eine Besichtigung des kunterbunten Hauses wird meist begleitet vom Kommentar eines Mitarbeiters, der einen dann auch zielsicher in den angeschlossenen Edelstein-Shop bugsiert. Es besteht natürlich keine Kaufpflicht, auch der Rundgang durch das Museum kostet nichts.
Historical Mansion Museum, *31–39 Leyn Baan Street, Sa–Do 9–18, Fr 12–14 Uhr, Eintritt frei.*

Rundgang auf der Festungsmauer Ab hier, links in die Pedlar Street und dann in die Hospital Street einbiegend, besteht die Möglichkeit, das Fort auf der Ummauerung im Uhrzeigersinn zu umrunden. Den Leuchtturm und die verschiedenen Bastionen passierend, blickt man dabei stets auf das Meer, außerdem sieht man picknickende sri-lankische Familien, die obligatorischen Kricket-Spieler auf den zahlreichen Grasflächen und in die Gassen des Forts. Man kann natürlich auch durch die Gässchen des Forts flanieren, vielleicht im Designer-Laden Barefoot für wenig Geld etwas Buntes erstehen oder eine Erfrischung im Serendipity Arts Café zu sich nehmen. Hier kann man mit ein wenig Glück in Juliet Coombes auslegendem, inspirierendem Buch „Around the Fort in 80 Lives" blättern – und gleich im Café einen **Stadtrundgang** mit der im Fort lebenden Autorin buchen (*60 Leyn Baan Street,* ✆ *077-6838659, www.sriserendipity.com/walking_tours.html, US$ 20 p. P./Std., US$ 150 p. P./Tag*).

Außerhalb des Forts

Hinter dem New Gate außerhalb der Mauern des Forts soll übrigens in Zukunft das im Entstehen begriffene „Information Centre and Library of the Galle Heritage Foundation" über die Geschichte und das Erbe des Galle Fort informieren. (Infos über die Geschichte des Forts, den Baufortschritt und die geplante Eröffnung des Informationszentrums: www.galleheritage.gov.lk.)

Quirlige Stadt Dann geht es zurück Richtung **New Town**, Bus- oder Bahn-Station. New Town ist eine typische, quirlige sri-lankische Stadt: Hier gibt es Banken, Märkte, Tempel, Shops, Restaurants, kleine, nicht sonderlich einladende Pensionen, Tankstellen und ein Krankenhaus. Von Galle aus wird die Region versorgt. Hierher kommt man zum Geldwechseln und um größere Haushaltsdinge einzukaufen, die es z. B. in den Shops von Unawatuna nicht gibt.

Der heutige **Hafen** von Galle hat für das Land eine nur geringe Bedeutung, aber es liegen immer ein paar Schiffe auf Reede. Eine kleine Fischereiflotte ist hier stationiert, der frische Fang, besonders Thunfisch, wird entlang der Hauptstraße lautstark zum Verkauf angeboten.

Beim Fischmarkt von Galle kommt der frische Fang direkt aus dem Meer auf den Tisch

Tipp
Wer das Fort einmal in der Abenddämmerung aus der Ferne erleben will, der fährt Richtung Unawatuna, biegt auf Höhe der Zementfabrik rechts ab und gelangt nach ein paar Kilometern zur sehenswerten **Peace Pagoda**. Von japanischen Buddhisten 2004 errichtet, eröffnet sich hier – nicht nur in der Dämmerung – ein wunderschöner Ausblick Richtung Galle.

Reisepraktische Informationen Galle

Information
Southern Provincial Council, Ruhunu Tourist Bureau, 153B S. H. Dahanayaka Mawatha, Galle, ✆ 091-2224072, http://visit.sp.gov.lk. Es gibt Prospektmaterial, Hinweise zu Unterkünften und weitere Tipps.

Im Krankheitsfall
Hemas Southern Hospital, Wackwella Road, Galle, ✆ 091-4640640, www.hemashospitals.com/galle-hospital-hemas.

Banken
Im Fort gibt es in der Church Street eine Commercial Bank mit Geldautomaten. Weitere Banken mit Automaten befinden sich in New Town hinter der Busstation an der H. W. Amarasurya Mawatha.

Unterkunft

Alle übernachtungswilligen Besucher von Galle wird es zu Recht ins Fort locken. War die Übernachtung im Fort in den letzten Jahren eine eher kostspielige Angelegenheit, so hat sich dies ein wenig geändert. Da beinahe monatlich neue Pensionen und Guesthouses aufmachen, wird die Konkurrenz größer – und die belebt bekanntlich das Geschäft. Es ist also gut möglich, ein nettes Doppelzimmer mit Frühstück für 3.000 Rs. zu bekommen: Preise, die mit dem nahen Unawatuna durchaus konkurrieren können. Am besten klopft man einfach an diverse Türen…

Light House View Inn $$ **(7)**, 44 Hospital Street, ① 091-2232056, www.lighthouseviewinn.com. Direkt gegenüber dem Leuchtturm von 1938 liegt dieses sympathische Guesthouse. Die einfachen, aber guten Zimmer (mit und ohne Klimaanlage) mit Ausblick liegen im ersten Stock, freundlicher Familienanschluss ist inklusive, genauso wie WiFi.

Pedlar 62 $$$ **(4)**, 62 Pedlar Street, ① 077-3182389, www.pedlar62.com. Vier sehr schön mit schlichten, aber stilvollen Möbeln eingerichtete, z. T. klimatisierte Zimmer über zwei Stockwerke. Frühstück gibt es auf der Veranda, dahinter liegt ein Gemeinschaftsraum. Zimmer teilweise mit nettem Blick in den engen Innenhof. WiFi inklusive.

Pedlar's Inn Hostel $$$ **(5)**, 62B Lighthouse Street, ① 091-2227443, www.pedlarsinn.com. Das Hostel zum bekannten Café. Zwei nette, klimatisierte Zimmer und zwei „Schlafsäle" für 3–4 Personen: Jedes Bett hat ein eigenes Moskitonetz, und der Übernachtungspreis von US$ 12 (im 4er-Schlafsaal) ist unschlagbar. Unten gibt es eine Lobby, in der auch WiFi zur Verfügung steht. Ein Leihfahrrad kostet 500 Rs. am Tag.

Mama's Galle Fort $$$ **(6)**, 76 Leyn Baan Street, ① 091-2226415, www.mamas-galle-fort.com. Zwei schöne Zimmer und ein Restaurant, das für sich in Anspruch nimmt, den vielleicht besten Rice & Curry in Galle zu servieren. Allein das **Café** auf dem Dach ist einen Besuch wert.

Rampart View Guest House $$$ **(9)**, 37 Rampart Street, ① 091-2226767, www.gallefortrampartview.com. Gästehaus mit luftiger Aussicht auf und über die Umrandungsmauer. Fünf ordentliche Zimmer, doch vor allem die Veranda im ersten Stock zeichnet diese Unterkunft aus. WiFi inklusive.

Ocean View $$ **(8)**, 80 Lighthouse Street, ① 091-2242717, www.oceanviewlk.biz. Ein paar Häuser weiter. Nett in einer Kolonialvilla untergebracht, ist dieses Guesthouse ein bisschen schicker eingerichtet als das Rampart View und verfügt über eine aussichtsreiche Dachterrasse. WiFi Inklusive.

Galle Fort Hotel $$$$ **(3)**, 28 Church Street, ① 091-2232870 und 2245780, www.galleforthotel.com. Hier fühlt man sich in die Kolonialzeit zurückversetzt: eine sparsam-geschmackvoll bestückte Lobby, ein hervorragendes **Restaurant**, an der Tür Mitarbeiter in Uniform, gediegene Zimmer in verschiedenen Größen: kein Wunder, dass dieses Haus mehrfach ausgezeichnet wurde – auch und vor allem aufgrund der wunderbar wiederhergestellten Architektur der damaligen Zeit. Wer hier nicht wohnen kann, sollte wenigstens einen Blick in die Lobby werfen. WiFi inklusive.

Außerhalb Fort

Jetwing Lighthouse $$$$ (1), Dadella, Galle, ① 091-2223744, www.jetwinghotels.com/jetwinglighthouse. Dieses Luxushotel wurde im Juni 1997 eröffnet. Metallfiguren, die die Invasion der Portugiesen in Sri Lanka darstellen sollen, verleihen dem Treppenhaus einen besonderen Reiz. Drei natürliche Meerwasser-Pools sind durch Felsen vor der starken Brandung geschützt. Von einer Freilichtterrasse aus blickt man auf den alten Leuchtturm von Galle. Eine frische Meeresbrise durchstreift ständig die großzügig von Geoffrey Bawa konzipierte Hotelanlage. Insgesamt verfügt das Hotel über 80 Zimmer und fünf Suiten. Schon die Standardzimmer mit Meerblick haben die Ausmaße einer Suite, und das Restaurant mit Sicht auf den Ozean ist stilvoll eingerichtet.

Hotel Closenberg $$$$ (2), 11 Closenberg Road, Magalle, ① 091-2224313, www.closenberghotel.com. Dieses Hotel in einem Gebäude von 1858 war einst die Villa des britischen Captain Bailey. 16 der insgesamt 20 im kolonialen Stil ausgestatteten Zimmer verfügen über Klimaanlage und Meerblick. Herrliche Sicht über den Hafen von Galle.

Im Galle Fort lohnt sich so mancher Blick in einen Hinterhof

Cafés und Restaurants

Die Gastronomieszene in Galle Fort ist abwechslungsreich und zudem immer in Bewegung. Hier nur ein paar Vorschläge.

Mansion Café (1), 34 Leyn Baan Street, ① 091-4943457. Liegt gegenüber dem Historical Mansion Museum, zu dem es auch gehört. Leckere Snacks, in den privaten Innenhof sollte man einen Blick werfen!

Pedlar's Inn Café (2), 92 Pedlar Street, ① 091-2225333, www.pedlarsinn.com. 2004 eröffnet, war das Pedlar's Inn das erste Café im Fort und ist immer noch gut für einen Zwischenstopp bei einem Rundgang. Von der Veranda aus kann man schön den Touristen beim Flanieren zuschauen.

The Fort Printers (3), 39 Pedlar Street, ① 091-2247977, www.thefortprinters.com. Todschickes Restaurant in einem todschicken Hotel, untergebracht in einer ehemaligen Druckerei. Riesige Räume schaffen eine gediegene Atmosphäre. Daran orientieren sich aber auch die Preise.

Serendipity Arts Café (4), *65 Leyn Baan Street, ✆ 094-2246815 und 077-9525602. Der richtige Platz für Menschen mit einem künstlerischen Ansatz. Hier werden auch die Stadtrundgänge mit Juliet Coombe (s. S. 224) angeboten.*
Indian Hut (5), *55 Rampart Street, ✆ 091-2227442. Von außen nicht sonderlich einladend, aber das indische Essen ist vom Feinsten und wird über Galle hinaus gelobt.*

Einkaufen

Für die Dinge des täglichen Lebens begeben sich die Besucher und Zugezogenen aus dem Umland Galles in die New Town, wo sie beispielsweise einen großen **Cargill's-Supermarkt** *finden. Wer Galle nur für einen oder zwei Tage besucht, wird viele Einkaufsmöglichkeiten in den Gassen des Fort entdecken.*
Barefoot, *49 Pedlar Street. Wen der Shop in Colombo an der Galle Road angesprochen hat, dem wird auch dieser hier gefallen. Alles ist schön bunt – ob Tücher, Decken, Kleidung oder Bücher.*
Olanda, *30 Leyn Baan Street. Dieses Geschäft hat beinahe etwas Museales an sich. Hier gibt es alles rund um alte Möbel, von Stühlen über Schränke bis zu historischen Schildern.*
Shoba, *67A Pedlar Street. Für Freunde des Fairen Handels: Hier arbeiten Frauen aus der Region in einer Kooperative handwerklich zusammen und bieten ihre Produkte zum Verkauf an. Außerdem gibt es ein kleines Café.*

Zugverbindungen

Galle ist ein wichtiger Bahnhof an der West- und Südküste. Jeder Zug Richtung Matara hält in Galle, jeder Zug von Matara Richtung Colombo Fort ebenso. Damit gibt es tgl. etwa sechs Zugverbindungen in jede Richtung.
Aktuelle Verbindungen:
www.eservices.railway.gov.lk/schedule/homeAction.action?lang=en.

Busverbindungen

Seit der Eröffnung des **Southern Expressway** *bis Galle (2011) hat sich die Anfahrt per Schnellbus deutlich verkürzt. Wer auf Landschaft, Küstenlinie und engen Kontakt mit Einheimischen verzichten kann, nimmt einen Schnellbus (ca. 500 Rs.) und gelangt in rund einer Stunde in den Colombo-Vorort Kottawa. Von hier bis ins Zentrum geht es für rund 300 Rs. mit dem Tuk-Tuk weiter. Dasselbe funktioniert natürlich auch in die andere Richtung. Tickets für den Schnellbus gibt es in Colombo in den Reisebüros der Galle Road, in Galle direkt am Busbahnhof.*

Daneben verkehren täglich etliche Busse der staatlichen Busgesellschaft CTB von und nach Colombo (Zentraler Busbahnhof). Die Fahrtzeit für die 115 km in einer Richtung beträgt rund 3 Stunden.

Mehrmals tgl. angefahrene Ziele: Aluthgama (1,5 Std.), Badulla (8 Std.), Colombo (1–3,5 Std. je nach Fahrstrecke), Hambantota (3,5 Std.), Hikkaduwa (30 Min.), Matara (1,25 Std.), Tangalle (2,5 Std.), Tissamaharama (4,25 Std.).

Sehenswertes auf dem Weg zur Südspitze

Unawatuna

Einige Stimmen behaupten, Unawatuna habe seine beste Zeit hinter sich. Die Backpacker seien nach Merissa und Tangalle weitergezogen, so wie früher die Karawane aus Hikkaduwa hierher kam. Denn das Örtchen sei hässlich und die Erosion am Strand so stark, dass die nach dem Tsunami illegal zu nah an der Wasserlinie gebauten Hotels unterschwemmt würden. Die Regierung versucht schon seit einiger Zeit, diese Entwicklung umzukehren: Gebäude wurden abgerissen, Regeln und Gesetze zum Neu- und Umbau erlassen, zudem sollen in der Bucht Felsenmolen dafür sorgen, dass der Sand nicht weggeschwemmt wird.

Immerhin galt Unawatuna lange als der schönste Strand Sri Lankas. Schon die Lage ist **idyllisch**: Rechter Hand grüßt ein Tempel, von hinten ein Felsen, der Rumassala, links läuft die insgesamt rund 1 km lange, halbmondförmige Bucht malerisch aus. Vorgelagert ist ein Korallenriff, weshalb man das ganze Jahr über baden kann. Durch das Örtchen führen nur recht schmale Gassen, die Hauptstraße verläuft an Unawatuna vorbei, Auto- und Buslärm halten sich in entsprechenden Grenzen. Diese nach wie vor reizvolle Gegend liegt nur 5 km unterhalb von Galle, lediglich einen Katzensprung von der Zivilisation entfernt.

Malerische Bucht

Unawatuna wurde im **Tsunami 2004** quasi dem Erdboden gleichgemacht. Der ehemalige Bundeskanzler Helmut Kohl war Zeuge der Geschehnisse, er

Unawatuna Beach

Der Rumassala

Hanuman, der berühmte Affenkrieger aus dem Ramayana, dessen Spuren überall in Asien zu finden sind, hat der Sage nach auch die Gestaltung des Hinterlandes von Unawatuna beeinflusst: Rama hatte ihn losgesandt, um aus dem Himalaya möglichst schnell ein bestimmtes Kraut zu besorgen, denn Ramas Bruder Lakshmana war schwer verwundet und musste umgehend versorgt werden. Hanuman machte sich unverzüglich auf die Reise, hatte bei der Ankunft im Himalaya aber vergessen, wie das gewünschte Kraut hieß. Kurzerhand griff er sich ein großes Stück von einem Berg in der Hoffnung, dass sich das Kräutlein darauf fände. Zurück in Sri Lanka verlor er im Norden der Insel bei Ritigala ein wenig von dem Berg und ein weiteres, markantes Stück bei Unawatuna. Daher thront heute hinter dem Örtchen ein Hügel, der von unzähligen Kräutern bewachsen ist: der Rumassala. Auch Hanumans treue Affen-Gefolgschaft, die Makaken, lebt bis heute hier. Mit ein bisschen Glück kann man so eine Bande im Garten des Hotels dabei beobachten, wie sie ihren Nachmittag verbringt.

Verpasste Chancen nach dem Tsunami

verbrachte seine Urlaubszeit in einem nahen Ayurveda-Resort. Vorher war das Örtchen explosionsartig gewachsen, hinter jeder Hecke ein Guesthouse entstanden, jede Bude wurde zum Café oder Restaurant umfunktioniert – und alles drängelte sich so nah wie möglich an den Strand, was dem Reiz der Umgebung natürlich abträglich war. Nach dem Tsunami hätte man die Chance gehabt, einen geregelten und harmonischen Wiederaufbau anzustreben. Doch es kam anders. So wurde im vorderen Teil, zur Hauptstraße A 2 hin, wieder direkt ans Wasser gebaut, und infolge der **Erosion** existiert heute vor den Restaurants kein Strand mehr. Die Hungrigen orientieren sich nun lieber in Richtung Tempel am westlichen Ende des Strandes – und dort ist es wirklich schön! Gelegentlich findet noch die eine oder andere Party- oder Clubnacht statt, aber es ist deutlich ruhiger geworden in Unawatuna.

Recht neu ist eine Entwicklung, die die Südküste generell heute schon beschäftigt und in Zukunft beschäftigen wird. Seit der Eröffnung des Expressway kommen am Wochenende viele Sri Lanker aus Colombo für ein **„Dirty Weekend"** in den Süden, trinken zu viel, feiern lautstark und hinterlassen Chaos, wie mehr als ein Hotelier klagt. Dies erklärt auch die Schilder an manchen Guesthouses in Unawatuna: „Rooms available – Tourists only".

Reisepraktische Informationen Unawatuna

Information
Jeder größerer Shop und jedes Guesthouse hat eine eigene Tourist Information.

Banken
In Unawatuna gibt es keine Banken. Die nächsten (mit Geldautomaten) sind in Galle oder in Koggala.

Unterkunft

Wer mit dem Bus nach Unawatuna kommt, sollte sich gleich hinter dem prächtigen Hotel **Nooit Gedacht Heritage Hotel** $$$–$$$$ (Matara Road, ☏ 091-2223449, www.nooitgedachtheritage.com) an der Haltestelle am Eingang zur **Wella Dewala Road**, auch Yaddehimulla Road genannt, absetzen lassen. Dies ist die einzige Straße, die nach Unawatuna hineinführt. Man kann sie einfach hinunterschlendern und in das eine oder andere Guesthouse hineinschauen. Die jeweilige Preislage lässt sich ganz gut anhand der Größe der Umrandungsmauer und des Eingangsbereichs einschätzen.

South Ceylon $–$$, ☏ 077-6986492, www.southceylonrestaurant.com. Das Restaurant – eröffnet 1983 – war das erste vegetarische Lokal im Süden Sri Lankas und ist bis heute eine feste Größe. Daneben sind auch neun brauchbare, preiswerte Zimmer zu haben, einige mit Klimaanlage und Kühlschrank. WiFi inklusive.

Kahuna Club $$–$$$, ☏ 091-4384252, www.kahunaclub-unawatuna.com. Das frühere „Shangri La" macht nicht nur äußerlich einen guten Eindruck. Es gibt einen großzügigen Garten mit Hängematten, Cottages und Cabanas sowie Zimmer im Haupthaus – mit oder ohne Klimaanlage und Ayurveda-Behandlung. WiFi inklusive.

Dunes $$–$$$$, ☏ 077-7423636. Der Teich im Innenhof ist die Heimat von trötenden Kröten, in den Bäumen verleben öfters mal Makaken einen launigen Nachmittag, alles ist hochwertig und in sanften, erdigen Tönen erbaut. Aus Prinzip gibt es in den zwei Stockwerken keine Klimaanlagen, doch die zehn Zimmer sind gut durchlüftet. Das Frühstück wird auf der Terrasse zum Innenhof serviert. WiFi im öffentlichen Bereich.

Secret Garden $$$–$$$$, ☏ 091-2241857, www.secretgardenunawatuna.com. Liegt gleich daneben. Das unscheinbare Eingangstürchen täuscht: Dahinter liegt ein verwunschener, meditativer Garten mit klassischen Kolonialvillen oder moderneren Bungalows. Bekannt ist der Secret Garden auch für die Yoga-Kurse im „Dome", die jeden Tag ab 9 und 17 Uhr abgehalten werden. WiFi inklusive.

Wer hier die Straße verlassen will, kann sich in einer der Gassen umsehen, die links und rechts von der Wella Dewala Road abzweigen.

Home Stay Strand $$–$$$, 218 Yaddehimulla Road, ☏ 091-2224358, www.homestay-strand.net. Einfach, aber nett. Untergebracht in einer Kolonialvilla und Pavillons, umgeben von einem Garten. Sieben Zimmer (eins klimatisiert) mit Bad, Moskitonetz, Außenterrasse und getrennten Eingängen. WiFi inklusive.

Sunil Garden Guesthouse $$$, Beach Road, ☏ 091-2226654. Den dicht bewachsenen Garten mit der Coffee Bar gibt es schon seit einiger Zeit, jetzt liegt dahinter noch ein hübsches Guesthouse. Die recht neuen, teilweise klimatisierten Zimmer schauen meist auf den Innenhof und haben einen kleinen Balkon. Wer es vor lauter Kaffeedüften hier nicht aushält, der setzt sich entweder in den Garten oder vorne in die nette Coffee Bar und schaut auf das Treiben der Beach Road. WiFi inklusive.

Bedspace Cookspace $$$–$$$$, Matara Road, ☏ 091-2250156, www.bedspaceuna.com. Im ehemaligen Manuel Garden Guesthouse versuchen ein paar junge Leute etwas Neues: Neben dem eher klassischen Guesthouse mit sehr gutem Frühstück gibt es im Garten einen eigenen Pavillon, der zu einer großzügigen Küchenlandschaft umgestaltet wurde. Die Idee war, dass hier jeder Gast für sich oder für seine Reisegesellschaft kochen könnte. Doch es kam anders: Viel lieber lassen sich die Gäste bekochen und schauen zu, wie der Koch zaubert. Also hat man aus der Not eine Tugend gemacht und veranstaltet Dinner-Partys mit viergängigem Menü und Cocktails. Das Angebot kostet 2.500 Rs. und wird nicht nur von Kleingruppen heftig nachgefragt.

Banana Garden $$$–$$$$, Matara Road, ℑ 091-4381089, www.unawatuna hotel.com. Hier wohnt man direkt am Strand. Das beliebte Restaurant und die Zimmer darüber bieten 1-A-Meerblick, das Haus ist ordentlich in Schuss gehalten. Wer das Wochenende hier verbringt, der sollte am Freitagnachmittag einchecken: Ab 21.30 Uhr ist Party-Zeit. WiFi inklusive.

Sea View Beach Hotel $$$–$$$$, Welle Dewala Road, ℑ 091-2224376, www.seaviewunawatuna.com. Einer der Eigentümer dieser Anlage hat lange in Mailand gearbeitet, der andere ist Italiener. Entsprechend mediterran ist das Ambiente: Im Restaurant isst man an einfachen Holztischen, an der Strandbar werden die Kaltgetränke gemixt, und die Zimmer zum großen Garten sind luftig und mit allem ausgestattet, was der Urlauber braucht – bis hin zum Kühlschrank. WiFi inklusive.

Unawatuna Beach Resort $$$$, ℑ 091-4384545, www.unawatunabeach resort.com. Das Hotel liegt sehr ruhig und entfernt vom Straßenlärm. 25 Zimmer, ein mediterranes und ein internationales Restaurant, Swimmingpool und Yoga-Angebote.

Restaurants

So gut wie alle Guesthouses bieten auch Mahlzeiten an, wie z. B. das South Ceylon (s. o.). Wer aber mal eine Abwechslung sucht, der wird in den Gassen von Unawatuna schnell fündig.

Pink Elephant, 110 Yaddehimulla Road. Sehr angesagtes Restaurant mit guten Preisen und noch besseren Currys.

Nautilus, schräg gegenüber, ℑ 0 77-7907201. Vom Angebot her ähnlich, aber mit Blick aufs Meer. Ebenfalls berühmt für die Currys und den Fisch.

Kingfisher, am Strand, ℑ 077-3408404, www.kingfisherunawatuna.com. Vielleicht die beste Location für ein stimmungsvolles Dinner auf in den Sand gedrückten Stühlen und bei Fackelschein. Erstklassige Küche – egal ob simple Spaghetti oder aufwendige Jumbo-Prawns (Krebse).

Sport

Yoga und Meditationsmöglichkeiten werden im **Hotel Secret Garden** (s. o.) angeboten.

Am Strand kann man schwimmen, Banana-Boat fahren, schnorcheln und ein wenig surfen. Die nötige Infrastruktur gibt es in den Hotels und Guesthouses am westlichen Ende des Strands oder in der **Submarine Diving School**, ℑ 077-7196753, www.divinginsrilanka.com.

In der Saison zwischen Oktober und April kann in Unawatuna auch getaucht werden. Der beste Anbieter weit und breit ist das **Unawatuna Diving Center** von Hans-Georg Kehse: ℑ 091-2244693, www.unawatunadiving.com. Auch ein paar Wracks können hier in der Gegend betaucht werden, das vielleicht bekannteste ist die „Rangoon". Außerhalb der Saison lässt das wilde, monsungetriebene Wasser mit hohen Wellen allerdings kaum noch sinnvolle Tauchgänge zu, dafür wäre dann auch die Sicht viel zu schlecht. Wer also unbedingt von Mai bis Oktober in Sri Lanka tauchen will, der sollte sich in den Osten begeben.

> **Tipp**
>
> Ein beliebter Veranstalter von Ausflügen, Touren und Rundreisen durch Sri Lanka ist hier in Unawatuna in Strandnähe ansässig: GG Happy Tours, Yaddehimulla Road, ① 091-2232838, www.gghappytours.com.

Verkehrsmittel

Der Bahnhof von Unawatuna wird nur unregelmäßig von Bummelzügen angefahren und ist zudem weit weg vom Dorf. Daher reist man ab Galle besser mit dem Bus an (jede Linie in Richtung Matara) und steigt einfach am Eingang zur Yaddehimulla Road aus – oder weiter unten, Richtung Tauchschulen. Die-Tuk-Tuk-Fahrt ab Galle sollte um die 400 Rs. kosten.

Dalawella und Talpe

Hinter Unawatuna verläuft die Hauptstraße immer parallel zum Meer, und dazwischen quetschen sich unzählige, meist **hochpreisigere Hotels** und Resorts. In der Regel verborgen hinter mannshohen Toren und noch höheren Mauern, wird hier kaum auf die Kundschaft gewartet, die unangekündigt mit dem Rucksack auf dem Rücken an die Tür klopft. Dafür sind die Strandabschnitte umso schöner, menschenleer und vor allem sauberer als in Unawatuna. Auf der anderen Seite gibt es hier für einige Kilometer wirklich nichts, wofür es sich das Hotel zu verlassen lohnte – allenfalls für einen kleinen Spaziergang zum nächsten Shop an der Hauptstraße.

Unterkunfts-Tipp

Rockside Cabanas $$$–$$$$, 668 Matara Road, Talpe, ① 077-3480934, www.ceylonenterprises.com/index2-de.htm. Allein die drei einfachen Cabanas auf Holzstelzen sind schon den Weg wert. Sie liegen quasi direkt am Strand, nur durch eine kleine Mauer vom rauschenden Meer getrennt. Abgesehen von dieser meditativen Geräuschkulisse – sowie den gelegentlich hinter dem Haus vorbeifahrenden Zügen und Bussen – ist es sehr ruhig. Hier kann man auf der Terrasse sitzen, den Blick schweifen lassen und warten, bis es das köstliche Abendessen gibt. Immer gut ausgebucht. Es gibt auch zwei Häuser mit ansprechend ausgestatteten Apartments, allesamt mit Blick über den schönen, grünen Garten aufs Meer. WiFi inklusive.
Wijaya Beach, $$$–$$$$, Dalawella, ① 077-7903431, www.wijayabeach.com. Eine der günstigeren Optionen hier in der Gegend. Vor allem das Restaurant mit der leckeren Pizza ist ein häufiges Ziel von „Resort-Flüchtlingen".

Koggala

Gefährdete Küste

Schon vor Jahren hat eine dänische Firma zum Küstenschutz eine Barriere aus großen Steinen errichtet, die verhindern soll, dass sich der Ozean immer mehr Land einverleibt. Diese Stelle an der Südküste ist besonders gefährdet, weil der im Hinterland liegende Kook Lake durch eine schmale Nehrung von der rauen See getrennt ist. Nachdem die dem Strand vorgelagerten Korallenriffe als natürliche Wellenbrecher raubbaumäßig vernichtet wurden, müssen nun also aufwendige und teure Steindämme angelegt werden, um die kaum zu behebenden Schäden im Küstenbereich zu mildern.

Im Übrigen haben sich in der sogenannten „Free Trade Zone" Lederfabriken, Textil- und Elektroindustrie sowie andere Industriezweige angesiedelt. Koggala verfügt über ein Dorf, den üblichen Markt, etliche Banken mit Geldautomaten – und über ein Flugfeld der sri-lankischen Luftwaffe, das man schon während der Durchfahrt sieht. Auf der dem Meer zugewandten Straßenseite steht denn auch dekorativ ein Propellerflugzeug der Luftwaffe.

Koggala war früher ein beliebter Urlaubsort für deutsche Pauschaltouristen, wovon der Ort immer noch ein wenig zehrt. Hier gibt es ein paar All-Inclusive-Resorts, z. B. das Koggala Beach Hotel, und eine Erinnerung an vergangen geglaubte Zeiten: das **Wiener Dschungel Restaurant** (ausgeschildert). Wie sonst sollte wohl das sri-lankische Pendant zur einst in Deutschland omnipräsenten Hähnchenkette Wienerwald heißen – wenn nicht Wiener Dschungel? Auf der Speisekarte stehen z. B. Wiener Würstchen, Gulasch und Schnitzel: in diesen Breiten gewiss denkbar exotische Gerichte.

Im Hinterland von Koggala laden das **Martin Wickramasinghe Museum** und das dazugehörende Folk Museum zum Besuch ein. Wickramasinghe (1890–1976) war ein berühmter sri-lankischer Schriftsteller, der nie die Bodenhaftung verloren hat und seiner Heimat Koggala treu geblieben ist. Im Museum ist seine Lebensgeschichte dargestellt. Das **Folk Museum** widmet sich dem täglichen Leben der singhalesischen Bevölkerung der Region.
Martin Wickramasinghe Museum, ☏ *091-2283427, www.martinwickramasinghe.org, tgl. 9–17 Uhr, Eintritt 200 Rs.*

Außerdem kann die **Lagune von Koggala** ebenso mit Leihbooten befahren werden wie einige drumherum liegende, ausladende Gartenanlagen.

5 km ins Land hinein befindet sich bei Kataluwa der **Purvarama-Mahavihara-Tempel**. Die sehenswerten Wandzeichnungen im Kandy-Stil entstanden wohl um 1880 und stellen das Leben Buddhas dar.

Ahangama

Ahangama und auch Weligama sind für die ganz spezielle Art des Fischens ihrer Bewohner bekannt: Die sogenannten **Stelzenfischer** sehen aus wie Raubvögel oder einbeinige Reiher, die auf ihre Beute lauern. Mit Angelruten und Netzen „bewaffnet", hocken sie in unendlicher Geduld auf ihren ins Meer gerammten, hohen Stangen, an denen Querholme zum Sitzen angebracht sind, und warten bei auflaufender Flut auf Fische und Krabben. Besonders in Gruppen und im Gegenlicht über den glitzernden Brandungswellen geben sie **fantasti-**

Fischer als Fotomodelle

Wenn man Glück hat, angeln die Stelzenfischer gerade wirklich

sche Fotomotive ab. Die Fischer wissen das inzwischen sehr genau, und möglicherweise verdienen sie an manchen Tagen mehr Geld als Fotomodelle als mit ihrem Fang. Wer sich das Motiv vielleicht in der Abenddämmerung nicht entgehen lassen will, sollte 100 Rs. in der Tasche haben, um die Angelbereitschaft der Fischer ein wenig zu fördern.

An anderen Stellen dieser beiden Orte ziehen Fischer in langen Ketten große Netze aus dem Meer, in denen sich die zappelnden Meerestiere verfangen haben.

Kustarajagala

Kurz vor Weligama (140 km von Colombo) zweigt in Fahrtrichtung links ein Seitenweg ab, der zum Natha Devale mit dem Kustarajagala führt. Kusta Raja („Lepra-König") ist der populäre Name für eine aus dem Felsen geschlagene,

Zu Besuch beim „Lepra-König"

4 m hohe Statue eines Bodhisattva, eines Heiligen und zukünftigen Buddha. *Gala* ist das singhalesische Wort für „Felsen", daher der Name: Kustarajagala.

Wie dieser Name schon sagt, verbindet die Bevölkerung die Steinfigur allerdings eher mit der Legende von einem aussätzigen indischen Monarchen, der in Sri Lanka Heilung fand, nachdem er drei Monate lang nur Kokosmilch zu sich genommen hatte. Die Gläubigen besuchen deshalb diesen Ort, opfern und bitten ebenfalls um Erlösung von Hautkrankheiten.

Weligama

Sehenswerter Fischerort

Nach der Stichfahrt zum Kustarajagala wieder zurück auf der A 2, kommt man an einen märchenhaft schönen Küstenabschnitt. In einer sandigen Bucht liegt der malerische Fischerort Weligama („sandiges Dorf"), der über eine komplette Infrastruktur verfügt – vom Bahnhof über Banken bis hin zur Tankstelle und dem täglichen Markt. Vom Bahnhof bis zum Strand sind es lediglich 500 m, die touristischen Unterkünfte ziehen sich den Strand entlang, an dem allerdings auch die Hauptstraße verläuft. Weiter östlich vom Ort selbst wird die komplette Bucht von der ewigen Baustelle des Hotels Courtyard by Marriott beherrscht.

Der Fischverkauf findet an der Straße statt. Von hier aus sieht man die vorgelagerte **Insel Taprobane** (143 km von Colombo), die der Graf Mauny Ende der 1920er-Jahre kaufte und darauf eine Villa erbaute. Später lebte hier eine Zeit lang der US-amerikanische Schriftsteller Paul Bowles. Bei Ebbe kann man trockenen Fußes auf die Insel gelangen. Fischerboote mit rostbraunen Segeln

Sehenswertes auf dem Weg zur Südspitze

Zu vermieten: die kleine Insel Taprobane

liegen am Strand, und es weht ein tropisch lauer Wind. Von luftgefüllten Autoschläuchen als kleine „schwimmende Inseln" aus tauchen Einheimische nach Korallen und Krustentieren (Hummern, Krebsen usw.).

Vielleicht begegnet man einem in eine orangefarbene Kutte gehüllten jungen Mönch. Dieser hält nicht, wie meist üblich, einen schwarzen Schirm als Sonnen- und Regenschutz, sondern einen **Palmyra-Umbrella**: einen mit leuchtend gelbem Stoff bespannten Palmenblattschirm, dessen Gerippe von dem großen Fächer der Palmyrapalme stammt. Gautama Buddha selbst soll einen solchen Schirm getragen haben. Ein solcher Mönch ist ein Angehöriger der **Ramanya-Sekte**, des strengsten buddhistischen Mönchsordens der Insel.

Die lang gezogene und schöne, aber leider nicht ganz saubere Bucht von Weligama ist bei Surfern sehr beliebt, die Unterkünfte sind dementsprechend auf diese Klientel ausgerichtet. *Surfer-destination*

Reisepraktische Informationen Weligama

Banken
Im Ort selbst sind nahe der Busstation die großen Banken mit Geldautomaten vertreten.

Unterkunft
Weligama Ocean Breeze $$$–$$$$, *487 New Bypass Road, Pelena, ① 041-4545005, www.weligamaoceanbreeze.com. Ende Dezember 2013 eröffnet,*

ist hier alles frisch und sauber. Das Haus hat Potenzial: Die neun klimatisierten Zimmer sind groß, luftig und mit schönen Holzmöbeln ausgestattet, im Innenhof gibt es einen Pool und vom Balkon einen Blick aufs Meer – wenn auch über die Hauptstraße hinweg. Kühlschrank und WiFi inklusive. Die zwei hauseigenen Restaurants bieten Seafood, lokale und europäische Küche.

Samaru Beach House $$$–$$$$, 544 New Bypass Road, ☎ 041-2251417, www.guesthouse-weligamasamaru.com. Ein Klassiker direkt am Strand, quasi auf den Sand gebaut, nur Flip-Flops erlaubt, keine Straßenschuhe. Luftige Anlage mit hellen Zimmern unterschiedlichen Standards, mit und ohne Klimaanlage oder Aussicht. Nettes Strandrestaurant. Kühlschrank und WiFi inklusive.

Highland Villa $$$$, 351 Abimanagama Road, Kumbalgama ☎ 041-2254314. Dieses ein wenig außerhalb gelegene, ruhige Hotel bietet acht geräumige, schlicht-elegant eingerichtete Zimmer, einen Swimmingpool, Spa sowie einen schönen Garten. Sehr guter Service. WiFi inklusive.

Barberyn Beach Ayurveda Resort $$$$, 2 km westl. von Weligama, ☎ 041-2252994, www.barberynresorts.com. Barberyn ist ein Familienbetrieb in zweiter Generation. Es wird das traditionelle Hatha Yoga (Stellungen) zusammen mit Pranayama (Atmung) angeboten. 60 Zimmer mit Balkon und Meerblick auf einer 6 ha großen Anlage, ein großer Salzwasser-Swimmingpool und eine eigene Ayurveda-Klinik mit Kräutergarten. Wer sich hier aufhält, muss Ayurveda-Behandlungen dazubuchen für tgl. 70 €.

Weligama Bay Beach Hotel $$$$, Kapparatota, ☎ 041-2250201. Bunte Fischerboote dümpeln in der Bucht. Die Strandfläche ist sehr klein, Steine im Wasser und Seegras sind den Badefreuden abträglich. Die Zimmer mit Meerblick sind mit Kli-

Am Strand von Weligama werden Surfkurse angeboten

maanlage und Balkon versehen. Das Restaurant serviert internationale und regionale Gerichte.

Restaurants
Wer nicht in seinem Hotel essen möchte, sollte sich zum Meer begeben: Im **Cafe Weligama**, Palana Weligama, ① 077-226-3430, erhält man sehr gute und preiswerte sri-lankische Speisen. Das Seafood-Restaurant **Catamaran** liegt direkt über dem Strand, die gute Stimmung und die tolle Aussicht begeistern allerdings mehr als das Essen. Am Strand etabliert sind z. B. auch die **Juice Bar** oder der **Rotti Shop**: locker und immer mit ein wenig Reggae im Hintergrund.

Sport
In Weligama wird gesurft. Ein gutes Angebot bietet die **Surfschule** im Samaru Beach Hotel. Eine Stunde mit dem Lehrer kostet 2.500 Rs., aber danach, so das Erfolgsversprechen, könne wirklich jeder auf dem Brett stehen. Falls es beim ersten Mal nicht klappt, wird so lange gelernt, bis es funktioniert. Anschließend kann man ein Board leihen für 400 Rs./Std. oder 1.500 Rs./Tag.

Verkehrsmittel
Weligama hat einen eigenen Bahnhof und eine Busstation und ist problemlos mit öffentlichen Verkehrsmitteln zu bereisen.
Der Ort ist Haltestelle auf der Zugverbindung Colombo–Matara und wird daher mehrfach am Tag angefahren (von Colombo ca. 3,5 Std., ab Galle 30 Min., ab Matara ca. 20 Min.).
Die Busstation wird aus West und Ost von allen Busverbindungen bedient. (Colombo 3,45 Std., Galle 45 Min., Matara 30 Min.)

Mirissa

Mirissa ist seit etlichen Jahren die **Whale-Watching-Hauptstadt** Sri Lankas. Entlang der Hauptstraße und in den Gassen Richtung Hafen gibt es kaum ein Guesthouse bzw. Restaurant, das nicht Ausflüge zur Walbeobachtung anbietet – im Zweifelsfall sogar mit Erfolgsgarantie. Der **pittoreske Hafen** mit den vielen umliegenden, günstigen und einfachen Unterkünften ist nicht die einzige Attraktion dieses Örtchens ein paar Kilometer hinter Weligama: Das schöne, grüne Hinterland lädt zu einer Fahrradtour ein, und am netten, für große Resorts zu überschaubaren Strand kann man baden, schnorcheln und surfen.

Whale Watching und Fahrradtouren

Mirissa kann vielleicht unterteilt werden in einen Hafen- und einen Hauptstraßenbereich. Von Weligama kommend, geht es am Ortseingang von der Hauptstraße rechts zum Hafen ab (Richtung Westen), der nach weiteren 750 Metern erreicht ist. Am Hafen selbst starten die Whale-Watching-Touren, wobei die meisten Anbieter ihre Kunden mittlerweile morgens in den jeweiligen Hotels

Im Hafen von Mirissa starten Whale-Watching-Touren

abholen. In den Gassen dieser Gegend hat sich eine eigene Backpacker- und Travelerkultur entwickelt, die vor allem auf den Preis achtet. Hier ist es also ein wenig enger, stickiger, aber in den Guesthouses vielleicht ein bisschen herzlicher und familiärer.

Entlang der Hauptstraße, die parallel zum Strand verläuft, muss man sich bei der Unterkunftssuche entscheiden: links oder rechts, direkt am Strand oder auf der anderen Seite der Hauptstraße? Hier gibt es auch die übliche Infrastruktur mit einem Bankautomaten, Cafés, kleinen Strand-Resorts und den üblichen, durchrasenden Bussen, mit denen man übrigens gut die Kilometer von einem Ortsende zum anderen zurücklegen kann.

Reisepraktische Informationen Mirissa

 Information
www.mirissa.com.

 Banken
Bei der Abfahrt zum Hafen bietet die Bank of Ceylon einen Geldautomaten.

 Unterkunft
RICHTUNG HAFEN
Hier kann man sich schnell in den Gassen verlieren. Glücklicherweise machen etliche Unterkünfte per Beschilderung auf sich aufmerksam, auch die Tuk-Tuk-Fahrer geben meist gerne Tipps. Ein guter Einstieg ist der

Club Mirissa $$–$$$, 183 Gunasiri Mahimi Mawatha, ☏ 041-2254090. Kleine, aus älteren Zeiten stammende Bungalows mit Ventilator, verteilt in einem Park. Gemütliche Atmosphäre, das Restaurant verströmt Kolonial-Flair. Der Club Mirissa veranstaltet so ziemlich alle Aktivitäten, die in Mirissa möglich sind: vom Whale Watching bis zum Tauchen und Surfen. WiFi inklusive.

Paradise Beach Club $$$–$$$$, 140 Gunasiri Mahimi Mawatha, ☏ 041-2250380, www.paradisemirissa.com, nur ein paar Meter weiter, aber doch ein paar Klassen entfernt. Hier ist es erheblich schicker und entsprechend teurer. Der Swimmingpool kann sich sehen lassen, und die Atmosphäre sowie die Klientel sind deutlich „großstädtischer" als in den umliegenden Gassen. WiFi inklusive.

Wer sich die Straße am Strand entlang weiter vorarbeitet, gelangt zum

Ancient Tree House $, ☏ 077-8595501, kein Schild. Einfach der Beschilderung Richtung **Katie's Hideaway** folgen, bis hinter einem Gartenzaun eine Art Baumhaus hervorblitzt. Hier lebt es sich denkbar einfach und mit Familienanschluss. Auf Wunsch gibt es auch schmackhafte lokale Gerichte. Gutes Preis-Leistungsverhältnis. WiFi inklusive.

Dinu's Resort $$–$$$, Mirissa Beach, ☏ 041-2253610, www.dinumirissa.com. Dieses deutlich bodenständigere Resort richtet sich v. a. an Surfer. Neun klimatisierte Zimmer, verteilt auf zwei Etagen, teilweise mit Meerblick, außerdem ein Bungalow. Wassersport-, Fitness- und Spa-Angebote, hauseigenes Restaurant. WiFi inklusive.

Number One Mirissa $$$$, ☏ 041-2254884, www.numberonemirissa.com, am Strand davor ist eine Klasse für sich. Nicht ohne Grund betitelt sich das 2012 eröffnete Boutique-Hotel als „Number One". Komfortable Suiten mit Klimaanlage, die Betttücher sind aus ägyptischer Baumwolle.

AN DER HAUPTSTRASSE

Ocean Moon $–$$, an der Bushaltestelle, ☏ 041-2252328. Sympathische kleine Anlage mit direktem Strandzugang. An selbigem befindet sich das hauseigene, beliebte Restaurant. Es gibt 15 ordentliche Zimmer mit und ohne Klimaanlage; der Garten ist überschaubar, aber nett. WiFi inklusive.

Palm Villa $$–$$$, Matara Road, ☏ 041-2250022, www.palmvillamirissa.com. Ansprechende Zimmer, z. T. klimatisiert, mit Blick auf den Ozean oder den hübschen Garten. Im Restaurant gibt es tgl. wechselnde Gerichte, v. a. Fisch und Curry. Diverse Freizeitmöglichkeiten, seit Kurzem ist auch Yoga im Angebot.

IM HINTERLAND

Amarasinghe Guest House $–$$, 500 m ab Ocean Moon ins Land einwärts, der Beschilderung folgen, ☏ 041-2251204 und 071-6899787, www.amarasingheguesthouse.com. In einem schönen Park inkl. Biogarten stehen das Haupthaus und kleine Bungalows. Zwei Zimmer haben Klimaanlage. Das Guesthouse bietet Kochkurse und ein wenig Ayurveda an. Die nette Atmosphäre und die günstigen Preise wiegen die Gehminuten zum Strand locker auf.

Mirissa Hills $$$–$$$$, aus Richtung Weligama zwischen km 147 und 148 links abbiegen, dann noch ca. 2 km. ☏ 041-2250980, www.mirissahills.com. Das Mirissa Hills ist ein Boutique-Hotel vom Allerfeinsten: Stilvolle Unterkünfte mit feinster Kunst und noch feinerem Ausblick! Eigentlich nicht für den schmalen Backpacker-Geldbeutel, aber vielleicht eine kleine Fahrrad- oder Scootertour ins Hinterland wert. Hier lassen die Kinder in den Reisfeldern Drachen steigen, es ist grün und schön ruhig.

Restaurants

Am Strand gibt es einige Beach-Bars, die spätestens zu Sonnenuntergang die Tische poliert und die Stühle in den Sand gestellt haben – wie beispielsweise **Surf Shack**, **Bay Moon** und **Sudu Weli**.

Einkaufen

Aldi Market, Gunasiri Mahimi Mawatha. Diesen gut sortierten, kleinen Supermarkt muss man sich natürlich schon des Namens wegen anschauen.

Sport

Surfen, Tauchen, Schnorcheln: So gut wie jede Unterkunft hat ein breit gefächertes Freizeit- Angebot. Einfach mal herumschauen, sich informieren und Preise und Angebot vergleichen. Eine gute Adresse ist auch **Mirissa Water Sports**, ☏ 077-3597731, www.mirissawatersports.com.

Whale Watching

Eine Walbeobachtungs-Tour gehört für viele Besucher zu den absoluten Highlights eines Aufenthalts in Mirissa. Da ist es beruhigend, dass die meisten Anbieter eine Erfolgsgarantie geben: Falls wirklich keine Wale – in der Regel tummeln sich hier Blauwale – zu sehen sind, bekommt man 50 % seines Geldes zurück oder aber die Möglichkeit, bei einer der nächsten Touren mitzufahren. Der bekannt zuverlässige Anbieter **Raja & The Whales** (☏ 077-6953452, www.rajaandthewhales.com) bringt es nach eigenen Angaben auf eine Erfolgsquote von 97 % und hat gegenüber der Hafeneinfahrt eine ganze Wand mit „General Guidelines for Whale Watching" ausgestaltet, an die sich das Unternehmen selbst natürlich hält. Doch auch andere Anbieter wie **Mirissa Water Sports** (s. o.), der hiesige Pionier in Sachen Whale Watching, schreiben sich selbstverständlich ethische Vorgehensweisen auf die Fahnen.
6.000 Rs. kostet bei Raja der Ausflug pro Person (Kinder 6–12 J. 3.000 Rs., unter 6 J. frei). Los geht's um 6.30 Uhr am Hafen Mirissa. Spätestens gegen Mittag, nach gemeinsamem Frühstück und Whale Watching, landet das Schiff dann wieder sicher im Hafen.

Verkehrsmittel

Jeder Bus Richtung Matara rast auch durch Mirissa. Man sollte aufpassen, dass man rechtzeitig aussteigt, oder vorher dem Kontrolleur Bescheid sagen. Aus Mirissa heraus heißt es, einen Bus in die richtige Richtung anzuhalten und dann aufzuspringen. Da Mirissa nur ein Zwischenstopp zwischen den größeren Busstationen ist, können die Busse hier bereits gut gefüllt sein.

Matara

Der Küstenort Matara, 158 km von Colombo entfernt am Nilwala Ganga gelegen, ist die **südlichste Stadt Sri Lankas** und Endpunkt der Küsteneisenbahnlinie. Ehemals war Matara die Zentrale des portugiesischen und holländischen Gewürzhandels und Festungsstadt, wovon zwei historische Forts Zeugnis ablegen. Heute hat sich Matara zu einer geschäftigen Ortschaft mit ca. 60.000 Einwohnern entwickelt. Die Ruhuna-Universität, 1994 entworfen von Sri Lankas großem Baumeister Geoffrey Bawa, liegt 4 km östlich von Matara.

Frühere Festungsstadt

Ein Spaziergang durch das Matara Fort ist auch ein Ausflug in die Vergangenheit

Matara Fort

Das von den Niederländern erbaute Matara Fort umschließt mit seinem noch vorhandenen Mauerwerk, Eingangstor, Uhrturm und Magazin eine schmale Halbinsel zwischen dem Meer und dem Nilwala Ganga. In der alten holländischen Kirche von 1769, der **Dutch Reformed Church**, wird auch heute noch das Evangelium gepredigt. Wer beim Umsteigen zwischen zwei Busverbindungen ein wenig Zeit hat oder sich die Stadt anschauen will, sollte einen Spaziergang durchs Fort machen. Hier scheint die Zeit stillzustehen: Häuser aus der Kolonialzeit in verschiedenen Stadien des Verfalls säumen die baumbestandenen Gassen. Am Wochenende gibt es oft ein Kricket-Spiel auf dem Rasen vor der Dutch Reformed Church, und ein Stückchen weiter an der Esplanade flanieren die Menschen über die Hängebrücke zur kleinen Tempelinsel oder versucht sich die junge Generation im Händchen-Halten, überwacht durch das Auge des Gesetzes.

Auf einer Halbinsel

Star Fort

Das Star Fort von 1763 liegt ungefähr 100 m nördlich von der Hauptfestung entfernt. Am Tor des gut erhaltenen Forts prangt noch immer das Wappen des ehemaligen holländischen Gouverneurs von Matara, Baron van Eck. Die Anfangsbuchstaben V. O. C. sind die bekannte Abkürzung der Handelsorganisation „Vereenigde Oost Indische Companie". Im Star Fort gibt es ein **kleines Museum** zur Lokal- und Regionalgeschichte (Eintritt Spende).

Weherehena-Tempel

Modernes buddhistisches Heiligtum

5 km östlich von Matara, etwas landeinwärts, liegt dieses moderne buddhistische Heiligtum und Ziel alljährlicher Pilgerscharen. Am auffälligsten ist die grell bemalte, innen hohle, 39 m hohe **Kolossalstatue** des meditierenden Gautama Buddha. Man kann bis zum Kopf der Buddha-Statue emporsteigen und hat dort über einen Innenhof mit nachgebildeten Rosetten aus Lotosblüten hinweg einen sehr guten Blick auf den gegenüberliegenden Tempel, die Reisfelder und die Kokosplantagen in der Umgebung. In unterirdischen, bis zu 600 m langen Gängen unter dem Tempel kann man die sehr farbenfrohen, für den europäischen Geschmack sicherlich etwas kitschigen **Wandmalereien** mit 20.000 Einzelbildern besichtigen, die das Leben Gautama Buddhas von seiner Geburt bis zu seinem Tod – jeweils unter einem Pappelfeigenbaum – sehr eindrucksvoll schildern. Die wichtigsten Stationen seines langen Lebens sind hier aufgezeigt: seine unbeschwerte Jugend, seine Heirat, wie er seine Familie verließ und Bettelmönch wurde, seine an Selbstzerstörung grenzende Askese, seine Versuchung, seine Erleuchtung unter einem Bodhi-Baum, sein Tod, seine Auferstehung (Parallele zum Christentum) und schließlich sein Eingang ins Nirwana. Auch die Geburtsstunde des Buddhismus in Sri Lanka in Mihintale ist bildlich dargestellt.

Die Tempelanlage ist zum Teil durch Spenden finanziert worden. Die Namen der Geldgeber und ihre gespendeten Beträge sind an einer Tempelwand vermerkt.

Weherehena, *5 km östl. von Matara, Eintritt Spende. Anfahrt: Bus Nr. 349 ab Busstation Matara oder Tuk-Tuk, Hin- und Rückfahrt ca. 800 Rs.*

Reisepraktische Informationen Matara

Banken
In der „Neustadt", auf der nördlichen Seite der Ende 2007 eröffneten, sechsspurigen Mahanama Bridge (gebaut mit Unterstützung der Koreaner), sind alle großen Banken samt Geldautomaten vertreten.

Unterkunft
Es gibt keinen wirklichen Grund, in Matara selbst zu übernachten. Die meisten Besucher zieht es an den Polhena Beach, 4 km Richtung Westen. Wer sich aber vom Zauber des Forts hat einfangen lassen, der sollte einen Blick werfen ins:

Rest House Matara $–$$, am Ende der Esplanade, ☏ 041-2222299, www.resthousematara.com. Diese kleine, einfache Unterkunft mit Kolonialzeit-Charme, in der unmittelbaren Nähe des Forts und nur rund 100 m vom Busbahnhof entfernt, liegt idyllisch am Strand. Blühende Frangipanibüsche verströmen ihren betörenden Duft, und Einheimische feiern hier im großen Saal ihre Feste. Die acht einfachen Zimmer, fünf davon mit Meerblick, haben Klimaanlagen, außerdem gibt es ein Restaurant.

POLHENA
Sunny Lanka $, 93 Polhena Road, ☏ 041-2223504. Acht einfache, saubere Zimmer. Eine ruhige und günstige Unterkunft.
T. K. Green Garden Hotel $$, 116/1 Polhena Beach Road, ☏ 041-2222603, www.t-k-green-garden-hotel-matara-sri-lanka.lakpura.com. Elf freundliche, gegen Aufpreis klimatisierte Zimmer bietet der sehr zuvorkommende Betreiber dieses kleinen Gästehauses. Aus der Küche kommen Seafood, westliche und regionale Gerichte. Zum Service gehören auch Ausflugs- und Tourorganisationen. WiFi inklusive.
Polhena Reef Garden Hotel $$$–$$$$, 30 Beach Road, ☏ 041-2222478. Der Strand ist hübsch, das Wasser jedoch durch die aufgewühlte See nicht immer klar. Im Garten rund um das Hotel wachsen Frangipani- und Brotfruchtbäume. 18 klimatisierte Zimmer. Swimmingpool und Restaurant vorhanden. WiFi inklusive.

Zugverbindungen
Matara ist die (bisherige) Endstation der Bahnlinie ab Colombo Richtung Süden. Der Bahnhof liegt nördlich der Neustadt. Von hier aus geht es tgl. beispielsweise nach Aluthgama (ca. 2,5 Std.), Colombo (ca. 4 Std.), Galle (ca. 45 Min.) und Weligama (ca. 20 Min.).

Busverbindungen
Die Busstation in Matara ist das Bus-Drehkreuz an der Südküste. Hier muss im Zweifelsfall umgestiegen werden. Im Gebäude selbst zeigen Schilder die Nummer und das Ziel der jeweils davorstehenden Busse an, gleichzeitig rufen die Busbegleiter das Ziel aus. Busse Richtung Osten fahren ab der Ostseite der Station, an der Westseite geht es Richtung Westen. Wer also von Osten, vielleicht von Galle, kommt und in die Berge weiterreisen möchte, z. B. nach Wellawaya und von dort Richtung Ella, der steigt hier um.
Tgl. angefahrene Ziele: Bandarawela (6 Std.), Colombo (4,5 Std.), Galle (1,25 Std.), Hambantota (2,5 Std.), Kataragama (3,5 Std.), Nuwara Eliya (8 Std.), Tangalle (1,5 Std.), Weligama (30 Min.), Wellawaya (5,5 Std.).

Dondra, die zerstörte „Stadt der Götter"

7 km hinter Matara liegt Dondra. Dieser Fischerort wird von den Singhalesen auch „Devinuwara" = „Stadt der Götter" genannt und ist aus verschiedenen Gründen interessant.

Wallfahrtsort Dondra ist seit alters her ein beliebter Wallfahrtsort. Leider zerstörten fanatische Portugiesen den von Marokko bis China bekannten **Maha Vishnu Devale**, einen im 7. Jh. n. Chr. erbauten Vishnu-Tempel mit kupfernem Dach, das von weitem wie Gold glänzte. Auch andere Heiligtümer der Hindus und Buddhisten wurden dem Erdboden gleichgemacht.

König Parakrama Bahu II. (1234–1269 n. Chr.) führte zu Ehren des Schutzgottes der Insel die jährliche Wallfahrt ein, die heute noch stattfindet und deren Höhepunkt die Perahera des 10-tägigen **Dondra-Festes**, ähnlich dem in Kandy, darstellt.

Nach alter Tradition wallfahren noch immer viele Buddhisten und Hindus an Vollmondtagen im Juli/August nach Dondra zu dem Devundara Vihara, einem stufenförmigen Blauen Schrein, wo Vishnu in Gestalt eines „Blauen Gottes" als Bodhisattva Upulavan angebetet wird. Bodhisattva ist ein zukünftiger Buddha, Upulavan wiederum ist der Schutzgott Sri Lankas und dazu identisch mit dem hinduistischen Varuna, dem Gott des Regens und des Meeres.

Südspitze Sri Lankas Außerdem liegt in Dondra der südlichste Punkt Sri Lankas. Das **Dondra Lighthouse** aus dem Jahr 1889 ist mit 49 m der höchste Leuchtturm des Landes. Hier sind die Insulaner dem Äquator am nächsten. Genau nach Süden über die Wasserwüste des Indischen Ozeans hinweg liegt die nächste Küste erst 8.300 km entfernt in der Antarktis. Auch wer die 500 Rs. Eintritt für den Leuchtturm scheut und die 222 Stufen nicht hinaufsteigen will, sollte den kleinen Ausflug machen. Um den weißen Leuchtturm herum ist ein kleiner Park anlegt, und die Küstenlinie ist an dieser Stelle besonders schön, wild und abwechslungsreich.

Dondra Lighthouse, *ca. 1,2 km ab Busstation Dondra (der Beschilderung folgen), tgl. ca. 9–18.30 Uhr (Zeiten variieren), Eintritt 500 Rs.*

Dieser Teil der Südküste ist bekannt für seine **Bootsbauer**. Entlang der Hauptstraße gibt es zahlreiche

*Dondra Lighthouse,
der südlichste Punkt des Landes*

Werkstätten, in deren Vorgärten recht große, frisch lackierte Fischerboote stehen.

Richtung Tangalle kommt man an von dichtem Palmenwald umstandenen Buchten vorbei, in denen die Brandungswellen gegen die Felsen prallen, im gleichen Winkel zurücklaufen (Einfallwinkel = Ausfallwinkel, wie beim Billard) und so unregelmäßige Kreuzseen bilden. In diesen eigentlich **romantischen Buchten** sieht man allerdings mitunter auch Frauen einer ungewöhnlichen Schwerstarbeit nachgehen: Sie stehen stundenlang in bewegtem Salzwasser, z. T. auch in modrigem Süßwasser, und weichen die Kokosnussschalen auf, damit die Fasern der Schale lösbar werden.

Auf den Reisfeldern sind bei guten Bedingungen **bis zu vier Ernten im Jahr** möglich. So entdeckt man auf kurzen Wegabschnitten Reisfelder, die neu bestellt, und kurz danach solche, die abgeerntet werden. Wer den Erntearbeiten auf den kleineren Paddyfeldern (Paddy ist die Bezeichnung für Reis, bevor er zubereitet ist) zusieht, stellt fest, dass die Frauen mit Sicheln das reife Getreide schneiden und bündeln. Danach wird es auf dem Dreschplatz (*Kamata*) von den Männern mit Dreschflegeln ausgedroschen. Jedes Paddyfeld hat seinen eigenen *Kamata*.

Alle Reisanbauphasen auf einen Blick

Sehenswertes in Richtung Osten

Dickwella

Dickwella ist ein kleiner Ort entlang der Hauptstraße, der recht schnell durchfahren ist. Wer die Möglichkeit hat, sollte sich aber zumindest den beinahe exaltierten Tempel **Wewurukannala** nicht entgehen lassen:

In Dickwella biegt man landeinwärts in eine Nebenstraße nach Beliatta ab und gelangt so nach 2 km (Tuk-Tuk-Fahrt: ca. 200 Rs.) zu der erst 1970 erbauten, sitzenden und mit 50 m Höhe **größten Buddha-Statue Sri Lankas**. Die imposanten Ausmaße der Statue werden durch einen Größenvergleich mit dem daneben stehenden, achtstöckigen Tempel noch unterstrichen. Auffällig ist der eigenartig gedrehte Kopfschmuck indischen Stils auf dem Haupte Buddhas.

Achtstöckiger Tempel

Im Tempel schmücken – wie im Weherehena-Tempel in Matara – viele Bilder über das Leben des „Erleuchteten" und andere Mythen und Legenden der buddhistischen Glaubenswelt die Wände. Hier bekommt man sehr plastisch vor Augen geführt, welche Strafen Menschen erwarten, die kein gerechtes Leben geführt haben.

Unterwegs begegnet man manchmal Frauen in weißer Tracht mit braunem Kragen. Dies sind Schwestern, die werdende Mütter betreuen, ihnen bei der

Geburt helfen, Tipps für die richtige Ernährung der Säuglinge geben und Familienplanungsgespräche führen.
Wewurukannala, *tgl. 6–18 Uhr, 2 km nördl. von Dickwella, Eintritt 200 Rs.*

Die eigentliche und entsprechend gut frequentierte Attraktion von Dickwella ist aber das **Hoo-maniya Blow Hole**. Dabei handelt es sich um einen höhlenartigen Gang an der Steilküste, in den die Brandungswellen des Meeres vor allem in der Monsunzeit von Mai bis September mit ungeheurer Kraft gepresst werden. Durch den Kamin dieser Höhle wird das Wasser mit hohem Druck emporgepresst; dabei ertönt ein hohles Geräusch, das man mit einem lauten „Hua" oder „Hoo" wiedergeben könnte. Wie durch ein Überdruckventil schießen durch das Blasloch Hoo-maniya Wasserfontänen bis zu 20 m in die Höhe.
Hoo-maniya Blow Hole, *Kudawela, ca. 8 km östlich von Dickwella. Eintritt 250 Rs. Anreise: Ab Abzweigung an der Hauptstraße Richtung Kudawela (ausgeschildert) laufen oder besser ein Tuk-Tuk nehmen (ca. 300 Rs.).*

Seltenes Naturschauspiel

Reisepraktische Informationen Dickwella

Unterkunft
Dickwella Beach Hotel *$$–$$$, 112 Mahawela Road, ☏ 041-2255522. Ein wunderschöner, großer Strand ist die Hauptattraktion des kleinen Hotels. 15 gepflegte Doppel- und ein Familienzimmer. Es werden asiatische und europäische Gerichte zubereitet, die Spezialität ist das Seafood. Massagen, Yoga und Babysitter-Service im Angebot.*
Dickwella Village *$$$$, Batheegama, ☏ 041-2255271. Dieses Hotel der gehobenen Mittelklasse liegt idyllisch auf einer kleinen Halbinsel, an deren felsiger Spitze sich die Wellen des Indischen Ozeans brechen. An den beiden Flanken der Halbinsel erstrecken sich lange, von Palmen gesäumte und von einem Korallenriff geschützte Sandstrände. Zwischen den zwei Stränden liegen Bungalows mit insgesamt 66 klimatisierten Zimmern, die mit Terrasse oder Veranda, Telefon und Minibar ausgestattet sind. Frühstück und Dinner werden im Restaurant serviert, außerdem gibt es zwei Bars, einen Swimmingpool und einen Spa-Bereich.*

Tangalle

Dass Tangalle ein **beliebter Ferienort** an der Südküste ist, erkennt man schon beim Durchfahren des Städtchens. Zahlreiche Touristen tummeln sich in den Gassen und Straßen und rund um die quirlige Busstation. Kein Wunder: Tangalle ist ein lebhafter Ort mit buntem Markttreiben, es gibt einen kleinen Hafen mit Badestelle für die Einheimischen, wo am Wochenende immer viel los ist, außerdem kann man hübsche Kirchen und – seit Herbst 2014 – ein neues Kriegerdenkmal an der Straße Richtung Dickwella besichtigen.

Diesem Strand kann man nur schwerlich widerstehen: Medilla Beach

Das größte Highlight ist jedoch der **Strand** von Tangalle. Der kleinen, sanft geschwungenen Bucht kann man kaum widerstehen. Aber: Vorsicht vor gefährlichen Strömungen! Am besten erkundigt man sich beim Hotel, wo das Schwimmen sicher ist.

Vorsicht: Strömungen!

Kokospalmen säumen den schneeweißen Sandstrand, Fischer verkaufen ihre Fänge direkt an der Küstenstraße. Einziger Wermutstropfen: Da der Sand am Strand durch Erosion langsam fortgeschwemmt wird, hat die Regierung 2014 lange Barrieren aus massiven Steinen in die Bucht setzen lassen. Das stört den Ausblick, wird aber vielleicht der Abtragung ein wenig Einhalt gebieten.

Die Strände erstrecken sich links und rechts des Städtchens, im Westen mit Goyambokka und im Osten mit Medaketiya, Medilla und Marakolliya Beach. Hier zieht es zu Recht die meisten Besucher hin.

Bekannt ist Tangalle auch für seine Ausflugsmöglichkeiten: Zum Besuch laden der riesige Buddha von **Wewurukannala** (s. S. 247) und vor allem der geschichtsträchtige Berg **Mulkirigala** ein.

Auf dem Berg **Mulkirigala**, 17 km von Tangalle entfernt im Landesinneren, steht der von dem König Saddha Tissa (77–59 v. Chr.) erbaute Tempel **Pahala Vihara**. Es handelt sich beim Mulkirigala um eine ganze Ansammlung von Höhlentempeln, die in einem Felsen untergebracht sind. Ähnlich wie der Felsen von Sigiriya ragt dieser Inselberg über 200 m einsam aus der dschungelüberzogenen Ebene heraus. In dem Kloster fand der britische Offizier George Turnour

Höhlentempel

1826 einen Kommentar zur berühmten Großen Chronik Mahavamsa (s. S. 367). Die Manuskripte sind auf Palmenblättern in der alten Sprache Pali geschrieben und trugen wesentlich dazu bei, dass die Chronik übersetzt werden konnte.

Mulkirigala, *tgl. 6–18 Uhr, Eintritt 200 Rs. Anfahrt: Bus von Tangalle nach Beliatta, von dort weiter Richtung Middeniya, dieser Bus fährt am Mulkirigala vorbei. Es stehen immer Guides bereit.*

Reisepraktische Informationen Tangalle

Banken
Im Stadtzentrum sind die großen Banken mit Filialen und Geldautomaten vertreten.

Unterkunft
Besucher von Tangalle zieht es an den Strand, der rund 1,5 km von der Busstation am Glockenturm entfernt ist. Ein Tuk-Tuk sollte für die Strecke zum gewünschten Hotel 200 Rs. kosten. Wer laufen will, kreuzt den Fluss Richtung Osten, nimmt die nächste Abzweigung rechts und geht dann immer geradeaus. Hier reihen sich die Unterkünfte aneinander. Zum Strand ist es nicht weit. Direkt am Strand liegen:
Manahara Beach Cottage & Cabana $$$, *Mahawela Road, ① 047-2240585. Unterkunft mit zehn klimatisierten Cabanas, Swimmingpool und einem auf Meeresfrüchte spezialisierten Restaurant. WiFi inklusive.*
Coconut Beach $$$, *Modara Road, ① 077-3795573, www.coconut-beach-cabanas-tangalle-sri-lanka.lakpura.com. Vom blendend weißen Strand schweift der Blick auf die andere Seite der Bucht zum Fischereihafen von Tangalle. Hier führt eine kleine Fußgängerbrücke über den Fluss. Coconut Beach hat fünf nette Beach-Cabanas, eine Bar/Restaurant/Café direkt am Strand und dank Kühlschrank in der Cabana alles, was man sich für ein paar Tage am Strand wünschen kann. WiFi inklusive.*

Am Ende der geteerten Straße Richtung Osten in **Medilla** liegt ein kleines Juwel:
IBIS Guesthouse $$$, *27 Madilla Road, ① 047-5674439, www.guesthouse-ibis.de. Das hiesige IBIS hat mit der bekannten Standard-Hotel-Kette nichts zu tun! Es gibt eine Strandbar und pudrigen, weißen Sand. Angeboten werden klimatisierte und nicht-klimatisierte Zimmer mit Balkon oder Terrasse. Hier wie auch am Strand vergehen die Tage in entspannter Atmosphäre. Das Ibis unterhält in 2 km Entfernung auch eine kleine Bungalowanlage für Selbstversorger,* **Maribu Garden Bungalows** $$$.

Es lohnt sich aber auch, sich über das Ende der geteerten Straße hinaus auf den holprigen Weg Richtung **Marakolliya Beach** zu wagen. Denn nach wenigen Metern folgt:
Little Pumpkin Cabanas $$$, *Marakolliya Beach, ① 072-7876539. Freunde der 1980er-Jahre werden sich hier besonders wohlfühlen: einfache, bunt angemalte*

Holzbungalows mit Blick aus der Hängematte über die Lagune Richtung Meer, ein gutes Restaurant, keine brummenden Klimaanlagen, aber WiFi.
Sandy's Cabanas $$–$$$, *Marakolliya Beach,* ① *077-6225009, www.sandy cabana.com. Rustikale, mehrstöckige Cabanas in einer kreativen Stilmischung aus Beton, Bambus, Holz und erdigen Tönen gruppieren sich um einen kleinen Salzwasser-Pool, am Strand serviert das offene Restaurant Seafood.*

Und wer noch etwas weiter fährt in den kleinen Ort **Kerawa***, stößt dort auf:*
Golden Coconut Cabanas*, $$$, Welladdara, Kerawa,* ① *047-3489333, www. golden-coconut.de. 14 km östlich von Tangalle „versteckt" liegt an einem wunderschönen, einsamen Strand das kleine Resort Golden Coconut, mit dem sich das deutsche Ehepaar Karin und Georg Walther seinen großen Traum erfüllt hat. Fünf einfache, aber gepflegte Doppelzimmer, ein Süßwasserpool und ein sehr gutes Strandrestaurant.*

> ### Tipp
>
> **Puranagama Eco Lodge** $$$–$$$$, *Yayawatta, Netolpitiya, Tangalle (Postadresse), www.puranagama-eco-lodge-tangalle-sri-lanka.de.ww.lk. Ebenfalls östlich von Tangalle (knapp 15 Min. Fahrt), aber an der Nordseite der malerischen Rekawa Lagoon liegt inmitten abgeschiedener Natur diese umweltbewusste Urlaubssiedlung. Hier sind tolle Vogelbeobachtungen geradezu an der Tagesordnung, die Gegend lädt zu Wanderungen und Radtouren ein, und auch das Meer ist nicht weit. Die Zimmer mit Bad sind in drei Lehmbungalows untergebracht. Das Restaurant serviert landestypische Gerichte, außerdem gibt es Wellness- und Wassersportangebote. WiFi inklusive.*

Auf der anderen Seite von Tangalle, Richtung Dickwella, liegt mit **Goyambokka** *ein anderer schöner Strand: ein bisschen szeniger, da mehr Fels, dafür weniger Sand.*
Palm Paradise Cabanas $$$–$$$$, *Goyambokka,* ① *047-2240338, www. beach.lk. Dieses kleine Paradies liegt in einem Palmenhain und an einer verschwiegenen Sandbucht, an der Pandanus-Büsche wachsen und Meeresschildkröten gelegentlich ihre Eier ablegen. In den auf Stelzen erbauten Hütten hat man sein kleines Reich für sich. Unterbringung: Die 22 Cabanas sind mit Dusche/WC, typischem einheimischem Mobiliar und Terrasse ausgestattet. Das offene, ganz aus Holz errichtete Restaurant bietet vornehmlich sri-lankische Speisen, für europäische Zungen modifizierte Gerichte und frische Meeresfrüchte an.*

🍴 Restaurants
Chalet, *Matara Road,* ① *047-2240452. Nebenan schlüpfen die Schildkröten, unterhalb liegt eine schöne Badebucht, nur der Blick auf die riesige Baustelle des Tangalla Bay Hotel auf der anderen Seite der Bucht irritiert das Auge ein wenig. Ansonsten sitzt es sich hier sehr schön, das Essen (Meeresfrüchte, Currys) ist prima.*

Sport

Wassersportaktivitäten wie Surfen, Tauchen und Schnorcheln kann man meist über das jeweilige Guesthouse organisieren, z. B. bei Coconut Beach Cabanas und IBIS Guesthouse.

Verkehrsmittel

Die Busstation liegt mitten im Ort, unterhalb des Glockenturms. Von hier kommt man mit dem Bus fast jederzeit in jede Richtung. Nach Colombo dauert die Fahrt rund 5 Std., nach Galle 2,5 Std., nach Matara 1,5 Std. und nach Weligama 1,75 Std.

Weiterfahrt nach Osten

Östlich von Tangalle beginnt die regenärmere **Trockenzone**. Man merkt es schon an der Luft, die nicht mehr so unangenehm schwül ist wie im feuchten Südwesten. Auch die Landschaft ändert sich: Die Vegetation wird kahler, und die Farben wechseln nun von dem satten Grün der Wälder in der Feuchtzone zu blasseren Farbtönen, die mehr ins lichtere Grün, ins Bräunliche und Gelbliche gehen.

Großflächige Reisanbaugebiete und dazugehörige riesige Tanks (große Wasserspeicher) beherrschen das Landschaftsbild. Gezähmte Wasserbüffel nehmen ein kühlendes Bad.

Hambantota

Der Ortsname „Hambantota" bedeutet „Hafen der Sampans", denn diese malaiischen Boote landeten früher häufig in der Bucht. Die Vorfahren der überwiegend muslimischen Bevölkerung waren ebenfalls Malaien, die während der holländischen und britischen Kolonialzeit hierherkamen.

Hambantota lebt vor allem vom Fischfang, der hier nachts betrieben wird. Deshalb reiht sich bei Tag die Flottille der Katamarane malerisch am Strand der geschützten Bucht von Hambantota auf.

In mehreren Salinen verdunstet das Meerwasser. Die zurückbleibende Salzkruste wird in Platten zerteilt, spitz aufgetürmt und mit Palmenblättern abgedeckt. In Fabriken werden die Salzplatten weiterverarbeitet. Ca. 30 % des hiesigen Salzes wird in Hambantota produziert.

Vogelschutzgebiete Bei dem Bauerndorf Wirawila führt ein befahrbarer Damm durch den gleichnamigen Speichersee, der auch Yoda Kandiya genannt wird. Der **Wirawila Wewa** und der **Tissa Wewa** sind Vogelschutzgebiete; vor allem die alten Tanks sind wie Oasen in dem sonst ziemlich trockenen Land und locken viele

Sehenswertes in Richtung Osten

Die Salzfelder von Hambantota

Tiere an. Leguane und eine reiche Wasservogelwelt sind hier zu Hause. Besonders hübsch ist der Wasserfasan (*Pheasant-tailed jacana*). Auch Graupelikane (*Grey pelicans*) und verschiedene Reiherarten, wie Seiden- (*Little egrets*), Grau- (*Grey herons*) und Purpurreiher (*Purple herons*), finden hier Nahrung.

Hambantota hat nach Plänen der sri-lankischen Regierung eine große Zukunft, die bereits jetzt im vierspurig ausgebauten Highway mit Überführungen, in den großzügigen Beschilderungen und den Krananlagen des neuen Hafens sichtbar wird (s. S. 111).

Reisepraktische Informationen Hambantota

Banken
Entlang der Hauptstraße gibt es etliche Banken mit Geldautomaten.

Unterkunft
Peacock Beach Hotel $$$$, Tissa Road, Galwala, ✆ 047-5671000, www.peacockbeachonline.com. *Dieses gepflegte Hotel der gehobenen Mittelklasse liegt an einem langen Sandstrand. 94 klimatisierte Zimmer mit Balkon und Meerblick. Es gibt zwei Restaurants, zwei Swimmingpools, einen Konferenzsaal, einen Billardraum und ein Fitness-Studio.*

Verkehrsmittel
Hambantota hat eine Busstation direkt am Fischereihafen. Tgl. angefahrene Ziele: Colombo (6 Std.), Galle (3,5 Std.), Matara (2,5 Std.), Tangalle (1,5 Std.), Tissamaharama (45 Min.), Wellawaya (3 Std.).

Tissamaharama

Hauptstadt des ehemaligen Ruhuna-Reiches

Das nach dem König Kavan Tissa (2. Jh. v. Chr.) benannte Tissamaharama ist die ehemalige Hauptstadt des singhalesischen Königreiches Ruhuna, das vom 3. Jahrhundert v. Chr. bis ins 13. Jahrhundert n. Chr. von den Königen Anuradhapuras und Polonnaruwas mehr oder weniger unabhängig war. Außerdem war Tissamaharama des Öfteren in der Geschichte der Insel das Rückzugsgebiet für die von Tamilen bedrängten und vertriebenen singhalesischen Könige. Hier sammelten sie wieder Kräfte und stellten Heere auf, um ihre Reiche im Norden und im zentralen Bergland zurückzuerobern. Die wichtigsten Bauwerke sind die restaurierte Dagoba des **Tissamaha Vihara** (2. Jh. v. Chr.) und die **Dagoba Yatala** (3. Jh. v. Chr.).

Heute ist Tissa, wie es auch kurz genannt wird, der ideale Ausgangspunkt zum Besuch der Nationalparks Bundala und Yala.

Sehenswürdigkeiten

Historische Stauseen

Die historischen Stauseen **Tissa Wewa** und **Yoda Wewa** schufen die Lebensgrundlage des südlichen Königreichs Ruhuna. Erst sie ermöglichten den großflächigen Reisanbau und damit die Entwicklung eines Staatswesens und verhalfen überdies den Königen und ihren Untertanen zu Wohlstand und Reichtum.

Die schneeweiße, mit den Blättern des Bodhi-Baums verzierte **Tissamaharama Dagoba** gehört zu dem Tissamaha Vihara. Ihre Ursprünge reichen in das 2. Jh. v. Chr. zurück.

Die **Yatala Dagoba** wurde 1883 restauriert. Der mit Halbedelsteinen geschmückte Reliquienbehälter in Form einer Dagoba gibt einen Eindruck von den Frühformen dieser singhalesischen Heiligtümer.

Reisepraktische Informationen Tissamaharama

Banken
Entlang der Hauptstraße gibt es zahlreiche Banken mit Geldautomaten.

Unterkunft
Lake Side Tourist Inn $$$, *Akurugoda,* ① *047-4931186, www.tissalakesidehotel.com. Das Gästehaus bietet 25 einfache, aber gute Zimmer mit und ohne Klimaanlage, die um einen Pool gruppiert sind.*
Priyankara Hotel $$$$, *Kataragama Road,* ① *047-2237206, www.priyankarahotel.com. Dieses architektonisch sehr ansprechende Mittelklassehotel wurde 1994 eröffnet. Komfortable, z. T. mit antiken Möbeln eingerichtete Zimmer mit Kli-*

maanlage und Balkon mit Blick über die Reisfelder. Restaurant, Bar, Swimmingpool und Kinderspielplatz vorhanden. WiFi inklusive.
The Safari $$$$, ① 047-2237299, http://yalasafariholidays.com/the_safari.html. Diese Unterkunft liegt direkt am antiken Tissa Wewa Tank in einem wunderschönen Garten. Beim Blick auf den Stausee wird die Aufmerksamkeit auf eine vorgelagerte Insel gelenkt, auf der besonders abends ein sehr lebhaftes Vogelleben zu beobachten ist. Gut 50 Zimmer und Suiten. Großzügig angelegter Swimmingpool, Restaurant, Volleyball- und Tennisplatz. Geländewagen für eigene Pirschfahrten sowie Safaris in den Yala National Park können organisiert werden.
Chandrika Hotel $$$$, *Kataragama Road*, ① 047-2237143, www.chandrikahotel.com. Ein guter Ausgangspunkt für Touren in den Yala und den Bundala National Park. 40 klimatisierte Zimmer mit Balkon oder Veranda zum Garten. Ayurveda-Angebot, Swimmingpool, Arzt auf Abruf. WiFi inklusive.

Verkehrsmittel
Tissas Busterminal wird aus fast allen Himmelsrichtungen angefahren. Tägliche Verbindungen gibt es nach Colombo (7 Std.), Hambantota (45 Min.), Matara (3 Std.), Tangalle (2 Std.) und Wellawaya (2 Std.).

Bundala National Park

Das frühere Vogelschutzgebiet, 15 km südlich von Tissamaharama gelegen, wurde 1993 zum Nationalpark erhoben und umfasst ca. 62 km². Die flache Lagunenlandschaft mit zahlreichen Strandseen und Teichen erinnert an die afrikanische Dornbuschsavanne. *Flache Lagunenlandschaft*

Besonders in den Monaten November–März trifft man hier größere Ansammlungen von gefiederten Wintergästen aus dem Norden an. Gleichzeitig ist der Park der **letzte Zufluchtsort der hiesigen Flamingos** – deren Bestand allerdings im Tsunami 2004 deutlich reduziert wurde. Am ehesten kann man sie im November und im Dezember sichten.

Zu den auffälligsten der ca. **200 Vogelarten**, die hier gezählt wurden, gehören der schwarz-weiß und rosa gefiederte Indische Nimmersatt (*Painted stork*), der Graupelikan (*Grey pelican*), der für seine „Gemeinschaftsarbeit" beim Fischfang bekannt ist, sowie der Stelzenläufer (*Black-winged stilt*) mit seinen überproportional langen, roten Beinen. Der prachtvollste Vogel ist ohne Zweifel der Blaue Pfau (*Indian peafowl*). Außerdem sind u. a. Raubseeschwalben (*Caspian terns*), Krabbentriele (*Great thick-knees*), Klaffschnäbel (*Openbill storks*) und diverse Reiherarten zu sehen.

Daneben gibt es unter anderem Affen, Wasserbüffel, Rotwild, Wasserschildkröten und ein paar Elefanten. Wer sich bereits in den frühen Morgenstunden

Der Stelzenläufer ist an seinen langen, roten Beinen zu erkennen

auf Pirschfahrt begibt, kann an den Tanks mit etwas Glück Sumpfkrokodile (Mugger crocodiles) entdecken, die in den ersten Sonnenstrahlen liegen.

Information Bundala National Park: *Der Park ist rund 20 Fahrminuten von Hambantota oder Tissamaharama entfernt. Touren organisiert beispielsweise das Peacock Beach Hotel (s. o.). Öffnungszeiten tgl. 6–18 Uhr (letzter Einlass: 17 Uhr), Eintritt Erwachsene US$ 10, Kinder US$ 5, dazu kommen US$ 8 Team Fee und 15 % Steuer. Miete für ein Allradfahrzeug mit Fahrer ca. US$ 50 für einen halben Tag (s. a. S. 138).*

Yala National Park

Der Yala National Park liegt an der Südostküste der Insel und ist mit ca. 979 km^2 der **zweitgrößte Nationalpark Sri Lankas**. Dornbuschsavannen wechseln mit Inselbergen und Lagunen; geschlossene Waldstücke sind sehr selten. Hier und da sind beeindruckende Felsformationen zu sehen. Auf Safari sollte man am besten morgens und ab dem späten Nachmittag gehen, keinesfalls in der Mittagsglut, vor der die Tiere Schutz suchen. Die Zeit von Dezember bis Mai eignet sich am besten für eine Tour.

Weltgrößte Leopardenpopulation Die Tierwelt ist sehr mannigfaltig. Zu den größeren Säugetierarten gehören der Indische Elefant, der Leopard – laut Parkverwaltung die größte Population der Welt –, der Lippenbär, der Wasserbüffel, der Axishirsch, das Kammschwein, der Goldschakal, der Hulman-Affe und der Sambar, Sri Lankas größte Hirschart. Größere Reptilien sind der Bengalenwaran und das Sumpfkrokodil, das sich mit weit aufgesperrtem Maul sonnt oder wie ein toter Baumstamm im trüben Wasser liegt und auf Beute wartet. Zudem sind 215 Vogelarten in dem weiten Schutzgebiet heimisch, unter anderem der sehr seltene Riesenstorch (*Black-necked stork*), die Schlangenweihe (*Crested serpent eagle*), der farbenfrohe Ceylonhahn (*Sri Lankan junglefowl*), der Pagodenstar (*Brahminy starling*), der Pelikan und selbstverständlich der Blaue Pfau.

Ein kleines **Museum** am Eingang informiert über die Tier- und Pflanzenwelt des Parks. Hier sind beispielsweise in Alkohol konservierte Schlangen sowie Skelette von Pythons, Zibetkatzen und Wildschweinen zu sehen. Eine Zusammenstellung von Fotos zeigt die bei ihrem Einsatz für den Schutz der Fauna von Wilderern erschossenen Ranger.

Ein Highlight ganz eigener Art im Yala National Park stellen die Überreste des Klosters **Sithulpahuwa** aus dem 2. Jh. v. Chr. dar, dessen Inschriften ein faszinierendes Zeugnis der langen buddhistischen Tradition in Sri Lanka sind. *Antike Klosterruinen*

Informationen Yala National Park: *Der Parkeingang befindet sich in Palatupana, 27 km östlich von Tissamaharama. Am Eingang gibt es ein Informationsbüro. Öffnungszeiten tgl. 6–18 Uhr (letzter Einlass: 17 Uhr), Eintritt Erwachsene US$ 15, Kinder US$ 8, dazu kommen US$ 8 Team Fee und 15 % Steuer. Miete für ein Allradfahrzeug mit Fahrer ca. US$ 50 für einen halben Tag (s. a. S. 138).*

Besonders farbenprächtige Begegnung im Yala National Park: der Blaue Pfau

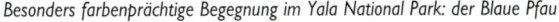

Kirinda

Schneeweiße Dagoba

Der kleine Fischerort Kirinda liegt 10 km südöstlich von Tissamaharama. Von besonderem Reiz ist eine kleine, blendend weiße Dagoba auf einem Felsen am Meer. Über eine Steintreppe ersteigt man zusammen mit den Gläubigen die Felskuppe und betritt durch ein Tor die Plattform. Zur Rechten erblickt man einen kleinen Schrein, zur Linken die Dagoba in makellosem Weiß – und daneben ein **Standbild der Königin Viharamahadevi**, deren Statuen auch in Tissamaharama und in dem nach ihr benannten Viharamahadevi Park von Colombo zu sehen sind.

Der Legende nach soll Viharamahadevi von ihrem Vater, dem König Kelanitissa auf die offene See ausgesetzt worden sein, um den erzürnten Meeresgott zu besänftigen. Ohne Schaden zu nehmen, erreichte sie an dieser Stelle in Kirinda wieder Land und wurde die Frau des Königs Kavantissa. Der gemeinsame Sohn Dutthagamani wurde später zum berühmten Nationalhelden und König (161–137 v. Chr.), der die Insel unter seiner Herrschaft vereinigte. Gegen den tiefblauen Tropenhimmel und den türkisfarbenen Ozean im Hintergrund ist dieses kleine Heiligtum ein erhabener Anblick.

Kataragama

Durch dichten Dschungel nähert man sich dem **Wallfahrtsort** Kataragama, der 19 km nördlich von Tissa liegt. Vor dem Jahr 1950 erreichten die Pilger den heiligen Ort lediglich auf schmalen Urwaldpfaden. Am Rande der alten Heiligtümer entstand ab 1967 die Neustadt von Kataragama. Sehr lobenswert wurde für die menschlichen Bedürfnisse dieser Ansiedlung der Urwald nur so weit zurückgeschlagen, wie es unbedingt erforderlich war. Man hat das Gefühl, der Mensch lebe hier mit der Natur noch im Einklang. Der ursprüngliche Wald bildet eine wundervolle Kulisse.

Bevor man die heiligen Bezirke von Kataragama betritt, stößt man diesseits des Menik Ganga (Edelsteinfluss) auf ein modernes Denkmal aller Ruhuna-Könige, flankiert von Standbildern des Singhalesenkönigs Dutthagamani (161–137 v. Chr.) auf einem Kriegselefanten und des Tamilenherrschers Elara hoch zu Ross, die sich kampfbereit gegenüberstehen.

Wallfahrtsort Kataragama

Friedliches Miteinander der Religionen

Der Name leitet sich von *Kathirkaman* („Ort göttlicher Kraft und Anwesenheit") ab. Kataragama ist der **wichtigste Wallfahrtsort Sri Lankas**, zu dem Buddhisten, Hindus und Muslime gleichermaßen pilgern. All diese drei Weltreligionen haben hier ihre Andachtsstätten. In der Vollmondzeit Ende Juli/Au-

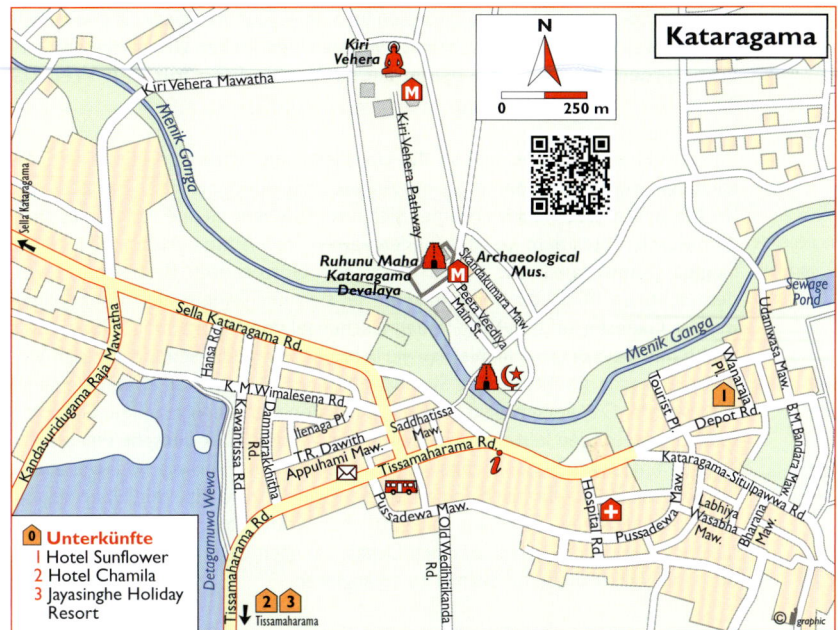

gust feiern hier jedes Jahr Zehntausende Pilger das **Kataragama-Fest** (*Kataragama Esala Perahera*) mit Umzügen, rituellen Waschungen am heiligen Menik Ganga, Gebeten, Opfern und Selbstkasteiungen. Buddhisten und Hindus verehren hier gemeinsam vor allem den Kriegsgott Skanda, den die Buddhisten Kataragama nennen.

Die **wichtigsten Sehenswürdigkeiten** sind:
- Pilgertreppen am heiligen Menik Ganga
- Maha Devale, ein dem Kriegsgott Skanda geweihter Tempel der Hindus
- Valli-Amma-Tempel, Hindutempel, wo gerne Kokosnüsse geopfert werden
- Kiri Vehera, die buddhistische Milchdagoba
- Bodhi-Baum, angeblich über 2.200 Jahre alt
- Khizar-Thakkiya-Moschee, Andachtsstätte der Muslime
- Wedahitikanda (420 m), heiliger Berg, auch Kataragama Peak genannt.

Kataragama zwischen Geschichte und Legenden

Historie und Mythen, Religion, Volksglaube und die sich überschneidenden Glaubensvorstellungen des Hinduismus und des Buddhismus sind hier stark miteinander verwoben und nicht immer eindeutig zu trennen.

Schon vor der Ankunft der Singhalesen im 5. Jh. v. Chr. ist dieser Ort, wie auch der Adam's Peak, sehr wahrscheinlich von den weddischen Ureinwohnern verehrt worden. Folgende Sage deutet auf die **Verbindung mit den Weddas** hin:

Die Legende von Valli Amma

Im Urwald von Kataragama, so die Überlieferung, lebte eine Hirschkuh, die nach dem Verzehr des Samens eines Asketen ein wunderschönes Mädchen zur Welt brachte. Die Weddas nahmen sich des Mädchens an und nannten es nach dem Busch, unter dem sie es gefunden hatten, Valli Amma. Als der Kriegsgott Skanda (Kataragama) aus Indien durch den Götterboten Brahmaputra von dem schönen Mädchen hörte, machte er sich mit seinem elefantenköpfigen Bruder Ganesha auf den Weg in den Dschungel von Kataragama. Obgleich er schon mit Devasena vermählt war, verliebte er sich in die Schöne. Da sich Valli vor Ganesha fürchtete, bot Skanda ihr seinen Beistand an, wenn sie seine Frau würde. Das verschreckte Wedda-Mädchen war einverstanden. Glücklich und zurückgezogen lebten die beiden in der Wildnis. Der indische Heilige Kalyangiri entdeckte sie schließlich und versuchte auf Weisung von Devasena, Skanda zur Rückkehr nach Indien zu bewegen – zunächst mit Überredung, dann mithilfe eines Talismans mit göttlicher Kraft, Yantra genannt. Da auch dies erfolglos blieb, entschloss sich Devasena, nach Ceylon zu gehen und sich dort mit Valli Amma und Skanda zu arrangieren.

Diese Sage wird natürlich in diversen leicht oder stark abgewandelten Varianten erzählt und ist wie viele andere Legenden im Volksglauben noch sehr lebendig.

Im 3. Jh. v. Chr. hat angeblich **Gautama Buddha** hier in Kataragama meditiert. Aus dieser Zeit soll auch die Pflanzung des ehrwürdigen Bodhi-Baums herrühren.

Der Name des indisch-hinduistischen Kriegsgottes Skanda verschmolz im Laufe der Zeit in der buddhistischen Glaubensvorstellung mit dem Ort des wundersamen Geschehens. So wurde aus dem ursprünglich hinduistischen Gott Skanda der buddhistische Gott Kataragama.

Sagenhafter Talisman

Interessanterweise wird in Kataragama nicht das Bildnis des Kriegsgottes angebetet; die Verehrung gilt vielmehr dem **Yantra** des Skanda/Kataragama: Dieser schon in der Sage erwähnte Talisman mit geometrischen Symbolen, die über Zauberkraft verfügen, ist als Reliquie in einer Schatulle verschlossen und wird bei Prozessionen herumgeführt.

Warum die Buddhisten einen ursprünglich hinduistischen Gott verehren, erklärt eine weitere Legende aus dem 2. Jh. v. Chr.: Der Singhalesenkönig Dutthagamani (161–137 v. Chr.) soll bei seinem Kampf gegen den Tamilenkönig Elara den Kriegsgott Skanda um Hilfe angerufen haben. Nach dessen Beistand und dem Sieg über die Tamilen habe der dankbare König zu Ehren Skandas einen Tempel in Kataragama erbauen lassen. Nach dem Tod Dutthagamanis büßte Kataragama seine Relevanz ein. Der Tempel verfiel und geriet in Vergessenheit.

Erst im 11. Jh. n. Chr. besannen sich in erster Linie die Hindus, aber auch die Buddhisten, auf die religiöse Bedeutung Kataragamas. Die Muslime wiederum, die inzwischen Handelsstützpunkte an der Südwestküste errichtet hatten, meinten, hier das „Wasser des ewigen Lebens" (*Maul Hayat*) gefunden zu haben.

Besichtigung der Tempelanlage

Eine Brücke überspannt den heiligen Menik Ganga. An den Pilgertreppen nehmen die oft weit Gereisten rituelle Waschungen vor. Jenseits des Flusses, gleich linker Hand, liegt der **Mutulinga-swami-Tempel**. Er dient dem Andenken an den Heiligen und Asketen Kalyangiri, der den verliebten Kriegsgott Skanda im Auftrag von dessen erster Gattin Devasena nach Indien zurückholen sollte.

Gegenüber befindet sich der **Valli-Tempel** zu Ehren des Wedda-Mädchens Valli Amma, das durch die Heirat mit dem Gott Skanda selbst zur Gottheit wurde. Im Hintergrund erblickt man die **Khizar-Thakkiya-Moschee** und in deren Nähe die Gräber des islamischen Mystikers Meer Seyed Alishah Bawa und des Heiligen Jabbar Ali Sha.

Der **Maha Devale** oder Skanda-Tempel ist der Aufbewahrungsort des geheimnisvollen Yantra. Entlang einer schattigen Allee gelangen Besucher durch ein Tor in einen eingefriedeten, mit Pfauenfiguren geschmückten Innenhof. Viele festlich gekleidete Pilger mit Blumen- und Fruchtschalen als Opfergaben warten geduldig auf die Eröffnung der Zeremonie. Nach einem kurzen Gebet werden von den Andächtigen Kokosnüsse, auf die brennende Kampferölkerzen gesteckt sind, auf einem Stein zerschlagen. Bettler und auch Hulman-Affen warten auf die geopferten Speisen. Eine Glocke wird geläutet, und ein weiß gekleideter Priester, den zwei Männer mit einem leuchtend gelben Tuch beschirmen, trägt die verschlossene und mit golddurchwirktem Stoff verhüllte Yantra-Reliquie von einem Schrein in einen anderen. Erst jetzt drängen sich die opfernden Pilger in das von Weihrauch erfüllte Heiligtum, das von Kerzen in Messinghaltern erleuchtet wird. Erstaunlicherweise sind es buddhistische Priester, die in Hindutempeln nach hinduistischen Gebräuchen rituelle Handlungen vornehmen.

Hinduistisch-buddhistische Zeremonie

Links neben dem Maha Devale liegt der dem Elefantengott und Bruder Skandas geweihte **Ganesha-Tempel**. Noch weiter links befindet sich der **Vishnu-Tempel** (Perumal Kovil). Vishnu gilt als der Erhalter des Weltalls. Hinter diesen wichtigsten Tempeln stehen **zwei uralte Bodhi-Bäume**, die 2.200 Jahre alt sein sollen. In dem kleiner gehaltenen Pattini-Tempel beten Frauen um reichen Kindersegen.

Weiter Richtung Norden leuchtet zwischen den zwei Baumreihen einer großflächigen Parkanlage die schneeweiße **Kiri Vehera** oder Milchdagoba. An dieser Stelle soll Buddha auf seiner letzten Reise nach Sri Lanka meditiert haben. Als ziemlich sicher gilt, dass der Singhalesenkönig Dutthagamani im 2. Jh. v. Chr. an dieser Stelle eine Dagoba errichten ließ. Die Gläubigen umrunden barfuß dieses Heiligtum, opfernd und betend, viele mit Inbrunst und in tiefer Versenkung. Blumen und Früchte werden als Opfergaben an den Altären der Dagoba niedergelegt, Öllämpchen angezündet, und Gebetsfahnen flattern im Wind. Rechts vor der Dagoba befindet sich ein kleines Museum.

Meditationsort Buddhas

Festlichkeiten

Am interessantesten ist der Besuch des Tempelbezirks während des Festes der Buddhisten, Hindus und Muslime, in dessen Verlauf man die Riten und Gewohnheiten der Besucher am besten studieren kann.

Dreimal im Jahr herrscht in Kataragama Hochbetrieb:
- *Ilmaha-Kachi* wird im November drei Tage lang zu Ehren der Götter gefeiert.
- *Aluth Avurudda* ist das gemeinsame buddhistisch-hinduistische Neujahrsfest am 13./14. April, das Singhalesen und Tamilen friedlich miteinander in Kataragama begehen.

Besonders spannend ist der Besuch des Tempelbezirks während eines der zahlreichen religiösen Feste

- *Esala Perahera* wird in Kataragama gleichzeitig mit der Kandy Perahera während der Vollmondperiode Juli/August mit festlichen Umzügen zelebriert. Die heilige Reliquie Yantra wird dann von Tempel zu Tempel getragen. Geschmückte Elefanten, die Erfüllung von Gelübden und Schwüren durch selbst auferlegte Kasteiungen, wie Aufhängen an eisernen Haken und das Durchbohren von Wangen und Zungen mit Metallstäbchen, rituelle Waschungen, versunkenes Beten, Opfern, religiöse Ekstase, Tänze, Laufen über heiße Glut, aber auch Schaustellerei, handfeste Geschäfte und Feilschen gehören zum bunten Bild dieses gut eine Woche dauernden Festivals.

Reisepraktische Informationen Kataragama

Information
www.kataragama.org.

Banken
Nahe der Busstation befinden sich Banken mit Geldautomaten.

Unterkunft
Hotel Sunflower $–$$ **(1)**, Depot Road, ① 047-2235611, www.hotelsunflowerlk.com. Swimmingpool, Restaurant, Lounge Bar und einfache, ordentliche Zimmer mit und ohne Klimaanlage machen das Sunflower zu einem recht beliebten Hotel. Billard und Badminton möglich, ebenso organisierte Safaris im Yala National Park.
Hotel Chamila $$ **(2)**, 85 Tissa Road, Detagamuwa, ① 047-2235217, www.hotel-chamila-kataragama-sri-lanka.lakpura.com. Dieses günstige Hotel liegt rund 1 km von Kataragama entfernt. Einfache, aber saubere, klimatisierte Zimmer sowie ein Restaurant stehen zur Verfügung.
Jayasinghe Holiday Resort $$$ **(3)**, 32 A Detagamuwa, ① 047-2235146 und 4929750, www.jayasinghehotel.com. 25 saubere, zweckmäßig eingerichtete Zimmer mit Klimaanlage, Telefon, TV usw. Das Restaurant serviert europäische und asiatische Küche, an Wochenenden wird ein Büfett angeboten. Ein Swimmingpool mit Kinderbecken gehört mit zur Hotelanlage. Diverse Sport- und Freizeitmöglichkeiten, z. B. Ausflüge in den Yala National Park. WiFi inklusive.

Verkehrsmittel
Der Busterminal von Kataragama liegt nur fünf Fußminuten von den Tempelanlagen entfernt. Der Ort wird von Tissa aus direkt angefahren, es gibt auch Direktverbindungen nach Colombo.

7. KANDY UND DAS ZENTRALE BERGLAND

Überblick

Kandy, hoch in den Bergen gelegen, lockt den Besucher nicht nur mit seinen zahlreichen Sehenswürdigkeiten – von dem berühmten Zahntempel über den künstlichen See bis hin zum **Botanischen Garten Peradeniya** –, auch in der Geschichte Sri Lankas hat die Stadt ihre Spuren hinterlassen: Einst war hier das letzte singhalesische Königreich angesiedelt; bis 1815 hielten die tapferen Bergbewohner den britischen Besatzern stand. Heute ist man sehr stolz auf das kulturelle Erbe und blickt vielleicht ein ganz klein wenig mitleidig auf die Landsleute entlang der sonnengetränkten Küsten von Sri Lanka. Südlich von Kandy hingegen – z. B. in **Nuwara Eliya** bei einem Nachmittags-Tee vor einem prasselnden Kaminfeuer, während draußen ein schottisch anmutender Nieselregen fällt – kommt wirklich niemand mehr ins Schwitzen: Hier befindet man sich mittendrin im kolonialen Erbe der Briten; nicht umsonst ist Tee bis heute ein immens wichtiger Wirtschaftsfaktor der Region.

Per Brandrodung wird rund um Ella wieder Ordnung geschaffen in der Bergwelt

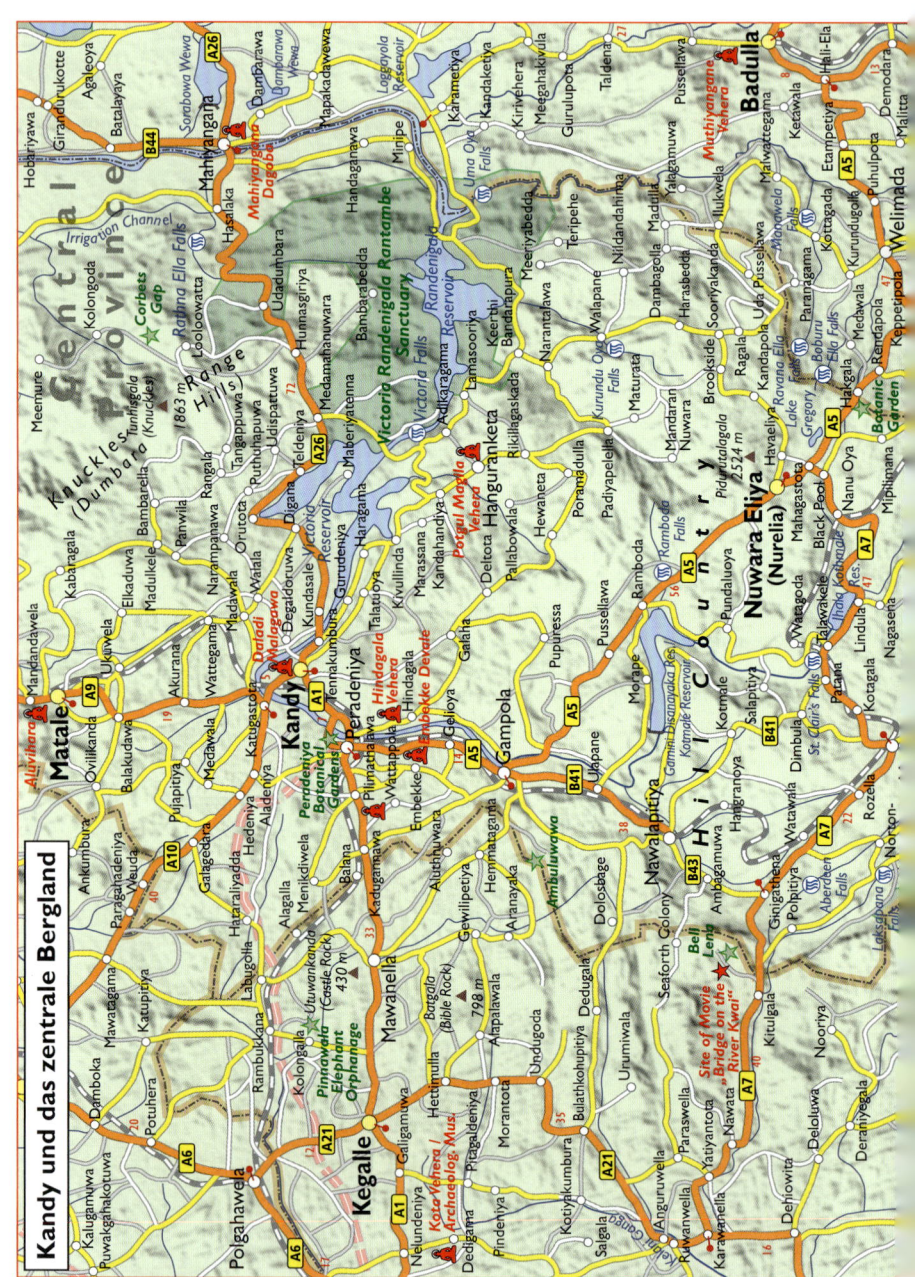

Überblick

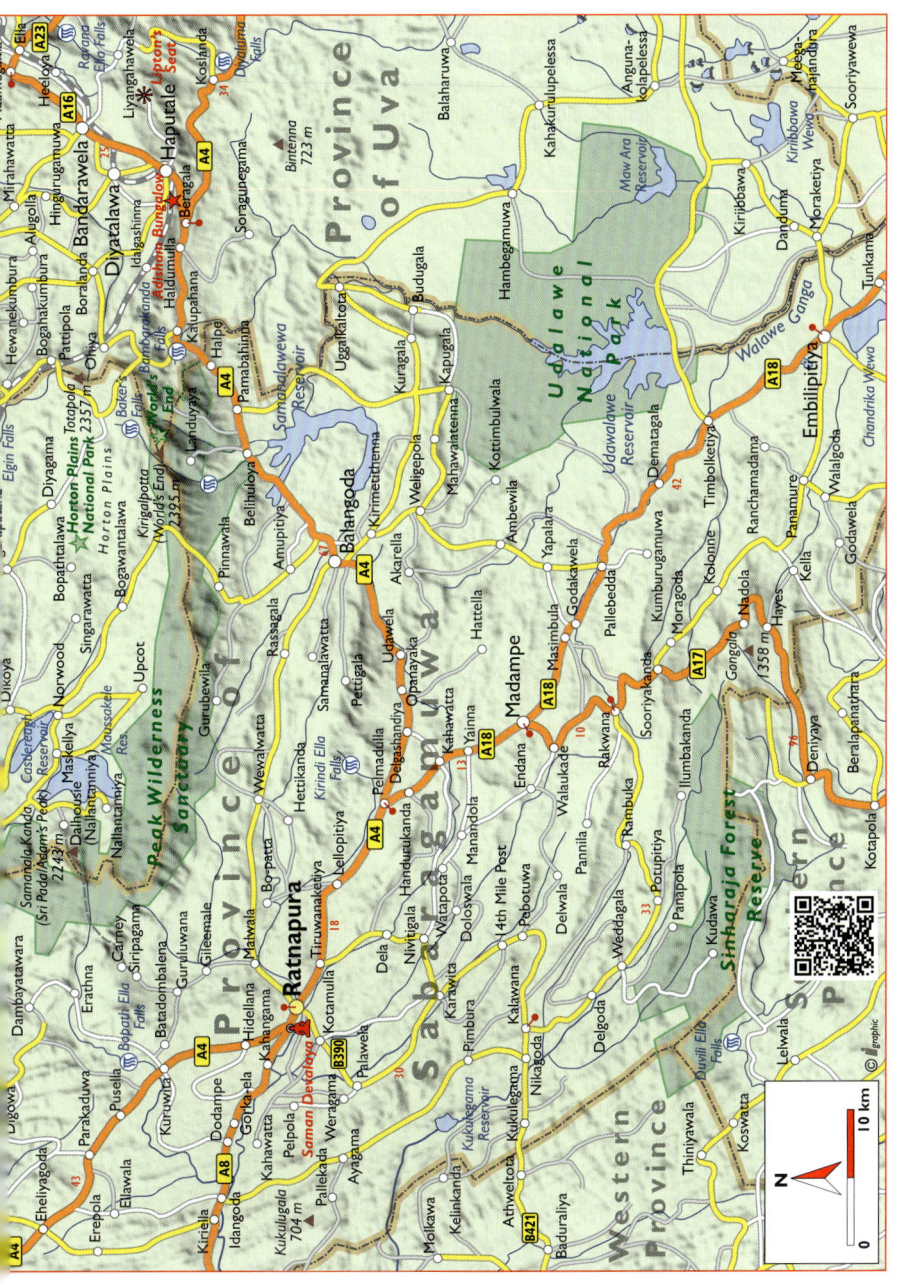

Spektakuläre Hochgebirgslandschaft

Wer mit dem Zug unterwegs ist, z. B. zwischen Nuwara Eliya und **Ella**, vorbei an **Haputale**, der wird sicherlich begeistert sein von der einzigartigen Hochgebirgslandschaft, die auch zu Wanderungen einlädt: etwa auf den **Adam's Peak**, auf dem Buddha einen Fußabdruck hinterlassen haben soll – oder in den Nationalpark **Horton Plains** mit dem Naturwunder **World's End**. Oder man überzeugt sich in der „Edelsteinstadt" **Ratnapura** von der Qualität der dortigen Juwelen und erkundet anschließend einen Nationalpark, vielleicht **Sinharaja** oder **Udawalawe**, die Heimat der größten Elefanten-Population in Sri Lanka – deren Artgenossen kann man bereits auf der Fahrt nach Kandy in der **Pinnawala Elephant Orphanage** besuchen.

Kandy und Umgebung

Zwischen Colombo und Kandy

Das Elefanten-Waisenhaus von Pinnawala

13 km östlich von Kegalle, nördlich der Straße A 1 von Colombo nach Kandy, befindet sich seit 1975 das **Pinnawala Elephant Orphanage**, ein Waisenhaus für Elefantenkinder. Über die Art der Tierhaltung kann man gewiss unterschiedlicher Meinung sein, doch ebenso gewiss ist das Pinnawala Elephant Orphanage eine der touristischen Hauptattraktionen Sri Lankas. Ursprünglich, so heißt es, wurde es eingerichtet, um junge Elefanten zu versorgen, die hilflos aufgefunden wurden, nachdem sie sich z. B. verirrt hatten, ihrer Herde auf der

Badestunde am Fluss

Flucht nicht folgen konnten oder in tiefe Kuhlen und Gräben gefallen waren. Diese Elefanten-Waisenkinder wurden hier mit der Flasche großgezogen und zu späteren Arbeitselefanten oder für religiöse Umzüge geschult. Regelmäßig um 10 und um 14 Uhr werden die Elefanten zum Maha Oya getrieben. Dort gehen die Dickhäuter jeweils zwei Stunden ihrer Lieblingsbeschäftigung nach – dem Baden.

Highlight: das Elefantenbad

Pinnawala Elephant Orphanage, ① 035-2265284, tgl. 8.30–18 Uhr, Eintritt Erwachsene 2.000 Rs., Kinder (bis 12 J.) 1.000 Rs.

Die **Millennium Elephant Foundation** an der Zufahrtstraße zum Elefanten-Waisenhaus hat einen anderen Anspruch als das Waisenhaus. Hier wird gezeigt, wie Elefanten leben und wie sie zu Arbeitstieren erzogen werden, außerdem kann man auf Elefanten reiten.
Millennium Elephant Foundation, ① 035-2263377, www.millenniumelephantfoundation.com, tgl. 9–16 Uhr, Eintritt 1.000 Rs., mit Elefantenritt (je nach Dauer): 2.000–4.000 Rs. Für Kinder (3–12 J.) gilt der halbe Preis.

Anreise Pinnawala

Am besten fährt man mit dem eigenen Fahrzeug nach Pinnawala, da man dann sowohl das Pinnawala Elephant Orphanage als auch die Millennium Elephant Foundation besuchen kann. Von Kandy aus werden Halbtagestouren zu den Elefanten angeboten.

Mit dem **Bus** fährt man von Kandy bis Udamalla, ein paar Kilometer vor Kegalle. Von hier aus geht es weiter mit einem Bus Richtung Rambukkana bis zum Elefanten-Waisenhaus.
Mit dem **Zug** fährt man zum Bahnhof von Rambukkana und von dort mit dem Tuk-Tuk oder dem Bus.

Wer auf diesem Streckenabschnitt östlich von Kegalle Richtung Kandy die Augen offenhält, wird den **Berg Utuwankanda** erblicken, bei den Briten auch als Castle Rock bekannt: Er hat die Form eines aufgeschlagenen Buchs.

Mawanella

Mawanella ist eine sehr geschäftige Kleinstadt. Schneider sitzen mit ihren Nähmaschinen vor ihren Werkstätten im Freien, die örtlichen Schuster erledigen Aufträge auf der Stelle vor den Augen des Kunden. Ziegeleien stellen noch nach alten Methoden Ziegelsteine aus Lehm und Kapokwolle (baumwollartige Samenfäden der Kapokbäume) her.

Auf dem Kadugannawa-Pass, wiederum mit Ausblick auf den Castle Rock, steht ein Gedenkstein für den am 28. März 1929 in Colombo verstorbenen Ingenieur Captain W. F. Dawson, der die Eisenbahn und die Straße Kandy–Colombo geplant und gebaut hat.

info

Der „Robin Hood Sri Lankas" – Saradiel

Viele Länder der Erde verehren einen Helden, der wie der englische Robin die Reichen beraubte und die Armen beschenkte. Sri Lanka macht da keine Ausnahme. Schon von Mawanella aus kann man einen markanten Felsen sehen. Hier soll sich Saradiel (1832–1864), der „Robin Hood Sri Lankas", vor rund 120 Jahren mit seinen vier Frauen versteckt gehalten haben. Der Sohn eines armen Landarbeiters raubte die Trecks aus, die zur Versorgung Kandys über die Berge zogen, und verteilte die Beute unter den Bedürftigen.

Viele Legenden ranken sich um Saradiels abenteuerliches Räuberleben. Schon in seiner Jugend war ihm die schreiende Ungerechtigkeit zwischen Arm und Reich verhasst. Als er 14 Jahre alt war, musste er nach einer Prügelei mit einem Aristokratensohn die Tempelschule mit drei weiteren Schülern verlassen. Die vier Ausgestoßenen schworen sich ewige Treue. Wenn man den Erzählungen der heutigen Dorfbewohner in der Umgebung glaubt, so glichen seine blitzschnellen Angriffe denen einer Raubkatze. Die Narbe eines Streifschusses der Polizei an seinem Schenkel trug er stolz als Talisman, und es war auch nicht die Polizei, die sein Schicksal besiegelte: Im März 1864 verriet ihn eine seiner Frauen, und nach einer fünftägigen Verfolgungsjagd, in deren Verlauf drei Polizisten ihr Leben verloren, fiel Saradiel in die Hände des Polizeichefs Saunders. Saradiel wurde zum Tode durch den Strang verurteilt. Gefasst, ein Buch lesend, schritt er zum Galgen.

Ein Gedenkstein am Utuwankanda erinnert an diese Begebenheit.

Kandy – die schönste Königsstadt

Überblick

Der Name Kandy ist eine Kurzform von Kanda Uda Pas Rata, was frei übersetzt „Königreich der fünf Berge" bedeutet. Die abseitige Lage Kandys – weit von der Küste entfernt, von unwegsamen Bergen und dichtem Dschungel umschlossen und in der hufeisenförmigen Flussschleife des Mahaweli Ganga gelegen – schützte das Königreich lange vor den europäischen Eroberern. Den Portugiesen und den Holländern gelang es nicht, Kandy einzunehmen. Erst die Engländer erkämpften sich den Zugang ins Hochland der Insel, und 1815 eroberten sie Kandy.

Lange unbesiegt

Heute ist Kandy mit rund 125.000 Einwohnern **eine der größten Städte des Landes** und lässt sich mit der von den Briten erbauten Eisenbahnlinie Colombo–Badulla und auch über das Straßennetz gut erreichen. 500 m ü. M. gelegen, hat Kandy ein deutlich **kühleres und feuchteres Klima** als das Tiefland, die Durchschnittstemperatur beträgt ca. 25 °C. Die landschaftliche Schönheit der Stadt selbst wie auch ihrer Umgebung vermag jeden Besucher zu verzaubern.

Kandy kann als **religiöses Zentrum des Buddhismus** im heutigen Sri Lanka angesehen werden. Hauptanziehungspunkt ist der **Tempel des Zahns** (Sri Dalada Maligawa), in dem, wie es heißt, der rechte obere Eckzahn Gautama Buddhas als heiligste Reliquie aufbewahrt wird. Jährlich wallfahren deshalb viele Pilger nach Kandy, um im Hochsommer das prunkvollste Fest der Insel und vielleicht der gesamten buddhistischen Welt, *Esala Perahera*, mit farbenprächtigen Umzügen zu feiern.

Der heilige Zahn Buddhas

Berühmt sind auch die farbenfrohen und mitreißenden **Kandy-Tänze**. Außerdem wurde hier – und nicht, wie man vermuten könnte, in Colombo – 1942 die neue **Universität** von Ceylon gegründet.

Kandy ist auch der Mittelpunkt des singhalesischen Nationalbewusstseins. Den Singhalesen des Hochlands werden mehr Stolz, Selbstbewusstsein und Traditionsbewahrung nachgesagt als den Singhalesen des Tieflands. Immerhin trotzte das Königreich Kandy 300 Jahre lang den europäischen Kolonialmächten, und hier regierten die letzten singhalesischen Herrscher. Nicht zufällig rief die sri-lankische Regierung 1972 die Republik Sri Lanka in Kandy aus und nicht in Colombo, das nach wie vor Züge der abgeschüttelten Kolonialzeit trägt.

Großer Patriotismus

Geschichte Kandys

Im 14. Jh. n. Chr. wird der Ort unter dem Namen Senkadagalapura erstmalig in Chroniken erwähnt.

Einer Sage nach soll der fromme, „hellsichtige" Einsiedler Senkadagala in dieser Gegend gelebt haben. Eines Tages erzählte er dem König, wahrscheinlich Vikrama Bahu III. (1357–1374), eine Fabel, aus der sich der Rat ableiten ließ, das Zentrum königlicher Macht in die Wildnis zu verlegen. Der König errichtete deshalb seinen neuen Palast neben der Behausung des Einsiedlers. Die Nachfolger des besagten Königs gründeten im Schutz der dschungelüberzogenen Berge das unabhängige Fürstentum Sitawaka, das schon ab **1415** seine Selbstständigkeit vom Königreich Kotte behauptete. Die singhalesische Zentralmacht zerbröckelte (s. S. 26).

1505 landeten die Portugiesen an der Westküste Ceylons. Kotte geriet zunehmend in Abhängigkeit von den Eroberern, während das Fürstentum Sitawaka immer mehr zum Zentrum des Widerstands gegen die Kolonisatoren wurde und sich zum Königreich Kandy entwickelte.

Redaktionstipps

▶ **Abendessen** und Übernachtung in The Cinnamon Citadel, das 5 km außerhalb der City sehr idyllisch am Fluss liegt (S. 286).
▶ Besuch der **bekanntesten Sehenswürdigkeit**: des Tempels des Zahns (S. 274).
▶ **Besichtigung** des Hindutempels Sri Selva Vinayagar Kovil (S. 283).
▶ **Ausflug** zum Botanischen Garten Peradeniya mit seiner außergewöhnlichen Tropenpracht (S. 288).
▶ **Spaziergang** rund um den idyllisch gelegenen Kandy-See (S. 282).
▶ Besuch des Cultural Center, um einer **Aufführung der berühmten Kandy-Tänze** beizuwohnen (S. 283).

1592–1604 versuchte König Vimala Dharma Suriya I. von Kanda Uda Pas Rata, sich mit den Portugiesen gutzustellen, die sein Königreich ringförmig umschlossen hatten. Er heiratete die Christin Dona Catherina. Außerdem baute er den ersten hiesigen Zahntempel.

1630 zogen die Portugiesen mit Waffengewalt nach Kandy, konnten jedoch wegen ausbrechender Tropenkrankheiten und wegen des Widerstands der Einheimischen aus dem schützenden Dschungel heraus die Enklave Kandy nicht einnehmen.

1636 schloss der König Rajasimha II. von Kandy einen Schutzvertrag mit den Holländern gegen die Portugiesen. In Zusammenarbeit mit der „Schutzmacht Holland" wurden die verhassten Portugiesen vertrieben. Doch die Singhalesen kamen „vom Regen in die Traufe". Eine neue Kolonialmacht nahm vom ehemals portugiesischen Herrschaftsbereich Besitz.

1707–1739 regierte mit König Narendra Simha zum letzten Mal ein Angehöriger der singhalesischen Dynastie. Sein Nachfolger König Vijaya Rajasimha (1739–1747) war bereits ein Südinder.

1760–1766 kam es unter König Kirti Sri Rajasimha (1747–1782) zum offenen Kampf mit den Holländern. Dem König wurde ein Friedensvertrag diktiert, der den Europäern weitere Ländereien an der Küste zusicherte.

1781, nachdem die Franzosen als Konkurrenten ausgeschaltet waren, setzten sich die Engländer erstmals in Trincomalee fest: der Beginn der britischen Kolonialherrschaft in Ceylon.

1815 wurde Kandy von den Briten eingenommen und das über 2.000-jährige singhalesische Königtum ausgelöscht.

Die Geschichte des Heiligen Zahns

Als Gautama Buddha 480 v. Chr. in Indien starb, wurde sein Leichnam verbrannt. Nach der Einäscherung des Erleuchteten sollen noch Teile seines Skeletts, darunter ein Schlüsselbeinknochen und vier Zähne, die verzehrenden Flammen des Scheiterhaufens überstanden haben. Diese unternahmen als Reliquien wundersame Reisen. Ein Zahn wird in einer Pagode in Peking aufbewahrt. Ein weiterer soll sich in einem unbekannten Kristallpalast auf dem Meeresgrund befinden. Einen dritten, so sagt man, habe die Göttin Indra an sich genommen, und der vierte ist bis nach Kandy gelangt und wird nun als die **heiligste Reliquie Sri Lankas** im Tempel des Zahns verehrt.

Märchenhaft klingen die Geschichten, wie der rechte obere Eckzahn Gautama Buddhas von Indien nach Sri Lanka kam. Eine der verschiedenen **Legenden** wird wie folgt erzählt:

„Nach dem Tode Gautama Buddhas wurde sein rechter oberer Eckzahn rund 800 Jahre lang in einem Schrein in Indien aufbewahrt. Ein fanatischer Hindukönig stahl die Reliquie, um sie zu zerstören. Er warf sie ins Feuer, aber aus den züngelnden Flammen bildete sich eine Lotosblüte, die den Zahn schützend umfing. Wütend versuchte der König nun, den Zahn mit einem Hammer zu zertrümmern, aber statt des Zahns ging der Hammer zu Bruch. In seinem Zorn warf er die Reliquie in einen Teich, doch der Teich wurde in einen Garten verzaubert, in dessen Mitte der unversehrte Zahn auf einer Lotosblüte lag. Geläutert trug der Hindukönig den gestohlenen Zahn in den Schrein zurück und wurde ein gläubiger Buddhist. Damit sich dieser Diebstahl nicht wiederholte, brachte eine buddhistische Prinzessin den Heiligen Zahn nach Ceylon."

Der Heilige Zahn als Machtsymbol

Im 4. Jh. n. Chr. wurde der Buddhismus von den Hindus in Indien immer stärker bedroht. Deshalb schickte der Pandu-König seine Tochter, die eine buddhistische Nonne war, nach Ceylon, das noch als sicherer Hort des buddhistischen Glaubens galt. Sie versteckte den rechten oberen Eckzahn Gautama Buddhas in ihrem Haar, schmuggelte ihn so auf die Insel und überreichte ihn dem singha-

Feueropfer beim Zahntempel

lesischen Herrscher, wahrscheinlich König Siri Meghavanna von Anuradhapura (301–328 n. Chr.). Ein schon vorhandenes ehrwürdiges, von König Devanampiya Tissa (250–210 v. Chr.) errichtetes Bauwerk wurde zum Aufenthaltsort der Reliquie erkoren und somit der erste Tempel des Zahns (*Sri Dalada Maligawa*).

Doch auch in Anuradhapura wurden die Zeiten immer unsicherer. Die südindischen Cholas eroberten 1017 n. Chr. die singhalesische Hauptstadt. Der Singhalesenkönig Vijaya Bahu I. (1055–1110) schlug die Cholas zurück und wählte Polonnaruwa zu seiner neuen Residenz. Hier tauchte nach den Kriegswirren auch der Heilige Zahn wieder auf. In dieser Epoche wird von den ersten Prozessionen zu Ehren des Zahns (*peraheras*) berichtet.

Während der unruhigen Zeiten im 13. Jh. wurde die Reliquie mehrmals umquartiert, bis sie 1277 in Yapahuva, wo König Bhuvaneka Bahu I. (1272–1284) in ei-

Kandy und Umgebung

nem kleinen Königreich regierte, von südindischen Eroberern geraubt wurde. Allerdings gelang es König Parakrama Bahu III. (1287–1293), sie auf dem Verhandlungswege wieder nach Ceylon zurückzuholen.

Als Kotte Hauptstadt war und die Reliquie als Symbol der Macht ebenfalls dort untergebracht war, wurden die Portugiesen ihrer habhaft. Sie ließen den Zahn angeblich nach Goa in Indien bringen und dort im Beisein des Vizekönigs von Indien und des Erzbischofs in religiösem Eifer zerstampfen und verbrennen.

Die Singhalesen behaupteten jedoch, der vernichtete Zahn sei eine Nachbildung gewesen. So konnte die abenteuerliche Wanderung des deklarierten Originals weitergehen. König Viravikkama von Kandy (16. Jh.) soll im Besitz des echten Zahns gewesen sein. Er baute den ersten Schrein für die Zahnreliquie.

König Kirti Sri Rajasimha von Kandy (1747–1782) führte die Reliquie auf Reisen stets mit sich und versteckte sie, wenn es zum Kampf mit den Holländern kam.

Während der Uva-Rebellion von 1817–1818 wurde der Zahn von den singhalesischen Widerstandskämpfern in Kandy gestohlen, da sie aus ihm die Berechtigung herleiteten, sich gegen die Fremdherrschaft aufzulehnen. Die Briten erkannten zu spät, dass die Kampfmoral der Partisanen entscheidend davon abhing, dass sich die Reliquie in ihrem Besitz befand. Als der Heilige Zahn wieder den Engländern in die Hände fiel, brach der Widerstand zusammen.

Heute wird der verehrte Eckzahn Gautama Buddhas im **Sri Dalada Maligawa von Kandy** streng bewacht. 2.500 Jahre nach dem Tod Gautama Buddhas zieht er immer noch die Anhänger des Erleuchteten in seinen Bann.

Sehenswürdigkeiten

Der Tempel des Zahns (Sri Dalada Maligawa)

Der jetzige Tempel des Zahns geht auf ein Bauwerk von König Narendra Simha (1707–1739) zurück. König Kirti Sri Rajasimha (1747–1782) restaurierte die Tempelanlage, und der letzte Singhalesen-Herrscher König Sri Vikrama Rajasimha (1798–1815) ließ entscheidende Veränderungen an ihr vornehmen, etwa den Anbau des achteckigen Turms. Seitdem hat sich der jetzt gelb gestrichene, **zweistöckige Prachtbau** nicht mehr entscheidend verändert.

In der Kandy-Epoche hat sich ein eigenständiger Baustil entwickelt. Eines der typischen Bauelemente der sogenannten **Kandy-Architektur** ist das abgeknickte Ziegeldach des Tempels.

3.000 alte Mönchsschriften Am markantesten ist jedoch der **achteckige Turm** (*pattirippuva*), der eine beachtenswerte **Bibliothek** von rund 3.000 wertvollen, alten Mönchsschriften (*olas*) enthält, die auf Palmenblättern geschrieben sind. Diese sind in Sanskrit, einer „toten", nicht mehr gesprochenen, aber bis heute heiligen Gelehrten- und Literatursprache, in Pali, einem mittelindischen Dialekt, der zur Nie-

Kandy – die schönste Königsstadt

An dem Stupa vorbei geht es zum Eingang des Zahntempels

derschrift des buddhistischen Kanons verwendet wurde, und in Singhalesisch abgefasst. Einige dieser Schriften sind 800 Jahre alt.

Von seiner Empore zeigten und zeigen sich noch heute hochgestellte Persönlichkeiten dem Volk bei den Festumzügen. Von dem Präsidentenpalast bis zum achteckigen Turm verläuft ein unterirdischer Gang, der von den Königen und später von den Präsidenten benutzt wurde. Inzwischen ist er allerdings geschlossen. Charakteristisch ist auch das den Heiligen Schrein umlaufende, überhängende Dach mit seinen Holzschnitzereien.

Nachdem man den Haupteingang passiert hat, fällt zur Linken die schneeweiße Dagoba auf.

An den Tempeleingängen befinden sich die sogenannten **Schwellensteine** (*patika*). Sie besitzen nicht mehr die religiöse Bedeutung der klassischen Mondsteine von Anuradhapura, vielmehr steht in Kandy die Gestaltung der Ornamentik, meist Pflanzenmotive, im Vordergrund. Beachtenswert sind die Wandmalereien im Inneren des Tempels.

Zu den Gebetszeiten kann sich jedermann dem Pilgerstrom zum **Schrein mit der heiligen Zahnreliquie** anschließen. Langsam nähert man sich dem silberbeschlagenen, 400 Jahre alten Schrein, Gläubige legen ehrfurchtsvoll Opfergaben (Blumen und Früchte) nieder. Die elfenbeinverzierten Türen werden

Religiöse Zeremonie

Kandy und Umgebung

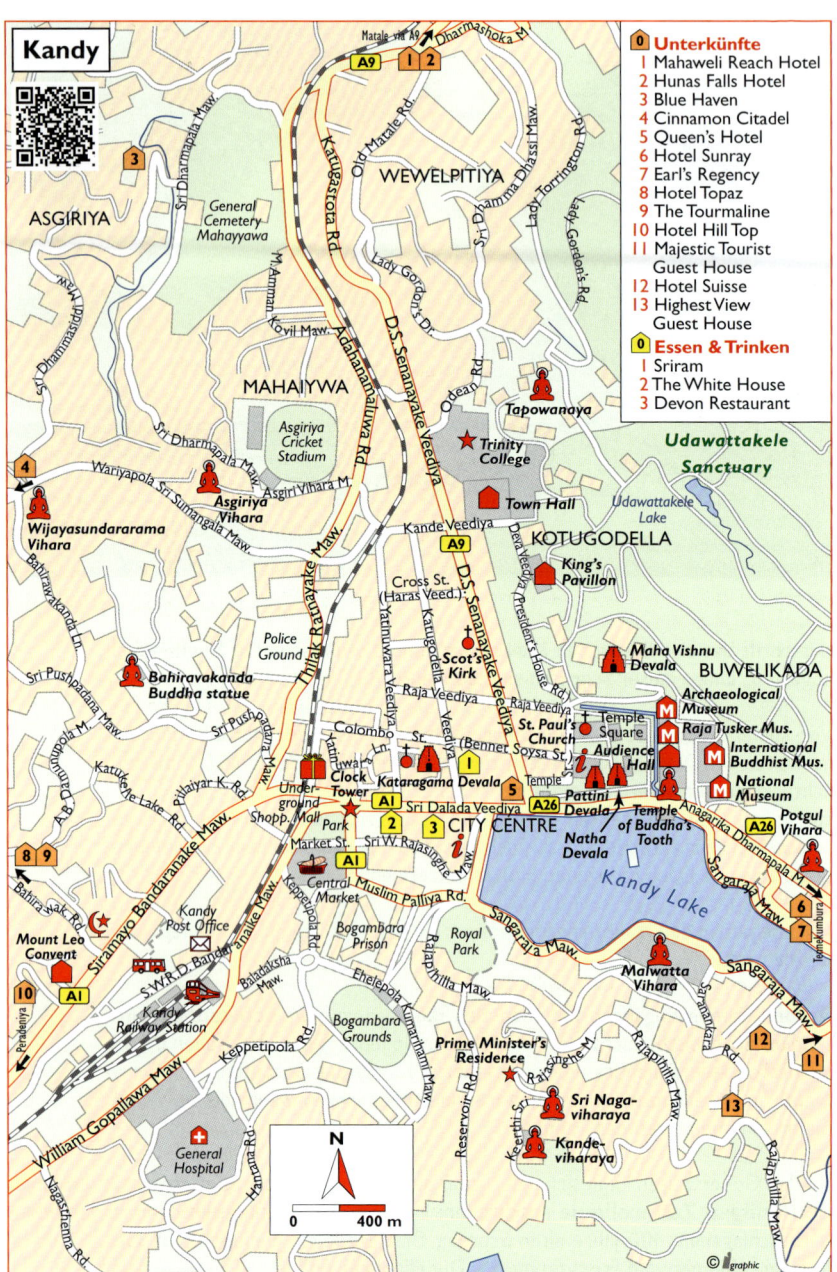

während der Andacht (*puja*) unter dumpfen Trommelwirbeln geöffnet. Man bekommt allerdings nicht den Zahn selbst, sondern lediglich den äußeren, etwa 1 m hohen Reliquienbehälter zu sehen. In ihm verbergen sich sechs weitere ineinander geschachtelte, mit Edelsteinen reich verzierte Mini-Dagobas (vergleichbar mit den russischen Matrjoschkas), deren innerste den Zahn Gautama Buddhas enthält.

Den Schrein zieren bunte Flaggen, deren Farben folgende Bedeutung haben: Blau bedeutet Freundlichkeit, Gelb Klugheit, Rot Kraft, Weiß Ehrlichkeit und Orange Besonnenheit. Alle fünf Farben in einer Flagge wiederholt symbolisieren Loyalität gegenüber der Obrigkeit.

Am Schrein des Gottes Kataragama ist besonders der sogenannte **Makara-Bogen** beachtenswert. Bei den zwei Makaras über dem Schrein handelt es sich um Fabeltiere, die aus jeweils sieben Tiermerkmalen bestehen: dem Maul des Krokodils, den Beinen des Löwen, dem Rüssel des Elefanten, den Krallen des Adlers, den Ohren des Affen, dem Schwanz des Pfaus sowie dem Leib des Fisches.

Beiderseits der Treppe ins Innere des Sri Dalada Maligawa stehen **zwei Wächterstelen**, die von einer fünfköpfigen Kobra beschirmt werden.

In einer 1956 errichteten Halle findet sich zur Linken eine große Buddha-Statue aus Thailand, außerdem kleinere aus Taiwan, China, Japan, Korea, Burma und Indien. In einer Bilderfolge an den Wänden dieser Halle werden die Lebensgeschichte Gautama Buddhas und die Legende seines überlieferten Zahns dargestellt und in englischer Sprache erläutert.

Buddha-Halle

Folgende Themen werden behandelt:
- Die Geburt des Prinzen Siddharta Gautama um 560 v. Chr. im Süden Nepals
- Die Meditation und Erleuchtung Buddhas (Buddha = der Erleuchtete) unter einem Bodhi-Baum in Indien
- Sein Tod im Alter von 80 Jahren
- Die Zeremonie mit dem Buddha-Zahn
- Der vergebliche Versuch des Königs Pandya, den Buddha-Zahn mit dem Hammer zu zerschlagen, das wundersame Entweichen des Zahns vor den Schlägen und das Erscheinen eines Sterns am Himmelszelt
- Die Überbringung des Zahns im Haarknoten einer Prinzessin nach Sri Lanka
- Die Aufbewahrungsorte des Buddha-Zahns in der Vergangenheit: Anuradhapura, Polonnaruwa, Dabadena, Yapahuva, Colombo und Kotte
- Die Überbringung der Zahnreliquie durch Senkadagala nach Kandy
- Der Bau des dreidachigen Tempels in Kandy während der Regierungszeit des Königs Vimaladharmasuriya (1592–1603 n. Chr.)

Neben seinem überragenden religiösen Rang ist der Tempel auch **Schauplatz entscheidender historischer Ereignisse**:
Am **2. März 1815** unterzeichnete hier in der Audienzhalle des Tempels der letzte singhalesische König Sri Vikrama Rajasimha die Kapitulationsurkunde, „Kandyan Convention", wodurch Ceylon an die britische Krone fiel. Eine Kopie dieses Vertrages befindet sich im Kandy National Museum hinter dem Tempel.
1972 wurde hier die demokratisch-sozialistische Republik Sri Lanka ausgerufen und damit der vorherige Name Republik Ceylon abgeschafft.
1998 schlug die LTTE im Januar auch an diesem heiligen Ort zu und brachte vor dem Eingang einen mit Sprengstoff beladenen LKW zur Explosion. 20 Menschen starben, die Verwüstungen waren gewaltig. Auch wenn die baulichen Schäden heute behoben sind, gibt es seitdem um den Tempel eine Art Sperrgebiet, und man darf sich ihm nur zu Fuß und nach Gesichtskontrolle nähern.
The Temple of the Tooth, *Pujas tgl. 5.30, 9.30 und 18.30 Uhr (jeweils ca. 90 Min.), www.sridaladamaligawa.lk (hier gibt es Online-Tickets für US$ 10), Eintritt 1.000 Rs., Fotoerlaubnis 1.000 Rs.*

info

Kandy Perahera

Es ist die größte Prozession Sri Lankas zu Ehren der Zahnreliquie Gautama Buddhas, die alljährlich im August in zehn Nächten und an dem folgenden Vollmondtag durch die Straßen von Kandy getragen wird, begleitet von etwa 150 Elefanten, hohen Würdenträgern, 500 Tänzern und Trommlern und Tausenden von Gläubigen und Gästen. Der Träger der Reliquie ist in traditioneller Tracht gekleidet.

Audienzhalle

Gleich nördlich des Tempels liegt die imposante **Audienzhalle**, ein im kandyanischen Stil errichteter, nach allen Seiten offener Pavillon auf Stelzen. Hier unterzeichneten die Herrscher von Kandy am 2. März 1815 ihre Kapitulation gegenüber den Briten.

Raja Tusker Museum

Sri Lankas berühmtester Elefant

Wiederum nördlich von der Audienzhalle befindet sich das originelle **Raja Tusker Museum**, das zu Ehren des berühmtesten Elefanten Sri Lankas, Raja, errichtet wurde. Raja diente 50 Jahre als Maligawa Tusker, war also der Elefant, der die Reliquie des Heiligen Zahns zu Esala Perahera durch die Straßen Kandys trug. Er verstarb 1988.
Raja Tusker Museum, *tgl. 9–16.30 Uhr, Eintritt frei mit dem Ticket zum Zahntempel.*

Nicht jedermanns Sache: Elefantenshow auf dem Gelände des Zahntempels

National Museum Kandy

Dieses ausgezeichnete kleine Museum befindet sich hinter dem Tempel des Zahns und zeigt eine sehenswerte Sammlung von Kunstwerken, meist aus der Kandy-Zeit (17.–19. Jh.), einschließlich Schmuck, Textilien, Waffen, rituellen Gegenständen, Elfenbeinschnitzereien und Töpferwaren.
National Museum Kandy, *Di–Sa 9–17 Uhr, Eintritt Erwachsene 500 Rs., Kinder 300 Rs. Fotoerlaubnis: 250 Rs.*

International Buddhist Museum

Ein paar Meter hinter dem National Museum findet sich im früheren, imposanten Gerichtsgebäude das International Buddhist Museum. Es soll nach den Wünschen der Politik bald der Anziehungspunkt in Kandy werden, da hier, wie es heißt, das Studium des weltweiten Buddhismus möglich sei. Zu sehen sind **buddhistische Artefakte** aus Sri Lanka und anderen bis heute buddhistischen Ländern sowie viele Zeugnisse zur Geschichte der Entstehung und des Vergehens des Buddhismus – wie beispielsweise in Indonesien.
International Buddhist Museum, *tgl. 8–19 Uhr, Eintritt 500 Rs.*

Natha Devale

Das Heiligtum aus dem 14. Jh. ist der älteste Tempelbau Kandys und zeigt stark südindische Züge. Man betritt den Natha Devale durch eine von Holzsäulen getragene Vorhalle. Auch Andersgläubigen steht das Allerheiligste offen. Der

Ältester Tempel Kandys

Tempel ist dem Hindugott Natha geweiht, der mit dem Bodhisattva Avalokiteshvara identisch ist. Ein Bodhisattva ist ein Heiliger, der auf der letzten Stufe vor Erreichung der Buddhaschaft steht, der jedoch freiwillig darauf verzichtet, ins Nirwana einzugehen, um anderen zu helfen, die Erleuchtung zu finden. Besagter Bodhisattva zählt zu den vier Schutzgottheiten Sri Lankas.

Vor den Zeremonien spielen die Flötenspieler und Trommler, um die Gottheit symbolisch auf die Gläubigen aufmerksam zu machen. Die Gläubigen suchen zunächst den Schrein auf und bringen dort ihre Opfergaben dar, Blüten und kleine Geldgeschenke. Außerdem zünden sie Öllämpchen oder Räucherstäbchen an. Dann erst begeben sie sich barfüßig in den Tempel, in dem meist der Priester für sie betet, oder man betet allein. Abschließend segnet der Priester die Gläubigen.

In dem Natha Devale befindet sich eine mit wertvollen Elfenbeinschnitzereien versehene Trage, die während der Perahera, der großen Prozession in Kandy zu Ehren der Zahnreliquie, verwendet wird. Außerdem wird hier ein Aufsatz für die festlich geschmückten Elefanten aufbewahrt.

Maha Vishnu Devale

Dieser Tempel ist Vishnu geweiht, der als Schöpfer und Erhalter der Erde zu den bedeutendsten Hindugottheiten zählt. Unter dem Namen Upulvan wird Vishnu auch von den Buddhisten als Schutzgott Sri Lankas verehrt. Der Maha Vishnu Devale ist über eine Treppe zu erreichen. Am Eingang überschreitet man einen Mondstein aus der Kandy-Periode. Beeindruckend an diesem Tempel sind die sogenannten **Makara-Bögen** über dem Eingang zum Schrein. Zwei Makara-Fabelwesen bedrängen von beiden Seiten eine Maske. Diese Kombination wird auf Singhalesisch *Kibisimona* genannt.

Gewaltiger Bodhi-Baum Auch bei diesem Heiligtum begeben sich die Gläubigen zunächst zum Schrein unter einem gewaltigen, mit Gebetsfahnen geschmückten Bodhi-Baum, um Opfergaben niederzulegen und Öllämpchen anzuzünden. Dann betreten sie das Allerheiligste des Tempels, in dem der Priester möglicherweise für sie betet. Der Vorhang zum Tempeleingang ist in Blau, der Farbe Vishnus, gehalten. Von der erhöhten Plattform der Anlage hat man einen wunderschönen Blick unter den Zweigen des Bodhi-Baums mit seinen bunten Gebetsfahnen hindurch auf das goldene Dach des Tempels des Zahns. Neben dem Maha Vishnu Devale befindet sich ein kleinerer, älterer Tempel: der Dadimunda Devale.

Bahiravakanda Buddha

Wenn man den Maha Vishnu Devale verlässt und sich nach rechts wendet, fällt der Blick in westlicher Richtung auf eine entfernt zu sehende, weiße Buddha-Statue. Das **28 m hohe Standbild** wurde 1993 nach 15-jähriger Bauzeit fertiggestellt. Der 20-minütige Aufstieg, beginnend hinter dem Uhrturm (Peradeniya Road), belohnt mit einem schönen Ausblick auf Kandy (*tgl. 6–20 Uhr, Eintritt 200 Rs.*).

St. Paul Church

Bei dem weiteren Besichtigungsgang, jetzt in Richtung Westen, entlang der Raja Vidiya sieht man zur Linken die St. Paul Church. Die 1843 erbaute **anglikanische Kirche** wirkt inmitten der sie umgebenden buddhistischen und hinduistischen Heiligtümer etwas fremdartig, kann jedoch als Zeichen der Glaubensfreiheit und Toleranz Sri Lankas verstanden werden.

Pattini Devale

Dieser Tempel ist Pattini, der Göttin der Ehe, geweiht. Pattini ist die bedeutendste weibliche Gottheit der Singhalesen und soll auch vor Epidemien schützen. Im Tempel befindet sich zudem ein Bildnis der Göttin **Kali**: eine furchterregende Manifestation der „Zerstörung der Zeit". Nach hinduistischer Vorstellung kann Kali die Schöpfung des Gottes Shiva zerstören und in den Urzustand zurückführen.

Blick auf Kandy – im Vordergrund der Kandy-See

Kataragama Devale

Um zum Kataragama Devale zu kommen, folgt man der Colombo Street (bzw. Srimath Bennet Soysa Vidiya) in westlicher Richtung und biegt links in die zweite Querstraße, die Katugodella Vidiya, ein.

Kataragama: der Schutzgott Sri Lankas — Dieser Tempel ist vor allem dem sechsgesichtigen hinduistischen Kriegsgott Kataragama geweiht, der als Schutzgott Sri Lankas von Hindus, Buddhisten und Muslimen gleichermaßen verehrt wird. Die Gläubigen bitten Kataragama in erster Linie um persönliches Wohlergehen, um Kraft im Lebenskampf, um Gesundheit und Erfolg.

In Nebengebäuden befinden sich die sogenannten Schreine, an denen man auch zu anderen Göttern beten kann: Einer dieser Schreine ist **Ganesha** gewidmet, der als Gott der Klugheit, des Lernens und der Politik gilt und den man um Erfolg und Fruchtbarkeit anruft. Auf einem menschlichen Leib trägt er einen Elefantenkopf und gilt deshalb als Beseitiger von Hindernissen und Problemen, weil er durch die Gefahren stürmen kann wie ein Elefant durch den Dschungel.

Lakshmi ist die Göttin der Schönheit, der Liebe, des Glücks und des Reichtums. Sie wird in großer Reinheit auf einer Lotosblüte dargestellt, in jeder Hand eine dieser zartrosafarbenen Lotosblüten emporhaltend und von zwei Elefanten, die sie mit Wasser besprühen, eingerahmt. Die Lotosblüte steht für das schöpferische Prinzip, aus ihr geht die geschaffene Welt hervor, außerdem symbolisiert sie den Mutterschoß.

Der Kandy-See (Kiri Muhada)

Künstlicher See — Dieser künstlich angelegte See trägt sehr entscheidend zur Harmonie des Stadtbildes bei. Wenn man am Hang auf der höhergelegenen, dem Zahntempel gegenüberliegenden Seeseite steht, hat man im warmen Licht der Nachmittagssonne von einem Aussichtspunkt aus den schönsten Blick auf den See, **das Herzstück Kandys**.

In seiner Mitte liegt als Blickfang eine **kleine Insel**, Wolken spiegeln sich im Wasser, gegenüber liegt das Badehaus und dahinter der gelb gestrichene Zahntempel mit dem vergoldeten Dach. Halblinks erstreckt sich die geschäftige Stadt und halbrechts die natürliche Waldkulisse mit den unterschiedlichsten Baumarten.

Dieses Juwel im Angesicht der Stadt ist dem letzten singhalesischen König Sri Vikrama Rajasimha zu verdanken. Dabei hatte er zunächst gar nicht die Absicht, einen See anlegen zu lassen. 1801 erteilte er lediglich den Auftrag, einen Damm über ein sumpfiges Reisfeld zu schütten, damit man trockenen Fußes vom Palast zum Malwatte Vihara gehen konnte. Im Osten des Damms bildete sich ein kleiner See, dem der König den Namen „Kiri Muhuda" (= „Milchmeer") gab. Als der Herrscher die Schönheit des Gewässers mitten in seiner Hauptstadt erkannte, ließ er 1812 einen neuen Damm noch weiter westlich aufschütten, um die Wasserfläche zu vergrößern.

Der alte Damm wurde bis auf einen kleinen Rest abgetragen. Dieser bildet die heutige Insel, auf die seinerzeit der Harem des Königs verlegt wurde. Ein inzwischen nicht mehr benutzbarer unterirdischer Gang führte zu der Haremsinsel.

Sri Selva Vinayagar Kovil

Dieser im letzten Jahrhundert erbaute Kovil dient der Verehrung des Gottes Ganesha und ist der am meisten von den Hindus besuchte Tempel Kandys. Die Andachtsstätte liegt in der Peradeniya Road nahe der Touristenpolizei-Station.

Asgiriya-Kloster

Das Asgiriya-Kloster befindet sich an der Wariyapola Sri Sumanga Mawatha im Norden Kandys. Man folgt dem Hinweisschild mit der Aufschrift „Katugastota". Der letzte König von Kandy, Sri Vikrama Rajasimha, ließ diese Klosteranlage bauen, in der auch die Universität der buddhistischen Mönche, **Mahavihara Pirivena**, untergebracht ist. Das Gelände ist für Fremde nur mit Genehmigung eines Hohepriesters zugänglich, die jedoch in aller Regel erteilt wird.

Kloster und Universität

Der **Große Tempel** beherbergt eine auffällige schlafende Buddha-Figur. Sehenswert sind auch die Deckendekoration sowie ein Relief mit dem in tiefe Meditation versunkenen Buddha. Der **kleinere und ältere Tempel** zeigt neben Gautama Buddha den Mönch Mahinda, der 250 v. Chr. den König Devanampiya Tissa in Matale zum Buddhismus bekehrt hat. Im Hauptgebäude des Klosters finden sich weitere Kostbarkeiten, z. B. kunstvoll verzierte Türen und alte Mönchsschriften (*olas*).

Die berühmten Kandy-Tänze

info

Auch wenn die Kandy-Tänze eine reine **Show für Touristen** sind, lohnen die Darbietungen der in prächtige Gewänder gehüllten Tänzerinnen und Tänzer definitiv einen Besuch. Es gibt mehrere dieser atemberaubenden, akrobatisch anmutenden Vorführungen in Kandy. Um einen Eindruck der großen Reichhaltigkeit des Programms zu vermitteln, werden die verschiedenen leidenschaftlich vorgeführten Tänze im Folgenden kurz vorgestellt.

• Magul Bera: Nach alter Tradition wird diese Zeremonie durch Trommeln und Muschelblasen zur Eröffnung religiöser Handlungen oder Festlichkeiten in Sri Lanka durchgeführt. Die Singhalesen erflehen damit den Segen der beschützenden Götter.

- Puja Dance (Tanz der Hingebung): Sarasvati, die göttliche Mutter des Tanzes, wird angerufen, um die Tänzer und das Volk zu segnen und um sich ihres Wohlwollens zu versichern.
- Devol Dance: Dieser lebhafte, traditionelle Tanz stammt aus dem Süden Sri Lankas und soll verschiedene Krankheiten heilen, die durch teuflische Einflüsse, Verwünschungen oder böse Blicke verursacht wurden.
- Mayura Dance: Die Tänzerinnen stellen mit graziösen Bewegungen einen Pfau dar. Nach alter Überlieferung ist der Pfau das Reittier des Kriegsgottes Skanda (Kataragama), der sowohl von den Hindus als auch von den Buddhisten verehrt wird.
- Pantheru Dance: Pantheru ist ein ähnliches Instrument wie das Tamburin. Mit viel Geschick wird es im Zusammenspiel mit akrobatischen Darbietungen in diesem Tanz verwendet, um darzustellen, wie die singhalesischen Krieger ins Gefecht zogen.
- Raksha Dance (Teufelstanz): Der Tanz mit der Teufelsmaske schildert den Kampf zwischen einer Kobra und einem Vogel. Durch dieses Ritual sollen teuflische Einflüsse ausgetrieben werden. Aufgrund seiner therapeutischen Wirkung wird dieser Tanz bis zum heutigen Tag angewandt.
- Narilatha Dance (Tanz der Versuchung): Der in Königszeiten ausschließlich von Mädchen aufgeführte Minnetanz erzählt von der Blume Narilatha aus dem Himalaya, welche die Versuchung verkörpert. Es heißt, dass diese Blume durch ihre sinnlichen Bewegungen im Wind den Asketen von seiner Meditation abzulenken versucht.
- Gini Sisila Dance (Feuertanz): Dieser Tanz aus dem Süden der Insel zeigt, wie Willenskraft und fester Glaube die Darsteller vor Verbrennungen schützen. Wie durch einen Zauber wird den Tänzern die Macht über Feuer und 27 Teufel verliehen, während sie mit Fackeln ihren Körper berühren und das Feuer schlucken.
- Raban Dance: Die einseitig bespannten Trommeln begleiten zusammen mit weiteren Trommeln und Zimbeln hauptsächlich Gesang. Jongleure zeigen ihre Geschicklichkeit.
- Ves Dance: Der traditionelle Name des Tanzes ist Kohomba Kankariya. Er dauert mit all seinen Formen einen ganzen Tag und eine ganze Nacht und dient zum Schutz vor bösen Geistern und zur Bewahrung von Gesundheit und Wohlstand. Wegen seiner Länge kann dieser Tanz nur von jahrelang trainierten Tänzern aufgeführt werden. Ves ist ein Bestandteil davon, benannt nach der Tracht des Kandy-Tänzers, die aus 64 verschiedenen Ornamenten besteht.
- Kulu Dance (Erntetanz): Begleitet von leichtem Trommelwirbel und Flötenklängen, zeigen die Tänzerinnen in anmutiger Weise verschiedene Etappen der Reisernte, vom Mähen bis zum Einfahren der Ernte.
- Drum Orchestra: Jeder Schritt, jede Bewegung wird den Kandy-Tänzern von verschiedenen Trommeln vorgeschrieben. Hier haben sie, gleichzeitig gespielt oder sich antwortend, einen kriegerischen Effekt. Zum Abschluss stellen sich noch einmal sämtliche Teilnehmer vor.
- Fire Walking: Der Feuerlauf erinnert an die Sage von Rama und Sita. Der Dämonenkönig Ravana hatte die indische Prinzessin Sita entführt. Von Rama befreit, bewies sie ihre bewahrte Keuschheit, indem sie barfuß über glühende Kohlen schritt, ohne sich zu verletzen. Bevor ein Feuerläufer über die Glut geht, erbittet er sich den Segen des Gottes Skanda und der Göttin Pattini.

Info und Vorführungen: *Cultural Center, Kandyan Arts Association, 72 Sangaraja Mawatha,* ① *081-2223100. Aufführungen tgl. 17.30 Uhr, Eintritt: 500 Rs.*

Reisepraktische Informationen Kandy

ℹ️ Information
Sri Lanka Tourism Kandy, *Kandy City Center, L2/3 Level 2, ☏ 081-2222661, infokandy@srilanka.travel. Kleiner Info-Stand inmitten einer Einkaufsmall mit sehr engagiertem Personal und gutem Kartenmaterial zu Kandy und der Region.*

➕ Im Krankheitsfall
General Hospital, *Kandy, ☏ 081-2233337.*

💲 Banken
Die Straße Dalada Vidiya beherbergt alle sri-lankischen Banken, die meisten davon auch mit Geldautomaten.

✉️ Post
Main Post Office, *S. W. R. D. Bandaranaike Mawatha, am Bahnhof.*

🛏️ Unterkunft
Majestic Tourist Guest House $$ (11), *83/40 Ampitiya Road, ☏ 081-2202210. 19 Zimmer – davon 14 Doppelzimmer – mit Ventilator, Klimaanlage gegen Aufpreis. Dachrestaurant mit schönem Blick über die Umgebung. Besichtigungsfahrten aller Art stehen im Programm. WiFi in öffentlichen Bereichen.*
Highest View Guest House $$ (13), *129/3 Saranankara Road, Kandy, ☏ 081-2233778, www.highestview.com. Die meisten der zehn einfachen, sauberen Zimmer verfügen über einen Balkon, von dem man eine tolle Aussicht auf den Kandy-See, den Tempel des Zahns und die umliegenden Berge hat und auf dem ein gutes Frühstück serviert wird. Das Haus organisiert nähere und weitere Inselrundreisen oder auch interessante Tagestouren, Stadtrundfahrten und Ausflüge zum Botanischen Garten.*
Blue Haven $$–$$$ (3), *30/2 Poorna Lane, ☏ 081-2229617, www.bluehaven guesthouse.com. Ein wenig außerhalb von Kandy bietet das Blue Haven zehn Zimmer mit Klimaanlage, Bad und Balkon. 20 Jahre Erfahrung als Tour Operator kommen Besuchern bei einer Besichtigungsfahrt durch Kandy und Umgebung zugute. Hauseigenes Restaurant. WiFi inklusive.*
Hotel Hill Top $$$ (10), *200/21 Bahirawakanda, Peradeniya Road, Kandy, im Stadtbereich, ☏ 081-78508505 und 2224162, www.aitkenspencehotels.com/hotel hilltop. Das moderne, an einem Hügel gelegene Hotel bietet einen grandiosen Blick über die Stadt. 74 klimatisierte Zimmer, Restaurant mit europäischer und asiatischer Küche, Spa, Swimmingpool und Tennisplatz.*
Hotel Sunray $$$ (6), *117/8 Anagarika Dharmapala Mawatha, ☏ 072-7222207. 25 Zimmer mit Klimaanlage oder Ventilator. Der Panoramablick über die Knuckles-Berge ist bezaubernd. Restaurant mit einheimischer und internationaler Küche, Pool, Spa, Ausflugsorganisation. WiFi in öffentlichen Bereichen.*
Hotel Topaz $$$–$$$$ (8), *Anniewatte, Kandy, ☏ 081-73890006, www.hotel-topazkandy-srilanka.com. Dieses Hotel liegt 2 km von Kandy City entfernt auf dem Gipfel eines Hügels. Bei gutem Wetter sind folgende Berge in der Runde auszuma-*

chen: die Knuckles-Gruppe, Hunas Range, Matale-Hügel und der Bible Rock. Das Hotel hat 75 komfortable Gästezimmer mit Dusche/WC, TV, Air Condition und Balkon. Das Restaurant serviert westliche und östliche Gerichte. Der Service umfasst außerdem einen Swimmingpool, eine Shopping-Arkade, eine Bar, einen Konferenzraum, einen Tennisplatz, einen Fitness- und einen Ayurveda-Bereich. WiFi inklusive.

Mahaweli Reach Hotel $$$$ **(1)**, 35 P. B. A. Weerakoon Mawatha, 5 km von Kandy City entfernt, ☏ 081-2472727, www.mahaweli.com. 112 großzügige, unlängst renovierte, klimatisierte Zimmer und Suiten. Vom Balkon blickt man auf den Garten und entweder auf den Fluss oder den Pool. Restaurant mit internationaler Küche, Bar, Konferenzraum, Wellness- und Fitness-Bereich vorhanden. Die weitere Angebotspalette reicht vom Swimmingpool über den Tennisplatz und Billard bis zu Bootsfahrten und Fahrradtouren. WiFi inklusive.

Hunas Falls Hotel $$$$ **(2)**, Elkaduwa, Kandy, 26 km von Kandy City, über Katugastota, Wattegama erreichbar, ☏ 0114-767888 (Reservierungen), 081-4940320 (Resort), www.hunasfallskandy.com. Dieses Resort liegt 900 m ü. M., in der Hunasgiriya Range. Es gibt 31 gut ausgestattete Zimmer und Suiten mit Balkon, einen kleinen Golfplatz, eine Bibliothek, einen Konferenzraum, eine Shopping-Arkade, Tennisplätze, einen Pool sowie einen Spa-Bereich. Restaurant mit europäischer sowie Landesküche und Terrasse mit toller Sicht auf die Berglandschaft. Das Hotel organisiert auch Trekking-Touren und Ausflüge. WiFi inklusive.

Cinnamon Citadel $$$$ **(4)**, 124 Srimath Kuda Ratwatte Mawatha, Kandy, 5 km von Kandy City, ☏ 081-223436566, www.cinnamonhotels.com/CinnamonCitadelKandy.htm. Dieses Hotel in exponierter Lage hat 121 klimatisierte Zimmer mit einem herrlichen Ausblick auf den Fluss. Zum Haus gehören ein Swimmingpool, Restaurant/Bar, eine Shopping-Arkade, ein Wäschereidienst und ein Spa-Bereich. Man kann Bootsfahrten unternehmen oder Billard spielen. WiFi inklusive.

Queen's Hotel $$$$ **(5)**, Sri Dalada Veediya, Kandy, an der nordwestlichen Ecke des Kandy-Sees gelegen und nur drei Gehminuten vom berühmten Tempel des Zahns entfernt, ☏ 081-2233026, www.queenshotel.lk. Die über 160 Jahre alte Anlage mit dem Flair der englischen Kolonialzeit bietet 78 klimatisierte Zimmer und Suiten mit Balkon, darunter zwei Familienzimmer. Von diesem sehr zentral gelegenen Hotel kann man zu Fuß die wichtigsten Sehenswürdigkeiten Kandys erreichen. Es werden asiatische und europäische Gerichte serviert. Ein Swimmingpool mit Kinderbecken, ein Schönheitssalon und eine Shopping-Arkade stehen den Gästen zur Verfügung. WiFi in öffentlichen Bereichen.

The Tourmaline $$$$ **(9)**, Anniwatte, Kandy, 2 km von Kandy City, auf einem Hügel gelegen, ☏ 084-5154720l, www.the-tourmaline-kandy-sri-lanka.de.ww.lk. Das Haus gehört zur selben Kette wie das Topaz und bietet 29 Zimmer mit Klimaanlage, TV, DVD-Player und Telefon. Es verfügt über einen Swimmingpool, Tennisplätze, Spa, ein Restaurant, einen Konferenzraum und eine Shopping-Arkade. WiFi inklusive.

Earl's Regency $$$$ **(7)**, Tennekumbura, Kandy, ☏ 081-2422122, www.aitkenspencehotels.com/earlsregency. Das Hotel liegt etwas außerhalb der alten Königsstadt Kandy mit Sicht auf die Berge und über den Mahaweli-Fluss. 134 ansprechend eingerichtete Zimmer mit Klimaanlage, Bad und Balkon. Zur Ausstattung des Hotels gehören außerdem eine große Lounge mit Bar, ein internationales und ein indisches Restaurant, ein Wellnessbereich, ein Pool mit Kinderbecken sowie Konferenzräume. WiFi inklusive.

Hotel Suisse $$$$ **(12)**, *30 Sangaraja Mawatha,* ① *081-2222637, www.hotelsuisse.lk. 90 Zimmer und Suiten mit Klimaanlage, Bad und Telefon stehen in diesem Haus mit kolonialem Ambiente für die Gäste bereit. Ein Konferenzraum, eine Shopping-Arkade, ein Schönheitssalon, Swimmingpool, ein Spielplatz und ein Restaurant ergänzen den Service. WiFi in öffentlichen Bereichen inklusive.*

Restaurants

Sriram (1), *87 Srimath Bennet Soysa Vidiya (Colombo Street), 081-5677287. Sehr gute, meist südindische Küche – von Dosas bis Curry. Tgl. 10–21 Uhr.*
The White House (2), *21 Dalada Vidiya,* ① *081-2232765, http://whitehouse.lk. Trotz der seit der letzten Renovierung modernen Atmosphäre sind die überwiegend asiatischen Mahlzeiten nach wie vor bodenständig und günstig. Tgl. 8.30–23 Uhr.*
Devon Restaurant (3), *11 Dalada Vidiya,* ① *081-2224537. Hier essen die Einheimischen. Eine Empfehlung ist beispielsweise das sri-lankische Frühstück. Tgl. 9.30–20.30 Uhr.*

Einkaufen

Kandyan Art Association, *72 Sangaraja Mawatha. Es werden Silber- und Bronzewaren, Edelsteine, Juwelierarbeiten, Masken, Antiquitäten, Lackwaren, Stein- und Holzschnitzereien in großer Auswahl verkauft. Außerdem ist die Werkstatt der Kunsthandwerker zu besichtigen, denen man z. B. bei der Bronzebearbeitung zusehen kann. Tgl. 9–17 Uhr.*

Zugverbindungen

Der gut genutzte Bahnhof liegt in Fußentfernung zur Stadt am südwestlichen Ende Kandys. Als eine der spektakulärsten Zugreisen Sri Lankas gilt die Fahrt von **Colombo nach Kandy**. *Die beste Sicht hat man vom Aussichtswagen am Zugende auf der rechten Seite in Fahrtrichtung.*
Auch die Strecken nach **Nanu Oya** *(von hier geht es mit dem Bus weiter nach Nuwara Eliya) und weiter nach* **Ella** *sind ein Höhepunkt eines Sri-Lanka-Besuchs. Diese starten allerdings in Peradeniya, 5 km von Kandy selbst entfernt.*
Aktuelle Verbindungen:
www.eservices.railway.gov.lk/schedule/homeAction.action?lang=en.

Busverbindungen

Kandy hat zwei Busterminals: **Goods Shed** *und* **Clock Tower**. *Für den Nahverkehr ist nur Clock Tower interessant. Von Goods Shed aus kommt man fast nach überall in Sri Lanka, auch wenn manchmal Umsteigen nötig ist. Im Zweifelsfall immer mehrmals fragen, denn der Busterminal ist sehr chaotisch. Die Expressbusse nach Colombo fahren ab Station Road, zwischen den beiden Busterminals.*
Tgl. angefahrene Ziele: Anuradhapura (3,5 Std.), Colombo (3 Std.), Dambulla (2 Std.), Negombo (3,5 Std.), Jaffna (9 Std.), Nuwara Eliya (2,5 Std.), Polonnaruwa (3,75 Std.), Trincomalee (6 Std.).

Die Umgebung von Kandy

Der Botanische Garten von Peradeniya

6 km südwestlich des Zentrums von Kandy liegt in einer Flussschleife des Mahaweli Ganga („Großer Sandfluss") der Botanische Garten von Peradeniya.

Paradies von Menschenhand
Hier taucht man in eine Tropenlandschaft von unglaublicher Üppigkeit ein. Tatsächlich meinen viele Besucher, dies sei der schönste Botanische Garten der Welt. Von den braunen Fluten des Mahaweli Ganga umspült, tut sich hier ein zwar von Menschenhand geschaffenes, aber auch von der Natur begünstigtes Paradies auf. Der Schwemmboden enthält die verschiedensten Mineralien, die der „Sandfluss" mit sich geführt hat und die ideale Voraussetzungen für die vielen Tropenpflanzen schaffen. Die Anlage umfasst 60 ha mit ca. **4.000 unterschiedlichen Pflanzen** einheimischer und exotischer Flora. Außerdem ist der Park ein **artenreiches Vogelrevier** und Rastplatz für Tausende von Flughunden (*Flying foxes*), einer großen, Früchte fressenden Fledermausart.

Mehrere Szenen des weltbekannten, mit sieben Oscars ausgezeichneten Spielfilms „Die Brücke am Kwai" (1957) wurden vor der beeindruckenden Kulisse dieser Landschaft gedreht.

1821 ließ der Brite Alexander Moon den Garten von Kalutara an der Südwestküste Sri Lankas nach hier verlegen. Zunächst war er nur als Gewürz- und Gemüsegarten gedacht. In den Jahren 1880–1896 stand der Garten unter der Leitung von Henry Trimen. Der begeisterte Botaniker gestaltete das Gelände nicht nur zu einem Botanischen Garten um, sondern schrieb auch ein wissenschaftliches Buch mit dem Titel „A Handbook of the Flowers of Ceylon".

Botanische Höhepunkte

 Hinweis
Die Nummern in Klammern hinter den folgenden Positionen finden sich in der Übersichtskarte des Botanischen Gartens Peradeniya wieder.

Der **Gewürzgarten** (*Spice Garden*) **(1)** liegt schattig rechts des Eingangs und enthält Gewürznelken, Zimt, Ingwer, Vanille, Kardamom, Pfeffer und Muskat.
Im **Orchideenhaus** (*Orchid House*) **(3)** gedeihen unzählige wilde Orchideen, aber auch Züchtungen.
Der **Blumengarten** (*Flower Garden*) **(4)** ist in seiner Farbenpracht eine Augenweide für jeden Blumenfreund. Besonders auffällig sind die üppig blühenden Bougainvillea-Büsche. In prächtigem Rot blüht die Rose von Venezuela (*Brownea grandiceps*).
Die **Palmyrapalmen-Allee** (*Palmyrah Palm Avenue*) **(5)** ragt hoch in den Tropenhimmel. Diese Palmenart kommt meist im trockenen Norden der Insel

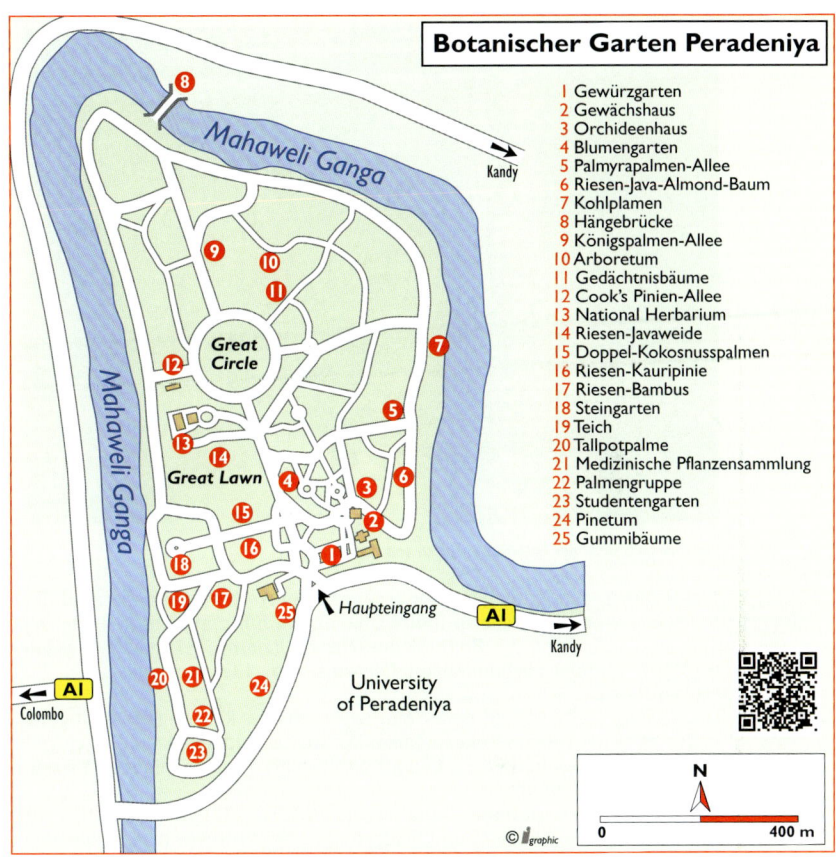

vor. Einige buddhistische Mönche verwenden die riesigen, steifen Palmwedel als Gerippe für ihre Sonnenschirme.

Die **Kohl-Palmen-Allee** (*Cabbage Palm Avenue*) **(7)** wird von stattlichen, in Barbados und Südamerika beheimateten Bäumen gesäumt, die 1905 gepflanzt wurden.

Die **Königspalmen-Allee** (*Royal Palm Avenue*) **(9)** wurde 1950 angelegt. Diese Baumriesen stammen aus Kuba, Jamaika und Panama.

Das **Arboretum** (*Arboretum*) **(10)** umfasst auf einer Fläche von 20 ha 10.000 Bäume, von denen einige über 100 Jahre alt sind. Besonders häufig sind Mahagonibäume. Interessant ist der aus Guinea und Südamerkia stammende Kanonenkugelbaum (*Couroupita surinamensis*), dessen große, stark duftende, rosafarbene Blüte aufgeklappt wie eine Dagoba aussieht. Doch auch die Leberwurstbäume (*Sausage Trees*) aus Afrika mit ihren langen, harten, wurstartigen Früchten erregen die Aufmerksamkeit der Besucher.

Die **Gedächtnis-Bäume** (*Memorial Trees*) **(11)** wurden von berühmten Persönlichkeiten eingepflanzt, z. B. von Königin Elisabeth II., dem Astronauten

Einen Besuch wert: der Botanische Garten von Peradeniya

Juri Gagarin, dem damaligen Bundeskanzler Kurt Georg Kiesinger und der indischen Premierministerin Indira Ghandi, um nur einige zu nennen. Die ältesten Bäume sind der Bodhi-Baum (*Ficus religiosa*), 1875 von König Edward VII., und der Eisenholzbaum (*Mesua ferrea*), 1891 vom russischen Zaren gepflanzt.

Die Riesen-Java-Weide auf dem *Great Lawn* („Großer Rasen") **(14)** steht ganz in der Nähe der Doppel-Kokospalmen. Der weit ausladende Baum beschirmt gleich einem Riesenpilz die 1.600 m² der Rasenfläche mit seiner niedrigen, aber enorm großen Krone.

Die **Doppel-Kokospalmen** (*Double Coconut Palms*) **(15)** sind eigentlich auf den Seychellen beheimatet und bringen die größten Nüsse hervor, die eine Kokospalme erzeugen kann.

Bei dem **Giant Kauri Pine Tree** (*Agathis robusta*) **(16)** handelt es sich um einen riesigen, aus Australien stammenden Baum mit glattem Stamm, der sich erst in seinen oberen Regionen verzweigt. Er erreicht schätzungsweise eine Höhe von 45 m. Seine kleinen, dunkelgrünen Blätter verdichten sich zu einer gewaltigen Krone.

Der **Riesenbambus** (*Giant bamboo*) **(17)** kommt ursprünglich aus Burma und ist die größte bekannte Bambusart. Die Riesengräser werden bis zu 39 m hoch, die jungen Sprösslinge können bis zu 30 cm täglich emporsprießen. Diese Bambusstangen werden für den Hausbau und als Wasserleitungen benutzt.

Botanischer Garten von Peradeniya, *tgl. 7.30–17 Uhr, Eintritt Erwachsene 1.100 Rs., Kinder (5–12 J.) 550 Rs.*
Anfahrt: *ab Bus Terminal Clock Tower nach Perdeniya (Nr. 652, 654) oder auf einer Halbtagestour mit dem Tuk-Tuk oder Taxi.*

Die Tempel von Gadaladeniya

Die **drei Tempel** liegen rund 10 km westlich von Kandy und werden nicht häufig besucht, sodass sie sich an einem Tag gut hintereinander besichtigen lassen – auch eine Wanderung ist möglich (am besten beim ersten Tempel nach dem weiteren Weg fragen).

Embekke Devale

Beim Ort Embekke liegt der Embekke Devale, der im 14. bis 15. Jh. n. Chr. erbaut wurde und eine interessante längliche Halle aufweist, deren Säulen früher die Audienzhalle des Königs von Gampola getragen haben sollen. Nach der kurzen Blütezeit der Stadt als Königssitz (76 Jahre) sollen diese 32 hölzernen Säulen nach Embekke gebracht worden sein, wo sie noch heute die Halle der Tempelanlage stützen. Auf quadratischen Flächen an den Säulen finden sich Schnitzereien, die von den großen Fertigkeiten der damaligen Künstler zeugen. *Kunstvolle Holzsäulen*

Der Tempel ist in erster Linie dem **Kriegsgott Kataragama** (Skanda) geweiht, der auf einem Pfau reitet. Die Figur des zwölfarmigen und sechsgesichtigen Gottes ist hinter drei schweren Türen verborgen. Doch auch Gautama Buddha wird hier verehrt. Seine in einem Schrein untergebrachte Statue ist durch einen Schirm aus Kobraköpfen vor Regen geschützt und von Götterbildern umgeben.
Embekke Devale, *tgl. 8–18 Uhr, Eintritt Rs. 200*. **Anreise**: *Vom Goods Shed Bus Terminal fahren regelmäßig Busse nach Embekke.*

Lankatilaka Vihara

2 km weiter liegt der nächste Hindutempel, Lankatilaka Vihara („Lankatilaka" = „Zierde Lankas"), auf einer Anhöhe. Auf einer Seite wird er von Palmen flankiert. Der Ziegelbau entstand in der gleichen Zeit wie Gadaladeniya Vihara (s. u.).

Sechs Anbauten umschließen einen alten Tempelbereich, die markante dreistufige, geknickte Dachkonstruktion zeigt **stark drawidische Züge**. Auch die Götterfiguren, wie der auf einem Pfau reitende Vishnu-Skanda und Ganesha, der Bruder Kataragamas, und andere Dämonen sind südindischen, hinduistischen Ursprungs.
Lankatilaka Vihara, *tgl. 8–18 Uhr, Eintritt 300 Rs*. **Anreise**: *Vom Goods Shed Bus Terminal fahren regelmäßig Busse nach Lankatilaka.*

Gadaladeniya Vihara

Das Heiligtum wurde fast gänzlich aus Naturstein gebaut und liegt auf einem schwarzen Felsen, der besonders unter der Mittagssonne sehr heiß wird. Wer barfuß den heiligen Bezirk betritt, sollte das erhitzte Gestein auf dem Weg zum Tempel schnell überqueren. Nach einer Inschrift entstand er 1344 n. Chr. Beeindruckend sind die beiden Pfeiler, die je aus einem Stein gehauen sind, der rechte von einem indischen Meister und der linke von seinem Schüler.

Auffällig ist die **Kombination buddhistischer und hinduistischer Elemente** in einem Bauwerk. Das Allerheiligste wird von einer sitzenden vergoldeten Buddha-Statue dominiert. Hindumotive kommen in verschiedenen Tierfiguren und Fabelwesen zum Ausdruck. Die Malereien aus der Kandyzeit enthalten viel Ornamentik.
Gadaladeniya Vihara, *tgl. 8–18 Uhr, Eintritt 200 Rs.*

Victoria-Staudamm

Größte Talsperre des Landes

Für einen kleinen Ausflug in die Neuzeit bietet sich der Victoria-Staudamm an, der auf der Strecke nach Mahiyangana liegt. Diese größte Talsperre Sri Lankas ist Teil des Mahaweli-Ganga-Energie-Projekts und wurde 1989 eröffnet. Heute wird hier ein großer Teil des landesweiten Strombedarfs erzeugt. Von dem Besucher-Center aus kann man den Damm gut überblicken (*Infos: www.damsafety.lk/Information/Dams/Dams/Victoria%20Reservoir.html*).

Knuckles Range

Wer der A 26 in östlicher Richtung auf der Strecke Richtung Mahiyangana folgt, vor dem erhebt sich 25 km nordöstlich von Kandy bis auf 1.863 m Höhe die Knuckles Range. Die Gegend heißt „Knuckles", also „Knöchel", weil die fünf zu sehenden Hügel an die Knöchel einer geballten Faust erinnern. Auf Singhalesisch wird der Landstrich „Dumbara" genannt: „neblige Berge".

Das Gebiet liegt über 1.000 m ü. M. und gehört zum UNESCO-Weltkulturerbe. Die Knuckles Range beherbergt **seltenen Nebelwald**, außerdem leben hier Leoparden, Hirsche und Affen.

Tipp
*Wer direkt am Rand dieses Weltkulturerbes übernachten oder von hier aus die Gegend erkunden möchte, dem empfiehlt sich das **Randala House** ($$$$), dessen Standort in 1 km Höhe eine grandiose Sicht auf die wunderschöne Landschaft garantiert. Hier kann man im Swimmingpool baden, wandern, auf Vogelbeobachtung gehen oder auch eine nahe Teeplantage besuchen. Insgesamt gibt es drei gut ausgestattete Doppelzimmer im Haupthaus sowie eine externe Suite für bis zu vier Personen, das hauseigene Restaurant bietet eine abwechslungsreiche, gute Küche. Etwa 34 km nordöstlich von Kandy (ca. 1 Std. Fahrtzeit), detaillierte Wegbeschreibung auf der Homepage der Lodge.*
92B Bobebila, Makuldeniya, Teldeniya, ☏ 081-2400294, http://rangalahouse.com.

Mahiyangana

Mahiyangana ist der Legende zufolge einer der drei Plätze in Sri Lanka, die Buddha besucht hat – neben Kelaniya und Nainativu. In dem großen **Raja Maha Vihara** ist haargenau die Stelle festgehalten, an der der Erleuchtete gepredigt haben soll.

Das Bergland

Ratnapura, die „Stadt der Edelsteine"

Ratnapura liegt in der Provinz Sabaragamuwa („Land der Barbaren"). Einst war diese Gegend von dichtem tropischem Regenwald überzogen, in dem die Urbevölkerung, die Weddas, ihrem Jägererleben nachging, wie Höhlenfunde beweisen.

Das genaue Gründungsdatum der ca. 52.000 Einwohner zählenden Stadt ist nicht bekannt. Ratnapura wird auch „die Stadt der Edelsteine" genannt. Mit einfachen Methoden werden in der Umgebung Edelsteine zu Tage gefördert. Zahlreiche thailändische Juwelenhändler haben sich hier niedergelassen.

Schürfen von Edelsteinen seit dem Altertum

Schon in der Antike war die Kunde von dem Edelsteinreichtum Sri Lankas bis zu den Griechen, aber auch zu den Chinesen gedrungen. Die Araber nannten Sri Lanka „Jezirat ut Yaqut", die **„Insel der Edelsteine"**. Wertvolle Steine gelangten in die Paläste der Herrscher Südasiens sowie des Fernen, Mittleren und Nahen Ostens. Die Ruwanwelisaya Dagoba in Anuradhapura zierte im Mittelalter ein großer Rubin.

Unter der Herrschaft von Parakrama Bahu I. (1153–1186 n. Chr.) wurde Ratnapura im Zusammenhang mit der Gewinnung von Edelsteinen erstmalig erwähnt. Der große König und Einiger der zerstrittenen Nation finanzierte mit den Edelsteinen seine gewaltigen Bauwerke.

Berühmte Steine aus Ratnapura:
- Der 1907 gefundene „Blue Giant" ist ein 466 Karat schwerer Saphir.
- Die „Blue Bell of Asia" ist mit 400 Karat der größte Saphir im Besitz der britischen Krone.
- Das „Wonder of Asia" ist ein sechsstrahliger Sternsaphir von 224 Karat.

Schürfmethoden

Seit alters her hat sich die Art und Weise der Edelsteingewinnung nicht wesentlich geändert. Vor der **Anlage eines Schachtes** wird zunächst zu den Göttern um Erfolg gebetet. Dann beginnt die Plackerei: Ein Viereck wird abgesteckt und der Schacht mindestens 12–15 m in die Erde getrieben, bis man auf eine Illam-Ader stößt: eine Kiesschicht, in der Edelsteine vermutet werden. Oft ist das Gelände schwierig, z. B. mitten im Urwald. Mit Hacke, Brechstange und Spaten werden der Boden, das Gestein und eventuelles Wurzelwerk gelockert und in Körben mit einer einfachen Winde nach oben befördert. Die Seitenwände müssen abgestützt werden. Das Hauptproblem ist jedoch das Wasser, das seitlich oder bei heftigen Regenfällen von oben in die Grube fließt. Mit Farnkraut versucht man mühsam, die Seitenwände des Schachtes abzudichten. Ein Palmenwedeldach soll vor Sonne und Regen schützen; trotzdem muss immer wieder geschöpft werden.

In der Bodenschicht, in der Edelsteine vermutet werden, gräbt man nun **Seitenschächte** ins Erdreich: eine sehr anstrengende und – wegen der Einsturzgefahr und eventueller Grubengasbildung – auch riskante Arbeit. Eine brennende Kerze, die bei zu geringer Sauerstoffmenge erlischt, zeigt an, wann es lebensgefährlich wird.

Der gesamte Aushub der vermutlich Edelsteine enthaltenden Ader wird in Kiepen ans Tageslicht befördert und in **Waschgruben** geschlämmt, um „die Spreu vom Weizen zu trennen". Nur die schweren Bestanteile bleiben zurück und werden fachmännisch nach Edelsteinen abgesucht. Währenddessen werden die Götter immer wieder um Beistand angerufen.

Für die Edelsteinsuche in Flüssen oder Bächen errichtet man eine Konstruktion, die großen Sieben gleicht. Das Fließgewässer spült das leichte Material fort, dann erfolgt die Feinauslese wie bei der ersten Methode.

Sortierung und Schleifen

Die Steine werden **nach Farbe und Form sortiert** und mittels Lichtstrahlen auf ihren Wert überprüft. Die Rohlinge werden von Hand aus dem Gestein herausgeschliffen, dann verleiht eine handbetriebene Schleifmaschine aus Gusseisen oder Kupfer den Steinen ihren Glanz.

Es gibt **drei Edelstein-Schleifmethoden**: Die Bearbeitung eines Edelsteins mit einem traditionellen **Schleifstein**, der mittels Bogen und Seil bewegt wird, dauert 8–9 Tage. Mit einer **Schleifscheibe**, die ebenfalls nach alter Methode von Hand gedreht wird, benötigt man 5–6 Tage, um einen Edelstein zu schleifen und zu polieren. **Moderne Maschinen** dagegen ermöglichen mit ihren verschiedenen wassergekühlten Schleifscheiben und verstellbaren Winkeln eine exakte Arbeit, die pro Stein nur 1–2 Stunden in Anspruch nimmt. Je mehr Facetten geschliffen werden können, desto mehr Glanz bekommt ein bearbeiteter Edelstein.

Für den **Wert der Juwelen** sind folgende Kriterien entscheidend:
- Der Seltenheitsgrad
- Die Härte; Edelsteine werden in Härtegrade von 1–10 eingeteilt
- Das Gewicht, in Karat gemessen, ist ein maßgeblicher Wertfaktor; ein Karat sind 0,2 Gramm
- Auch die Farbe ist wichtig, z. B. ist ein blassblauer Saphir nicht so wertvoll wie ein kornblumenblauer
- Die Kristallform spielt bei der Werteinschätzung eine große Rolle
- Nicht minder bedeutend ist der gekonnte Schliff der Juwelen

Ratnapura, die „Stadt der Edelsteine"

In Sri Lanka wird eine **Vielfalt von Edel- und Halbedelsteinen** gefunden:

Halbedelsteine (Härtegrad 6–8)
- Feldspat, Härtegrad 6, gibt es in zwei Farben, in Blau und Milchweiß: der sogenannte Mondstein. Der meist sanft graue Mondstein ist ein besonderer Stein Sri Lankas.
- Quarz erscheint in vier verschiedenen Arten: als Rosenquarz, gelber Quarz, Rauchquarz und als veilchenblauer Amethyst, der Glück bringen soll. In der Bearbeitung wird der Rund- und Fassettenschliff bevorzugt.
- Granat, Härtegrad 7, kommt in Rot und Rosa vor.
- Turmalin, Härtegrad 7,5, gibt es in nicht weniger als 18 Farben, u.a. in Rot, Rosa, Blau, Grün und Braun, es finden sich aber auch schwarze und farblose Exemplare. Er kommt in säulenförmigen Kristallen vor.
- Topas, Härtegrad 8, existiert ebenfalls in 18 Farben, normalerweise in Gelb oder als Rauchtopas. Blaue und grüne Steine sind sehr selten.
- Spinel, Härtegrad 8, wird ebenfalls in verschiedenen klaren und trüben Farben, jedoch nur in Sri Lanka gefunden.

Edelsteine (ab Härtegrad 8,5)
- Aquamarin, Härtegrad 8,5, ist der bevorzugte Edelstein der Seeleute und wird in zwei verschiedenen Farben gefördert: in Grün und – noch wertvoller – in Meerwasserton.
- Rubin, Härtegrad 9, gibt es in zwei Varianten: taubenblutfarben und in hellerer Tönung. Die begehrteren taubenblutfarbenen Rubine findet man in Sri Lanka und Burma.

Mondsteine

info

- Blauer Saphir, Härtegrad 9, erscheint in Sri Lanka in drei Farben: in Dunkelblau bis Schwarz, Himmelblau und Kornblumenblau. Die letztere Art ist weltbekannt und kommt nur in Sri Lanka vor.
- Gelber Saphir, Härtegrad 9, gibt es ebenfalls in verschiedenen Farben, z. B. in Gelb, Weiß oder als Sternsaphir.

Unechte Steine
Zirkone (vom arabischen Sarkun), Härtegrad 2,5, gibt es in Gelb, Orange, Braun und Grün. Sie haben Ähnlichkeit mit Diamanten, sind aber bei Weitem nicht so hart.

Besonders hohe Vorkommen
Ratnapura wurde berühmt wegen seines Reichtums an Blauen Saphiren, Sternsaphiren, Rubinen und Katzenaugen.Balangoda ist bekannt für das Vorkommen von Halbedelsteinen, z. B. Turmalin, Spinel und Topas. In Galle werden insbesondere Mondsteine gefunden.

Achtung
Vorsicht beim Kauf von Edelsteinen! Es gibt viele Betrüger, die Urlauber mit billigen und unechten Steinen zu übervorteilen versuchen. Am besten kauft man in seriösen Geschäften und auf keinen Fall von Straßenhändlern! Auch sollte man sich eine Bescheinigung über die Reinheit und das Gewicht (Karat) geben lassen.
Es gibt eine **staatliche Prüfstelle**, die die Echtheit der Edelsteine kontrolliert: **National Gem & Jewellery Authority**, 25 Galle Face Terrace, ① 011- 23906458, http://ngja.gov.lk.

Sehenswürdigkeiten

Maha Saman Devale

Buddhistisches Heiligtum

Der Reichtum der Stadt spiegelt sich auch in diesem buddhistischen Tempel wider. Hier wird der vorbuddhistische Gott Saman verehrt, der mit dem vorvedischen Gott Yama gleichzusetzen ist (S. 302) und der als Beschützer des nahen Adam's Peak gilt. Ein ehemaliger Tempel aus dem 15. Jh. wurde von den Portugiesen zerstört. König Rajasimha II. (1635–1687 n. Chr.) errichtete ein neues Heiligtum, von dem aus jährlich ein prunkvoller Umzug (*Perahera*) gestartet wird (*Eintritt frei*).

Ratnapura National Museum

Dieses Museum befindet sich im Ehelapola Walawwa an der Colombo Road. Es zeigt Sammlungen prähistorischer Funde, Fossilien von Nashörnern, Flusspferden und Elefanten, die in den Edelsteingruben des Ratnapura-Distrikts gefunden wurden. Außerdem werden Schmuck, Flaggen, traditionelle Kleidungsstücke, Edelsteine und Halbedelsteine ausgestellt.
Ratnapura National Museum, *Colombo Road,* ① *045-2222451, Di–Sa 9–17 Uhr, Eintritt Erwachsene 300 Rs., Kinder 150 Rs.*

Ratnapura, die „Stadt der Edelsteine"

Ratnapura Gem Bureau/Gem Museum

Es enthält eine umfangreiche Sammlung von wertvollen und seltenen Mineralien, Edelsteinen und Halbedelsteinen. Außerdem wird traditionelle und moderne Schmuckherstellung gezeigt.
Gem Museum, *Potgul Vihara Mawatha*, ☎ 045-2222469, tgl. 9.30–16 Uhr, Eintritt frei.

Reisepraktische Informationen Ratnapura

Banken
Im Stadtzentrum sind die üblichen sri-lankischen Banken vertreten – auch mit Geldautomaten.

Unterkunft
Kalavathi Holiday Resort $$–$$$, *Outer Circular Road, Polhengoda, 2 km vom Busbahnhof Ratnapura entfernt*, ☎ 045-2222465. Das Resort liegt in einem Garten versteckt, ein erholsamer Ort mit ordentlichen Zimmern, eindrucksvollen Malereien und Möbeln. Man kann Bergwanderungen in die nähere Umgebung unternehmen, außerdem werden Kräuterbäder angeboten.
Ratnaloka Tour Inns $$$–$$$$, *Kosgala-Kahangama, Ratnapura, 6 km von Ratnapura Stadt entfernt*, ☎ 045-2222455, www.rathnaloka.com. 53 klimatisierte Zimmer erwarten die Gäste, dazu ein Restaurant, eine Bar und ein Swimmingpool. Auf Wunsch werden Exkursionen in den Sinharaja Forest organisiert.

Einkaufen
SCHMUCK UND EDELSTEINE
Nilani Gem Export, *12 Bandaranaike Mawatha, Ratnapura*, ☎ 045-2222777. Es umfasst einen Besichtigungsraum, ein kleines Museum und eine Werkstatt.

Busverbindungen
Tgl. angefahrene Ziele: Akuressa (4,5 Std.), Avissawella (1 Std.), Colombo (3 Std.), Haputale (3 Std.), Kandy (3,5 Std.), Wellawaya (4 Std.).

Sinharaja Forest

Bergregenwald
Der Bergregenwald Sinharaja Forest hat eine Flächenausdehnung von 89 km^2 und gehört seit 1988 zum **UNESCO-Weltkulturerbe**. Das Urwaldgebiet umschließt die Berge in einer Höhenlage von 500 bis 1.350 m ü. M.

Auf Anregung einer kanadischen Kommission stoppte die sri-lankische Regierung im Jahr 1977 den Raubbau an tropischen Hölzern im Sinharaja Forest. Im Schutzgebiet sind 75 % der Pflanzen endemisch, d. h. drei Viertel der Flora kommt nur hier vor. Besonders eindrucksvoll sind die großblütigen, rosafarbenen Orchideen und die Vielfalt des stufenförmigen Baumbestands.

Weil es hier keine Straßen gibt, kann man den Sinharaja Forest **nur zu Fuß** erkunden. Das überaus schwüle Klima erfordert allerdings eine gewisse Fitness. Festes Schuhwerk ist schon allein wegen der zahlreichen Blutegel dringend zu empfehlen. Auch Schlangen, Skorpione, ein unübersehbares Heer an Insekten sowie eine **reiche Vogel- und Kleintierpopulation** leben in diesem Refugium; außerdem schwingen sich – weitgehend „unsichtbar" – Affen durch die Baumkronen. Von dem 760 m hohen Mulkawalla, den man über einen „Nature Trail" erklimmen kann, hat man einen fantastischen Blick über das weite Urwaldgebiet.

Reisepraktische Informationen Sinharaja Forest

Information
Der Sinharaja Forest kann an der Nordseite von Kudawa, an der Ostseite von Deniyaya aus betreten werden. Öffnungszeiten: tgl. 7–18 Uhr, Eintritt ca. 600 Rs. p. Pers.+ Guide. Eine gute Informationsquelle ist www.sinharaja.4t.com.

Unterkunft
Sinharaja Rest $$, Temple Road, Deniyaya, ☏ 041-2273368. Schlichtes, aber sympathisches Gästehaus, deren Betreiber auch empfehlenswerte Trekkingtouren durch den Sinharaja Forest offerieren. Gutes Essen, hübscher Garten.
Rainforest Lodge $$$–$$$$, Temple Road, Deniyaya, ☏ 041-4920444, www.rainforestlodge-srilanka.de/german. Schöne Anlage mit sauberen, schönen Zimmern verschiedener Kategorien. Von der Meditationsplattform hat man einen tollen Blick auf den Regenwald, an dessen Rand die Lodge liegt. Im Angebot sind Wanderungen, Tagestouren und insbesondere Ayurveda. Oder man belegt einen Kurs bei den Köchen des hauseigenen Restaurants. WiFi inklusive.

Udawalawe National Park

Das Zentrum des ca. 31.000 ha großen Udawalawe National Park ist der Udawalawe Tank. Diesen Stausee umgibt eine savannenartige Landschaft mit einzeln stehenden Bäumen, kleinen Gehölzen, Dornbuschgestrüpp, Bächen und Wasserstellen. Ungefähr **500 wilde Indische Elefanten** sollen im Parkgebiet leben, oft begegnet man den ersten Tieren schon kurz hinter Eingangstor bei den dort wachsenden Teakbäumen, deren Rinde die Dickhäuter gerne abschälen. Vor allem aber trifft man sie an den Wasserstellen und selbstverständlich beim Baden im Udawalawe Tank an, besonders in den Morgenstunden und am späten Nachmittag.

Savannenlandschaft

In der Nähe der Gewässer kann man auch Sumpfkrokodile und Bengalenwarane antreffen, die meist träge wirken, deren Schnelligkeit man aber nicht unterschätzen sollte. Darüber hinaus gilt der Park als **sehr wildreich**, so leben hier z. B. Wasserbüffel, Sambars und Axishirsche. Mit viel Glück kann man sogar Leoparden beobachten.

Da hier mehrere Biotope aufeinandertreffen, ist der Udawalawe National Park außerdem ein wahres **Vogelparadies**. Beeindruckend ist der Artenreichtum der Greifvögel, u. a. sind hier Weißbauchseeadler (*White-bellied sea eagles*), Haubenadler (*Crested hawk-eagles*), Schlangenweihen (*Crested serpent eagles*), Brahminenweihe (*Brahminy kites*) und Gleitaare (*Black-winged kites*) heimisch. Weitere bemerkenswerte Vögel sind natürlich der Pfau (*Indian peafowl*), die farbenprächtigen Hinduracken (*Indian rollers*), Smaragd- und Blauschwanz-

Einer der Bewohner des Nationalparks ist der Malabarhornvogel

Das Bergland

Begegnung mit Elefanten im Udawalawe National Park

spinte (*Little green* bzw. *Blue-tailed bee-eaters*) sowie der sehr markante Malabarhornvogel (*Malabar pied hornbill*), der sein Weibchen während des Brütens mit Lehm in einer Baumhöhle einmauert.

Sieht man nach Norden, dann verfängt sich der Blick an den Bergen des zentralen Hochlandes von Sri Lanka: eine herrliche Kulisse und ein schöner Gegensatz zu dem Flachland des Nationalparks.

Wer nach dem Besuch des Parks noch nicht genug Elefanten gesehen hat, sollte eine der vier täglichen Fütterungen (9, 12, 15 und 18 Uhr) im **Elephant Transit Home** besuchen, einer 5 km westlich des Parkeingangs beheimateten Pflegestätte für verwaiste kleine Elefanten. Eintritt 500 Rs.

Reisepraktische Informationen Udawalawe National Park

Information
Eingang: an der Straße von Timbolketiya nach Thanamalwila.
Öffnungszeiten: tgl. 6–18 Uhr, Eintritt Erwachsene US$ 15, Kinder US$ 8, dazu kommen US$ 8 Team Fee und 15 % Steuer. Miete für ein Allradfahrzeug mit Fahrer ca. US$ 50 (s. S. 138).

Unterkunft
Safari Village $$$, R. B. Canal Road, Udawalawe, ① 011-2591728 (Reservierungen), 047-4920982 (Hotel), www.safarivillagehotels.com. Das ca. eine Viertelstunde vom Parkeingang liegende Hotel bietet 19 Zimmer (davon vier mit Klimaanlage) mit Veranda, einen Swimmingpool sowie ein Restaurant mit westlicher und asiatischer Küche. Im Garten wachsen u. a. Jackfruchtbäume.

Auf der Pilgerstraße zum Adam's Peak

Avissawella

Dieses geschäftige Städtchen liegt nur 32 m ü. M. am Kelani-Fluss, der nördlich von Colombo ins Meer mündet. Avissawella profitiert von den umliegenden Kautschukplantagen. Hier gabeln sich die A 4 nach Ratnapura und die A 7 nach

Nuwara Eliya. Es war sogar **kurze Zeit Königsstadt**: Von 1581–1593 n. Chr. residierte hier König Rajasimha I. während seines Kampfes gegen die vordringenden Portugiesen. Sein zerstörter Palast liegt jenseits des Flusses.

Nach der Überquerung des Kelani Ganga über eine Brücke, die einen herrlichen Einblick in die Pflanzenwelt am Ufer bietet, geht es weiter durch eine üppige Tropenlandschaft.

Karawanella

Wie in den anderen Orten entlang der Pilgerstraße zum Adam's Peak wird auch in Karawanella sehr viel Reiseproviant mundgerecht angeboten. Hier überquert man einen starken Nebenfluss des Kelani Ganga. In der Trockenzeit ragen vereinzelt Sandbänke, die von Reihern und Kormoranen bevölkert werden, aus den Fluten. Wieder beeindruckt die reiche, ursprüngliche Ufervegetation. Wildschweine, Sambars und andere Hirscharten leben hier.

Nach der Flussüberquerung macht die A 7 einen scharfen Knick nach rechts und ändert ihren Kurs von Norden nach Osten. In Richtung Yatiyanthota folgt man dem Flusslauf aufwärts an seinem rechten Ufer.

Pilgerbusse

Die Autos, die in der Pilgerzeit zum Adam's Peak und zu anderen Wallfahrtsorten fahren, sind meist **hoffnungslos überladen** und nicht immer in bestem Zustand. Die Polizei drückt während dieser Zeit der Massentransporte oft ein Auge zu. Äußerlich sind die Fahrzeuge der Pilger an der Stirnseite durch die angebrachten Blütenstauden der Betelpalme (*Areca nut*) gekennzeichnet.

Die Fahrten der fröhlichen Menschen finden leider oft abrupt ein trauriges Ende. Überhöhte Geschwindigkeit, versäumte Wartung der Fahrzeuge (Versagen der Bremsen) und mangelnde Fahrpraxis im Bergland verursachen oft Unfälle mit tragischem Ausgang.

Kitulgala

Das Dorf hat einen gewissen Bekanntheitsgrad erlangt, weil David Lean hier 1957 Teile seines weltberühmten Films „Die Brücke am Kwai" inszenierte.

Beim kurzen Abstieg zum Fluss, der sich in raschem Lauf durch die Felsen zwängt, gelangt man genau an die Stelle, an der die Brücke für den Film 1956 gebaut und 1957 wieder zerstört wurde. Die Vertiefungen im Gestein zur Verankerung der Brücke sind immer noch erkennbar.

Die Brücke am Kwai

Adam's Peak (Sri Pada)

Pilger verschiedener Religionen

Angehörige von gleich vier Weltreligionen verehren den Adam's Peak als „Heiligen Berg". Buddhisten, Hindus, Muslime und Christen pilgern bis auf den Gipfel des mit 2.240 m vierthöchsten Bergs Sri Lankas.

Mit sehr großer Wahrscheinlichkeit wurde der Adam's Peak schon in vorvedischer Zeit verehrt. Die Veden, 1500 bis 600 v. Chr. entstanden, sind heilige Schriften des Hinduismus. Schon vor dessen Ursprung soll hier dem Gott Yama, dem Urvater der Menschheit (vgl. Adam), und dem Gott Varuna, dem Richter der Toten, gehuldigt worden sein.

Die hinduistischen Tamilen nennen den Adam's Peak auch **Samanala Kanda** – nach dem Gott Samana, der mit dem „älteren" Gott Yama gleichzusetzen ist.

Riesiger steinerner Fußabdruck

Auf dem Berg eine 1,60 m lange Vertiefung im Gneisgestein erkennbar, die die Form eines riesigen Fußabdrucks aufweist und heute von einem Schrein umschlossen ist. Die Hindus deuten diese Vertiefung als die Fußspur ihres Gottes Shiva, der hier geweilt haben soll, und nennen den Berg deshalb auch Shiva Nadi Padam. Die Verehrung des göttlichen Fußabdrucks ist aber erst nach dem von den Buddhisten ins Leben gerufenen Kult aufgenommen worden. Vermutlich hat König Rajasimha von Kandy (1581–1593 n. Chr.), der aus Indien stammte, als Erster den Hindupriestern das Heiligtum auf dem Samanala Kanda unterstellt.

In der Mahavamsa-Chronik ist ebenfalls von dem sagenhaften Berg die Rede. Nach Auffassung der Buddhisten hat Gautama Buddha den markanten Berg bestiegen (geschichtlich nicht bewiesen) und auf dem Gipfel seine Fußspur hinterlassen; daher nennen die Singhalesen den Berg Sri Pada (= heilige Fußspur).

Angeblich soll der Fußabdruck von König Vattagamani Abhaya (ca. 104–77 v. Chr.) entdeckt worden sein. Die kultische Verehrung der Fußspur Buddhas ist erstmalig in der Regierungszeit König Vijaya Bahus I. (1055–1110 n. Chr.) erwähnt. Bis zum Ende der Monarchie wallfahrten die Könige zum Adam's Peak. Heute pilgern jährlich Tausende von Buddhisten besonders in den **Vollmondnächten** (*Poya*) hierher, weil in einer Vollmondnacht Buddha seine Erleuchtung unter einem Bodhi-Baum erfahren hat. Das Ausmaß der Fußspur wird mit der übergroßen Gestalt des Erleuchteten erklärt.

Unter dem Namen „Al Rohun" finden sich in arabischen Schriften und besonders in den Aufzeichnungen des Weltreisenden Ibn Battuta, der Sri Lanka im Jahr 1344 n. Chr. besuchte, Berichte über den „Heiligen Berg". Die Muslime glauben, dass Adam nach seiner Vertreibung aus dem Paradies seinen Fuß zuerst auf diesem Berg auf die Erde gesetzt habe, weil Sri Lanka dem Paradies am ähnlichsten sei – daher der Name Adam's Peak. Hier soll er 1.000 Jahre lang sein Schicksal beweint haben.

Viele Katholiken glauben, dass der heilige Thomas auf diesem Berg zuerst „Fuß gefasst" habe, als er in Südindien missionierte. Andere teilen die Auffassung der Muslime, dass der legendäre Fußabdruck von Adam stamme. So pilgern Hindus, Buddhisten, Muslime und Christen, von verschiedenen Vorstellungen geleitet, einträchtig nebeneinander auf ihren „Heiligen Berg".

Der 7 km lange Weg zum Tempel auf dem markanten, kegelförmigen Gipfel führt über ca. **5.000 steinerne Stufen** und nimmt gut drei Stunden in Anspruch. Wer also zum Sonnenaufgang gegen 6 Uhr am Ziel sein möchte, sollte entsprechend früh aufbrechen (am besten um ca. 1 Uhr von Dalhousie aus), zumal der Weg gerade in Vollmond-

5.000 Stufen führen auf den „Heiligen Berg"

nächten stark frequentiert wird. Eine Sehenswürdigkeit zu Beginn des Aufstiegs ist eine **schneeweiße Dagoba** aus den 1970er-Jahren, die die Freundschaft zwischen Sri Lanka und Japan symbolisieren soll. Unterwegs kann man sich an Verkaufsständen mit Tee, anderen Getränken und auch mit Speisen stärken und kleine Pausen einlegen. Auf jeden Fall ist es ratsam, warme Sachen im Gepäck mit sich zu führen und die verschwitzte Kleidung nach dem anstrengenden Aufstieg zu wechseln.

Nach der Ankunft auf der Plattform des Gipfels umkreisen die Pilger barfuß die mit bunten Gebetsfahnen geschmückte Dagoba. Die aufgehende Sonne wird mit den Rufen „Sadhu, Sadhu!" („Heilig, heilig!") willkommen geheißen. Beim Abstieg hat man die Gelegenheit, in der wärmenden Morgensonne die **ver-**

schiedenen **Vegetationszonen** zu betrachten: von dichtem Buschwerk über flechtenbehangenen Bergnebelwald bis zu den Teeplantagen von Dalhousie.

Man kann beim Hinabsteigen vom Adam's Peak auch die durch wilde Bergeinsamkeit führende **klassische Pilgerroute** nach Carney wählen. Sie dauert allerdings selbst bei schneller Gangart fünf bis sechs Stunden, außerdem muss man dafür sein Fahrzeug von Dalhousie nach Carney überführen lassen.

Reisepraktische Informationen Adam's Peak

Anreise
PER AUTO
Nord-Route: Colombo–Dalhousie *(152 km)* über Avissawella (A4), Karawanella (A4/A7), dort Abzweigung nach rechts und Carolina (A7), dort Abzweigung nach rechts.
Süd-Route: Colombo–Carney *(116 km)* über Panadura (A2/A8), dort Abzweigung nach links und Ratnapura (A8), dort Abzweigung nach links.

PER EISENBAHN
An der Strecke Kandy–Nuwara Eliya liegt die Haltestelle Hatton, von dort fahren Busse oder Mietwagen nach Dalhousie.

PER BUS
* *Von Colombo direkt zum Adam's Peak fahren gelegentlich staatliche Busse. Die ca. 150 km werden in rund 6,5 Stunden zurückgelegt.*
* *Außerdem verkehren täglich Busse von Maskeliya und zurück. Die Fahrzeit für die jeweils 136 km beträgt ca. 6 Stunden. Von Maskeliya bis Dalhousie, wo viele ihren Aufstieg zum Adam's Peak beginnen, muss man ein Taxi nehmen.*
Während der Pilgerzeit (meist bei Vollmond außerhalb der Monsunzeit) nutzen die Gläubigen auch gecharterte Busse.

Unterkunft
White Elephant Hotel $$, *Dalhousie*, ☏ *052-2055511 und 051-3507377, http://hotelwhiteelephant.com. Das Hotel bietet geräumige Zimmer, deren Balkone eine gute Sicht auf den Kelani-Fluss und den Adam's Peak gewähren. Restaurant mit lokaler und internationaler Küche, Naturpool.*
Slightly Chilled Guest House $$$, *Nallathanniya*, ☏ *052-2055502, www.slightlychilled.tv. Die Unterkunft nennt sich „the best kept secret guesthouse in Sri Lanka". Das mag vielleicht ein wenig übertrieben sein, allerdings ist das Haus mit den großen Räumen mit Balkon und Bad und vor allem dem großen Freizeitangebot in Ordnung. Das hauseigene Restaurant serviert asiatische und europäische Gerichte.*

Nuwara Eliya (Nureliya)

Rund 100 km von den heißen Küstenlandschaften der Insel entfernt, liegt die Distrikthauptstadt Nuwara Eliya („Stadt über den Wolken") im zentralen Bergland am Fuße des höchsten Berges Sri Lankas, des Mt. Pidurutalagala (2.524 m) – inmitten von Teeplantagen, Gemüsegärten und Bergregenwäldern. Die Distrikthauptstadt, meist nur kurz „Nureliya" genannt, hat heute gut 27.000 Einwohner und ist die **höchstgelegene Stadt** Sri Lankas (1.900–2.100 m ü. M.).

Schon die Briten schätzten Nuwara Eliya wegen der Höhenlage und des daraus resultierenden **kühlen Klimas** (Durchschnittstemperatur: plus 15 °C) als Erholungsort; aus denselben Gründen kommen in heutiger Zeit wohlhabende Sri-Lanker wie auch Touristen auf der Rundreise gerne nach Nureliya.

Der britische Charakter ist nirgends auf der Insel so erhalten geblieben wie hier. Die Gebäude im viktorianischen Stil, der Golfplatz und die Parks könnten nicht englischer sein als in diesem Kurort. Außerdem ist die Stadt das Zentrum des hiesigen **Teeanbaus**: Der Hochlandtee, der rund um Nuwara Eliya gepflanzt wird, gilt als der beste der Insel.

Britischer Charakter

Blick aus dem Zugfenster auf dem Weg nach Nuwara Eliya

Das Bergland

Geschichte

Um 1800 entdeckten die Engländer das zentrale Bergland als besonders „ergiebiges" Elefanten-Jagdgebiet für sich; vor allem aber erwies sich die Region als klimatisch sehr angenehm für Europäer. Seit 1828 erschloss eine Straße von Kandy die Gegend und ermöglichte eine planmäßige Besiedlung. Ähnlich wie Darjeeling in Nordindien entwickelte sich in Ceylon nun Nuwara Eliya zum **britischen Erholungsort** für Kolonialbeamte, Offiziere und sogar für den Gouverneur.

Im Jahr 1848 kam **Sir Samuel White Baker** (1821–1893) nach Nuwara Eliya. Hier im Hochland gelang es ihm, europäische Gemüsesorten wie Rote Bete, Kartoffeln, Kohl, Porree und Tomaten anzubauen, die hier heue noch prächtig gedeihen. Auch Rinder konnten erfolgreich gezüchtet werden. Dann zog es Ba-

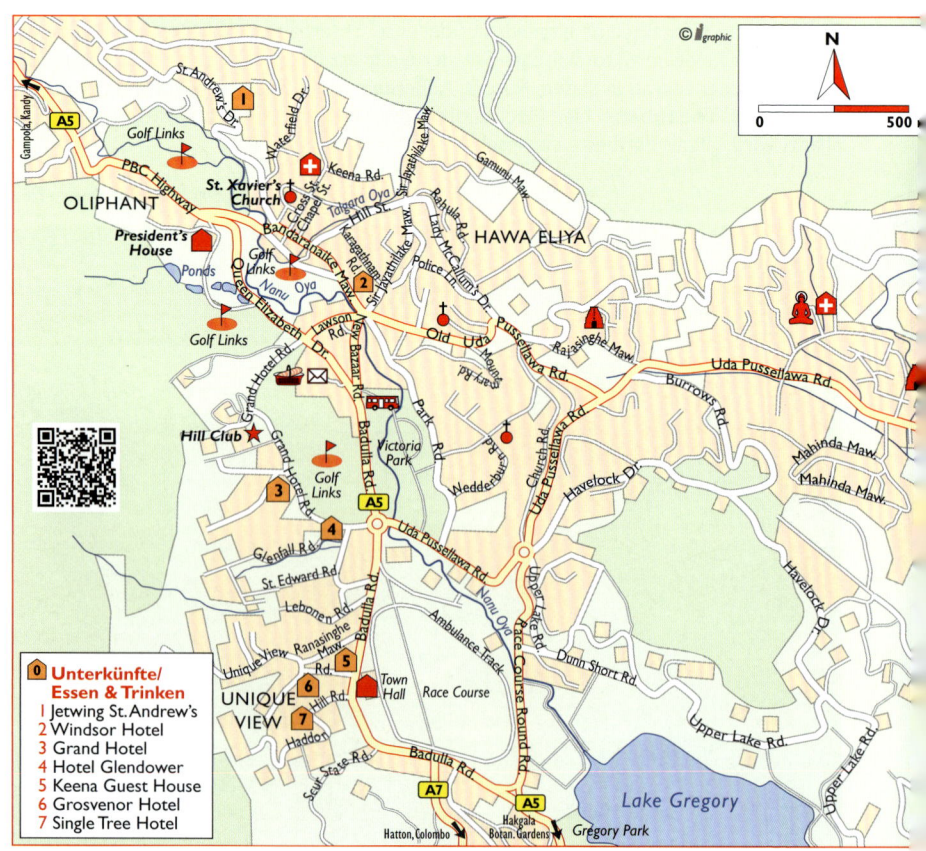

ker weiter nach Afrika, wo er auf seinen Expeditionen von 1861 bis 1865 als erster Europäer die Nilquellen und den Albertsee entdeckte.

1873 wurde der künstliche Gregory-See angelegt. Zwei Jahre später startete auf dem Hippodrom das erste Pferderennen in Nuwara Eliya. 1889 wurde schließlich ein **Golfplatz mit 18 Löchern** eingeweiht, der noch heute als einer der schönsten Anlagen Südasiens gilt.

Sehenswertes

Sehenswürdigkeiten im eigentlichen Sinne hat Nuwara Eliya nicht zu bieten, doch ist die Stadt dank ihres ganz eigenen Charakters in ihrer Gesamtheit selbst eine Sehenswürdigkeit. Das **englische Flair** begleitet den Besucher auf Schritt und Tritt:

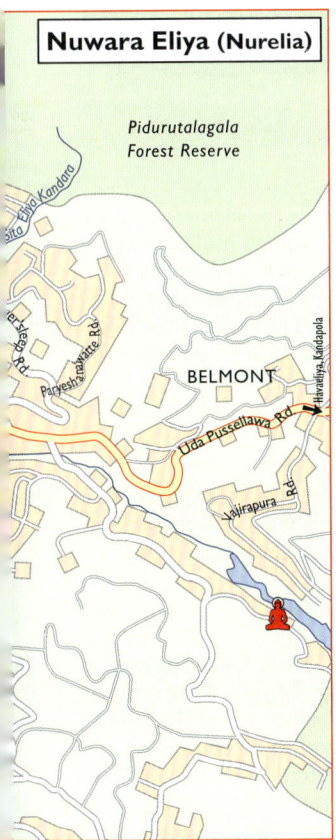

Altenglische Hotels

Das beste Beispiel kolonialen Baustils und englischer Lebensweise ist der **Hill Club**. Diese graue Villa liegt auf einem sanft geschwungenen Hügel mit gepflegten, parkartigen „Surroundings". Gemütliche Clubräume, ein Billardzimmer, Jagdtrophäen, eine beachtliche Bibliothek englischsprachiger Werke, flackerndes Kaminfeuer als angenehmer Kontrast zu dem kühlen, regnerischen Wetter, der Blick aus dem Fenster auf die alten Bäume: So präsentiert sich dieses klas-

Wie in „Good Old England"

Koloniales Flair entlang der Grand Hotel Road

Das Postamt scheint direkt aus England zu stammen

sische Gebäude, in dem man glauben könnte, man weile im nebelverhangenen Großbritannien und nicht im tropischen Sri Lanka. Bei den häufigen Regenschauern zieht man sich notgedrungen mit einem Buch an den prasselnden Kamin zurück, wie man es auch in England täte, und nimmt einen wärmenden Tee zu sich. Genauso englisch und in seiner Atmosphäre ähnlich ist das **Grand Hotel**, die ehemalige Residenz des britischen Gouverneurs, mit geschmackvoll eingerichteten Erkern und gemütlichen kleinen Sitzgruppen.

Golfplatz und Pferderennbahn

Um sich im gemäßigten Klima in Nuwara Eliya noch heimischer zu fühlen, kultivierten die Briten hier auch ihre Lebensweise und Hobbys, wovon der sehr schöne Golfplatz sowie die Pferderennbahn noch heute Zeugnis ablegen.

Villen im englischen Landhausstil und Postamt

Traditionelle Architektur Diese Herrenhäuser, die während der britischen Kolonialzeit den begüterten Plantagenbesitzern gehörten, stehen überwiegend am Gregory-Stausee. Doch auch einfachere Häuser mit dem typisch englischem Giebeldach und Fachwerkgemäuer bestimmen nach wie vor das Bild dieser Stadt der „Highlands of Ceylon". Die alte Post mit ihrem Fachwerk und dem Uhrturm könnte ebenfalls in jeder Kleinstadt von „Old England" stehen.

Parks

Großzügig angelegt sind die Parkanlagen Nuwara Eliyas. Riesige Zedern und andere exotische Bäume gedeihen in dem Hochlandklima prächtig. Für Kinder gibt es hier Spielplätze.

Reisepraktische Informationen Nuwara Eliya

Banken
An der Lawson Road befinden sich etliche Banken mit Geldautomaten.

Unterkunft
Jetwing St. Andrew's $$$$ (1), 10 St. Andrew's Drive, ① 052-2223031 (Hotel), 011-2345720, www.jetwinghotels.com/jetwingstandrews. Dieses Hotel der gehobenen Mittelklasse liegt rund 400 m von der Stadt entfernt und besteht aus einem alten und einem neuen Flügel mit jeweils drei Etagen, auf die sich die insgesamt 52 gut ausgestatteten Zimmer und Suiten verteilen. Restaurant, Bar, Wäschereidienst und ein beeindruckender Billardraum (der Tisch ist über hundert Jahre alt) vervollständigen die Hotelanlage. WiFi inklusive.

Windsor Hotel $$$$ (2), 1/2 Kandy Road, ① 052-2222554, www.windsorhotellk.com. Dieses Mittelklassehotel liegt mitten in der Stadt. Eine Suite, fünf Deluxe- und 44 helle Standard-Doppelzimmer mit Bad und TV stehen den Gästen zur Verfügung. Ein Konferenzraum, ein Wäschereidienst, eine Sonnenterrasse, ein Restaurant mit internationalen und lokalen Gerichten sowie eine Bar gehören zum Service. WiFi inklusive in den öffentlichen Bereichen.

Grand Hotel $$$$ (3), Grand Hotel Road, ① 052-2222881, www.tangerinehotels.com. Das einst beste Hotel im Ort erstrahlt seit einiger Zeit wieder in alter Frische und englischem Flair und liegt fantastisch umgeben von hohen Bäumen. Das Angebot umfasst 145 komfortable Zimmer und drei entsprechend luxuriöse Presidential Suites. Am Büfett der Barnes Hall werden Gerichte verschiedenster Geschmacksrichtungen serviert, außerdem gibt es ein indisches und ein thailändisches Restaurant. Am Kaminfeuer der gut bestückten Bar sitzt man gemütlich. Ein Konferenzsaal, eine Shopping-Arkade, eine Sauna und Massagen stehen zur Verfügung. Auch an Sportmöglichkeiten mangelt es nicht: Man kann sich als Golf-, Tennis- oder Billardspieler oder -spielerin betätigen.

Hotel Glendower $$$ (4), 5 Grand Hotel Road, Nuwara Eliya, neben dem Golfplatz, 200 m von der Innenstadt entfernt, ① 052-2222501, www.hotelglendower.com. Das kleine Hotel liegt in einem wunderschönen Garten, in dem bei günstigem Wetter der Frühstücks- und Nachmittagstee serviert wird. Von hier aus genießt man auch einen schönen Blick auf den Glendower-Wasserfall. Die überaus private Atmosphäre wird noch dadurch gesteigert, dass diese Gartenidylle dank einer Hecke von der Straße nicht einsehbar ist. Das Hotel verfügt über neun komfortabel eingerichtete Zimmer, das hauseigene Restaurant ist auf chinesische Küche spezialisiert, und ein Billardzimmer lädt zu einer abendlichen Partie ein. WiFi in öffentlichen Bereichen inklusive.

> ### Hinweis
>
> Wer nach günstigeren Unterkünften sucht, als in der Stadt selbst angeboten werden, der bewegt sich am besten auf der Badulla Road Richtung Süden. Hier folgt bald eine Abzweigung rechter Hand in die **Haddon Hill Road** mit zahlreichen Unterkünften ähnlicher Preisklasse. Wer vom Zugbahnhof Nanu Oya kommt (von dort mit dem Bus weiter), sollte schon am Ortseingang aussteigen, um die Haddon Hill Road zu erreichen. Ausstieg ist beim roten Kiosk auf der linken Straßenseite, gegenüber dem Rathaus.

Keena Guest House $–$$ **(5)**, 122 Badulla Road, ☏ 052-2223821. Dieses kleine Hotel bietet neun Einzel-, Doppel- und Familienzimmer mit Dusche/WC. Restaurant mit asiatischer und westlicher Küche.

Grosvenor Hotel $$$ **(6)**, 6 Haddon Hill Road, ☏ 052-2222307. Willkommen in Schottland! Diese urige Guesthouse scheint wirklich aus der Zeit gefallen zu sein, man erwartet beim Betreten unweigerlich einen Kellner im Frack und ein knisterndes Kaminfeuer, dazu einen schönen Whisky. Die neun großen Zimmer sind ansprechend, und an der Bar lässt sich gut die Zeit verbringen. WiFi inklusive.

Single Tree Hotel $$$ **(7)**, 1/8 Haddon Hill Road, ☏ 052-2223009. Dieses kleine Hotel wurde 1995 eröffnet. Der Gastgeber ist sehr um das Wohl seiner Gäste bemüht. Es werden von hier Fahrten zu den Horton Plains organisiert. 17 sehr saubere Zimmer mit Dusche/WC und TV. Das Restaurant hat privaten Charakter, alles ist sehr sauber. WiFi inklusive in einigen Bereichen.

Die beste Anreisemöglichkeit: mit dem Zug

Zugverbindungen

Nuwara Eliya hat keinen eigenen Anschluss ans Schienennetz. Der nächste Bahnhof liegt in **Nanu Oya** und wird alle 15 Min. vom Bus ab Nuwara Eliya angefahren. Von Nanu Oya geht es mit der Bahn mehrfach täglich auf die ungemein schöne Strecke nach Kandy – oder, in die andere Richtung, über Ella nach Badulla. Hier erlebt man beim Blick aus dem Fenster sri-lankisches Bergland vom Feinsten: Aus dem Nebelwald erscheinen schemenhaft Teeplantagen, Hüttchen mit dampfenden Kaminen, dazwischen Dörfer mit lärmenden Schulkindern, dann ein atemberaubender Ausblick über Berge und Täler – meilenweit und sonnenüberstrahlt, dann fährt die Bahn durch enge, feuchte Tunnel, man könnte die Steinmauern anfassen, so nah gleiten sie am Zugfenster vorbei. Die Profis stellen sich gleich bei der Abfahrt in die offenen Türen und fotografieren das Geschehen und die grandiosen Ausblicke.

Busverbindungen

Der hektische Busterminal liegt mitten in der Stadt. Tgl. angefahrene Ziele: Colombo (4,5 Std.), Ella (2 Std.), Galle (8 Std.), Kandy (3 Std.), Matara (9 Std.), Nanu Oya (20 Min.).

Ausflug zum Botanischen Garten Hakgala

Der 1861 eröffnete Botanische Garten liegt um die **1.700 m hoch** und ist ein beliebtes Ausflugsziel besonders für Schulklassen. Neben gewaltigen Bäumen aus Australien, Nepal und dem Himalaya wachsen hier auch für die Sri-Lanker so „exotische Pflanzen" wie Dahlien, Astern, Sonnenblumen, Gladiolen, Nelken, Narzissen und Chrysanthemen.

Der Name „Hakgala" („Rachenfelsen") basiert auf der folgenden Legende: Rama (die siebte Inkarnation Vishnus als Held des Ramayana-Epos, König von Ayodya) hatte den Affengott Hanuman, Sohn des Windgottes Vayu, in den Himalaya geschickt, um ihm ein bestimmtes Heilkraut zu bringen. Als Hanuman endlich in dem Gebirge angelangt war, hatte er den Namen der Heilpflanze vergessen. Also schleppte er in seinem Rachen einen ganzen Felsen herbei, in der Hoffnung, auf diesem könnte sich auch die gewünschte Pflanze befinden. Deshalb heißt der Felsen oberhalb des Botanischen Gartens Hakgala.

Legende vom „Rachenfelsen"

Dieser Botanische Garten war ursprünglich eine Plantage von Chinarinde-Bäumen, aus denen das Anti-Malaria-Mittel Chinin gewonnen wurde. Später experimentierte man hier, inwieweit sich in dem regenreichen Höhenklima der Insel Pflanzen der gemäßigten Zone ansiedeln lassen.
Hakgala Botanical Gardens, www.botanicgardens.gov.lk/hakgala, tgl. 8–17 Uhr, Eintritt 1.100 Rs., Kinder 600 Rs. **Anreise**: Jeder Bus ab Nuwara Eliya Richtung Welimada oder Badulla fährt hier vorbei.

Tee, Tee, Tee ...

Wie ein hellgrüner Teppich ziehen sich die Teeplantagen über die sanft geschwungenen Berge und Täler. Spinnennetzartig sind die Wirtschaftswege in den Tee-Teppich eingewoben. So schön diese idyllisch anmutende Kulturlandschaft auch anzusehen ist, darf man nicht die Augen davor verschließen, dass immer mehr Urwald den Teeplantagen weichen muss.

Geschichte und Anbau des weltberühmten Ceylon-Tees
Ab 1825 wurde erfolgreich Kaffee auf der Tropeninsel angebaut. Die Unternehmer erzielten gute Gewinne, bis eine Rostpilzseuche (*Hemileia vastatrix*) die Monokulturen fast vollständig vernichtete. 1870 gelang es dem jungen Schotten James Taylor, statt Kaffee Tee aus Assam auf der Loolecondera Estate anzubauen und zu kultivieren. Tee (*Camellia sinensis* = chinesische Kamelie), als Wildpflanze ursprünglich aus China, Hinterindien und Indonesien stammend, wurde bereits in China und Nordindien zur Nutzpflanze der Menschen. Nach Taylors Pioniertat trat sie auch in Sri Lanka ihren Siegeszug an.

Tee gedeiht am besten in einem **warmen Höhenklima mit genügend Niederschlägen** (mindestens 2.000 mm pro Jahr) und **in Hanglage**, in der das Regenwasser schnell im Boden versickern oder bei zu heftigen Güssen ablaufen kann. Stauende Nässe bekommt den Teepflanzen nicht. Für den Teeanbau bestehen im Hochland der Insel ideale Bedingungen. Taylors Experiment machte Schule und glich den Ruin des Kaffeeanbaus wieder aus.

Ende des 19. Jh. holten die Briten 700.000 Tamilen aus Südindien als billige Arbeitskräfte auf die Teeplantagen nach Sri Lanka. 1975 wurden alle Teeplantagen

Teepflücken ist Schwerstarbeit und wird so gut wie immer von Frauen geleistet

Nuwara Eliya (Nureliya) **313**

verstaatlicht – was bald darauf zumindest teilweise wieder rückgängig gemacht wurde. Heute ist Sri Lanka der weltweit **viertgrößte Produzent** und der drittgrößte Exporteur von Tee.

Anlegen einer Teeplantage

Wenn ein Areal vom Urwald „befreit" ist, wird eine harte Grassorte büschelweise in den Boden gesetzt und nach drei Monaten wieder abgebrannt. Die so gewonnene Asche dient als natürlicher Dünger. Dann werden die in Pflanzgärten gezogenen, etwa einjährigen Setzlinge in den gedüngten, aufgelockerten Boden eingepflanzt. Nach zwei bis vier weiteren Jahren, je nach Höhenlage, kommt es zur ersten Ernte der neu sprießenden Teeblätter. Alle zwei bis fünf Jahre wird der immergrüne Teestrauch auf eine Höhe von einem Meter zurückgeschnitten, damit er nicht seine Maximalhöhe von etwa 10 m erreicht, besser zu bepflücken ist und seine Kraft in die neuen Triebe geht. Tee braucht eine mittlere Tagestemperatur von plus 24° C und viel Regen. Nach etwa zehn Jahren, wenn die Erträge nicht mehr so ergiebig sind, sollten die Teeplantagen gerodet und eine Neubestückung mit Setzlingen vorgenommen werden. Dies geschieht aber nur in den seltensten Fällen.

Bei dem Besuch einer Teefabrik kann man den Tagesablauf und die Vorgehensweise bei der Tee-Ernte und -Bearbeitung kennenlernen.

Pflücken des Tees

In einem Rhythmus von drei bis vier Wochen im Hochland, in tieferen Lagen alle acht bis zehn Tage – dies hängt auch von der Jahreszeit ab – werden die jungen Blätter und der Trieb im Akkord gepflückt. Diese Arbeit verrichten in erster Linie die fleißigen Frauen der sogenannten „Indien-Tamilen"; eine Teepflückerin betreut ca. 3.200 Teesträucher. Morgens und nachmittags schieben sich Scharen von Pflückerinnen mit großen Körben durch die oft sehr eng stehenden, harten Büsche. Wenn sie sorgfältig und vorschriftsmäßig arbeiten, zupfen sie traditionell nur zwei Blätter und die Knospe („Two to three leaves and the bud") des Teestrauches ab und werfen sie über die Schulter in den Tragekorb, der mit einem Stirnband gehalten wird, oder in den Jutesack an der Hüfte. Bis zu 25 kg täglich können von einer Arbeiterin normalerweise geerntet werden.

Hierbei handelt es sich um **Schwerstarbeit**, erst recht wenn man bedenkt, dass auch bei Regen und Nebel gepflückt wird und sich die Tamilinnen mit einem bis zu 25 kg schweren Korb oder Sack auf einer abschüssigen Plantage abmühen müssen. Trotz der Plackerei verrichten die Frauen ihre harte Arbeit mit einem Lächeln, wenn man vorbeikommt.

Trocknen und Rollen

Die grünen Blätter werden 10–12 und in der Regenzeit 16–18 Stunden unter Einsatz von Heißluft auf einer Darre (Rost) getrocknet, die ca. 2.000 kg fasst. Während des Trockenvorgangs werden die Teeblätter zweimal von Hand gewendet. Dabei verlieren sie die Hälfte ihres Gewichts.

Die gewelkten Teeblätter werden in eine Maschine geschoben, in der mit schneckenförmigen Riffeln versehene, gegeneinander reibende Scheiben das Blattwerk zerquetschen. Durch ihr Aufbrechen (Fachausdruck: „Rollung") werden die Pflanzenzellen zum Platzen gebracht, die Blätter in kleinste Teile zerteilt und der eingeschlossene Saft freigesetzt, was den Gärungs- oder Fermentierungsprozess verstärkt in Gang setzt.

info

Fermentieren und Erhitzen
Fermentieren ist ein biochemisches Verarbeitungsverfahren, um die gewünschte **Aromaentwicklung** zu erreichen, wobei die natürlichen Bitterstoffe gemildert werden. Für den Vorgang der Fermentierung wird der Tee nur höchstens 5 cm aufgeschichtet. Der Tee wird einerseits mit Wasserzerstäubern ausreichend befeuchtet, andererseits ist für genügend Frischluftzufuhr zu sorgen. Temperatur und Luftfeuchtigkeit müssen in einem ausgewogenen Verhältnis stehen. Die Gerbsäure oxidiert, und die Blätter verfärben sich rotbraun. Die Kunst der guten Teeherstellung beruht darauf, den richtigen Zeitpunkt (ca. 1,5–3 Stunden) abzupassen, wann der Fermentierungsprozess beendet und das Rösten begonnen werden muss.

In der nächsten Phase durchlaufen die Blätter einen Trockenofen („freien"). Sie werden 21 Minuten bei 96 Grad geröstet. Dabei wird ihr Flüssigkeitsanteil von 65 % auf 3 % gemindert.

Sieben und Sortieren
Über Laufbänder und Siebe wird der zerriebene, fermentierte und getrocknete Tee gereinigt und nach Gewicht und Größe sortiert (Schiftung). Kammähnliche Bügel sortieren die verhärteten Stengel und Blattrippen heraus. Die schwersten Tee-Teilchen bestehen aus dem sogenannten 3-Blatt, dem Trieb und den zwei ersten Blättern. Sie ergeben den wertvollsten schwarzen Tee. Die leichteren Einzelblätter ergeben weniger hochwertigen braunen Tee.

Die Verpackung (*packing*) erfolgt in große, mit Aluminiumfolie ausgelegte Sperrholzkisten, deren Fassungsvermögen 45 bis 50 kg beträgt – je nach Feinheit des Tees. In dieser Verpackung hält sich der Tee drei bis vier Jahre ohne Qualitätsverlust.

Es gibt folgende Sorten:
1. Sorte: Golden Tip, Silver Tip, Grey Tip, Black Tip; sie besteht nur aus der Teeknospe (*bud*).
2. Sorte: BOPF = Broken Orange Pekoe Flower; sie enthält noch die Teeblüten.
3. Sorte: BOP = Broken Orange Pekoe; sie ist leicht und hell.
4. u. 5. Sorte: Pekoe + OP; sie enthält Beimischungen verschiedener Geschmacksrichtungen (z. B. Maracuja).
6. Sorte: Staub von BOPF und BOP; es ist minderwertige Qualität und für Teebeutel bestimmt.
Die Stengel werden durch Gebläse entfernt und als Humus für die Plantagen gesammelt.

Es wird je nach Höhenlage des Anbaugebiets zwischen **„Highland"-, „Middleland"- und „Lowland"-Tee** unterschieden. Die Manager der Teeplantagen prüfen die Qualität. Anschließend werden Proben dieser Sorten an die Teebörse in Colombo geschickt. Dort werden mit Zustimmung der Plantagen-Manager die Sorten zum weltbekannten **Ceylontee** gemischt und diese Mischungen dann an die zentrale Teebörse in London verfrachtet.

Zum Teeanbau in Sri Lanka s. auch S. 74.

Horton Plains National Park

Der Name „Horton Plains" erinnert an Sir Robert Wilmot Horton, der von 1831–1837 Gouverneur auf der Insel war. Die wildreiche Hochebene, durchschnittlich 2.100 m hoch gelegen, war ein bevorzugtes Jagdrevier der Briten. 1969 wurden die Horton Plains zum Naturschutzgebiet und 1988 zum Nationalpark erklärt, dessen Gesamtausdehnung **ca. 3.160 ha** beträgt. Hier treffen Besucher noch auf eine urtümliche Landschaft und auf eine dem rauen Klima angepasste Flora und Fauna. Die Horton Plains gehören zu den letzten Gebieten mit **tropischem Bergnebelwald**, der noch rechtzeitig unter Schutz gestellt wurde, bevor er den Teeplantagen hätte weichen müssen.

Wildreiche Hochebene

Die **bevorzugte Wanderzeit** ist von Januar bis März und von August bis September; auch in diesen Monaten sollte man aber unbedingt an warme Kleidung und Regenschutz denken! Generell ist es ratsam, möglichst frühmorgens auf die Horton Plains zu fahren oder zu wandern.

Auf dem **Weg zum Park** wechseln sich in tieferen Lagen kleinere Bergwaldstücke mit weitem Grasland ab, auf dem Vieh aus aller Welt auf einer Rinderfarm weidet. Viele Länder wie Australien, Neuseeland, Holland und die Schweiz haben bestimmte Rinderarten als Geschenk hierher geschickt, die zur Weiterzucht verwendet werden.

Mit zunehmender Höhe werden die Waldgebiete immer ausgedehnter. Dabei handelt es teils um natürlichen Bergwald, teils um monotone Eukalyptusanpflanzungen. Kleine Moore sind in die Landschaft eingestreut.

In Ambewela fallen ein großes Farmhaus und eine Trockenmilchfabrik auf, wo man Erfrischungen erwerben kann. In dem kleinen Ort **Pattipola** in 2.040 m Höhe hat man von einem Ausguck einen guten Blick auf den Kirigalpota (2.395 m) und den Totapola (2.359 m), die beide die Hochebene überragen.

Auf der Weiterfahrt blühen entlang des Weges Rhododendrongewächse und Blaue Prachtwinden („Morning Glory Flowers"). Nach 32 km langer Jeep-Fahrt ist das ehemalige Guesthouse Farr Inn aus dem Jahr 1900 erreicht, das seit Ende der 1990er-Jahre als **Visitor Center** (inkl. kleinem Museum) dient: ein guter Ausgangspunkt für die Erkundung der Horton Plains.

Im Parkbereich selbst gibt es insgesamt **vier Landschaftstypen**: den Oberen Bergregenwald, den Zwergkrüppelwald sowie Savannen- und Grasland. Hier leben große Herden von stattlichen **Sambar-Hirschen** (*Cervus unicolor*/*Indian sambar*), die kleineren Muntjaks (*Muntiacus* /*Muntjac*) sowie die zu den Hirschferkeln gehörenden Fleckenkantschilen (*Moschiola Meminna*/*Spotted chevrotain*). Alle drei werden von ihrem größten Feind, dem **Leoparden** (*Panthera pardus*/ *Leopard*), verfolgt. Wildschweine (*Sus scrofa*/*Wild boar*) ziehen in Rotten durch

Artenreiche Tierwelt

die Wildnis. Geschickte Baumbewohner sind die endemischen Ceylon-Hutaffen (*Macaca sinica*/*Toque macaque*). Zwei kleine Wildkatzenarten (*Felis viverrina* und *Felis rubiginosa*, letztere ebenfalls hier endemisch) sind wegen ihrer scheuen Lebensweise nur sehr schwer auszumachen. Die kleinsten Säugetiere, die die Horton Plains bevölkern, sind zwei endemische Spitzmausarten.

Auch für Ornithologen lohnt sich der Besuch. Unter den hier heimischen **Vögeln** sind wiederum einige endemisch: der Ceylonbeo (*Sri Lanka hill myna*), das Ceylonhuhn (*Ceylon junglefowl*), der Blau-Schweifkitta (*Ceylon blue magpie*) und der Ceylon-Brillenvogel (*Ceylon white-eye*). Zudem wurden im Schutzgebiet verschiedene endemische Frosch-, Schlangen- und Eidechsenarten entdeckt.

Informationen Horton Plains: *Streckenhinweis: Nuwara Eliya in südlicher Richtung auf der A 7 nach Colombo verlassen, Abzweigung links nach 3 km über die Blackpool-Junction (Kreuzung), über eine Brücke weiter nach Ambewela und Pattipola (20 km von Nuwara Eliya), die höchstgelegene Bahnstation Sri Lankas (2.040 m hoch), sodann Überquerung der Eisenbahnlinie Badulla-Kandy. Ein steiler, einsamer Weg führt zu den Horton Plains (32 km von Nuwara Eliya) hinauf, der möglichst nur mit Geländewagen mit 4WD oder kleinen LKW befahren werden sollte. Die Fahrzeuge sind z. B. über Vermittlung der* **Hotels in Nuwara Eliya** *zu ordern, in denen man auch bei einem Besuch von Horton Plains einquartiert bleiben sollte, statt zu versuchen, in einem der Parkquartiere unterzukommen.*

Eintritt *Erwachsene US$ 15, Kinder US$ 8, dazu kommen US$ 8 Team Fee und 15 % Steuer. Miete für ein Allradfahrzeug mit Fahrer ca. US$ 50 (s. S. 138).*

Naturwunder World's End

Nachdem man das Tor beim Visitor Center passiert hat, sind es noch 5 km bis zum World's End. Für den Weg benötigt man inklusive Fotopausen ca. eine Stunde. Zunächst geht es durch offenes Grasland und gurgelnde Bäche, an deren Ufern der rosa blühende Baumrhododendron (*Rhododendron arboreum*) wächst.

Dann taucht man ein in einen dicht verfilzten tropischen Bergnebelwald. Schmetterlinge fliegen schnell durch die **feuchtkalte Luft**, und die Agamen im Gesträuch lassen mit ihren Rückenkämmen an kleine Drachen denken. Wegen des **dichten Baumbestands** sind die Affen, die geräuschvoll durch die Baumkronen springen, eher zu hören als zu sehen.

Überwältigendes Panorama

Tritt man unvermutet aus dem dichten Wald heraus, blickt man – zunächst noch vom hellen Licht geblendet – über urwaldbewachsene Hänge und steile Klippen **fast 1.300 m in die Tiefe**. Überwältigt von diesem gigantischen, fast senkrechten Abbruch, schaut man staunend in den schwindelerregenden, sonnendurchfluteten Abgrund, über den sich weiße Wolkenberge türmen. Sprachlos genießt man das **breite Spektrum an Farbschattierungen**: von den rötlichen Knospenansätzen naher Büsche über dunkelgrünen Bergurwald bis

Hinweis auf das „Ende der Welt"

zum gedämpften Blau der fernen Berge, und dazwischen die verschiedensten Farbabstufungen in Grün, gelbe Grasflächen sowie Licht und Schatten an den steilen Felsen!

Es kann allerdings genauso passieren, dass nach zehn Minuten fantastischer Fernsicht urplötzlich **dichter Nebel** wie von Geisterhand aus dem Tal emporquillt. Die vorher grell beleuchteten Bäume an den Hängen verschwimmen zu gespenstischen Schemen. Innerhalb kürzester Zeit wechseln ständig Sonnenschein, teils verdeckte Berge und Nebelfetzen.

Tipp
Nicht die vorgesehenen **Wanderwege** verlassen! Plötzliche Nebel- und Schlechtwettereinbrüche haben schon manchen Bergwanderer in Schwierigkeiten gebracht.
Möglichst frühe Auffahrt oder **früher Aufstieg**! Erfahrungsgemäß ist World's End spätestens ab elf Uhr morgens in wehende Nebelschleier gehüllt.

Haputale

Der amerikanische Fernsehsender CNN erhob Haputale im April 2010 zu einer der „25 meistübersehenen Destinationen" in Asien. Am Ort selbst mit seinen rund 5.500 Einwohnern kann das nicht liegen, denn außer einem gewissen britischen Flair handelt es sich um ein ganz normales Dorf mit Bahnhof, Bushaltestelle und Markt. Was den Ort auszeichnet, sind seine Lage und seine Umgebung: Haputale liegt auf einem Bergrücken, und der Blick Richtung Küste scheint genauso endlos wie Richtung Inland. In der Umgebung kann man unter anderem einige Teefabriken und den – gerade bei Sonnenaufgang – spektakulären Aussichtspunkt **Lipton's Seat** erwandern. Hierher soll sich Sir Thomas Lipton immer zurückgezogen haben, um den Blick schweifen und die Gedanken wandern zu lassen (*Eintritt: 50 Rs., erreichbar mit dem Bus ab Haputale-Bushaltestelle*).

Endlose Sicht auf Küste und Inland

Sir Thomas' Teefabrik, die **Dambatenne Tea Factory**, ist passenderweise gleich in der Nähe (*tgl. 7.30–18 Uhr, geführte Touren 250 Rs., kein Teeverkauf*).

info: Sir Thomas Lipton

Sir Thomas Lipton (1848–1931) gilt als der „Vater der sri-lankischen Teeindustrie". Seinen auf fünf Teeplantagen in Sri Lanka gezogenen Tee vermarktete er aggressiv im Heimatland Großbritannien und schuf so einen nie dagewesenen Bedarf an sri-lankischem Tee. Bis heute beherrscht der Liptonsche Teebeutel den asiatischen Teemarkt, während in Europa der Name Lipton längst verblasst ist.

Reisepraktische Informationen Haputale

Banken
An der Station und der Temple Road gibt es einige Banken mit Geldautomaten.

Unterkunft
Amarasinghe Guest House $, *Thambapillai Avenue,* ✆ *057-2268175. Das kleine Hotel bietet einfache, gemütliche Zimmer und ist sowohl wegen des guten Preis-Leistungs-Verhältnisses als auch wegen der überaus zuvorkommenden Gastgeber sehr beliebt.*
Sri Lak View Holiday Inn $$–$$$, *A. W. Arther Sirisena Mawatha,* ✆ *057-2268125, www.srilakviewholidayinn.com. Mitten im Ort gelegen, bietet diese Unterkunft 16 gute und modern eingerichtete Zimmer mit TV und Balkon oder Terrasse. Manche der Zimmer haben einen hervorragenden Ausblick, am besten gleich nach „Zimmer mit Aussicht" fragen. Zum Service gehören eine Bar und ein Restaurant mit östlichen und westlichen Speisen, auf Wunsch werden Ausflüge und Touren organisiert.*

🚂 Zugverbindungen

Die Bahnlinie Badulla – Kandy führt durch Haputale. Auch wenn sie nicht allzu häufig unterwegs ist, gelangt man so doch am komfortabelsten nach Ella, Badulla, Kandy oder nach Colombo.

🚌 Busverbindungen

Die Bushaltestelle ist mitten im Ort. Da aber so gut wie keine Busse von hier starten, muss man immer einen Bus anhalten, der meist schon gut gefüllt ist. Besser reist man mit dem Zug.
Tgl. angefahrene Ziele: Bandarawela (30 Min.), Colombo (6 Std.), Matara (7 Std.), Ratnapura (3 Std.) Wellawaya (1 Std.).

Ella

Auf einer Passhöhe von 915 m liegt das Städtchen Ella, das als eine Perle unter den kleinen Orten des Hochlandes gilt. Ella ist nach Süden hin geöffnet und nach Ansicht vieler Einheimischer und Fremder der **schönste Taleinschnitt** der an Naturschönheiten reich gesegneten Insel.

Ein kleiner Felsentempel auf der Passhöhe enthält Wandmalereien aus dem 11. Jh. n. Chr.

Auf einen steilen Aufstieg folgt ein grandioser Ausblick: der Little Adam's Peak

Teepflückerinnen

Beliebte Wanderstrecke

Von Ella kann man Bergwanderungen in alle Richtungen unternehmen. Ein beliebtes Ziel ist der **Little Adam's Peak**, der Hausberg von Ella. Um dorthin zu gelangen, folgt man der Passara Road für rund 1,5 km, bis auf der rechten Seite eine Gärtnerei samt Café auftaucht. Von dort steigt man einfach durch die Teeplantage langsam den Berg hinauf. Wer will, folgt auf halber Strecke den Schildern Richtung **Newburgh Tea Factory** (*Mo–Sa 8–18 Uhr, Eintritt 300 Rs. mit Führung*) oder steigt den Hügel hoch Richtung Gipfel. Von oben hat man einen wunderbaren Ausblick auf Ella und die Umgebung.

6 km unterhalb von Ella an der Straße nach Wellawaya liegen die beeindruckenden, 90 m hohen **Ravana-Wasserfälle**, die sich über etliche Terrassen und Felsen erstrecken.

Reisepraktische Informationen Ella

Banken
Die Bank of Ceylon unterhält eine Filiale an der Hauptstraße, es gibt auch einen Geldautomaten.

Unterkunft

Tipp

www.ellagoodneighbours.com ist eine Website, auf der sich die Unterkünfte in Ellas Nachbardorf Kithalella zusammengeschlossen haben, um sich besser zu vermarkten. Es gibt eine zentrale Ansprechpartnerin (☏ 078-4718145), die sich um eine passende Unterkunft kümmert.

Little Heaven Homestay $$, 18 Passara Road, ☏ 057- 2228648, www.littleheaven-home-stay-ella.com. Nettes Guesthouse mit Blick auf das Marktgeschehen am Straßenrand. Einfache, aber angenehme Zimmer mit TV, auf Wunsch werden srilankische Mahlzeiten zubereitet. WiFi inklusive.
Okreech Cottages $$, ☏ 077-7794007, www.ellaokreechcottages.com. Nette, zweistöckige Ziegel-Cottages am Hang über Ella mit Ventilator und Balkon. Es gibt einen kleinen Garten und einen Fahrradverleih.
Sun Top Inn $$, 18 Police Station Road, ☏ 057-2228673. Sehr sympathisches Guesthouse direkt gegenüber dem Bahnhof. Die Wirtsleute sind sehr engagiert, und in dem hauseigenen Restaurant kommen gute asiatische und europäische Mahlzeiten auf den Tisch. Gratis-Fahrradverleih. Ein Scooter kostet am Tag 1.500 Rs., für eine Kurzstrecke leiht der Chef den Scooter allerdings auch mal so aus. WiFi inklusive.
Hotel Ambiente $$, Kithalella Road, ☏ 057-2228867, www.ambiente.lk. Das Hotel liegt hoch über der Ella-Schlucht mit schönem Blick ins Tal und auf den Wasserfall. Das Abendessen im Restaurant des Hotels ist zu empfehlen. Das Hotel hat acht geschmackvoll eingerichtete Zimmer mit Aussicht. WiFi inklusive.
Dream Café and Guest House $$–$$$, Main Street, ☏ 057-2228950, www.dreamcafeandguesthouseella.com. Hier ist man nicht nur mitten im Ort, sondern auch mitten im Geschehen. Im Dream Café trifft man sich, hier kann man im Restaurant in entspannter Atmosphäre gut essen (regionale und internationale Küche), und nicht zuletzt gibt es sehr schöne und recht günstige Zimmer mit Balkon – entweder über oder hinter dem netten Café. Das Reisebüro des Hauses ist eine anerkannte Adresse für Rundtouren durch die Region und weitere Reisepläne. WiFi inklusive.
Hotel Country Comfort $$$–$$$$, 32 Police Station Road, ☏ 057-2228500, www.hotelcountrycomfort.lk. Schön gelegenes, nicht ganz billiges Mittelklassehotel mit 20 einfachen, aber großen Zimmern (zwölf davon in einem Neubau) mit Blick auf den hübschen Garten. Der Bahnhof liegt nur fünf Minuten entfernt. Restaurant/Bar mit westlicher und asiatischer Küche. WiFi inklusive.

Restaurant

Um den **Curd and Honey Shop** kommt man nicht herum. Er liegt in der Wellaweya Road direkt an der Bushaltestelle, hier kann man sich also gut die Zeit vertreiben – und es gibt den ganzen Tag über kleine Leckereien, die nicht immer mit „Curd", also Joghurt, zu tun haben. Sehr empfehlenswert ist das Curry.

Das Bergland

🚆 Zugverbindungen
Ella hat einen kleinen Bahnhof, der an der Strecke Badulla – Kandy liegt. Die Fahrt ab hier, z. B. nach Nuwara Eliya, ist eine der landschaftlich spektakulärsten in Sri Lanka.

🚌 Busverbindungen
Busse auf dem Weg nach Badulla fahren die Hauptstraße hinauf, die nach Wellawaya hinunter. Irgendwo muss man aufspringen, da sie nicht lange anhalten und meist schon gut mit Passagieren gefüllt sind. Wer generell in den Süden oder Osten (Arugam Bay) will, der fährt am besten erst einmal den Hang hinunter bis Wellawaya. Ab dem dortigen Busterminal geht es regelmäßig in alle Richtungen weiter. Nach Nuwara Eliya oder Haputale nimmt man besser den Zug.

Buduruwagala

Einen weitgehend unbekannten Höhepunkt sri-lankischer Bildhauerkunst findet, wer Wellawaya über die A 2 in Richtung Süden verlässt und dann nach etwa 5 km rechter Hand auf eine eher unscheinbare Seitenstraße wechselt. Diesem Weg folgt man weitere gut 4 km durch eine schon für sich eindrucksvolle Natur bis zu einem etwas behelfsmäßig wirkenden Parkplatz. Von hier ist

Die sieben Statuen von Buduruwagala

es dann nicht mehr weit bis zu den **sieben Statuen** von Buduruwagala, die mitten im Urwald aus einem ca. 20 m hohen Felsmassiv herausgemeißelt wurden und die für die Wissenschaft immer noch in vielen Dingen ein Mysterium darstellen. Schon über ihre genaue Entstehungszeit herrscht keine Einigkeit, wahrscheinlich stammen sie aus dem 4.–10. Jahrhundert n. Chr. Die zentrale, ca. **17 m hohe Buddha-Statue** ist die älteste dieses Steinensembles. Links und rechts von ihr sind zwei Gruppen aus je drei kleineren Figuren positioniert. Über deren Identität wird in den meisten Fällen wiederum nach wie vor gemutmaßt, fest steht allerdings, dass sie von Glaubensvorstellungen des Mahayana-Buddhismus beeinflusst sind. In jedem Fall wird man sich dem erhabenen Schweigen dieser gewaltigen Statuen kaum entziehen können (*Eintritt 200 Rs.*).

Mysteriöses Steinensemble

Diyaluma-Wasserfälle

An dem Straßenkreuz **Wellawaya**, dem Schnittpunkt der Straßen A 2 und A 4 mit großem Busterminal, lohnt sich ein Abstecher über die A 4 Richtung Westen zu den Diyaluma-Wasserfällen. Der Weg dorthin führt aufwärts durch dichten **Bergregenwald**, dessen höchste Bäume bis zu 40 m hoch werden. Inmitten dieser so urwüchsig wirkenden Landschaft entdeckt man immer wieder Hütten der hier siedelnden Singhalesen und auch von ihnen gepflanzte Bäume, z. B. Kittulpalmen, aus deren Blütensaft Honig hergestellt wird.

Nach einer Fahrt von 25 km steht man dann vor den wohl **eindrucksvollsten Wasserfällen** der Insel, den Diyaluma Falls, die von dem Punagala Oya gespeist werden. Nach ausreichenden Niederschlägen bietet sich ein herrlicher Anblick, wenn die Wassermassen 170 m tief wie ein weißer Schleier im freien Fall die dunkle Felswand hinabstürzen.

170 m hoher Wasserschleier

Wer den Ausblick auf noch weitere, kleinere Wasserfälle sowie die völlige Abgeschiedenheit der einsamen Bergwelt genießen möchte, muss allerdings eine recht anspruchsvolle Kletterpartie über den Steilhang auf sich nehmen.

8. DAS KULTURELLE DREIECK

Überblick

Im sogenannten „Kulturellen Dreieck" nördlich von Kandy kommen nicht nur Geschichtslehrer ins Schwärmen. Auf dichtem Raum liegen hier bedeutende historische Orte mit so klingenden Namen wie **Anuradhapura**, **Polonnaruwa** und **Sigiriya** – Ziele einer jeden Bildungs- und Studienreise durch Sri Lanka! Hier werden Tausende von Jahren Geschichte erleb- und greifbar: entweder wiederauferstanden und restauriert oder in einem Zustand, bei dem man auf der Suche nach den Spuren der singhalesischen Königreiche ein wenig auf Entdeckungstour gehen kann.

Nicht zu vernachlässigen ist auch die eher spirituelle Seite des kulturellen Dreiecks mit den riesigen Buddha-Statuen von **Aukana** und **Sasseruwa** und den Höhlentempeln von **Dambulla**. Naturfreunde kommen z. B. in den Nationalparks von **Minneriya** oder **Kaudalla** auf ihre Kosten.

Redaktionstipps

▸ Hinein: in die Höhlentempel von Dambulla (S. 330).
▸ Herum: auf einem Spaziergang durch die alte Königsstadt in Anuradhapura (S. 356).
▸ Hin und weg: von den Wolkenmädchen in Sigiriya (S. 334).

Kurunegala und Yapahuwa

Kurunegala

Kurunegala ist mit seinen ca. 30.000 Einwohnern immerhin die größte Stadt zwischen Colombo und Anuradhapura und dazu die Hauptstadt des gleichnamigen Distrikts sowie der North Western Province. Der Ort liegt zwischen zwei auffälligen Felsen: Der westliche hat die Form eines Fisches und der östliche die eines Elefanten.

Charakteristisch für Kurunegala sind der große Busbahnhof und der markante Uhrturm. Vor allem aber ist die Stadt für die hier hergestellten und gespielten **Rabanas** bekannt: Musikinstrumente aus einem Holzrahmen mit einer überspannten Tierhaut, wobei die Tierfell-Membran beim Spannen über Feuer erwärmt wird. Rabanas werden meist von Mädchen gespielt, die dem Instrument sehr feierliche, sanfte Trommelmusik entlocken.

Traditionelle Trommelmusik

Kurunegala und Yapahuwa

Das sogenannte „Kokosnuss-dreieck" Kurunegala – Colombo – Chilaw wird von der A 1 im Südosten begrenzt. Von Colombo aus fährt man in gut anderthalb Stunden nach Kurunegala: zunächst über die A 1 und ab Ambepussa über die A 6.

Yapahuwa

45 km entfernt von Kurunegala liegt in Richtung Anuradhapura die **Felsenburg** Yapahuwa, der im Laufe der wechselvollen Geschichte der singhalesischen Königreiche kurzzeitig große Bedeutung zukam: 1272 wurde unter der Regentschaft von Bhuvenaka Bahu I. die Hauptstadt von Polonnaruwa hierher verlegt, da der Ort besser gegen die einrückenden südindischen Armeen verteidigt werden konnte. Kurz wurde hier sogar der Heilige Zahn des Buddha aufbewahrt. 1284 starb Bhuvenaka Bahu, die Südinder eroberten Yapahuwa und nahmen

Kurzzeit-Hauptstadt

Felsentreppe von Yapahuwa

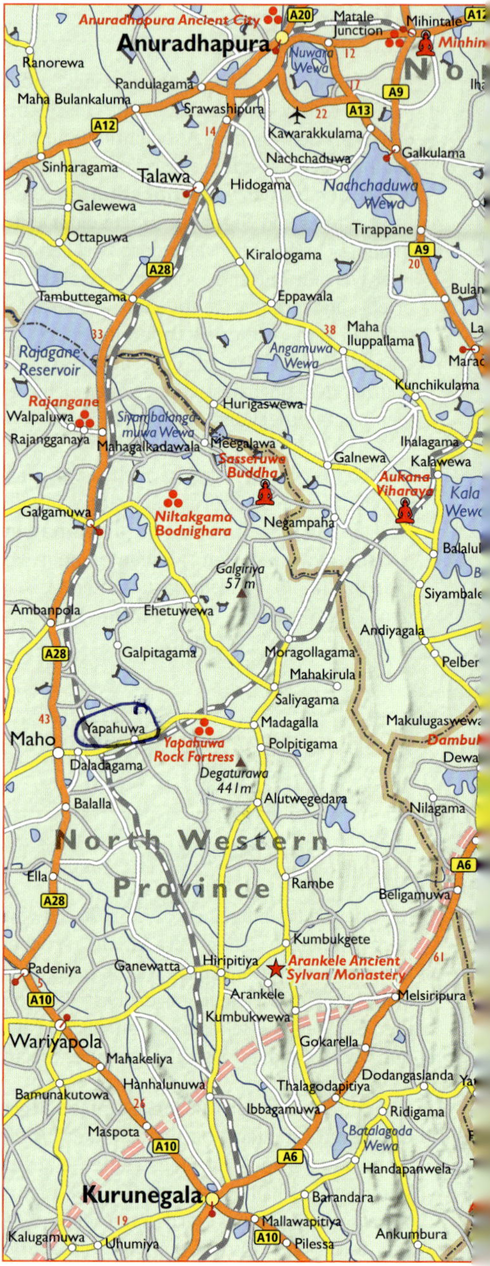

Kurunegala

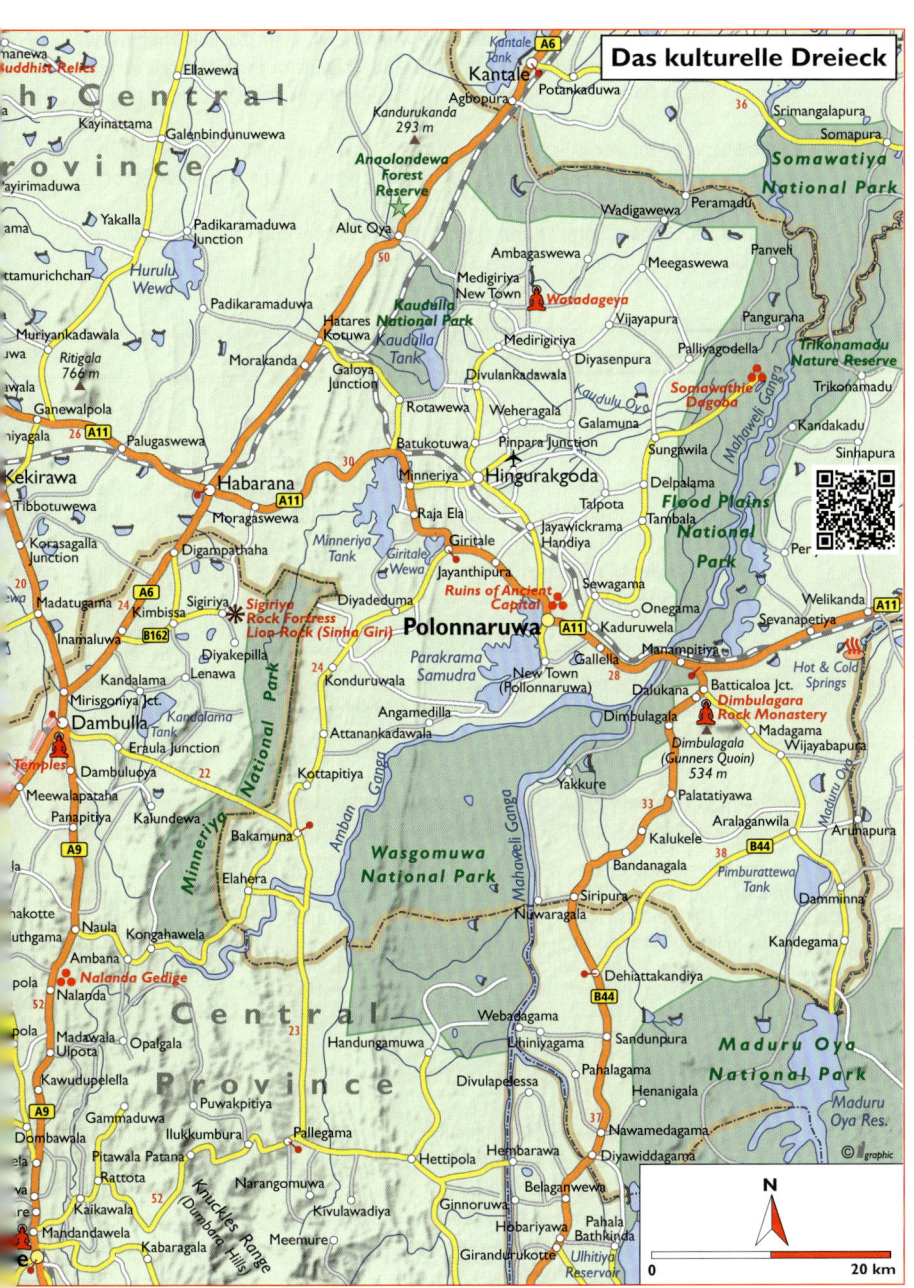

Das kulturelle Dreieck

den Zahn mit in ihre Heimat. Yapahuwa wurde verlassen, zurück blieben nur ein paar Mönche. Neue Hauptstadt wurde für immerhin ca. 50 Jahre Kurunegala.

Beeindruckend ist vor allem die prächtige Treppe, die den Felsen hinaufführt. Außerdem gibt es etliche schöne Statuen und Ruinen der früheren Stadt zu sehen.
Yapahuwa, *45 km nördl. Kurunegala, an der Straße nach Anuradhapura, tgl. 6–18 Uhr, Eintritt 500 Rs.*

Von Matale nach Polonnaruwa

Matale

Die Distrikthauptstadt hat ca. 40.000 Einwohner und liegt am nördlichen Rand des Hochlands. Rechts von der Hauptdurchgangsstraße befindet sich der **Hindutempel Sri Muthumariamman Thevasthaman.** Auch an diesem Tempel ist der übliche bunt bemalte Figurenschmuck zu sehen, und am Sims fallen zwei heilige Kühe auf.

Batikproduktion In dieser Gegend gibt es mehrere Werkstätten, die Batiken produzieren und verkaufen. Die verschiedenen Stadien dieser Technik können in einigen Werkstätten besichtigt werden, z. B. im **Matale Heritage Centre** (*33 Sir Richard Aluvihara Mawatha, 2 km nördl. von Matale,* ☏ *066-2222404, Mo–Sa 9–16 Uhr*).

Batik-Herstellung

Die traditionellen Muster werden auf Papier vorgezeichnet; gleichzeitig erfolgt ein Durchpausen auf Leinen. Die Teile, die nicht gefärbt werden sollen, werden mit Wachs abgedeckt. Nun taucht man die Stoffe in ein Chemiebad und danach in ein Salzwasserbad. Nach erneuter Abdeckung mit Wachs werden sie in bis zu sieben verschiedenen Farbbädern eingeweicht. Diese Bäder müssen kalt sein, weil das Wachs in heißem Wasser wegschmelzen würde.

Felsentempel von Aluvihara

Dieser buddhistische Felsentempel liegt 3 km nördlich von Matale links der Hauptstraße. Er ist von einer mit Elefantenfiguren besetzten Mauer von der Straße abgeschirmt. Man steigt über 50 Stufen zu dem Fuß eines Felsmassivs empor. In dem ausgesparten, mit Fresken bemalten **Höhlengewölbe** sind Statuen Gautama Buddhas in seinen typischen Haltungen zu finden: meditierend, lehrend und im Nirwana ruhend.

Durch einen mit einer Glocke versehenen Torbogen zwischen zwei Felsen führt ein steiler Aufstieg zu einer kleinen **Dagoba** oberhalb des Höhlentempels hinauf. Hier hat man einen guten Überblick über die Tempelanlage, die sich harmonisch in die wildromantische Natur einfügt.

Seine überragende Berühmtheit erlangte dieser äußerlich eher bescheidene Tempel, weil hier im Jahre 88 v. Chr. das **vierte buddhistische Konzil** mit 500 Mönchen tagte und der Auftrag erteilt wurde, die bis dahin nur mündlich überlieferte Lehre Gautama Buddhas auf präparierte Palmenblätter (*Olas*) zu schreiben. So entstand hier in Aluvihara die erste für die buddhistische Welt wichtige Schrift, das **Tiptaka**. Auch neuere Erkenntnisse der Mönche werden nach wie vor auf diese altertümliche Art bewahrt.

1848 wurde bei einem Kampf zwischen Briten und einheimischen Rebellen ein Teil der wertvollen Bibliothek vernichtet, nachdem ein Aufständischer sich in das Kloster geflüchtet hatte und hier angegriffen wurde.

In der **International Buddhist Library and Museum** werden die einzelnen Phasen der Herstellung und Beschriftung von Papier aus Palmenblättern demonstriert. Verwendet werden die Blätter einer Urwaldpalme mit besonders breiten Blättern,

Eingang zum Tempel von Aluvihara

die getrocknet und anschließend gekocht werden. Das so präparierte Palmenblatt wird einseitig beschwert und geglättet, indem man es über eine Bambusstange hinauf- und hinunterzieht. Nun kann man mit einem spitzen Stift die Schrift in das Papier einritzen, anschließend wird es mit schwarzer Tusche aus Kohle eingepinselt und wieder abgewischt: Die schwarze Tinte bleibt nur in den eingeritzten Schriftzeichen zurück und hebt sich gut von dem hellen Untergrund ab. Zu guter Letzt wird das Papier mit Reispuder geglättet.

Schriften auf Palmenblättern

Aluvihara, *3 km nördl. von Matale, tgl. 6–18 Uhr, Eintritt 250 Rs.*
Anfahrt: Jeder Bus von Kandy nach Dambulla kommt hier vorbei.

Nalanda Gedige

In diesem Tempel, 1 km rechts von der Hauptstraße A 9 in Richtung Dambulla gelegen, fließen buddhistische und hinduistische Stilelemente auf interessante Weise zusammen. Er ist im südindischen **Pallava-Stil** erbaut. Die Dynastie der Pallava herrschte 325–897 n. Chr. im heutigen Mahabalipuram (Südindien, südlich Madras). Die Steine für den Tempelbau wurden aus dem gewachsenen Felsen herausgelöst; charakteristisch ist das Tonnengewölbe.

Ein Tempel zieht um

Der Tempel wäre den Fluten des erweiterten Bowatenne Tank zum Opfer gefallen, wenn sich nicht das Archäologische Department um seine Verlegung an die jetzige Stelle bemüht hätte. Hierzu wurde der kleine Tempel in Einzelteile zerlegt und hier wieder aufgebaut, ähnlich wie der berühmte Abu-Simbel-Tempel in Oberägypten. Über einen Damm erreichbar, hat er eine idyllische Lage. **Nalanda Gedige**, *25 km nördl. von Matale, tgl. 7–17.30 Uhr.* **Anfahrt**: *Jeder Bus zwischen Kandy und Dambulla passiert die Kreuzung, die zum Nalande Gedige führt. Am Nalada Hospital rechts ab, dann der Straße bis zum Ende folgen.*

Dambulla

In Dambulla kreuzen sich die gut zu befahrenden Straßen von Colombo nach Trincomalee und von Kandy nach Anuradhapura. Dazu liegt Dambulla geografisch in der Mitte des kulturellen Dreiecks – und lohnt trotzdem kaum einen Aufenthalt. Allerdings befinden sich hier, gerade einmal 2 km südlich des Stadtzentrums, die berühmten Felsentempel, die seit 1991 auf der Liste des **Weltkulturerbes der UNESCO** stehen.

Felsentempel von Dambulla

Die Aktivitäten der buddhistischen Mönche können hier bis in das **1. Jh. v. Chr.** zurückverfolgt werden. Die großartigen Felsenhöhlen entwickelten sich im Laufe der Zeit von einer Einsiedelei zu einem **wichtigen Wallfahrtsort**. König Vattagamani Abhaya (oder Valagam Bahu), der 103 v. Chr. von den südindischen Panca-Drawiden aus seiner Hauptstadt Anuradhapura vertrieben wurde, suchte hier Zuflucht. Er sammelte neue Kräfte, eroberte seine Hauptstadt zurück, regierte 89–77 v. Chr. wieder in Anuradhapura und errichtete aus Dankbarkeit die erste Tempelanlage Dambullas.

„Goldener Fels"

In der Regierungszeit von König Nissanka Malla (1187–1196) wurden weitere Ausschmückungen vorgenommen. Der Herrscher ließ die Höhlen vergolden, was den Höhlentempeln den Namen Rangiri („Goldener Fels") eintrug. Kirti Sri Rajasimha, der letzte Singhalesenkönig (1747–1782), begann schließlich mit der Ausgestaltung der dritten Höhle.

Der goldene Buddha von Dambulla

Besichtigung

Viele Stufen führen vom Dorf Dambulla zu dem etwa 150 m höher gelegenen Höhlentempel hinauf. Oben gibt es eine Plattform, die einen **grandiosen Rundblick** über die ganze Schönheit des umliegenden Landes gewährt. Auch der nur 19 km entfernte Sigiriya-Felsen ist deutlich zu erkennen. Durch ein Eingangsportal, an dem die Schuhe abgelegt werden müssen, erblickt man die weiße Front von Tempeleingängen, die sich unter den Überhängen der gewaltigen Felsen ducken und die fünf Höhleneingänge verschließen.

Höhlentempel in luftiger Höhe

Devaraja Viharaya (Götterhöhle)
Die erste Höhle enthält eine liegende, 14 m große **Kolossalfigur Gautama Buddhas**. An den Füßen des Erleuchteten ist sein Lieblingsjünger Ananda sitzend postiert. Die vielleicht 2.000 Jahre alten Wand- und Deckengemälde sind durch die frühere Verwendung von Kerzen und Räucherstäbchen zerstört worden. Die Statue des Gottes Vishnu hat der Halle wohl den Namen Götterhöhle beschert.

Maharaja Viharaya (Höhle der großen Könige)
Die zweite und größte Höhle beherrschen die beiden Statuen der Könige Vattagamani Abhaya und Nissanka Malla. Außerdem beherbergt sie insgesamt 56 Buddhastatuen, die früher mit Gold überzogen waren, heute jedoch nur

noch golden angemalt sind. Szenen aus dem Leben Gautama Buddhas sind hier dargestellt, am eindrucksvollsten sind allerdings die **Deckenmalereien** des Höhlentempels.

Maha Alut Viharaya (großer neuer Tempel)
Die dritte Höhle zeigt die deutliche Handschrift der Kandy-Epoche. Eine stehende Figur des letzten Singhalesenkönigs findet man rechts in der Höhle. Dazu gibt es eine große, liegende Buddha-Statue, weitere 57 Figuren des verehrten Heiligen sowie Dämonengestalten.

Pacchima Viharaya (westliche Höhle)
Die vierte Höhle ist für ihre Buddha-Statue mit der sogenannten „Dhyana-mudra-Haltung", der Meditationsgeste, bekannt.

Devana Alut Viharaya (zweiter neuer Tempel)
In der fünften Höhle liegt wiederum eine Buddha-Figur. Auch hinduistische Gottheiten wie Vishnu und der Kriegsgott Skanda werden hier verehrt: ein weiteres Beispiel für die Toleranz zwischen den beiden Religionen.
Dambulla-Felsentempel, tgl. 7–19 Uhr, Eintritt 1.500 Rs.

Reisepraktische Informationen Dambulla

Banken
Im Stadtzentrum gibt es einige Banken mit Geldautomaten.

Unterkunft
Gimanhala Hotel $$$, 754 Anuradhapura Road, ① 066-2284864, www.gimanhala.com. 17 Zimmer mit Klimaanlage, TV und Teekocher stehen für Gäste bereit. Zum Service gehören ein Swimmingpool und ein Fahrradverleih.
Heritance Kandalama $$$$, Kandalama, ① 066-5555000, www.heritancehotels.com/kandalama. Das Hotel ist von schönem Tropenwald umgeben. Die Felsen sind teilweise in die Hotelanlage integriert. Man hat einen weiten Blick über den Kandalama-Stausee auf die Knuckles Hills. Im Hintergrund ragt außerdem der markante Sigiriya-Felsen aus der Berg-Silhouette heraus. Mindestens zwei Etagen des Hotels liegen in der Höhe der Baumgipfel des Urwalds: Dies ermöglicht einen guten Beobachtungswinkel z. B. auf das lebhafte Vogelleben in dieser Baumregion. Die 152 klimatisierten Zimmer mit Balkon sind perfekt in die natürliche Umgebung eingepasst. Die drei Restaurants bieten einen atemberaubenden Blick auf den Kandalama Tank, den Sigiriya-Felsen und den tropischen Dschungel, zudem gibt es ein Café, eine Bar und eine Lounge. Das Freizeitangebot ist groß: Drei Swimmingpools, ein Spa-Bereich, Massage-Anwendungen, Ausritte, Kanufahrten auf dem Tank, Tennis, Billard, eine Bibliothek, geführte Elefantensafaris, Vogelbeobachtung (es hängt eine Karte mit den in der Umgebung vorkommenden Vögeln aus) und Dschungel-Trekking verheißen Erholung und Unterhaltung. WiFi inklusive.

Amaya Lake Resort $$$$, *Kandalama,* ① *0114-767888 (Reservierungen) und 066-4461500, www.amayalake.com. Dieses Hotel hält für die Gäste 120 gepflegte, modern eingerichtete Bungalows mit Bad bereit. Es gibt ein großzügiges Restaurant und eine Bar sowie einen Konferenz- und Seminarsaal für bis zu 300 Personen. Zur Freizeitgestaltung kann man beispielsweise in den Swimmingpool springen, das Spa besuchen, joggen, fischen, Tennis spielen sowie auf Urwald-Trekking, Elefantensafari oder Vogelbeobachtung gehen.*

Verkehrsverbindungen

Der Busterminal liegt am Südende von Dambulla. Tgl. angefahrene Ziele: Anuradhapura (2 Std.), Colombo (4 Std.), Kandy (2 Std.), Kurunegala (1,5 Std.), Polonnaruwa (2 Std.), Sigiriya (45 Min.).

Aukana-Buddha

40 km nordwestlich von Dambulla erhebt sich die **größte antike Buddha-Statue Sri Lankas** 13 m in die Höhe. Nur am Rücken ist sie mit dem Fels verbunden, aus dem sie zwischen dem 5. und 9. Jh. n. Chr. herausgehauen wurde. Der Gesichtsausdruck der Figur ist sehr ernst. Mit der linken Hand greift dieser Buddha seine Robe an der Schulter, um sie nach oben zu ziehen und damit

Die Haltung des Aukana-Buddha deutet auf Furchtlosigkeit hin

den „Fluss des ewigen Kreislaufs" überschreiten zu können. Mit der rechten Hand weist er die Richtung, die er einschlagen will. Diese besondere Haltung wird **Abhaya Mudra**, die Geste der Furchtlosigkeit, genannt. Sie deutet darauf hin, dass es sich bei diesem Buddha um Dipankara handelt. Dipankara war das erste menschliche Wesen, das die Vervollkommnung eines Buddha erreicht hat.

Tierische Besucher
Neben diesem eigenwilligen Standbild befinden sich eine kleine, **schneeweiße Dagoba** und ein Bodhi-Baum, den meist bunte Fähnchen schmücken. Wunderschöne Schmetterlinge, z. B. eine häufige Schwalbenschwanzart, umgaukeln die Blütenpflanzen der Klosteranlage. Auch Affen, die sich wegen der Opfergaben der Gläubigen gerne in der Nähe von Heiligtümern aufhalten, sind hier häufige Gäste. Meistens sind es Rhesusaffen, aber auch Hulmane.
Aukana, *40 km nordwestlich von Dambulla, tgl. 7.30–19.30 Uhr, Eintritt 500 Rs., Fotoerlaubnis 1.000 Rs. Anfahrt: am besten mit einem Taxi oder Tuk-Tuk.*

Die Kolossalstatue von Sasseruwa

Nach einer Fahrt durch ebenes Land und zum Schluss durch Dschungel in hügeligem Gelände erreicht man 12 km westlich von Aukana einen Berg mit einem vorgelagerten Teich. Über Stufen kann man zu einer **unvollendeten Buddha-Statue** aufsteigen, die halbwegs aus dem Felsen herausgeschlagen wurde und dem Standbild von Aukana sehr ähnlich ist. Die 12 m hohe Statue weist einen tiefen Riss im Felsgestein auf. Vielleicht wurde sie deshalb nicht weiterbearbeitet.

Außerdem liegt in der Nähe ein sehenswerter **Felsentempel**. Hier findet man eine aus dem Fels ausgesparte, 14 m lange, ruhende Buddha-Statue, um die man herumgehen kann. Die Falten des Gewands sind durch Hirschfellstreifen angedeutet. Drei weitere Buddha-Statuen mit verschiedenen Körperhaltungen füllen die Höhle weiter aus, die Wände zieren schöne Fresken.
Sasseruwa, *12 km westlich von Aukana, tgl. 7–19 Uhr, Eintritt Spende. Anfahrt: am besten mit einem Taxi oder Tuk-Tuk, vielleicht in Verbindung mit Aukana.*

Felsenfestung Sigiriya

Ein Besuch von Sigiriya gehört zweifellos zu den Höhepunkten jeder Sri-Lanka-Reise. Der Name „Sigiriya" wird von „Saha Giri" = Löwenfels abgeleitet. Ein **bizarrer Monolith** aus Gneis ragt 200 m aus der Ebene auf. Auf ihm liegen die Ruinen des Palastes von König Kassapa I. (473–495 n. Chr.). Die Tragödie dieses „Gottkönigs" auf seiner „Himmelsburg" klingt wie ein Thriller aus vergangener Zeit. Die weltbekannten Fresken der Wolkenmädchen ziehen seit

Das achte Weltwunder
Jahrhunderten viele Besucher an. Der Sigiriya-Felsen wird auch als das achte Weltwunder bezeichnet.

Weltbekannte Fresken zieren den Palast (Wolkenmädchen)

Tipp

Aufstieg zur Felsenfestung: möglichst morgens! Dann herrschen kühlere Temperaturen, und es gibt besseres Licht zum Fotografieren. Ausreichend Trinkwasser nicht vergessen!

Geschichte

Von **455–473 n. Chr.** regierte in Anuradhapura König Dhatusena, der sich mit der Schaffung umfangreicher Bewässerungsanlagen große Verdienste erwarb. Aus der Ehe mit seiner Hauptfrau ging der rechtmäßige Thronfolger Mogallana hervor. Doch ein älterer Sohn des Königs, Kassapa, der der Verbindung des Königs mit einer nicht standesgemäßen Frau entsprungen war, trachtete danach, selbst den Thron zu besteigen, der ihm nach singhalesischer Tradition nicht zustand. Dabei spielte der Zufall Kassapa einen Komplizen zu: Migara, ein Neffe König Dhatusenas, war mit dessen geliebter Tochter verheiratet. Als Migara seine Gemahlin eines Tages misshandelte, ließ der maßlos erzürnte König die Schwiegermutter, die der Auspeitschung der Prinzessin tatenlos zugesehen hatte, bei lebendigem Leibe verbrennen. Migara schwor dem König daraufhin Rache und verbündete sich mit dem machthungrigen Kassapa.

Im Jahr **473 n. Chr.** stürzte Kassapa unter Mithilfe Migaras den König und sperrte ihn ein. Als der entmachtete Dhatusena dem Usurpator nicht die vermeintlich versteckten Reichtümer herausgab, ließ Kassapa seinen Vater bei lebendigem Leib einmauern. Prinz Mogallana floh nach Südindien.

Doch König Kassapa I. fühlte sich in der traditionsreichen Residenz Anuradhapura nicht mehr sicher, und in seiner Verfolgungsangst fasste er den Entschluss, seinen Regierungssitz von Anuradhapura auf den uneinnehmbaren, steilen Felsen Sigiriya zu verlegen. Auf dem Gipfelplateau des 200 m hohen Felsens entstand in **siebenjähriger Bauzeit** der neue Königspalast. Kassapa I. lebte fortan unter ständiger Angst vor seinem Bruder Mogallana, dem rechtmäßigen Thronfolger.

Die Sorge König Kassapas I. war nicht unbegründet. Mogallana rückte mit einem Heer südindischer und singhalesischer Söldner an und belagerte Sigiriya. Kassapa verließ seine uneinnehmbare Felsenfestung an der Spitze seiner Krieger auf einem Streitelefanten, um sich den Angreifern entgegenzuwerfen. In der schicksalhaften Schlacht bei Habarana kam es im Jahr 491 n. Chr. zum **alles entscheidenden Bruderkampf**. Als Kassapa I. seinen Kriegselefanten wendete, um einem Sumpf auszuweichen, deuteten seine Mitstreiter dies fälschlicherweise als Rückzug und ergriffen die Flucht. Damit war die Schlacht für den König verloren. In seiner aussichtslosen Lage tötete sich Kassapa selbst mit seinem Dolch. Sigiriya wurde zerstört.

Der neue König Mogallana I. (491–508 n. Chr.) bezog wieder die alte Hauptstadt Anuradhapura.

In der **ersten Hälfte des 19. Jh.** stießen britische Jäger auf die vom Dschungel völlig überwucherte einstige Residenz König Kassapas.

Seit 1982 erschließen und restaurieren die UNESCO und das „Projekt Kulturelles Dreieck" das gesamte Gelände, das seitdem auch zum **Weltkulturerbe** gehört. Ausgrabungsstücke sind unter anderem im intelligent gemachten **Sigiriya Museum** zusammengetragen worden, ergänzt durch Modelle und Rekonstruktionen.
Sigiriya Museum, *tgl. 8.30–17.30 Uhr (Einlass bis 17 Uhr), www.ccf.lk/sigiriyamuseum.htm, Eintritt beim World Heritage Site Ticket inklusive.*

Besichtigung

Lustgärten

Wassergräben und eine 2,4 km lange Umfassungsmauer **(1)** schirmen den Felsen nach Westen ab. Die Besucher passieren das Westtor, schreiten durch die Lustgärten mit den Überresten von Wasserbecken **(6)**, Pavillons, dem Kanalsystem von Springbrunnen und einem Teich **(4)** und kommen an den Ruinen einer ehemaligen Klosteranlage **(3)** und Felsenhöhlen **(2)** buddhistischer Mönche vorbei, wie z. B. „Cobra Hood Cave" und „Assang Cave". Hier wirft man einen Blick auf die Audienzhalle (ebenfalls 2), immer noch zu Füßen des imposanten Felsens. Dann beginnt der Aufstieg.

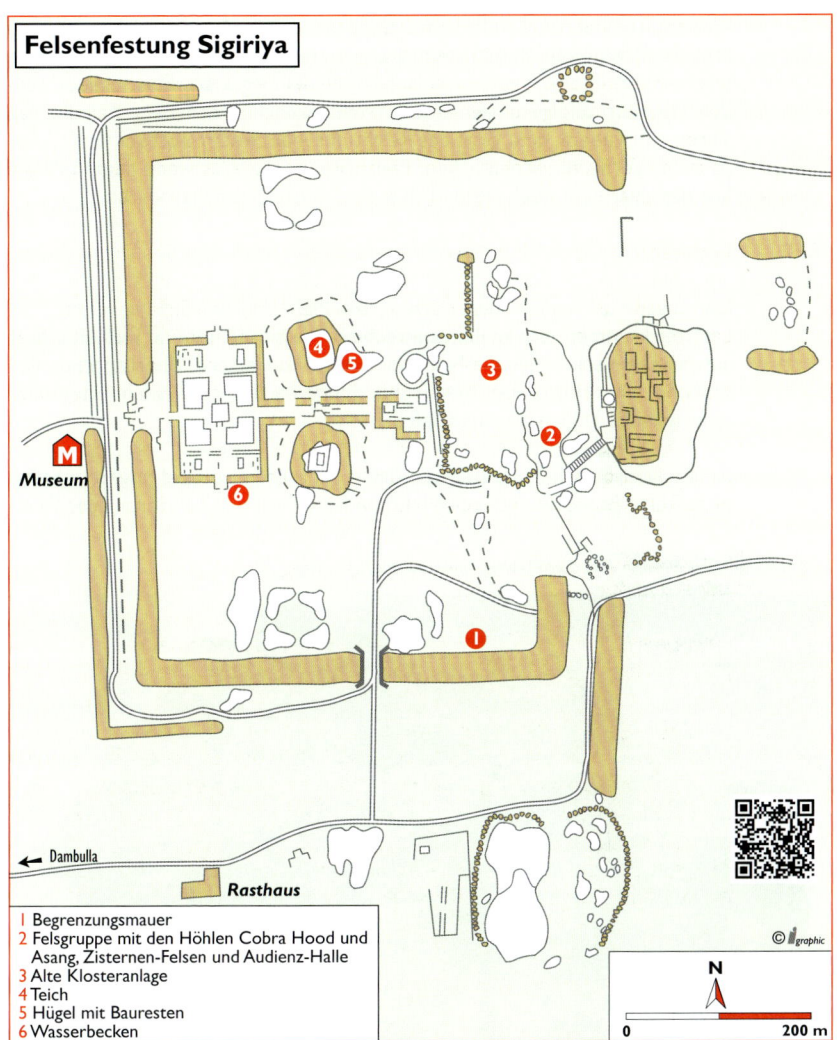

Felsenfestung Sigiriya

1 Begrenzungsmauer
2 Felsgruppe mit den Höhlen Cobra Hood und Asang, Zisternen-Felsen und Audienz-Halle
3 Alte Klosteranlage
4 Teich
5 Hügel mit Bauresten
6 Wasserbecken

Wolkenmädchen

Über eine eiserne Wendeltreppe gelangt man zu den **1.500 Jahre alten Fresken** der Wolkenmädchen, die unter einem Felsüberhang geschützt verborgen sind. Die in gelblichen, rötlichen und grünlichen Farbnuancen gehaltenen Malereien sind durch einen Binder aus pflanzlichem Leim und Öl witterungsfest gemacht. Insgesamt sind es **17 Frauen**, deren meist barbusige Ober-

Vergangene Schönheit körper aus einer Wolkendecke herausgucken. Einige Frauen reichen anderen Fruchtschalen. Wen diese Schönheiten darstellen, die auch den heutigen Betrachter verführerisch anlächeln, ist nicht eindeutig geklärt. Einer einleuchtenden Deutung zufolge umgeben die Wolkenmädchen den Berg Kailash, den Thron von Kubera, dem Gott des Reichtums. Mit diesem Gott soll sich Kassapa selbst gerne verglichen haben. Farbreste an der Westwand deuten darauf hin, dass hier einst noch wesentlich mehr Gemälde zu sehen waren.

Galerie

Die Galerie ermöglicht den Aufstieg zur Plattform des Sigiriya-Felsens. Ein Laufsteg klammert sich an der senkrechten Westwand fest und verläuft schräg aufwärts, um schließlich die Nordwand emporzuklettern. Überhängende Felsen und eine Holz-Ziegel-Konstruktion überdachten einst den Gang über schwindelnde Höhen bis zum Gipfel.

An den künstlichen Mauerresten – der sogenannten **Spiegelgalerie** – haben begeisterte Besucher auch noch Jahrhunderte nach der Zerstörung des Palas-

Das letzte Stück des Aufstiegs geht durch Löwenpranken hindurch

tes u. a. schwärmerische Verse über die Schönheit der Wolkenmädchen eingeritzt: Die meisten dieser **ältesten Zeugnisse singhalesischer Dichtkunst** hat Dr. Senerat Paranavitana in seinem Buch „Sigiri Graffiti", Oxford University Press 1956, entziffert.

Löwenpforte

Von einer kleinen Terrasse führt das letzte Stück des Aufstiegs zwischen **zwei gewaltigen Löwenpranken** hindurch. Vermutlich hat sich oberhalb der Löwenpranken ursprünglich ein aus Ziegelsteinen gefertigter Löwenkopf mit aufgerissenem Maul befunden, der die Jahrhunderte allerdings nicht überdauert hat. Demzufolge musste jeder, der den König in seinem Palast besuchen wollte, beim weiteren Aufstieg durch den schreckenerregenden Rachen des Löwen schreiten. So sollte dem Gast Angst eingeflößt werden, ehe er vor den selbst um sein Leben bangenden König trat.

Durch den Löwenrachen zum König

Einkerbungen in den nackten Fels der Nordwand zeigen die Stellen, in denen damals die inzwischen herabgestürzte Galerie verankert war. Heutzutage klettert man die Felswand über Leitern hinauf.

Palast-Plattform

Auf der natürlichen **Felsplattform von etwa 10.000 m²** sind die Grundrisse folgender Gebäude zu erkennen: eine große Zisterne, Späherposten, eine Dagoba, verschiedene Unterkünfte und der sagenhafte Königspalast, dessen Pracht man nur erahnen kann.

So entstand hier vor über anderthalb Jahrtausenden, aus dem schlechten Gewissen und dem Verfolgungswahn eines Herrschers geboren, die wohl eigenwilligste und eindrucksvollste Palastanlage des Landes – und das in einer schon für sich allein **atemberaubend schönen Landschaft**!

Südtor

Wer nach dem Abstieg vom Felsen einen anderen Weg durch das ummauerte Gelände wählen will und sich dem Südtor statt dem Westtor nähert, kommt an einem auffällig gespaltenen Felsen vorbei.
Felsenfestung Sigiriya, *tgl. 7–18 Uhr, Eintritt US$ 30.*

Reisepraktische Informationen Sigiriya

Unterkunft
Lakmini Lodge *$–$$, Sigiriya, ☏ 071-7098128, lakminilodgesigiriya. blogspot.com. Zehn einfache, aber saubere Zimmer, mit freundlichem Management*

und Familienanschluss. Auch der Blick auf die Felsenfestung kann sich sehen lassen, z. B. bei einem Currygericht im offenen Essbereich. Gutes Preis-Leistungs-Verhältnis. WiFi inklusive.

Sigiriya Rest House $$$, Sigiriya, ① 066-228699, www.chcresthouses.com. Diese schlichte Unterkunft liegt nur 1 km vom Sigiriya-Felsen entfernt in einem Garten mit alten Frangipani-, Mango-, Regen-, und Casuarinabäumen. Für die Gäste stehen 14 klimatisierte Zimmer mit Dusche/WC und Balkon bereit. Aufmerksamer Service, Restaurant und Bar vorhanden.

Sigiriya Village Hotel $$$$, Sigiriya, ① 066-22868036, www.forthotels.lk/sigiriyavillage/home.htm. Das Hotel vermietet 100 z. T. klimatisierte Zimmer mit eigener Terrasse. Der die Bungalows umgebende wunderschöne Park ist der natürlichen Umgebung angepasst, in den Teichen halten sich Wasserschildkröten auf. Im Restaurant kann man stilvoll speisen. Ein Ayurveda-Zentrum, ein Swimmingpool, ein Tennisplatz und ein Shop runden die zweckmäßige Hotelanlage ab. WiFi inklusive in öffentlichen Bereichen.

Hotel Sigiriya $$$$, Sigiriya, ① 066-4930500, www.serendibleisure.com/hotelsigiriya. Das Hotel der gehobenen Mittelklasse verfügt über insgesamt 77 gepflegte, ansprechend eingerichtete Zimmer mit Blick auf den tropischen Garten, der die Anlage umgibt. Alle Zimmer sind mit Bad, Klimaanlage, TV und Minibar ausgestattet. Das offene Restaurant gewährt einen imposanten Blick auf den Sigiriya-Felsen, die regionalen und westlichen Speisen werden mit Produkten aus dem hoteleigenen Garten zubereitet. Außerdem gibt es drei Bars. Ein Süßwasserpool und ein Ayurveda-Zentrum sind ebenso vorhanden wie Gelegenheiten zu Tennis und Badminton. Auch Ausritte auf Elefanten und Vogelbeobachtungen können organisiert werden. WiFi inklusive.

Verkehrsverbindungen

Sigiriya wird regelmäßig von öffentlichen Bussen angesteuert. Es ist allerdings durchaus möglich, dass man das eine oder andere Mal umsteigen muss, um hierher zu gelangen. Am besten reist man nach Dambulla und setzt von dort die Fahrt nach Sigiriya fort (A 6 in nordöstlicher Richtung, kurz hinter Inamaluwa dann rechts abfahren auf die B 162). Regelmäßige Verbindungen gibt es nach Dambulla (30 Min.) und Kandy (2,5 Std.).

Habarana

Habarana ist ein größeres Dorf ohne besondere Sehenswürdigkeiten, dafür aber in landschaftlich schöner Umgebung. Seine Lage am Schnittpunkt der beiden Straßen A 6 und A 11 macht es zu einem wichtigen Verkehrsknotenpunkt im Norden der Insel. Da hier zudem komfortable und gut geführte Hotels heimisch sind, ist Habarana eine **gute Basis für Sternfahrten** zu antiken Stätten in der historischen Mitte.

Vogelparadiese

Die alten Speicherseen (Tanks) in der Umgebung Habaranas, von blühenden Lotosblumen überzogen und am Ufer und auf kleinen Inseln mit altem Baumbestand und Schilf bewachsen, sind wahre Vogelparadiese. Einzelne Weiße Klaffschnäbel (*Openbill storks*) waten durch das Flachwasser, Zwergtaucher (*Little grebes*) stoßen ihren hellen Triller aus. Nur kurz zeigt sich das Purpurhuhn (*Purple moorhen*) mit seinem wunderschön blauen Gefieder, ehe der scheue Vogel wieder in der dichten Wasserpflanzen-Wildnis verschwindet. Genauso selten ist der gelb-schwarz gefiederte Pirol (*Indian golden oriole*) auszumachen, der sich in den dichten Kronen der hohen Uferbäume verbirgt. Häufig zu sehen ist hingegen der langschwänzige Wasserfasan (*Pheasant-tailed jacana*). Auch die üblichen Reiher-, Kiebitz-, Wat-, Greif- und Singvögel können hier beobachtet werden.

Reisepraktische Informationen Habarana

Banken
Im Stadtzentrum gibt es Banken mit Geldautomaten.

Unterkunft
Habarana Rest House $$$, Habarana, ① 066-2270003, www.chcresthouses.com. Die kleine Herberge mitten im Ort bietet vier einfache, aber geschmackvolle Zimmer ohne Klimaanlage. WiFi inklusive.

Cinnamon Lodge Habarana $$$$, Habarana, ① 066-2270011, www.cinnamonhotels.com/CinnamonLodgeHabarana.htm. Dieses Hotel der gehobenen Mittelklasse bietet in ca. 50 Bungalows 137 klimatisierte Zimmer mit Bad und Balkon oder Terrasse an. Alle Bungalows liegen idyllisch in einem 10 ha großen Park mit altem Baum- und artenreichem Vogelbestand. Zur Hotelanlage gehören eine Bar und drei Restaurants, in denen einheimische, europäische und ostasiatische Gerichte serviert werden, z. T. mit Produkten aus eigenem Anbau. Ein großer Swimmingpool mit Kinderbecken, ein Spabereich und ein Tennisplatz stehen zur Verfügung. WiFi inklusive.

Chaaya Village $$$$, Habarana, ① 227 0046, www.cinnamonhotels.com/ChaayaVillagehabarana.htm. Das Hotel bietet 94 Superior-, zwölf Deluxe-Zimmer und zwei Suiten, allesamt mit Klimaanlage und privater Terrasse. Ein Freiluftrestaurant mit Blick auf den Garten, ein Café und eine Bar sorgen für das leibliche Wohl. Ansonsten stehen den Gästen ein Ayurveda-Bereich, ein Swimmingpool sowie Tennis-, Badminton- und Volleyballplätze offen. WiFi inklusive.

Verkehrsmittel
Da Habarana ein Verkehrsknotenpunkt ist, sollte es kein Problem sein, einen Bus in jede Himmelsrichtung zu erwischen. Die Haltestelle liegt an der Hauptstraße am Nordende von Habarana. Es ist aber gut möglich, dass der erwartete Bus schon gut mit Passagieren gefüllt ist. Tgl. angefahrene Ziele: Anuradhapura (2,5 Std.), Kandy (2,75 Std.), Polonnaruwa (1 Std.), Trincomalee (2 Std.).

Ritigala

Das **Ritigala Strict Nature Reserve**, westlich von Habarana rechts von der A 11 gelegen, wurde besonders als **Refugium für wilde Elefanten** eingerichtet. Außerdem befindet sich hier das touristisch kaum entdeckte **Kloster Ritigala**, um das sich zahlreiche Legenden ranken. Eine Überlieferung erzählt, dass der Affenkrieger Hanuman hier einen weiteren Haufen Himalaya aus der geballten Faust verlor (s. S. 230 Rumassala) und damit auch an dieser Stelle eine Kräuter- und Pflanzenwelt freisetzte, wie sie sonst in Sri Lanka nicht üblich ist. Teile der Klosteranlage sind restauriert worden, andere Bereiche werden noch von Bäumen und Ästen umschlungen. Seit dem 3. Jh. v. Chr. hatten sich wohl Einsiedlermönche für ihr meditatives Leben in die Höhlen der Gegend zurückgezogen. Zu Beginn des 9. Jh. n. Chr. zogen Bettelmönche (*Pamsukulika*) hierher, die sich einem Leben in absoluter Armut verschrieben hatten. König Sena I. (831–851) fühlte sich diesen Mönchen, die auf der Suche nach dem ursprünglichen Buddhismus waren, sehr verbunden und baute ihnen hier das Kloster.

Sagenumwobener Meditationsort

Kloster Ritigala, *8 km nördl. der Straße Habarana – Anuradhapura, Abzweigung 11 km westlich von Habarana, Eintritt frei (die Parkarbeiter verlangen oft trotzdem eine Gebühr (ca. 1.500–1.800 Rs.)), Guide ca. 500 Rs.*

Elefanten beim Bad

Minneriya National Park

6 km östlich von Habarana auf der Straße nach Polonnaruwa beginnt der knapp 89 km² umfassende Minneriya National Park. An der rechten Straßenseite erstreckt sich das Schutzgebiet mit **undurchdringlichem Dschungel**, dichtem Gestrüpp, Schlingpflanzen und an feuchten Stellen manchmal Schilfdickichten. Einzelne höhere Urwaldbäume überragen diese Wildnis. Bei aufmerksamer Beobachtung erspäht man den gelb leuchtenden Indischen Pirol (*Indian golden oriole*) und den Koel (*Koel*), einen grau und beige gesprenkelten Kuckuck. Wilde Elefanten durchziehen das Gebiet, und auch Leoparden sollen hier ihr scheues, einsiedlerisches Leben führen.

Minneriya-Seen

Dieses Gewässer besteht aus sieben zusammenhängenden, **sehr fischreichen Seen**. In den kleinen Flüssen, die in die Seen münden, werfen einheimische Fischer ihre Netze aus. Ganz in ihrer Nähe sind auch zahlreiche Vögel, z. B. der Braunliest (*White-breasted kingfisher*) und der Paddyreiher (*Paddybird*), auf Beutezug. Die Ceylon Fishing Corporation am Seeufer verarbeitet hier ihre reichen Fischfänge zu Filets, die wegen des feuchtheißen Tropenklimas sehr schnell in Eis verpackt werden müssen.

Der Ort Minneriya selbst liegt in einem landwirtschaftlich sehr intensiv genutzten Gebiet. Highlight im Jahreszyklus ist „**The Gathering**" („die Zusammenkunft"), wenn sich im August/September mehr als 300 Elefanten zusammenfinden, um im Minneriya Tank zu baden.

Elefantentreff

Minneriya National Park, *Öffnungszeiten tgl. 6–18 Uhr, Eintritt Erwachsene US$ 15, Kinder US$ 8, dazu kommen US$ 8 Team Fee und 15 % Steuer. Miete für ein Allradfahrzeug mit Fahrer ca. US$ 50 für einen halben Tag (s. S. 138).*

Kaudulla National Park

22 km nördlich von Habarana liegt der 2002 eingerichtete, ca. 69 km² große Kaudulla National Park, der vor allem der Vogelwelt gewidmet ist. Außerdem leben hier jede Menge Elefanten, die sich ähnlich wie beim Minneriya Tank auch am Kaudulla Tank tummeln.

Kaudulla National Park, *Öffnungszeiten tgl. 6–18 Uhr, Eintritt Erwachsene US$ 10, Kinder US$ 5, dazu kommen US$ 8 Team Fee und 15 % Steuer. Miete für ein Allradfahrzeug mit Fahrer ca. US$ 50 für einen halben Tag (s. S. 138).*

Die Königsstädte Polonnaruwa und Anuradhapura

Polonnaruwa

Die Lage der **ehemaligen Königs- und Hauptstadt** des Landes Polonnaruwa sowie des jetzigen gleichnamigen kleinen Orts am Nordostufer des Stausees Parakrama Samudra ist landschaftlich sehr reizvoll. In ihrer Blütezeit soll die Stadt von rund 100.000 Menschen bewohnt gewesen sein. Das heutige Polonnaruwa, 45 km östlich von Habarana an der A 11 gelegen, hat lediglich etwa 12.000 Einwohner. Das Hauptinteresse gilt den Kulturdenkmälern aus der Polonnaruwa-Periode (1017–1270 n. Chr.).

Geschichte

Hinweis
Ausführliche Informationen über die Geschichte der Königsstadt finden sich in dem Abschnitt „Die Polonnaruwa-Periode" ab Seite 24.

993 n. Chr.: Nachdem sie Anuradhapura zerstört hatten, verlegten die indischen Cholas ihre Verwaltung nach Polonnaruwa.
1055: König Vijaya Bahu I. befreite Sri Lanka von den Cholas und bezog Polonnaruwa als seine Hauptstadt.
1110: Nach dem Tode König Vijaya Bahus I. wurde das Reich durch die Unfähigkeit seiner Nachfolger und innere Machtkämpfe geschwächt.
1153–1186: König Parakrama Bahu I., der Große, einigte das Land. Unter seiner Herrschaft entstanden der große Stausee Parakrama Samudra und die meisten der noch teils erhaltenen Bauwerke. Die Stadt erlebte unter seiner Regentschaft ihre volle Blütezeit.
1187–1196: Sein Nachfolger König Nissanka Malla setzte die Bautätigkeit fort.
1196–1215: Wieder verursachten Erbstreitigkeiten einen fortdauernden Niedergang der Zentralgewalt.
1215: Der Kalinga-Anführer Magha (1215–1236) verwüstete Polonnaruwa und das Inselreich. Die Singhalesen zogen sich nach und nach aus dem Norden Sri Lankas in das zentrale Bergland zurück; die Tamilen rückten von Norden nach und gründeten das Königreich Eelam. Der Urwald nahm die verfallene Stadt in Besitz: Polonnaruwa geriet in Vergessenheit.
19. Jh.: Nach einem über 500 Jahre währenden „Dornröschenschlaf" entdeckten Archäologen Polonnaruwa wieder. Im späten 19. Jh. startete die Restaurierung unter britischer Leitung. Später übernahmen die UNESCO und das „Project of the Culture Triangle" die Verantwortung über Ausgrabungen und Restaurierungsarbeiten.
1935: Freigabe der Ruinenstadt Polonnaruwa zur Besichtigung.
1982: Die UNESCO ernennt Polonnaruwa zum Weltkulturerbe.

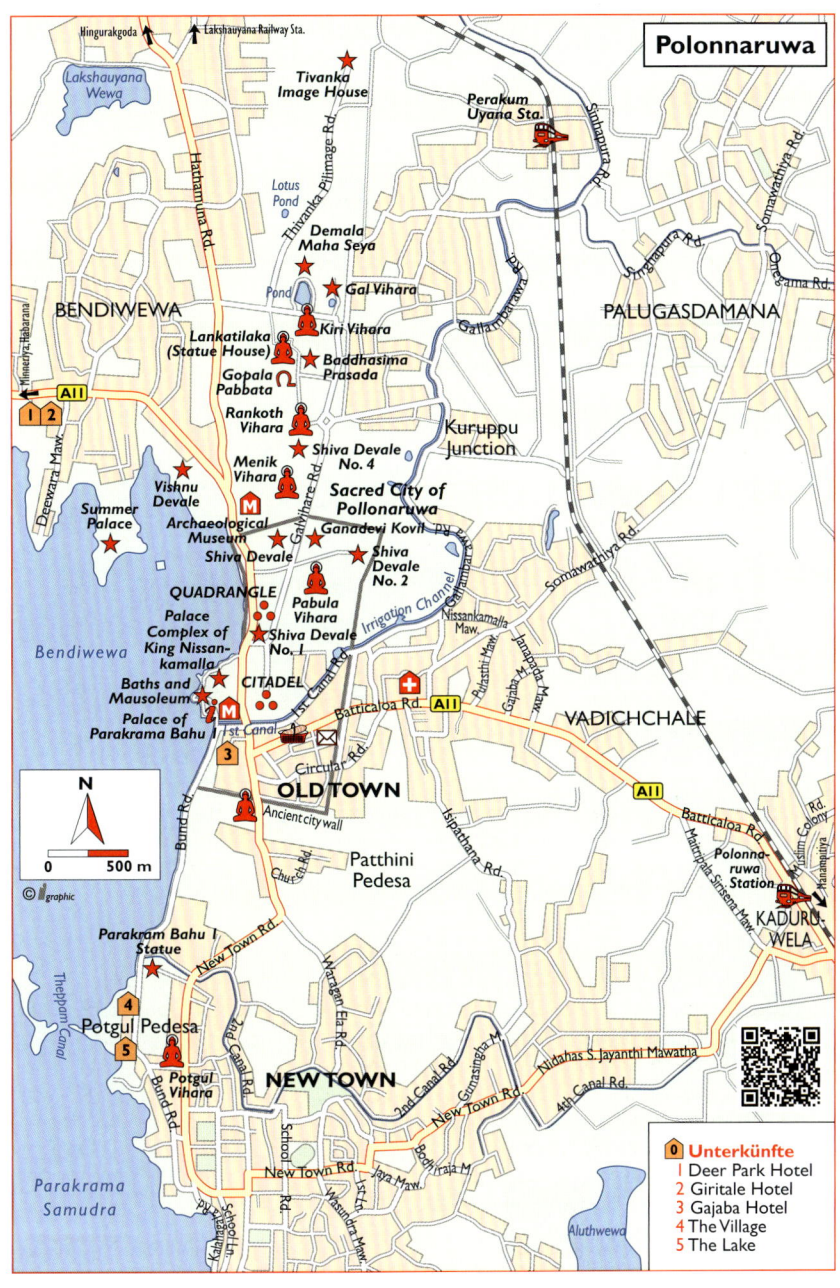

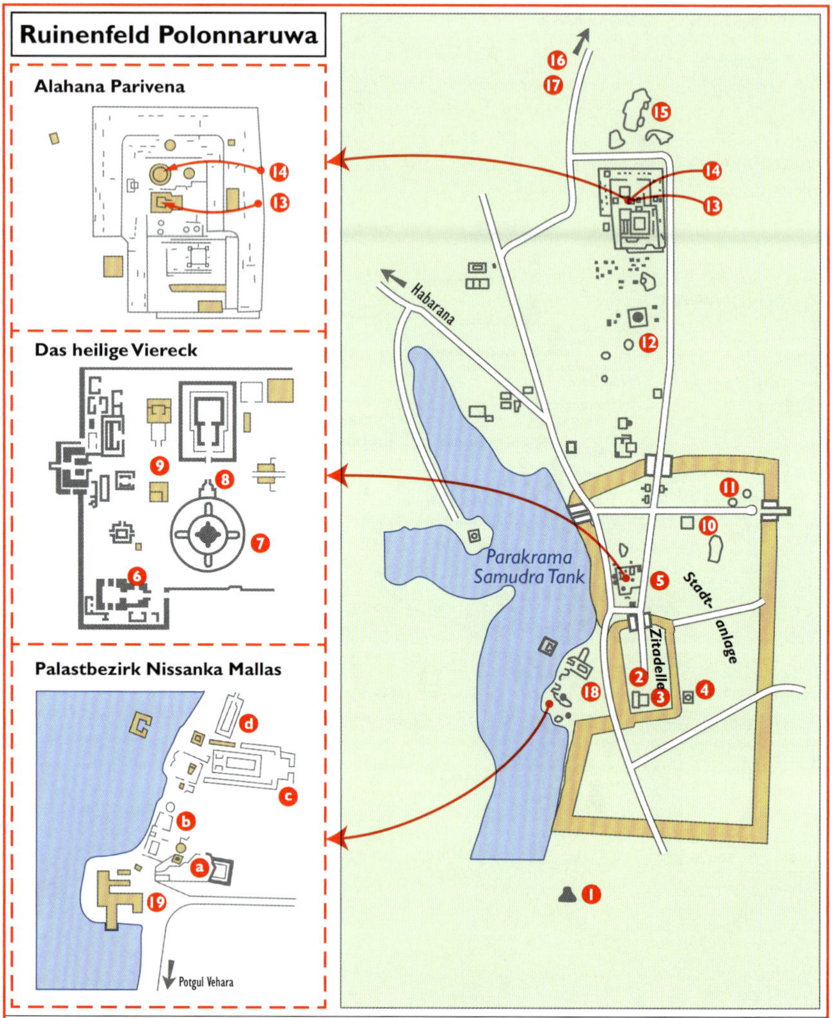

Ruinenfeld Polonnaruwa

Alahana Parivena

Das heilige Viereck

Palastbezirk Nissanka Mallas

Potgul Vehara

Habarana

Parakrama Samudra Tank

Zitadelle

Stadt-anlage

1	Statue Parakrama Bahu I.
2	Palast Parakrama Bahus I.
3	Audienzhalle Parakrama Bahus I.
4	Königliches Bad
5	Heiliges Viereck
6	Thuparama
7	Vatadage
8	Hatadage
9	Atadage
10	Pabulu Vihara
11	Shivas Tempel Nr. 2
12	Rankot Vihara
13	Lankatilaka
14	Kiri Vihara
15	Gal Vihara
16	Tivanka-Tempel
17	Lotosbad
18	Palastbezirk Nissanka Mallas
a	Badeanlage
b	Mausoleum
c	Audienzhalle
d	Ratshalle
19	Rasthaus

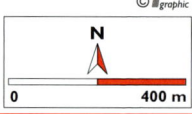

0   400 m

Sehenswürdigkeiten

Das vielgelobte **Polonnaruwa Museum** in der Nähe des Busterminals beherbergt nicht nur das Ticketbüro für Polonnaruwa, sondern auch eine Sammlung von sehenswerten Modellen der Stadt und Artefakten der Ausgrabungen. **Polonnaruwa Museum**, *tgl. 9–18 Uhr, Eintritt inklusive mit der Eintrittskarte für Polonnaruwa.*

> 👉 **Hinweis**
> Um sich unnötige Wege zu ersparen, empfiehlt es sich, die wichtigsten Baudenkmäler in der hier aufgeführten Reihenfolge zu besichtigen. Die Sehenswürdigkeiten liegen weit verstreut im jetzt parkähnlichen Gelände. Mit dem PKW oder einem Fahrrad kann man auch die am weitesten entfernten Besichtigungsstätten erreichen.

Der See des Parakrama (Parakrama Samudra)

Dieser Stausee stammt aus der Regierungszeit des Königs Parakrama Bahu I. und ist bis in die heutige Zeit der Lebensnerv der Einwohner von Polonnaruwa und Umgebung geblieben. Sein aufgestautes Wasser wurde und wird für die Bewässerung der Reisfelder benötigt. Der Parakrama Samudra wird von dem Amban Ganga gespeist und besteht aus drei künstlichen Seen mit einer **Ausdehnung von 24.300 m²**: dem Topa Wewa, dem Dumbutulu Wewa und dem Erabadu Wewa. Der Damm hat eine Länge von fast 14 km und ist 12 m hoch. Fast immer ist auf dem Damm die wunderschön türkis, violett, kobaltblau und braun gefärbte Hinduracke (*Indian roller*) beim Insektenfang oder auf dem Ansitz zu beobachten: besonders im Flug ein Farbenrausch!

Noch heute Lebensnerv der Region

Die Statue Parakrama Bahus I. (1)

Wer sich auf dem gewaltigen Damm des Speichersees in Richtung Süden bewegt, stößt schließlich auf die übermannshohe Steinstatue eines älteren Mannes, dessen steinernes Gesicht eine gereifte Lebensweisheit auszustrahlen scheint. Man weiß nicht genau, ob das Standbild einen Weisen oder vielleicht den König Parakrama Bahu I. selbst darstellt. Leider wird die Statue mit einem sehr hässlichen Blechdach abgeschirmt.

Der Palastbezirk König Nissanka Mallas (18 a–d)

Das königliche Bad, das Mausoleum, der Audienzsaal und die Ratshalle sind heute noch in ihren Grundfesten erkennbar.

Die Zitadelle Parakrama Bahus I. (1153–1186 n. Chr.)

Der aus Ziegelsteinen errichtete **Palast Parakrama Bahus I.** (Vaijayanta prasada) **(2)** war mit einer quadratischen Grundfläche von 45 x 45 m und mit

Aufgang zur Audienzhalle – von Fabelwesen begleitet

seinen ehemals sieben Stockwerken ein für die damalige Zeit **gewaltiger Kolossalbau**. Heute sind nur noch drei Stockwerke auszumachen. Auch die Pracht und den Luxus der Innenausstattung kann man lediglich erahnen. Die große Halle (14 x 30 m) und die Vertiefungen, in denen die enormen hölzernen Stempel die Obergeschosse und das Dach getragen haben, sind noch deutlich zu erkennen.

Auf einem dreistufigen Unterbau erhebt sich eine offene Säulenhalle: die **Audienzhalle** Parakrama Bahus I. (Rajavesya Bhujanga) **(3)**. Der Treppenaufgang wird von zwei Makaras (Fabelwesen mit Elefantenkopf samt aufgerolltem Rüssel, Löwen- und Krokodilkörper) flankiert und von wunderschön erhaltenen, halbkreisförmigen Mondstein-Platten am Boden geschmückt.

Makaras und Mondsteine

Am bedeutendsten sind die **drei Friese**, die um die Halle herumlaufen und aus Bändern von Elefanten, Löwen und Gnomen bestehen. Von besonderem künstlerischen Wert sind dabei die wie lebendig wirkenden Elefanten, die alle eine andere Haltung einnehmen. Die Lebendigkeit dieser hintereinander herschreitenden Dickhäuter ist ein Zenit der bildhauerischen Gestaltungskraft der Polonnaruwa-Epoche.

Das königliche Bad (Kumara Pokuna) (4)

Dreistufige Versenkungen, die als Sitzflächen dienten, führten zu den eingelassenen Bassins. Über ein Kanalsystem ergoss sich das Wasser aus dem nahe gelegenen Stausee Parakrama Samudra über zwei Bögen in das königliche Bad.

Shivas Tempel Nr. 1 (Shiva Devale)

Dieser kleine Hindu-Tempel aus der Zeit der Tamilen-Invasion zu Anfang des 13. Jh. n. Chr. liegt abseits im jetzt gelichteten Dschungel versteckt.

Das Heilige Viereck (Dalada maluwa) (5)

In diesem verhältnismäßig kleinen Bereich befindet sich eine ganze Reihe interessanter Sehenswürdigkeiten:

Haus des Buddha-Bildnisses (Thuparama) (6)

Dieser gut erhaltene Ziegelbau ist das einzige Bauwerk, das noch ein Dach aufweist. Dessen außergewöhnliche Konstruktion ist auch für andere zerstörte Gebäude aufschlussreich: Die sehr dicken Mauern in den unteren Wandbereichen verjüngen sich nach oben und laufen innen in einer Kuppel zusammen. Wenn man das viereckige Bauwerk mit seinen senkrechten Wänden von außen betrachtet, vermutet man keinen **Kuppelbau im Innern**. Die stark gegliederten Fassaden weisen auf hinduistische Einflüsse hin, die Statuen des Erleuchteten in den Nischen sind jedoch wieder rein buddhistisch.

Der runde Reliquienschrein (Vatadage) (7)

Die Vatadage darf wohl als absoluter Höhepunkt der in runder Form errichteten Schreine in Sri Lanka gelten. König Parakrama Bahu I. ließ diesen zweistufigen, 24 m im Radius messenden Rundbau für die Aufbewahrung der **Zahnreliquie** Gautama Buddhas anlegen.

Höhepunkt sri-lankischer Rundbauten

Über die Treppe zu der meditierenden Buddhastatue sollte man ganz langsam und aufmerksam emporschreiten, da die **zahlreichen baulichen Kostbarkeiten** der damaligen Zeit noch wunderbar erhalten geblieben sind: der halbkreisförmige Mondstein mit seinen Tiersymbolen am Boden, die Wächterstelen, deren Figuren von aufgerichteten Kobras beschirmt werden, und die ebenfalls mit Fabelwesen (Makaras) geschmückten Stufen und Wände.

Das Haus der 60 Reliquien (Hatadage) (8)

König Nissanka Malla (1187–1196), der ein Jahr nach dem Ableben des großen Königs Parakrama Bahu I. regierte, ließ sehr eilig und nicht mehr so sorgfältig einen neuen Reliquienschrein erbauen. Hierin wurde dann u. a. auch die heilige Zahnreliquie umquartiert.

Das Haus der acht Reliquien (Atadage) (9)

Dies ist der älteste Reliquienschrein, den König Vijaya Bahu I. (1055–1110 n. Chr.), der Befreier Sri Lankas von den Cholas, benutzte, um die aus Indien eingeschmuggelte Zahnreliquie Gautama Buddhas unterzubringen. Ursprünglich umfasste dieses Heiligtum zwei Stockwerke.

Der Lotosaltar (Nissanka Latha Mandapaya)

Die Lesehalle des Königs Nissanka Malla ist von einem steinernen Zaun umgeben. Die Säulen um den Lotosaltar trugen früher ein Holzdach. Seinen Namen verdankt er den Kapitellen, die halbgeöffneten Lotosblüten nachempfunden sind. Eine Inschrift besagt, dass Nissanka Malla diesen Lotosaltar für die Anbetung der Zahnreliquie bauen ließ.

Das steinerne Buch (Gal Pota)

Heldenlied in eigener Sache

Da König Nissanka Malla um seinen Nachruhm besonders besorgt war, ließ er seine „Heldentaten" in einen länglichen, rechteckigen Monolithen mit den Ausmaßen 8,25 x 1,37 x 0,55 m meißeln, der, wie auf dem Stein vermerkt ist, aus Mihintale herangeschafft wurde. Es ist die **längste Steinschrift Sri Lankas** und von unschätzbarem Wert für die Nachwelt. Das steinerne Buch hat die längliche Form der beschriebenen Palmenblätter (*Olas*). Der Text ist in Prakrit geschrieben, einer Sprachform, in der heilige Schriften verfasst wurden.

Der siebenstöckige Turm (Satmahal Prasada)

Dieser pyramidenförmige Turm hat sehr viel Ähnlichkeit mit der Khmer-Architektur und zeigt für Sri Lanka ungewöhnliche Stilelemente aus Kambodscha oder Nordthailand.

Dagoba der Königin Rupavati (Pabulu Vihara) (10)

Königin Rupavati, die Gemahlin von König Parakrama Bahu I., hat hier im 12. Jh. n. Chr. eine Dagoba gestiftet. Dieses Statuenhaus ist stark verfallen.

Shivas Tempel Nr. 2 (Shiva Devale) (11)

Eine Inschrift verrät den ganzen Namen dieses Hindu-Heiligtums: Vanavan Madevi Sivaramudaiyar, benannt nach der Gemahlin des Chola-Königs Rajaraja I., der im 11. Jh. n. Chr. Sri Lanka überrannte. Der immer noch gute Zustand des kleinen Tempels ist wahrscheinlich darauf zurückzuführen, dass er aus Natursteinen besteht. Er ist **das älteste gut erhaltene Bauwerk** Polonnaruwas. Die beiden Nandi-Stiere, die bevorzugten Reittiere Shivas, richten ihre Blicke auf das Allerheiligste.

Rankot-Dagoba (Rankot Vihara) (12)

Diese größte Dagoba wurde früher auch „Ruwanweli" („Goldener Sand") genannt. Sie ist 54 m hoch und hat am Boden einen Umfang von 165 m.

Das Juwel Lankas (Lankatilaka) (13)

Wenn man den Hauptweg verlässt und zu dieser Ruine über die Reste von Mauern und den Schutt kleinerer Gebäude emporsteigt, gelangt man auf einem Hügel zu dem **größten Statuenhaus Sri Lankas**. Wie in einer Kathedrale ragen dort Säulen und Teile von Ziegelmauern auf, die eine 13 m hohe, stehende Buddha-Statue (ohne Kopf und Arme) noch von drei Seiten umschließen.

Milch-Dagoba (Kiri Vihara) (14)

In unmittelbarer Nähe der Lankatilaka leuchtet dem Besucher diese 24 m hohe, 26 m im Radius messende und darüber hinaus **besterhaltene Dagoba** blendend milchig-weiß entgegen. Wer seinen Weg fortsetzt, wird sich dabei ertappen, wie er sich immer wieder zu diesem weithin sichtbaren Heiligtum umdreht.

Felsentempel (Gal Vihara) (15)

Von der ehemaligen nördlichen Klosteranlage (Uttararama), die von König Parakrama Bahu I. erbaut wurde, haben zum überwiegenden Teil nur noch die aus einem Stein herausgearbeiteten Statuen die Jahrhunderte überdauert; die ehemaligen Überdachungen sind hingegen nicht mehr vorhanden.

Der Felsentempel Gal Vihara glänzt mit beeindruckender Bildhauerkunst

Die **dominierenden Figuren** sind die vier folgenden Statuen:
- Ein meditierender Buddha (5 m) mit einem „Heiligenschein" hinter dem Kopf sitzt auf einem mit Löwen und Donnerkeilen geschmückten Lotosthron. Fabelwesen im Hintergrund und sitzende Mini-Buddha-Figuren in Nischen deuten auf den Einfluss des „Diamantenen Fahrzeugs" (Vajrayana) hin, einer Variante des Buddhismus (s. S. 94).
- Ein zweiter meditierender Buddha (1,40 m) auf einem Löwenthron ist in einer Felsennische platziert. Ihm zur Seite stehen Brahma, Vishnu und zwei Wedelträger.
- Ob die stehende Figur (7 m) mit der ungewöhnlichen Haltung der gekreuzten Arme, die keine *Mudra*-Haltung darstellt, Buddha oder seinen Lieblingsjünger Ananda zeigt, ist ungeklärt.
- Am eindrucksvollsten ist die trotz ihrer Größe (14 m) ungemein anmutige Statue eines liegenden, sanft in sein leicht eingedrücktes Kissen geschmiegten Buddhas, der ins Nirwana eingeht.

Alle vier Figuren sind Meisterleistungen sri-lankischer Bildhauerkunst.

Jetavana-Klosteranlage Tivanka-Tempel (Tivanka Pilimage) (16)

Statuenhaus Dieses große Statuenhaus, von König Parakrama Bahu I. errichtet, ist ebenfalls zur Aufnahme einer kolossalen Buddhastatue erbaut worden. Buddha verbeugt sich dreifach: eine in der arischen Sprache Sanskrit als *tivanka* bezeichnete Haltung, daher der Name. Die Fassade zeigt stark hinduistische Züge.

Lotosbad (Padumanahanakottha) (17)

Das fünfstufige Bassin wurde wiederum von König Parakrama Bahu I. errichtet. Im heutigen Trockenzustand kommt die dekorative Form der stilisierten achtblättrigen Lotosblüte wegen der Schattenbildung besonders gut bei tief stehender Sonne zur Geltung.

Polonnaruwa, *tgl. 7.30–18 Uhr, Eintritt US$ 30. Tickets gibt es im Polonnaruwa Museum/Visitor Center, tgl. 7.30–17.30 Uhr.*

Reisepraktische Informationen Polonnaruwa

Banken
In der Nähe des Busterminals in New Town befinden sich Banken mit Geldautomaten.

Unterkunft

POLONNARUWA
Hotel Gajaba $ (3), *Kuruppu Gardens, Lake Resort, Polonnaruwa, ☏ 027-2222394, www.gajabaholidays.com. Diese einfache Unterkunft hat 23 Zimmer, da-*

von zehn mit Klimaanlage. Es gibt eine Bar und ein Garten-Restaurant. Das Haus vermietet Fahrräder und Scooter.
The Village $$$ (4), New Town, Polonnaruwa, ☏ 027-2222405, www.thevillagehotel.org. Dieses Hotel liegt in einem Wald am Stausee Parakrama Samudra. Ein schöner Innenhof lädt zum Verweilen ein. Geboten werden 28 Zimmer mit Klimaanlage, ein Swimming Pool, ein Restaurant, eine Bar und Ayurveda-Anwendungen. Darüber hinaus kann man zum Fischen auf den See hinausfahren oder auf geliehenen Fahrrädern zu den 2,5 km entfernten Ruinen von Polonnaruwa fahren. WiFi inklusive.
The Lake $$$$ (5), Polonnaruwa, ☏ 027-2222411, www.the-lake-polonnaruwa-sri-lanka.en.ww.lk. 40 Doppelzimmer mit Balkon, Seeblick und Klimaanlage. Ein Restaurant und eine Bar sorgen für das leibliche Wohl der Gäste. Ein Swimmingpool kann zur sportlichen Betätigung genutzt werden. Außerdem werden Bootsfahrten auf dem Stausee Parakrama Samudra und Ausflüge zur Vogelbeobachtung durchgeführt. WiFi inklusive.

GIRITALE
Deer Park Hotel $$$$ (1), Giritale, Polonnaruwa, 8 km von Polonnaruwa entfernt, ☏ 027-2246272, www.deerparksrilanka.com. Das Deer Park Hotel ist mitten in den Urwald hineingebaut, der ursprüngliche Baumbestand wurde dabei allerdings weitgehend geschont. Teilweise wurden die Dächer ausgespart, um keine Äste absägen zu müssen; einige Bäume sind sogar in die Badezimmer integriert worden. Man hat das Gefühl, in freier Natur zu duschen. Wunderschön sind die angelegten Lotosteiche mit Blick auf den Giritale Lake. Insgesamt werden 77 klimatisierte Bungalows angeboten. Dazu gibt es zwei Restaurants, eine Bar und einen Spa-Bereich. Interessierte können sich Safaris und Wanderungen zu Vogelbeobachtungen anschließen oder einen Fesselballonflug unternehmen.
Giritale Hotel $$$$ (2), Giritale, Polonnaruwa, ☏ 027-2246311, www.giritale hotel.com. Von diesem 1975 eröffneten Mittelklassehotel blickt man auf den Giritale Lake. 42 klimatisierte Zimmer, Swimmingpool vorhanden. Im Restaurant werden Gerichte der westlichen und östlichen Küche serviert. Safaris und Ausflüge zu den interessanten Plätzen des kulturellen Dreiecks stehen auf dem Programm. Außerdem können Kräuterdampfbäder genommen werden.

Zugverbindungen
In Kaduruwela befindet sich der Bahnhof von Polonnaruwa (s. Bus). Hier besteht mehrmals täglich Anschluss nach Batticaloa und Colombo.

Busverbindungen
Der Busterminal von Polonnaruwa liegt im 4 km entfernten **Kaduruwela**. Wer mit dem Bus ankommt, sollte also vor dem Erreichen der Endstation aussteigen. Nach Kaduruwela nimmt man am besten ein Tuk-Tuk.
Tgl. angefahrene Ziele: Anuradhapura (3,5 Std.), Batticaloa (3 Std.), Colombo (6 Std.), Habarana (1 Std.), Kandy (3,75 Std.).

Maduru Oya National Park

14 km östlich von Polonnaruwa an der Straße nach Batticaloa kann man Richtung Süden abbiegen und erreicht nach weiteren 25 km den 1983 eingerichteten, knapp 590 km² umfassenden Maduru Oya National Park. Der Park gilt als Sri Lankas wertvollster Lebensraum für Elefanten und einheimische Vögel. Außerdem gibt es hier Bären, Leoparden, Wasserbüffel, Affen, Adler, Kormorane und Oriole.

Ursprünglich war die Parkregion ein traditionelles Siedlungsgebiet der **Weddas**. In Henanigala lebt immer noch eine Gemeinschaft der Indigenen innerhalb des Parks.
Maduru Oya Wild Live Reserve, *Öffnungszeiten tgl. 6–18 Uhr, Eintritt Erwachsene US$ 10, Kinder US$ 5, dazu kommen US$ 8 Team Fee und 15 % Steuer. Miete für ein Allradfahrzeug mit Fahrer ca. US$ 50 für einen halben Tag (s. S. 138).*

Anuradhapura

Einst so groß wie Paris

Der Name Anuradhapura bedeutet „Stadt des Anuradha". Dieser Anuradha war ein Gefolgsmann des Vijaya (Anführer der singhalesischen Einwanderer) und gilt als der Begründer der Stadt. Anuradhapura war **1.400 Jahre lang Königsstadt**. Vor 1.500 Jahren hatte es eine Flächenausdehnung wie das heutige Paris, etwa eine halbe Million Menschen sollen hier gelebt haben. Die älteste Königsstadt Sri Lankas enthält in ihrem heiligen Bezirk einige der bedeutendsten Sehenswürdigkeiten Südasiens. Die Neustadt von Anuradhapura bewohnen heute 63.000 Einwohner.

Geschichte

> **Hinweis**
> Ab S. 20 findet sich unter dem Titel „Die Anuradhapura-Periode (380 v. Chr.–1017 n. Chr.)" eine ausführliche Darstellung der Geschichte der Königsstadt.

161–137 v. Chr.: König Dutthagamani, der Einiger Lankas, erhob das schon vor der singhalesischen Einwanderung bewohnte Anuradhapura zu seiner Hauptstadt. Seitdem war diese Stadt nicht nur das politische, sondern auch das religiöse Zentrum des Landes. Über 1.000 Jahre lang wurde von den hiesigen Klöstern die Glaubensrichtung des ceylonesischen Buddhismus gelenkt.
9. und 10. Jh. n. Chr.: In dieser Zeit hatten die Singhalesen sehr unter den Überfällen und Schlägen der Pandyas und Cholas aus Südindien zu leiden.
982–1029 n. Chr.: König Mahinda V. konnte dem Druck der Tamilen nicht mehr standhalten. Anuradhapura wurde zerstört und aufgegeben, und der Dschungel verschlang die zuvor so blühende Großstadt. Der Pilgerstrom zu

Anuradhapura

★ **Sehenswürdigkeiten**
1 Sri Maha Bodhi
2 Loha Prasada
3 Ruwanwelisaya Dagoba
4 Basawak Kulama
5 Thuparama Dagoba
6 Ratna Prasada
7 Mahasenapalast
8 Abhayagiri Dagoba
9 Samadhi-Buddha-Statue
10 Kuttam Pokuna
11 Tempel des Zahns
12 Jetavana Dagoba
13 Mirisawetiya Dagoba
14 Der königliche Garten
15 Isurumuniya
16 Sri Sarananda

Unterkünfte
1 Palm Garden Village Hotel
2 Milano Tourist Rest
3 Cottage Tourist Rest
4 Hotel Ashok

Ein junger Mönch hält eine Lehrrede bei der Ruwanwelisaya Dagoba

den heiligen Schreinen setzte sich jedoch auch in den folgenden Jahrhunderten fort.
19. Jh.: 1820 berichtete der Brite Ralph Backhaus von einer urwaldüberwucherten Ruinenstadt im Norden Ceylons. Ab 1884 begannen Ausgrabungen und Restaurierungen.
1980: Das UNESCO-Cultural-Triangle-Hilfsprogramm bestreitet aus einem Fond die intensive Restaurierung des umfangreichen Ruinenfeldes.

Sehenswürdigkeiten

Archäologisches Museum

Das Museum liegt im Ruinenbereich und zeigt Buddha-Statuen, Modelle von Dagobas, Skulpturen, Wächterstelen, Fresken, Steininschriften u. a. Fundstücke des Landes.
Archäologisches Museum, *8–17 Uhr, Eintritt inklusive in der Eintrittskarte für den Heiligen Bezirk.*

> **Hinweis**
> *Auch im antiken Anuradhapura ist es empfehlenswert, die Sehenswürdigkeiten in der in diesem Buch vorgeschlagenen Reihenfolge zu besichtigen, um Zeit und unnötige Wege zu sparen. Da die Wege zu Fuß recht lang sind, ist es einfacher, sich für die Besichtigungstour ein Fahrrad auszuleihen. Auf dem Parkgelände gibt es wenig Schatten, aber immerhin Toilettenanlagen und Trinkwasserspender.*

Der Heilige Bodhi-Baum (Sri Maha Bodhi) (1)

Ein Zweig des Bodhi-Baums (*Ficus religiosa*), unter dem Gautama Buddha in Bodh Gahja seine Erleuchtung erfuhr, soll vor ca. 2.200 Jahren in Anuradhapura eingepflanzt worden sein. Damit wäre diese Pappelfeige der älteste historische Baum der Welt. Der Bodhi-Baum-Garten ist **einer der heiligsten Bezirke Sri Lankas** und wird von entsprechend vielen Pilgern aufgesucht. Es heißt, dass der indische Missionar Mahinda seine Schwester Sanghamitta gebeten hat, einen Zweig des Bodhi-Baums von Bodh Gahja nach Sri Lanka zu bringen. Der Zweig schlug Wurzeln auf ceylonesischem Boden und wurde seither gehegt und gepflegt. Heute werden die weit ausladenden Äste des uralten Baums gestützt.

Der älteste Baum der Welt?

Dieser Feigenbaum müsste sich erinnern, dass vor rund 1.000 Jahren um ihn herum nur zerstörte Gebäude und Trümmer lagen. Doch er selbst blieb am Leben und blüht bis heute. Als die südindischen Eroberer die Stadt in Schutt und Asche legten, schonten sie den Bodhi-Baum, da er auch für sie als Hindus heilig war. Jahrhundertelang war das alte Anuradhapura vom Dschungel überwuchert, aber es gab immer noch gläubige Buddhisten, die auf den heiligen Baum Acht gaben. Mit Feuer vertrieben sie die wilden Tiere des Urwalds, und der letzte König von Kandy ließ 1803 sogar eine Mauer um ihn legen, um die Elefanten von ihm fern zu halten. Der Gesundheitszustand des Baums wird auch heute noch laufend von dem Direktor des Botanischen Gartens Peradeniya von Kandy überwacht.

Rund um den Bodhi-Baum gibt es einige gut genutzte Gebetsnischen

Der Bodhi-Baum in Bodh Gahja, unter dem Gautama Buddha erleuchtet wurde, existiert nicht mehr, wie auch der Buddhismus in Indien keine Bedeutung mehr hat. Sein Ableger, der uralte Bodhi-Baum in Anuradhapura, ist hingegen für die singhalesischen Buddhisten bis heute ein **Symbol für das Überleben des Buddhismus in Sri Lanka**, trotz vieler Angriffe von außen.

Der Besuch des Heiligen Bodhi-Baums ist nicht inklusive in der Eintrittskarte für Anuradhapura: Eintritt 200 Rs.

Der Bronzepalast (Loha Prasada) (2)

Opfer der Flammen
König Dutthagamani (161–137 v. Chr.) soll hier einen neunstöckigen Palast für Mönche errichtet haben, den ein kupfernes Dach krönte. Die Holzkonstruktion soll bereits 15 Jahre nach der Fertigstellung den Flammen zum Opfer gefallen sein. Der Palast ist im Laufe der Geschichte mehrmals wiederaufgebaut worden, zuletzt von König Parakrama Bahu I. (1153–1186 n. Chr.). Die **1.600 Säulen**, von denen die Chronik berichtet, sind heute noch in Reihen von 40 x 40 vorhanden.

Vom Bronzepalast ist nicht mehr viel übrig – immerhin aber 1.600 Säulen

Die Ruwanwelisaya Dagoba (Ruwanwelisaya) (3)

Ruwanwelisaya heißt „Goldener-Sand-Dagoba". Sie wird auch Mahathupa („Große Dagoba") genannt. König Dutthagamani, der bereits die Mirisawetiya

Auf dem weiten Gelände der Dagoba gibt es einige Möglichkeiten, Buddha anzubeten

Dagoba und den ersten Kupferpalast bauen ließ, wollte zu seinen Lebzeiten noch etwas Gewaltigeres errichten.

Die **Chronik** erzählt, dass der König 500 Baumeister zu sich rief, um in einem Wettbewerb den fähigsten Architekten für die große Dagoba auszuwählen. Er befragte jeden einzelnen nach seinen Vorstellungen bzgl. Form und Ausmaß der geplanten Dagoba. Ein Kandidat ließ sich Wasser in einem goldenen Gefäß geben, schöpfte etwas davon in seine Hand und ließ es in das Gefäß zurückfallen. Es bildete sich eine vollkommene Wasserblase, und er sagte: „So werde ich es machen." Er gewann den Wettbewerb, und nach diesem Blasen-Muster wurde anschließend gebaut.

Antiker Architekturwettbewerb

Todkrank ersehnte König Dutthagamani die baldige Vollendung der Dagoba und bat seinen jüngeren Bruder Saddha Tissa, die Arbeiten an dem Bauwerk zu beschleunigen. Als der König schon auf dem Totenbett lag, kaschierte Saddha Tissa die Baulücken der noch nicht abgeschlossenen Teile durch das Aufspannen von weißen Tüchern, um dem sterbenden König mit dem Gesamteindruck seiner wie vollendet aussehenden Dagoba eine letzte Freude zu bereiten. Später stellte der neue König Saddha Tissa (137–119 v. Chr.) das Bauwerk tatsächlich fertig. Die ursprüngliche Blasenform (*bubbulakara*), die noch in einem Modell erhalten ist, wurde bei intensiven Restaurierungsarbeiten seit 1893 zugunsten der **Glockenform** (*ghantakara*) verändert. Ehemals befand sich ein großer Rubin auf der Spitze der Dagoba; heute krönt sie ein Bergkristall aus Burma. 338 Elefantenfiguren tragen scheinbar die viereckige Plattform, auf der die blendend weiße Dagoba ruht.

In einem **kleinen angebauten Tempel** ist der Kampf des Tamilenkönigs Elara und seiner Armee gegen den Singhalesenkönig Dutthagamani mit seinen Heerscharen dargestellt. Im Hintergrund ruht der ins Nirwana eingegangene Gautama Buddha.

Wenn man das Gebäude umkreist, entdeckt man Steinschriften und Statuen von König Nissanka Malla. Da sich in dem Innern der Dagoba Reliquien Gautama Buddhas befinden sollen, gilt sie als eine der wichtigsten Heiligtümer der singhalesischen Buddhisten.

Der große Tank (Basawak Kulama) (4)

Jahrtausendealter Wasserspeicher

Dieses große Wasserreservoir wurde von König Pandukabhaya in bemerkenswert früher Zeit konstruiert, nämlich vor ca. 2.400 Jahren. Wahrscheinlich gab es hier früher einen See, dessen Mulde durch das Aufschütten von Dämmen dazu genutzt wurde, das Regenwasser des Nord-Ost-Monsuns auch während der Trockenzeiten für die Menschen, das Vieh und die Landwirtschaft zu erhalten. Das etwa **1.000 km lange Netzwerk von Kanälen**, das die Trockenzone des Nordens versorgte, ist eine nicht hoch genug einzuschätzende Meisterleistung des antiken Sri Lanka.

Früher hatte der Thuparama ein Dach, heute stehen davon nur noch die Säulen

Thuparama Dagoba (Thuparama) (5)

An der Stelle des heutigen Heiligtums soll einst die älteste Dagoba Sri Lankas gestanden haben. Als der Missionar Mahinda dem König Devanampiya Tissa (225–210 v. Chr.) klagte, dass es in seinem Königreich nichts gäbe, was man anbeten könnte, schickte Tissa den Mönch Sumara nach Pataliputra (Indien) zu dem Kaiser Ashoka, dem Vater Mahindas, um ihn um Reliquien Gautama Buddhas zu bitten. Der Mönch kehrte mit dem **rechten Schlüsselbeinknochen Buddhas** und anderen Reliquien zurück. Das Schlüsselbein wurde in dem ursprünglichen Thuparama-Schrein untergebracht.

Unter der Regierung von König Aggabodhi II. (604–614 n.Chr.) wurde die Dagoba, die sich inzwischen in einem sehr schlechten baulichen Zustand befand, vollständig restauriert und zu einer Vatadage ausgebaut, d. h. sie erhielt ein auf Steinsäulen ruhendes Dach. Nach mehrmaligem Wiederaufbau bekam sie ihre jetzige Form im Jahre 1862. Das Dach ist nicht mehr vorhanden, die alleinstehenden Steinsäulen rund um die Dagoba sehen recht verloren aus.

Lankarama Dagoba

103 v. Chr. musste König Vattagamani vor den südindischen Panca-Drawiden flüchten. Nach seiner Rückkehr auf den Königsthron stiftete er aus Dankbarkeit diese Dagoba. Später wurde auch sie – genau wie die Thuparama Dagoba – zu einer Vatadage ergänzt.

Die Wächterstele am Edelsteinpalast (Ratna Prasada) (6)

Die Bezeichnung „Edelsteinpalast" hat nichts mit der ehemaligen Funktion des Gebäudes zu tun. Einst war es ein mehrstöckiges Versammlungshaus, von dem nur noch die Fundamente übrig geblieben sind.

Viel interessanter als die Ruinen des „Palastes" ist die davor stehende **Wächterstele**, die nach Meinung vieler Experten und Laien die schönste in ganz Sri Lanka ist. Die fein modellierte Skulptur aus dem 8. oder 9. Jh. n. Chr. stellt den Kobra-König (Nagaraja), den Beschützer des Wassers, dar. Nagaraja, elegant mit seitwärts vorgeschobener Hüfte, hält in spielerischer Leichtigkeit mit der linken Hand die „Vase des Überflusses" hoch, aus der Lotosblüten als Zeichen der Reinheit und Fruchtbarkeit hervorquellen, und rechts einen blühenden Zweig mit der gleichen symbolischen Bedeutung. Eine siebenköpfige Kobra hinter ihm und ein Bogen von Fabeltieren über seinem Haupt beschützen ihn.

Der Halbmondstein am Mahasenapalast (7)

Hinter der Abhayagiri Vihara liegt der Mahasenapalast, vom dessen Überresten nur noch ein wunderschöner, halbrunder Mondstein beachtenswert ist.

Man spricht auch von der schönsten Fußmatte der Erde, die es zu überschreiten gilt, um die Kümmernisse des Lebens zu überwinden und um zu Buddha zu finden.

Abhayagiri Dagoba (8)

Diese Dagoba ist mit ihren 115 m die **zweithöchste Dagoba Sri Lankas**. Das ursprüngliche Bauwerk geht ebenfalls auf den König Vattagamani (89–77 v. Chr.) zurück und war wesentlich kleiner als die jetzige Dagoba. Angeblich steht sie an genau der Stelle, an der ein Jain (Anhänger der Jaina-Religion) den vor den Tamilen flüchtenden König verhöhnt haben soll.

Als der König nach 14 Jahren aus der Wildnis zurückkehrte, ließ er das Jaina-Heiligtum abreißen und errichtete dort die erste Abhayagiri Dagoba, in der die 313 n. Chr. nach Sri Lanka gelangte Zahnreliquie Gautama Buddhas aufbewahrt worden sein soll. König Gajabahu I. (114–136 n. Chr.) vergrößerte die alte Dagoba beträchtlich und gab ihr ihre heutige Form.

Samadhi-Buddha-Statuen (9)

Die erste dieser beiden Statuen ist sehr gut erhalten und wird von einem Betondach abgeschirmt. Die zweite Figur stellt den in tiefe Meditation versunkenen Gautama Buddha dar, der mit gekreuzten Armen und Beinen für den Frieden betet.

Die Doppelteiche (Kuttam Pokuna) (10)

Spirituelle Badeanlage

Diese Badeanlage des Abhayagiri-Klosters aus dem 8.–10. Jh. ist sehr klar in ihren Formen und stellt eine Meisterleistung der damaligen Steinmetzkunst dar. Die Doppelteiche gelten als die schönsten ihrer Art in Sri Lanka. Das Wasser wurde unterirdisch herangeführt, Stufen verschiedener Breiten umliefen die Innenwände der beiden Becken. So konnten die Mönche bei unterschiedlichen Wasserständen ihrer Badezeremonie nachkommen, die nicht nur wegen der körperlichen Hygiene, sondern auch aus religiösen Gründen vorgenommen wurde.

Tempel des Zahns (Sri Dalada Maligawa) (11)

Von diesem Schrein haben nur schlanke, viereckige Säulen die Zeiten überdauert. Aus einer Inschrift an der Ruine konnte herausgelesen werden, dass dies der erste Tempel des Zahns innerhalb der Zitadelle war. Der chinesische Pilger Fa-Hsien hat der Nachwelt den wichtigen Bericht überliefert, dass um diesen Sri Dalada Maligawa mit seiner bedeutungsvollen Reliquie bereits im 5. Jh. n. Chr. prächtige Umzüge stattgefunden haben. Heute befindet sich der heilige Zahn in Kandy.

Auch mit nur noch 81 m Höhe ist die Jetavana Dagoba aus der Ferne gut auszumachen

Jetavana Dagoba (12)

Mit 122 m Höhe war dies einst die größte Dagoba Anuradhapuras. Heute misst sie „nur noch" 81 m. Sie wurde von dem sogenannten „Ketzerkönig" Mahasena (274–301 n. Chr.) für die Mahayana-Buddhisten („Großes Fahrzeug", S. 93) erbaut, die sich von der reinen Lehre Gautama Buddhas abspalteten.

Mirisawetiya Dagoba (13)

Dieser Ziegelbau liegt zwischen den beiden Seen Basawak Kulama und Tissa Wewa. Früher stand er im Zentrum des gleichnamigen Klosters. Er ist ziemlich verfallen, die Verputzung nicht mehr vorhanden. Seine Grundsteinlegung geht auf König Dutthagamani (161–137 v. Chr.) zurück. Auch um dieses Heiligtum ranken sich **Legenden**.

Die Chronik berichtet:
Anlässlich eines Bades mit seinem Harem im Tissa Wewa entledigte sich der König seiner Kleidung und sonstiger Utensilien. Dabei rammte er seinen Speer in den Boden. In dem Schaft dieses Speeres waren Reliquien Gautama Buddhas verborgen, die Dutthagamani beim Kampf gegen den Tamilenkönig Elara (158 v. Chr.) zum Erfolg geführt hatten. Als der König am Ende des Tages mit seinen Haremsfrauen heimgehen wollte, ließ sich der Speer nicht mehr aus der Erde ziehen. Der König war so entzückt über das wundersame Ereignis, dass er eine Dagoba über die Reliquie baute.

Der königliche Garten (Ranamasu Uyana) (14)

Den besten Blick in diesen Lustgarten mit seinen alten Bäumen, Felsen, Treppen, Teichen, kleinen Bädern, ehemaligen Pavillons und Fontänen hat man von dem Damm an der Ostseite des Tissa Wewa aus.

Felsenkloster Isurumuniya (Isurumuniya Vihara) (15)

Südlich des königlichen Gartens stößt man auf die Überreste eines sehenswerten Klosters, das sich im Laufe der Zeit aus einer ehemaligen Einsiedlerhöhle entwickelt hat. Leider ist man bei einem Wiederaufbau der teils verfallenen Anlage Ende des 19. Jh. nicht besonders fachmännisch vorgegangen: Viele Basreliefs der alten Anlage hat man als Material für den Wiederaufbau verwendet. Einige Skulpturen sind wieder ausgebaut und in einem kleinen Museum untergebracht worden. Bekannt ist dieses Felsenkloster hauptsächlich wegen seiner noch erhaltenen Basreliefs, die sehr viel Ähnlichkeit mit südindischen Werken aus Mahabalipuram bei Madras aus der Gupta-Zeit haben. Das wohl berühmteste Relief zeigt **„Die Liebenden"**. Seine Entstehung wird auf das 5.–6. Jh. n. Chr. datiert. Bestechend ist die Harmonie, die die Zweisamkeit des Kriegers und der Geliebten an seiner Seite ausdrückt. Der erhobene Finger des Mädchens ist eine Geste ihrer Keuschheit. Der Liebhaber lässt sich jedoch nicht abweisen, und die auf seinem Schenkel sitzende Schönheit scheint, wie ihre anlehnende Kopfhaltung andeutet, doch nicht so abweisend zu sein.

Basreliefs (Randnotiz)

Eine **Legende** besagt, dieser bewaffnete Jüngling sei König Dutthagamanis Sohn Saliya, der sich in das Mädchen Ashokamala aus niederer Kaste verliebt und ihretwegen auf den Thron verzichtet habe.

Die Skulptur „Mann mit Pferd" ist ebenfalls sehr bekannt. An der Ostseite des Felsens befindet sich ein kleiner Teich mit dem besonders schönen Basrelief eines Elefanten mit hoch erhobenem Rüssel, der sich im Wasser spiegelt und ausgelassen in dem Teich zu spielen scheint.

Die große Buddha-Statue Sri Sarananda (16)

Außerhalb des Ruinenfeldes von Anuradhapura fällt eine große Buddha-Statue auf. Das Anwesen zu Füßen dieser Kolossalfigur ist eine Herberge und gleichzeitig eine **Ausbildungsstätte für Mönche**, Maha Pirivena genannt.

Tanks rund um Anuradhapura

Die Speicherseen oder Tanks, wie z. B. der Tissa Wewa und der Nuwara Wewa, sind von Menschenhand als Wasserreservoir für die Reisfelder angelegt worden. Da Wasser – besonders hier in der Trockenzone Sri Lankas – natürlich auch Tiere anzieht, ist es nicht verwunderlich, dass sich hier das Leben auch der wilden Tiere konzentriert. Die **mannigfaltige Vogelwelt** ist besonders auffällig. Sehr interessant ist beispielsweise der Klaffschnabel (*Anastomus oscitans/Openbill stork*). Mit seinem überwiegend weißen, nur von wenig Schwarz durchsetzten Federkleid ähnelt er auf den ersten Blick sehr dem europäischen Weißstorch. Bei näherem Hinsehen stellt man jedoch fest, dass in seinem großen Schnabel am unteren Ende eine Lücke klafft. Mit diesem eigenartigen „Werkzeug" knackt die Storchenart das Gehäuse von Muscheln und Schnecken wie mit einem Nussknacker. Genauso kurzweilig ist es, den Wasserfasan (*Hydrophasianus chirurgus/Pheasant-tailed jacana*) zu beobachten, wie er geschickt mit seinen langzehigen, gespreizten Füßen auf der Nahrungssuche über die Seerosenblätter läuft, ohne einzusinken.

Herden von Wasserbüffeln kühlen sich besonders in der heißen Mittagszeit in den Wasserstellen ab; nur ihre gehörnten Köpfe ragen aus den Fluten heraus. Oder man entdeckt einen flinken **Mungo**, der dafür bekannt ist, dass er den Kampf mit der hochgiftigen Kobra aufnimmt. Die Taktik des Mungos ist, die Schlange durch Scheinangriffe zu ermüden, bis deren Reaktionen sich verlangsamen, dann urplötzlich zuzubeißen und die Kobra zu töten. Wenn der Kampf zuungunsten des Mungos ausgeht und er verletzt wird, sucht er bestimmte Pflanzen als Medizin. Dabei wird er mitunter von Einheimischen verfolgt, in der Hoffnung, dass diese Pflanzen auch den Menschen als Gegenmittel bei Kobrabissen dienen könnten.

Anziehungspunkt für Wildtiere

Heiliger Bezirk von Anuradhapura, *tgl. geöffnet, Eintritt US$ 30. Wer das Ticket nicht am Haupteingang kauft, hat bei weiteren Kontrollstationen noch Gelegenheit dazu.*

Reisepraktische Informationen Anuradhapura

Banken
Entlang der Main Street in New Town befinden sich zahlreiche Banken mit Geldautomaten.

Unterkunft
Hotel Ashok $$ (4), 20 Wasaladaththa Mawatha, ☏ 025-222753. Direkt am Seeufer und mit Blick auf selbiges ist dieser Klassiker aus den 1950er-Jahren gelegen. Die von Ventilatoren gekühlten Zimmer sind für diese Lage und diesen Preis absolut in Ordnung. Freundlicher Service, Restaurant vorhanden. WiFi inklusive.
Cottage Tourist Rest $$ (3), 388/38 Harischandra Mawatha, ☏ 025-2235363, www.cottagetouristrestsl.com. Eines der günstigsten Quartiere in dieser bei Guesthouses beliebten Ecke von Anuradhapura. Das einfache Gästehaus bietet ansprechende Zimmer mit und ohne Klimaanlage, im kleinen Park zur Straße hin gibt es ein Restaurant und eine Bar. WiFi inklusive.
Milano Tourist Rest $$–$$$ (2), 596/40 Stage One, J. R. Jaya Mawatha, ☏ 025-2222364, www.milanotouristrest.com. Nicht ohne Grund eine der beliebtes-

ten Unterkünfte in Anuradhapura: Das **Restaurant** gilt als eines der besten der Stadt und ist häufig ausgebucht. Die Zimmer des freundlichen Hauses sind in gutem Zustand, und das Team gibt sich redlich Mühe, seinen Gästen einen angenehmen Aufenthalt zu bereiten. Es werden Fahrräder vermietet für 400 Rs./Tag. WiFi im öffentlichen Bereich inklusive.

Hotel Palm Garden Village $$$$ (1), Puttalam Road, Pandulagama, Anuradhapura, ① 025-2223961, www.palmgardenvillage.com. Dieses Hotel der gehobenen Mittelklasse, 2,5 km von den Ruinen von Anuradhapura entfernt, liegt sehr ruhig auf einem Areal von 140.000 m². In Bungalows mit zwei, drei und vier Wohneinheiten gibt es insgesamt 64 gut ausgestattete, klimatisierte Zimmer, darunter 16 Deluxe Rooms. Die Anlage umfasst außerdem ein Restaurant mit heimischer und internationaler Küche, eine Bar, einen Spabereich und ein Fitnessstudio.

Zugverbindungen

Anuradhapura hat zwei Bahnhöfe: **New Town** und den **Hauptbahnhof** von Anuradhapura. Hier halten alle Züge, in New Town nur sporadisch. Am Hauptbahnhof hat man mehrmals täglich Anschluss Richtung Norden und Jaffna oder Süden und Colombo.
Aktuelle Verbindungen:
www.eservices.railway.gov.lk/schedule/homeAction.action?lang=en.

Busverbindungen

Anuradhapura hat gleich drei Busterminals: Die **New Bus Station** in New Town liegt für Besucher, die in der Ecke rund um die Harischandra Mawatha wohnen, allerdings weit weg. Die Fernbusse starten schräg gegenüber der **Old Bus Station** an der Dharmapala Mawatha. Alle Fernbusse von hier passieren auch die New Bus Station. Am besten fragt man im Hotel, welchen Busterminal man wählen sollte. Wer den Nahverkehr nutzen will, der geht zur Old Bus Station.

Tgl. angefahrene Ziele: Colombo (über Puttalam und Negombo) (5 Std.), Habarana (2,5 Std.), Jaffna (5 Std.), Kandy (3,5 Std.), Polonnaruwa (3,5 Std.), Trincomalee (4 Std.), Vavuniya (3 Std.).

Mihintale – die Geburtsstätte des Buddhismus in Sri Lanka

Der Name „Mihintale" heißt so viel wie „Höhle des Mahinda". Ashoka, König des Mauraya-Reichs in Indien, sandte 250 v. Chr. seinen Sohn Mahinda als Missionar nach Sri Lanka. Im denkwürdigen Jahr 247 v. Chr. begegnete Mahinda dem Singhalesenkönig Devanampiya Tissa, der auf der Hirschjagd war.

In Mihintale, 12 km östlich von Anuradhapura, fand die für die weitere Entwicklung Sri Lankas schicksalhafte Bekehrung des Königs zum Buddhismus statt

Mihintale – die Geburtsstätte des Buddhismus in Sri Lanka

(s. S. 21). In der Vollmondzeit Juni/August wird in Mihintale eingedenk der **Geburtsstunde des Buddhismus in Sri Lanka** das **Poson-Fest** gefeiert. Bereits im 10. Jh. wurde ein Naturschutzgesetz erlassen, das u. a. die Tiere und Wälder rund um Mihintale unter Schutz stellte und ein strenges Jagdverbot enthielt.

Aus der Mahavamsa-Chronik

info

In dieser Chronik ist folgendes Gespräch zwischen Mahinda und dem König Devanampiya Tissa wiedergegeben, in dem der Missionar feststellen wollte, wes Geistes Kind der König war:

„Wie heißt dieser Baum, oh König?" „Man nennt diesen Baum Mangobaum." „Gibt es neben diesem Mangobaum noch andere?" „Es gibt viele Mangobäume." „Gibt es außer diesem und vielen anderen Mangobäumen noch andere Bäume?" „Es gibt viele Bäume, aber diese anderen sind keine Mangobäume." „Und gibt es außer den anderen Mangobäumen und den Bäumen, die keine Mangobäume sind, noch andere Bäume?"
„Da gibt es diesen Mangobaum." „Du hast einen scharfen Verstand, Herrscher der Menschen."

Anschließend hielt Mahinda dem König und seinem Jagdgefolge eine Predigt, in der er die wesentliche Lehre Gautama Buddhas erklärte. Der König war davon so stark beeindruckt, dass er mit seinem Volk zu diesem Glauben übertrat.

Sehenswürdigkeiten

Rechts der Hauptstraße liegt der **Kaludiya Pokuna**, ein idyllischer Schwarzwasser-Teich (*Black Pool*). Ein aus dem Felsen gehauenes Badehaus und die Ruinen eines kleinen Klosters fallen kaum auf.

Am Fuße des Mihintale-Felsens liegt ein Parkplatz inmitten der Überreste einer **alten Klosteranlage** mit einem ehemals dazugehörigen Hospital. Die vielen Höhlen und Felsüberhänge in den Mihintale-Felsen boten den Mönchen Schutz an diesem religionsgeschichtlich für die Buddhisten so bedeutsamen Ort. Aus den Wohn- und Meditationsstätten der Mönche entwickelte sich im Laufe der Zeit ein Klosterkomplex, und Mihintale wurde ein wichtiger Wallfahrtsort. Von Parkplatz führt eine von duftenden Frangipani-Bäumen flankierte **Freitreppe mit 1.840 Stufen** bis zum Gipfel des heiligen Berges.

Bedeutende Wallfahrtsstätte

Von der vielstufigen Treppe zweigt zunächst rechts ein Weg ab, der zur **Dagoba Kantaka Cetiya** führt, die nach dem Pferd Gautama Buddhas, Kantaka, benannt ist. Dieses Heiligtum samt wertvoller Steinskulpturen wurde erst 1934 entdeckt und von Erdreich und Dschungel befreit. Es ist wahrscheinlich die Dagoba, die König Devanampiya Tissa erbauen ließ. Mehrmals restauriert, hat sie heute natürlich nicht mehr ihre ursprüngliche Gestalt.

Der weiße Buddha von Mihintale

Geheimnisvolle Steinboote Auf einer **Zwischenterrasse** angekommen, fallen zur Linken trogartig behauene Steine auf, die sogenannten „Steinboote". Zur Bedeutung dieser Wannen gibt es zwei Erklärungen: Einerseits wird angenommen, dass die Mönche des Sangha-Ordens oder auch andere Gläubige hier Heilbäder genommen haben. Andere meinen, dass hier die Mönche von der Bevölkerung mit Reisnahrung versorgt wurden, wie es heute noch teilweise in Einsiedeleien üblich ist.

Auf gleicher Ebene befinden sich das **Schlangenbad** mit einem Relief der siebenköpfigen Naga (Naga Pokuna) und das **Löwenbad** (Singa Pokuna), ein ebenfalls offener Badeplatz. Ein steinerner Löwe speit frisches Quellwasser aus seinem Rachen. Außerdem sind auf der Terrasse auf zwei Steintafeln aus dem 10. Jh. n. Chr. Regeln für die Mönche und Laien aufgeführt.

Von dieser Terrasse hat man zwischen hell-lila blühenden Jakarandabäumen auch eine faszinierende Sicht auf die höherliegende, weiß leuchtende **Maha Seya Dagoba**, in der eine Haar-Reliquie Gautama Buddhas aufbewahrt sein soll.

Wer die Treppe bis zu ihrem Ende emporsteigt, stößt auf die kleine, von Kokospalmen umgebene **Ambasthala Dagoba**, die nur 10 m im Durchmesser misst. Ambasthala heißt Mangobaum. Nach der Legende hat der Missionar Mahinda hier den König bei der Hirschjagd getroffen und ihm das obige Rätsel aufgegeben. Mahindas Asche soll in der kleinen Dagoba eingeschlossen sein.

Rechts von dieser kleinen Dagoba führt ein steiler Weg, den man barfuß über von der Sonne erhitzte Steine zurücklegen muss, zu dem **Sila-Felsen**. Oben angekommen, genießt man einen idealen Überblick über die gesamte Klosteranlage und das weitere Panorama, u. a. bis nach Anuradhapura.

Idealer Aussichtsplatz

Wieder hinabgestiegen vom Gipfel des Felsens und zur letzten Plattform zurückgekehrt, kann man zur Rechten einen Pfad zu **Mahindas Bett** wählen, einer nach zwei Seiten offenen Felsennische, in die eine Liegestatt eingemeißelt ist und in der der Missionar Mahinda meditiert haben soll. Hier hat man wiederum einen herrlichen Blick in die Tiefe, in der man abends wilde Elefanten und Büffel sichten kann.

Mihintale, *tgl. geöffnet, Eintritt 500 Rs.*

Reisepraktische Informationen Mihintale

Unterkunft
Mihintale Rest House $$$, ① *025-5673680, www.chcresthouses.com. Das kleine Guesthouse liegt unmittelbar unterhalb des Mihintale-Felsens und verfügt über zehn hübsche Zimmer mit Klimaanlage, ein gutes Restaurant mit sri-lankischer und westlicher Küche und einen kleinen Innenhof. Freundlicher Service.*

Verkehrsmittel
Die meisten Besucher kommen per Halb- oder Tagestrip oder zum Sonnenuntergang von Anuradhapura nach Mihintale. Mit dem Tuk-Tuk sollte der Ausflug um die 2.500 Rs. kosten. Ab Anuradhapura New Town fährt auch ein Bus nach Mihintale.

Die Ambasthale Dagoba von Mihintale

9. DER OSTEN

Überblick

Der Osten Sri Lankas ist Teil der Insel, aber irgendwie gegensätzlich – und doch so ähnlich: Hier leben **größtenteils Tamilen und Muslime**, im Westen sind es meist Singhalesen. Während hier die Sonne scheint und Trockenzeit herrscht, regnet es normalerweise im Westen. Machen sich die Touristen besonders im Südwesten nicht nur die Hotelbetten, sondern vielleicht auch die Handtuchabschnitte am Strand streitig, gibt es im Osten jede Menge Platz und die – nach Meinung vieler – **schönsten Strände Sri Lankas**. Abgesehen davon sind die Niederschläge auch in der Regenzeit im Osten deutlich geringer als in den bekannten Touristenregionen, die Einheimischen sind ein bisschen netter, und in den Städten entlang der Küste wie **Trincomalee** und **Batticaloa** scheint die Zeit stehengeblieben zu sein.

Kein Wunder: In der Tat war der Osten – genauso wie der Norden – über Jahrzehnte nicht nur vom Rest der Insel abgeschnitten, sondern eher vom Rest der Welt. Hier wurde heftig gekämpft, Gebäude waren verriegelt und Straßen gesperrt. Ging es während des Bürgerkriegs in Trincomalee noch einigermaßen „gesittet" zu, so war Batticaloa Kampfzone zwischen der LTTE und der sri-lankischen Armee. Es heißt, die Armee verwaltete die Stadt bei Tageslicht und die LTTE in den dunklen Stunden. Erst 2007 konnte die sri-lankische Armee die LTTE zur Aufgabe zwingen.

Zwar gab es schon in den 1970er- und 1980er-Jahren erste touristische Gehversuche an der Ostküste, beispielsweise in Passikudah und Kalkudah, doch die LTTE zerstörte diese Ansätze: Hotels wurden in die Luft gesprengt, damit die Armee dort nicht Stellung beziehen konnte. Ganze Dörfer wurden verlassen, Landstriche starben im wahrsten Sinne des Wortes aus. Auch der Tsunami an Weihnachten 2004 richtete hier gewaltige Schäden an.

Redaktionstipps

▶ Prächtig: ein Wochenendbesuch im Tempel Koneswaram Kovil auf dem Swami Rock (S. 376).
▶ Gemütlich: Übernachtung in einer der „Backpacker Caves" des Aqua-Hotels in Uppuveli (S. 381).
▶ Aussichtsreich: mit dem Fahrrad zum alten Leuchtturm von Batticaloa (S. 389).
▶ Artistisch: die Surf-Akrobaten auf ihren schmalen Boards in Arugam Bay (S. 394).

Überblick

Die **Spuren von Krieg und Tsunami** kann man heute noch sehen, wenn man der Küstenstraße folgt: Unzählige staatliche und nicht-staatliche Organisationen aus der ganzen Welt haben nach dem Tsunami ihre Solidarität gezeigt und Brunnen gebohrt, Toilettenhäuschen aufgebaut, Straßen wieder geteert usw. Leider sind einige dieser gut gemeinten Projekte bereits wieder selbst Ruinen oder sie sind nie richtig genutzt worden, wie sich vor allem in den von der Sonne ausgebleichten Landschaften zwischen Trincomalee und Batticaloa zeigt.

Einst multikulturelle Handelsregion

Eine traurige Entwicklung für diese einst so stolze Region Sri Lankas. Immerhin gingen hier in Batticaloa **1602 die ersten Holländer** an Land, und zur Zeit der Herrscher von Anuradhapura und Polonnaruwa (s. S. 20/24) war Trincomalee der wichtigste Hafen der Insel. Die Handelsbeziehungen in die weite Welt schufen an der Ostküste eine offene Kultur, früh lebten hier Muslime, Tamilen und Singhalesen in Frieden zusammen und machten ihre Geschäfte. Die Holländer nahmen Batticaloa für sich ein, die Briten entdeckten allerdings schnell den Nutzen des sicheren und ungemein tiefen Hafens von Trincomalee – bis zu 700 m geht es hinunter bis zum Grund.

Doch schon bald lief die Westküste dem Osten den Rang ab: Galle und Colombo konnten sich als besser und schneller zu erreichende Häfen etablieren und zogen so das Interesse der Kolonialherren auf sich. Der Osten hatte das Nachsehen. Die massiven Forts, für die Ewigkeit gebaut, blieben stehen, die Handelskarawane aber rückte weiter gen Westen. Und dann kam irgendwann der Bürgerkrieg …

Der Osten kommt!

Heute ist alles anders: Der Osten kommt, denn nicht nur die Touristen belegen in der Hochsaison ab Anfang Juli bis in den September so gut wie alle Hotelbetten entlang der über Jahrzehnte nicht strapazierten Strände. Auch während des Bürgerkriegs vertriebene oder geflüchtete **Einheimische kehren zurück** – vielleicht in ihre Heimatdörfer, vielleicht mit ein bisschen im Ausland verdientem Geld, aber immer mit großen Hoffnungen für die Zukunft. Sie eröffnen Lodges oder Restaurants, investieren ins lange vernachlässigte Geburtshaus und sind ungemein eifrig und interessiert – was den vermeintlich „gesättigten" Singhalesen auf der anderen Inselseite gerne abgesprochen wird. Parallel investiert die Regierung in die Infrastruktur, vor allem in Straßen. Die besten Straßen, da sind sich die Einheimischen und wieder Zugezogenen einig, bauen übrigens die Chinesen. Nach dem Tsunami hatten zunächst meist Japaner Straßen gezogen – daher vielleicht auch die vielen Werbeflächen für Nippon Cement –, diese hielten aber nicht lange.

Kurz: Mit dem Osten geht es voran, es gibt viel zu entdecken, und auch einem ungestörten Strandurlaub am mehr als 10 km langen, pittoresken Sandstrand von **Uppuveli** und **Nilaveli** steht nichts im Wege – hier finden sich auch zahlreiche Tauchschulen, während in **Arugam Bay** die weltweite Gemeinde der Surfer zusammenkommt.

Mihintale – die Geburtsstätte des Buddhismus in Sri Lanka

Der Osten – Nördlicher Abschnitt

Trincomalee

Der Name „Trincomalee" geht auf den schon vor der Kolonialzeit geführten Namen des kleinen Fischerorts „Tirunkonamalai" zurück. In den eindrucksvollen **Naturhafen** mündet der längste Fluss Sri Lankas, der Mahaweli Ganga. Zur Zeit der Segelschiffe war der geschützte Hafen eine bedeutende Station auf dem Seehandelsweg von Europa, Afrika und dem Vorderen Orient nach Fernost.

„Trinco", wie der Ort auch abgekürzt heißt, ist eine **verträumte Provinzstadt**, die nicht die geringsten großstädtischen Züge aufweist. Ihr besonderer Reiz geht gewiss von ihrem mittelalterlichen Charakter aus. Die Stadt hat heute rund 100.000 Einwohner und wird vom holländischen Fort Frederick dominiert. Schön sind die **einsamen Sandstrände** in der Umgebung Trincomalees, aber auch ein Besuch der Stadt verheißt einen erlebnisreichen Tag.

Geschichte

1617 versuchten die Dänen vergeblich, auf dem Verhandlungsweg Trincomalee in ihre Hand zu bekommen.
1622 gingen die Portugiesen rabiater vor. Sie fragten nicht erst lange, sondern bauten einfach an dieser für die Seefahrt günstigen Stelle ein erstes Fort, das allerdings mit drei Bastionen sehr bescheiden ausfiel.

Am Koneswaram Beach vor Trincomalee gibt es von Tourismus noch keine Spur

Geschichte

1639 Auf Bitten des Königs von Kandy vertrieben die Holländer die verhassten Portugiesen aus Trinco und erweiterten das Fort. Allerdings mussten sie es schon bald wieder den Singhalesen zurückgeben.

1773 besetzten die Franzosen vorübergehend diesen strategisch wichtigen Punkt. Kurz darauf hatten jedoch die Holländer wieder die Oberhand über Trinco.

1795 Nach vergeblichen Versuchen der Engländer, Trinco ganz unter ihre Kontrolle zu bringen, gelang ihnen schließlich ein Sieg über die Holländer. Sie übten als letzte europäische Kolonialmacht die Herrschaft über Trincomalee aus.
1942 Die Japaner bombardierten im Zweiten Weltkrieg Trinco, weil hier die von Singapur zurückgezogene Flotte der Alliierten lag.

Sehenswürdigkeiten

Holländische Festung Die ehemalige Festung **Fort Frederick**, eine trutzige, gut erhaltene Anlage aus der Zeit der Holländer, ist jetzt ein **Stützpunkt der sri-lankischen Armee**. Auch wenn das Militär natürlich präsent ist, kann man hindurchwandern, die Architektur in Augenschein nehmen oder die kleinen Hirsche beobachten, die hier in Rudeln heimisch sind.

Doch auch Spuren der vorkolonialen Zeit sind erkennbar. An den Resten des hinduistischen Tempels **Koneswaram Kovil**, der auf dem Swami Rock stand und von den Portugiesen zerstört wurde, existiert eine Steininschrift in Form zweier Fische: das Symbol des tamilischen Königreichs der Pandyas aus Südindien. Wahrscheinlich stammt es von dem Siegeszug des Königs Jatavarman Sundara Pandya (1253–1270). Die Portugiesen haben einen Teil der Gesteinsbrocken des zerstörten Tempels für den Aufbau ihres Forts benutzt und die übrigen Trümmer des Hindu-Heiligtums ins Meer gewälzt.

Der 230 m hohe Felsen **Swami Rock** ist eine der malerischsten Stellen der Ostküste, und der Ausblick entlang der Küste und Richtung Trincomalee hat

Besonders am Wochenende lohnt sich ein Besuch im Tempel Koneswaram Kovil

Am Swami Rock eröffnet sich ein eindrucksvoller Ausblick übers Meer

Postkartenqualität. Hier oben stand der von den Portugiesen 1622 zerstörte Tempel. Es war einer der größten hinduistischen Heiligtümer Südasiens. Ein **neuerer Hindutempel** wurde an der gleichen Stelle errichtet.

Ein Besuch lohnt sich besonders am Wochenende, wenn die Familien aus Trincomalee ein wenig Sommerfrische und hinduistische Besinnung auf dem Swami Rock suchen. Lautstark und bunt geht es im und rund um den Koneswaram Kovil zu, Opfer werden dargebracht, Musik und Gesänge sind zu hören, alle Besucher haben für diesen Tag ihr bestes Gewand angelegt. An kleinen Ständen gibt es Souvenirs und Erfrischungen, und im „Temple Shop" kann man das Nötige einkaufen, um sich von den Priestern eine kleine Zeremonie zelebrieren zu lassen (*Eintritt frei, Schuhe müssen ausgezogen werden und kosten ein kleines Pfand*).

Bunte Wochenenden auf dem Swami Rock

Die steil zum Meer abfallende Klippe wird auch „**Lovers' Leap**" genannt. Ein holländischer Kolonialbeamter hat den Namen seiner unglücklichen Tochter in eine Säule des alten Tempels geritzt, und hierüber wird folgende Geschichte erzählt:
Francina van Rhede, die Tochter des besagten Holländers, soll sich aus Liebeskummer von diesem Felsen ins Meer gestürzt haben, weil ihr treuloser Geliebter ohne sie mit dem Schiff davonsegelte, daher der Name „Lover's Leap" = „Sprung der Verliebten".
Nachweislich hat Francina van Rhede jedoch acht Jahre nach der Steininschrift einen anderen Mann geheiratet.
Fort Frederick, *24 Std. geöffnet, Eintritt frei.*

Frisch vom Meer in die Pfanne – am Fischmarkt wird rege gehandelt

Promenade an der Dutch Bay
Sehenswert ist neben dem quirligen Stadtzentrum am Busbahnhof mit dem angrenzenden Fischmarkt auch die lange Strandpromenade, die entlang der Dutch Bay verläuft. Hier tummeln sich am Wochenende die Einheimischen, um bei einem Eis oder einem eigentlich in der Öffentlichkeit verbotenen Bier dem Müßiggang zu frönen. Wer der Promenade ab Fort Frederick bis zum Ende folgt, gelangt in die Dyke Street. Hier gibt es einige Häuschen aus der Kolonialzeit zu betrachten.

Reisepraktische Informationen Trincomalee

Wichtige Telefonnummern
Polizei, *026-2222223*.
Trincomalee Hospital, *Hospital Road,* ✆ *026-2222261*.

Banken
Besonders an der Central Road gibt es etliche Banken mit Geldautomaten.

Unterkunft
Es gibt eigentlich keinen Grund, in Trincomalee zu übernachten, dafür sind die Strände von Uppuveli und Nilaveli einfach zu verlockend. Wer aber sein Herz für die Stadt entdeckt hat oder nach einer langen Fahrt hier Station machen will, wird normalerweise in der Dyke Street unterkommen. Die Straße mit den kleinen Kolonialbauten ist ein ständiges Sanierungsobjekt. Kleine Hotels im Familienbesitz machen auf, einige können sich behaupten, andere nicht. Es lohnt sich hineinzuschauen.

Schon lange in Betrieb und immerhin in den oberen Stockwerken mit Meerblick versehen ist das
Green Park Beach Hotel $$–$$$ (3), 312 Dyke Street, ① 026-2222369. Die 18 einfachen, klimaanlagengekühlten Zimmer sind ein wenig in die Jahre gekommen, auch sonst hat das Hotel schon bessere Zeiten gesehen. Doch das Personal ist sehr bemüht, auch die Sauberkeit ist in Ordnung. Restaurant vorhanden (s. u.). WiFi inklusive.
Dyke Rest $–$$ (2), 228 Dyke Street, ① 026-2225313, www.dykerest.comuv.com, ist dagegen ganz etwas anderes: winzige Zimmer mit Ventilator, z. T. auch klimatisiert, ein gut hörbarer Gemeinschaftsbereich und dahinter eine Tür, die direkt an den Strand führt. Hier lässt es sich prima mit dem um das Wohl seiner Gäste bemühten Chef plaudern und vielleicht das eine oder andere Bier trinken. Früh aufstehen lohnt sich: Der Sonnenaufgang über Dutch Bay ist ein Erlebnis. WiFi inklusive.
Welcombe Hotel $$$–$$$$ (1), 66 Lower Road, Orr's Hill, ① 026-2222373, www.welcombehotel.com. Komfortabler, aber auch entsprechend teurer übernachtet man in diesem schön gelegenen Hotel, das 25 gut ausgestattete, klimatisierte Zimmer, ein Restaurant (s. u.), eine Bar und einen Swimmingpool mit Kinderbecken bietet. WiFi inklusive.

Restaurants
Green Park Beach Hotel, 312 Dyke Street, ① 026-2222369. Das Restaurant des oben beschriebenen Hotels ist bekannt für seine indischen Mahlzeiten und die großen Portionen.
Welcombe Hotel, 66 Lower Road, Orr's Hill, ① 026-2222373, www.welcombehotel.com. Das erste Hotel am Platze bietet in seinem heftig nachgefragten Restaurant mit Blick auf den Hafen eine Art Fusionsküche: sri-lankisch mit europäischen Einflüssen.

Flüge
Der heimische Flughafen liegt 14 km entfernt in China Bay. Von hier fliegt Helitours mit dem Hubschrauber nach Vavuniya oder Palali/Jaffna. Infos unter ① 0113-144244, www.helitours.lk.

Zugverbindungen
Der Bahnhof befindet sich im Nordwesten von Trincomalee nahe der North Coast Road, die Richtung Uppuveli und Nilaveli führt. Ab hier gibt es rund dreimal täglich Verbindungen nach Colombo (ca. 9 Std.), inklusive dem langsamen Nachtzug. Seit Oktober 2014 ist auch die Verbindung nach Jaffna wieder in Betrieb.
Aktuelle Verbindungen: www.eservices.railway.gov.lk/schedule/homeAction.action?lang=en.

Busverbindungen
Alle Busse halten an der zentralen Busstation in der Stadtmitte. Es gibt regelmäßige Verbindungen nach Jaffna (6 Std.), Vavuniya (2,5 Std.), Colombo (9 Std.), Batticaloa (3 Std.), Kandy (6 Std.) und zu anderen Flecken Sri Lankas. Auch die lokalen Busse nach Uppuveli und Nilaveli fahren hier ab.

Nördlich von Trincomalee

Uppuveli und Nilaveli

Zwei Orte – ein 10-km-Strand

Obwohl Uppuveli und Nilaveli normalerweise als zwei Ortschaften betrachtet werden, handelt es sich im touristischen Sinne „nur" um einen Strand – und zwar um einen besonders schönen: mehr als 10 km lang, feinster Sand, ideal für Sonnenanbeter und Strandläufer. Unterbrochen wird er durch das Fischerdörfchen Salli, oberhalb von Uppuveli, dann folgt der Abschnitt von Nilaveli. An manchen Stellen könnte es zwar ein wenig sauberer sein, und die Militärbasis, die den Ort Nilaveli in zwei Teile trennt, erscheint reichlich überflüssig, aber ansonsten lässt es sich hier gut aushalten.

Auch Uppuveli und Nilaveli haben unter dem **Bürgerkrieg** gelitten. Jahrelang wurde nicht groß investiert, die Region lag touristisch gesehen im Tiefschlaf. Nur ein paar wackere Wiederaufbauhelfer der zahlreichen NGOs (Nicht-Regierungs-Organisationen) fanden ihren Weg hierher, um für ein paar Tage auszuspannen. Wer heute am Strand entlang pilgert, um das passende Guesthouse oder Hotel zu finden, wird schnell an den Gebäuden und dem Erhaltungszustand feststellen können, welche Investitionen neueren Datums sind und welche nicht. Der **Tsunami** hinterließ ebenfalls seine Spuren. Diese Katastrophe überstand Uppuveli ein wenig besser, da der Strand durch den vorgelagerten Swami Rock bei Trincomalee etwas geschützter war.

Im Sommer Hochbetrieb

Außerhalb der Saison von **Anfang Juli bis September** geht es in Uppuveli und Nilaveli recht beschaulich zu. Dafür haben es die Sommermonate in sich. Wer zu spät kommt, wird zumindest in den bekannt schönen Hotels mit Strandzugang sehr wahrscheinlich vergebens nach einem Zimmer fragen. Wer diese aber beiseite lässt und ein wenig die Gassen durchstreift oder eben den Strand entlang geht, wird normalerweise ein Obdach finden: sicher mit ein paar Abstrichen gegenüber dem Wunschhotel – aber das will eben weit im Voraus gebucht werden.

Wer in der Hochsaison ankommt und gebucht hat, der kann sich mit einem Tuk-Tuk direkt zum jeweiligen Hotel fahren lassen. Auch der öffentliche Nahverkehr ist gut, Busse verkehren ungefähr alle 20 Min. ab Trinco. Man sollte dabei allerdings bedenken, dass gerade in Nilaveli der Weg von der Hauptstraße bis zum reservierten Beach-Bungalow recht lang sein kann. Unter Umständen müssen noch 1–1,5 km auf staubigen Straßen zurückgelegt werden.

Wer ohne Buchung ankommt, der kann sich zu seinem Wunschhotel fahren lassen und schauen, ob nicht doch noch etwas frei geworden ist. Falls nicht, kann das Gepäck dort sicher gelagert werden, und auf geht's zu einem Spaziergang entlang dem Strand auf der Suche nach einem passenden Resort.

Uppuveli

Das Örtchen liegt ungefähr 5 km außerhalb der Stadtgrenzen von Trinco an der North Beach Road. „Örtchen" trifft es ziemlich genau: Es gibt hier eine Straße, etliche Gassen und einige Läden. Fischerfamilien fristen ihr Dasein, und auf dem **Commonwealth War Cemetery** liegen 362 Soldaten aus aller Herren Länder, die beim Angriff der Japaner 1942 ihr Leben lassen mussten. 200 m vor dem Friedhof Richtung Trinco führt eine Straße zum Beach, flankiert von einem großen Schild „Chaaya Blu". Hier, im Ortsteil **Alles Garden**, bietet sich ein guter Einstieg an den Strand von Uppuveli.

Reisepraktische Informationen Uppuveli

Banken

In Uppuveli und Nilaveli gibt es keine Banken. Wer sich also nicht dem hoteleigenen Wechselkurs aussetzen will, bringt besser genügend Bargeld mit oder verlässt sich auf seine Kreditkarte.

Unterkunft/Restaurants

Seelan Rest $, 34 1st. Lane, Puliyankulam, ① 077-8946345. Wer Familienanschluss und eine wirkliche Basic-Unterkunft sucht, ist hier an der richtigen Adresse. Der Chef des Hauses, S. Vijayanathan, verdingte sich 20 Jahre im Graubündner Land in der Schweiz in einem Benediktinerkloster in der Küche, bis er nach Kriegsende entschied, in seine Heimat zurückzukehren. Hier eröffnete er ein wirklich kleines Guesthouse, „Lodge" nennt er es, und bietet einfachste Zimmer für 1.000 Rs., ein paar Hundert Meter vom Strand entfernt.

Aqua Hotel $-$$$, 42 Alles Garden, ① 071-2519749, www.aquahoteltrincomalee.com. Mal ganz etwas anderes: Das Haupthaus sieht aus, als ob es den Tsunami knapp überstanden hätte – was auch der

Für Reisende ohne Platzangst: Backpacker's Cave

Fall ist. Innen gibt es z. T. klimatisierte Zimmer unterschiedlichsten Erhaltungszustands ($$–$$$). Dafür finden sich am Strand die witzige **Fernando's Bar** zum Chillen oder Shakestrinken und gleich daneben *das* Angebot für Leute mit einem **sehr schmalen Reisebudget: die Backpacker Caves**. Unterhalb des Pools sind insgesamt **18 Löcher gebohrt** und mit Zementröhren ausgekleidet worden; Lampe, Lattenrost und Matratze rein, Moskitonetz davor – fertig ist die (recht kühle) Backpacker-Höhle für unschlagbare 800 Rs. WiFi inklusive in Fernando's Bar.

Silver Beach $$$, 66/12 Alles Garden, Nilaveli Road, ① 026-4925489. Es gibt vier Zimmer in einem Hauptgebäude, einige mit Meerblick und gegen Aufpreis mit Klimaanlage. Das Restaurant serviert lokale und indische Speisen. Sehr einfach, sehr reduziert. WiFi inklusive.

Palm Beach Resort $$$, 12 Alles Garden, ① 026-2221250. Etwas in die Jahre gekommenes, aber immer noch gemütliches Resort in einem schönen Garten. Seit Jahren fest in italienischer Hand, was man besonders im ausgezeichneten und entsprechend beliebten **Restaurant** (besser reservieren!) merkt.

Sea Lotus Park Hotel $$$–$$$$, 33 Alles Garden, ① 026-2225327, www.sealotuspark.com. Sehr beliebt bei Jung und Alt mit kleinem Pool als kommunikativem Mittelpunkt der Anlage. Hübsche, klimatisierte Zimmer im Haupthaus und in Cabanas am Strand. WiFi inklusive.

Chaaya Blu $$$$, Sampative Post, ① 026-2222307, www.cinnamonhotels.com/ChaayaBluTrincomalee.htm. In den 1970er-Jahren gegründet, also eigentlich nicht mehr ganz neu, wird hier alles getan, um auch heutzutage stylish und modern zu sein. Toller Swimmingpool, die Zimmer sind völlig in Ordnung, aber für Preise ab US$ 150 dürfte man noch ein bisschen mehr erwarten. Es gibt eine Tauchschule und Walbeobachtungstouren, das **Restaurant Captain's Deck** (internationale Küche mit lokaler Note) genießt einen exzellenten Ruf. Zudem kann man in ein Open-Air-Lokal oder an die Bar gehen. WiFi inklusive.

Verkehrsmittel

Viele Hotels und Tauchschulen haben den Adresszusatz „Mile Marker 9" oder eine Kilometerangabe. Das ist eine recht gut funktionierende Orientierungshilfe, denn man kann z. B. bei der Busfahrt auf der rechten Seite sitzen und den gewünschten Kilometer-Stein abwarten, dann den Fahrer bitten anzuhalten und aussteigen.
Ein Tuk-Tuk ab Trincomalee kostet um die 300 Rs. Für den Bus, der ungefähr alle 20 Min. ab der Busstation fährt, zahlt man 30 Rs., Fahrtzeit rund 20 Min.

Nilaveli

Die Wege vom „Dorf" an der Hauptstraße bis zum wirklich schönen Sandstrand sind ein wenig weiter, dafür gilt Nilaveli als ein wenig **schicker als Uppuveli**. Das mag am stilvollen Nilaveli Beach Hotel liegen, das sich seit vielen Jahren als der „Platzhirsch" unter den Unterkünften behauptet. Ansonsten verhält es sich mit Nilaveli genauso wie mit Uppuveli: Wer ein Zimmer in der Wunschunterkunft reserviert hat, begibt sich direkt dort hin. Wer einfach so

Fischer am Strand von Nilaveli

hier ankommt, muss sich ein wenig umschauen. Experimentierfreudige können sich bzgl. der Übernachtung sogar der sri-lankischen Armee anvertrauen, die hier ein Guesthouse betreibt: „Sri Lanka Navy Holiday Bungalow". Auf dessen Höhe ist der Strand per Stacheldraht abgetrennt, denn dahinter liegt die Militärbasis. Dies mag auf den ersten Blick nicht besonders idyllisch anmuten, hat aber den Vorteil, dass hier nur wenige Strandläufer unterwegs sind und man wirklich seine Ruhe hat.

Pigeon Island
Nilaveli ist auch bekannt für die vorgelagerte Insel Pigeon Island. Seit 2003 **Naturschutzgebiet**, wird hier in der unberührten Unterwasserwelt geschnorchelt und getaucht, auf der Insel darf gewandert, Pflanzen bestaunt und die einheimische Cauchoistaube in ihren Nistplätzen bewundert werden. Wer einen Ausflug zu der Insel machen will, kann dies über seine Tauchschule organisieren oder sich am Strand von Nilaveli selbst ein Ticket besorgen und dann ein Boot mieten.

Unberührte Unterwasserwelt

Pigeon Island: *Eintritt US$ 10 für Erwachsene, US$ 5 für Kinder, dazu kommt eine Servicegebühr pro Gruppe in Höhe von US$ 8, das Boot kostet 125 Rs., aufs Ganze kommen 12 % Steuer.*

Wer keine Lust hat, den hohen Eintritt zu bezahlen, und trotzdem etwas auf dem Meer erleben möchte, der kann an einer der zahlreichen **Delfin-Touren** teilnehmen, die am Strand von Nilaveli von Fischern angepriesen werden. Die einfachste Methode ist, sich den sympathischsten Fischer mit einem vertrauenswürdig aussehenden Boot herauszusuchen. Ein solcher Trip kostet für vier

Auch wer sich nicht nach Pigeon Island übersetzen lässt, kann immerhin die Aussicht genießen

Personen 10.500 Rs. und startet um 5.30 Uhr morgens. Delfin-Gucken ist garantiert – in der richtigen Jahreszeit können sich auch Wale zeigen.

Reisepraktische Informationen Nilaveli

Unterkunft/Restaurants

Nilaveli Beach Hostel $, *Ward No. 2, 9th Mile Post,* ☏ *077-4436173,* www.nilaveli-beach-hostel-trincomalee-sri-lanka.com. Ein weiteres Projekt von Hans-Georg Kehse (s. S. 386). Um seine Tauchgäste günstig mit Hostelcharakter unterbringen zu können, hat Kehse kurzerhand hinter dem Coral Bay ein Gebäude gemietet, das früher von einer Hilfsorganisation betrieben wurde. Er ließ ein paar Wände einziehen, verpasste dem Haus einen Anstrich und eine Gemeinschaftsküche – und fertig ist das kostengünstige Hostel.

Shahira Hotel Nilaveli $$, *10th Mile Post, km 17,* ☏ *026-2232224, 077-7944481.* Ein Dauerbrenner in Nilaveli und während der Saison eigentlich immer ausgebucht. Netter Garten und einfache Zimmer, zum Strand hin stehen Wachturm und Stacheldraht der Militärbasis nebenan. Dafür sind am Strand kaum Störungen zu befürchten (s. o.).

Nilaveli Beach Hotel $$$, *11th Mile Post, km 18,* ☏ *026- 2232295,* www.tangerinehotels.com/nilaveli-beach-hotel.html. Das erste Haus am Platze, weit weg von allem und trotzdem très chic. Nach dem Tsunami komplett neu aufgebaut, daher großzügig offen, modern und zeitgemäß. 45 schlicht-elegant eingerichtete, klimatisierte Zimmer, ein großer Swimmingpool, zwei Restaurants und eine Bar garantieren einen entspannten Aufenthalt ebenso wie der abendliche Ausblick auf das vorgelagerte Pigeon Island. WiFi inklusive.

Hotel Coral Bay $$$, 389 Fishermans Lane, ③ 026-3266199, www.hotelcoralbay.com. Das Hotel hat seine besten Jahre wohl schon hinter sich. Das Gelände mit Pool ist nicht mehr ganz so hübsch, und die Klimaanlagen aus den 1980er-Jahren mühen sich, die Zimmertemperatur zu regulieren. Dafür gibt es überall WiFi und freundlichen Service.

High Park Hotel $$$–$$$$, Ward No. 1, 9th Mile Post, km 14, ③ 026-2232466, www.highparkhotel.com. 2013 erbaut, bietet die auf ein großzügiges Stück Rasen direkt am Strand gesetzte Anlage zwölf moderne, klimatisierte Zimmer in vier Chalets, die meist von Tauchern belegt sind. Das hauseigene Restaurant ist in einer offenen Strandhütte untergebracht, die umfangreiche Speisekarte lässt nicht viele Wünsche offen. Auf dem Gelände befindet sich auch das **Nilaveli Diving Centre**. WiFi im Restaurant.

Tauchen

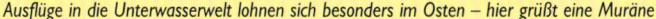

Es gibt in Uppuveli und Nilaveli einige Tauchschulen, die bei Hotels angesiedelt sind und allesamt den gängigen Standards wie PADI folgen. Ihr Angebot umfasst Einsteiger- und Fortgeschrittenenkurse, aber auch z. B. Tauchgänge zu einem der zahlreichen Wracks, die vor der Küste liegen. Schon lange aktiv ist beispielsweise **Sri Lanka Diving Tours**, ③ 077-7648459, www.srilanka-divingtours.com, das von Felician Fernando geführt wird, einem der Tauchpioniere in Sri Lanka. In Nilaveli gehört **Poseidon**, ③ 077-7069442, www.divingsrilanka.com, zu den guten Adressen. Immer gut ausgebucht während der Saison ist auch das **Nilaveli Diving Centre**, ③ 077-4436173, www.nilavelidiving.com, ein Projekt des deutschen Entrepreneurs

Ausflüge in die Unterwasserwelt lohnen sich besonders im Osten – hier grüßt eine Muräne

Hans-Georg Kehse. Der zweite Ableger, das **Uppuveli Diving Center**, www.uppuvelidiving.com, befindet sich in Uppuveli beim Shivas Beach Resort.

Gemeinsam mit seiner Frau Renate betreibt Kehse an der Südküste ein schickes, kleines Resort, **Rockside Cabanas** (s. S. 233), und die Tauchschule Unawatuna Diving, www.unawatunadiving.com. Da die Tauchsaison aber an der Südküste dann endet, wenn sie an der Ostküste anfängt, packen Hans und sein Team Ende April in Unawatuna kurzerhand sämtliches Equipment, Boote, Bücher und vor allem das komplette Personal ein und verlegen die Tauchschule nach Nilaveli. Ein Konzept, das funktioniert.

 Verkehrsmittel
Ein Tuk-Tuk nach Nilaveli ab Trinco kostet 800 Rs., Hin- und Rückfahrt gibt es für 1.500 Rs. Der Preis für den Bus beträgt 40 Rs.

Ein Gespräch mit Hans-Georg Kehse

Hans-Georg Kehse, Jahrgang 1956, blickt auf eine abwechslungsreiche Lebensgeschichte zurück – vom studierten Landwirt über den leitenden Pyrotechniker bei internationalen Rock'n'Roll-Touren bis hin zum Hotel- und Tauchschulen-Betreiber in Sri Lanka – und ihm gehen die Ideen nicht aus.

Hans, Du teilst Dein Leben in zwei Standorte, jeweils für ein halbes Jahr. Wo aber bist Du Zuhause?

Mein Zuhause ist nun Sri Lanka, ein halbes Jahr an der Südküste und ein halbes Jahr an der Nord-Ost-Küste. Beide Standorte sind komplett verschieden. Der Süden ist geschäftig und sehr touristisch mit allen Vor- und Nachteilen, und der Nord-Osten ist noch abgeschieden und vergleichsweise menschenleer. Man kann hier noch die unberührte Natur mit ihren einsamen und breiten weißen Stränden genießen.

Für welche sri-lankische Küste sollten sich Taucher entscheiden und warum?

In erster Linie hängt dies von der Jahreszeit mit dem Einfluss des Süd-West-Monsuns an der West- und Südküste und dem Nord-Ost-Monsun an der Ost-Küste Sri Lankas ab. Die Tauchsaison an der West- und Südküste beginnt ca. Mitte Oktober und endet Mitte April, und die Tauchsaison an der Ostküste beginnt ca. Mitte März und endet ca. Mitte Oktober. An der West- und Südküste gibt es gute Wracks und felsige Tauchplätze mit relativ wenig Korallen, in der Regel aber mit einer großen Vielfalt an Fischen des Indischen Ozeans.

Eine mindestens ebenso große Vielfalt an Weich- und Hartkorallen sowie an vielen Fischen und anderem Meeresleben findet man an der Ostküste. Wracks gibt es an noch relativ unerschlossenen Tauchgebieten in Vakarai und Batticaloa.

Tauchen scheint nach wie vor weltweit eine florierende Sportart zu sein. Wie siehst Du die Zukunftschancen in Sri Lanka?

Besonders die Ostküste bietet großes Potenzial. Aufgrund des fast 30-jährigen Bürgerkriegs im Norden und Osten Sri Lankas, der erst 2009 endete, sind die Strände noch unberührt und das Unterwasser-Leben sehr intakt. Hier gibt es einen großen Fischreichtum, intakte Korallen, unzählige Delfine und viele Wale zu entdecken. Der Tourismus steckt noch in den Kinderschuhen, und man kann die einzigartige Natur noch pur über und unter Wasser genießen. Es ist zu wünschen, dass die verantwortlichen Personen in Sri Lanka diesen Reichtum der Ostküste zu schätzen wissen und einen sanften und verantwortungsbewussten Tourismus anstreben – abseits des Massentourismus wie an der Westküste. Leider habe ich da wenig Hoffnung!

Und hast Du schon eigene Zukunftspläne in Sachen Tauchen?

Die Ostküste ist noch unberührt, und es gibt viel zu entdecken. Geplant sind beispielsweise spezielle Wracktouren nach Vakarai, wo man dicht beieinander vier gute Wracks auf einer maximalen Tiefe von 25 Metern findet. Weiterhin gibt es viele neue Riffe zu ergründen. Mit neuen, größeren Booten und guten Motoren sollte dies zukünftig möglich sein. Das erfordert natürlich Investitionen, die erst einmal verdient werden müssen.

Ganz ehrlich: Welcher ist Dein liebster Tauchspot rund um die Insel?

Einerseits die Riffe an der Ostküste mit der Vielfalt an Korallen und der einmaligen Fülle an Leben unter Wasser und andererseits das „Rangoon"-Wrack in Unawatuna, an dem man bei guter Sicht unglaublich viele Schwärme von Tausenden von Snappern sehen kann.

Südlich von Trincomalee

Passikudah und Kalkudah

Die „Kronjuwelen" Sri Lankas nennt die Touristeninformation den Strand von Passikudah. Und in der Tat sieht er sehr schön aus, fällt sanft ab und bringt alles mit, was einen gehobenen Strandurlaub ausmacht.

Die **Nachbarbuchten** Passikudah und Kalkudah sind von staatlicher Seite für die wohlhabenderen Touristen vorgesehen und werden dementsprechend im wahrsten Sinne des Wortes aufgebaut. Nicht weniger als 13 Resorts sind in den letzten Jahren entstanden oder noch im Bau. Damit knüpft die Regierung an eine alte Tradition an: Von Anfang der 1970er- bis Anfang der 1980er-Jahre fand sich hier die am besten ausgebaute Urlaubsdestination auf der Insel. Doch Bürgerkrieg und LTTE machten alles zunichte: Hotels wurde geschliffen oder in die Luft gesprengt, zurück blieben nur Ruinen. Eben bis zur „**Neuentdeckung**" dieses schönen Strandes mit seinem Korallenriff und dem kristallklaren Wasser! Seitdem hat mit viel Kapital der umfangreiche Wiederaufbau begonnen. Hauptziel der Investoren ist Passikudah Bay. Hier gibt vor allem das

Investitionen in die Zukunft

Maalu Maalu Resort mit seinen rund 30 Strandbungalows samt Pool den Stil vor. In Kalkudah Bay haben allerdings noch ein paar Guesthouses geöffnet, die die stürmischen Zeiten überstanden haben oder ihre Chance in der zweiten Reihe hinter den großen Resorts wittern.

Reisepraktische Informationen Passikudah und Kalkudah

Banken
Hier gibt es keine Banken, in den Resorts kann aber alles über die Kreditkarte abgewickelt werden.

Unterkunft/Restaurants
KALKUDAH
Simla Inn $–$$, *Valaichchenai Road,* ① *0655-680448.* Acht hübsche Zimmer (vier davon mit Klimaanlage) sind das Kapital dieses Gästehauses samt bekanntem **Restaurant**, das wirklich allen Unbilden der Geschichte getrotzt hat. 1978 gegründet, überlebte es den Bürgerkrieg, und nach den Zerstörungen des Tsunamis wurde einfach ein wenig weiter im Hinterland wiedereröffnet. Das ähnliche **Victoria Guest House** $$, direkt nebenan, gehört derselben Familie und bietet geräumige, klimatisierte Zimmer. Vermietet werden Fahrräder und Scooter (2.000 Rs./Tag).
Roys Inn Guest House $$–$$$, *Mariyamman Kovil Road,* ① *065-2050223, www.roysinnguesthouse.com.* Nette, recht neue und klimatisierte Zimmer in Cabanas verschiedener Größen, angelegt in einem netten Garten rund um das Hauptgebäude. Auch das **Restaurant** macht einen guten Eindruck.

PASSIKUDAH
Maalu Maalu $$$$, *Coconut Board Road,* ① *065-7388388, www.maalumaalu.com.* 2011 eröffnet, wurde hier nichts dem Zufall überlassen. Die ungemein stylishe Resort-Anlage mit Infinity-Pool und Spa ist gestaltet wie ein putziges Fischerdorf mit kleinen Hüttchen, und die sind mit wirklich allem ausgestattet, was des Strandurlaubers Herz begehren könnte. Dass es hier neben Restaurants eine Jazz-Bar und mehrere Nachtclubs geben muss, versteht sich von selbst. WiFi inklusive.
Amethyst Resort $$$$, *Coconut Board Road,* ① *065-5676676, www.amethystpassikudah.com.* Mit seinen 38 Luxuszimmern, die ebenfalls keine Wünsche offen lassen, ist dieses Resort um einiges günstiger als das Maalu Maalu, aber auch deutlich reduzierter: Immerhin soll hier auf einem „grünen Weg" Tourismus praktiziert werden, daher stehen die Mangroven in voller Pracht, und die Lagunenlandschaft wurde weitgehend erhalten. WiFi inklusive.

Sport
Alle großen Resorts bieten zahlreiche Wassersportmöglichkeiten an.

Zugverbindungen
Kalkudah verfügt über einen Bahnhof, der zwar rund 5 km vom Dorf entfernt ist, dafür aber dreimal täglich von Batticaloa aus angesteuert wird.

Busverbindungen

Dreh- und Angelpunkt für Passikudah und Kalkudah ist das an der A 15 zwischen Trincomalee und Batticaloa gelegene Dorf Valaichchenai. Hier halten die Überlandbusse. In Valachchenai steigt man dann in ein Tuk-Tuk um, beide Buchten sollten für 250 Rs. erreichbar sein.

Batticaloa

Diese ländliche Provinzstadt mit ihren knapp 100.000 Einwohnern liegt an einer 56 km langen Lagune; die Altstadt befindet sich auf einer Insel, die Neustadt zum größten Teil auf dem Festland. Reizvoll ist der Ort wegen seiner **endlosen, einsamen Strände** sowie wegen seines **Vogelreichtums** in den fischreichen Lagunen und auf den schmalen Nehrungen. Hier errichteten die Niederländer 1602 ihren ersten Stützpunkt. Das massiv gebaute Fort der Holländer steht immer noch.

„Batti", wie Batticaloa auch liebevoll nicht nur von den einheimischen Hindus, Christen und Muslimen genannt wird, ist eine sehens- und erlebenswerte Stadt mit **vielen Freizeitmöglichkeiten**. Zahlreiche Besucher allerdings passieren Batti mehr oder weniger nur auf der Durchreise, auf dem Weg nach Arugam Bay oder zu den Stränden von Nilaveli und Uppuveli.

Während des Bürgerkriegs war Batti vom Radar der restlichen Insel so gut wie abgeschnitten. Die LTTE beherrschte die Stadt in der Nacht, die sri-lankische Armee am Tag. Auch fanden hier und in der Umgebung **zwei der schrecklichsten Massaker** in der Geschichte des Bürgerkriegs statt: Im August 1990 ermordeten Kämpfer der LTTE rund 150 zum Gebet versammelte Muslime in einer Moschee im etwa 9 km südlich von Batticaloa gelegenen Kattankudy. Der Gegenschlag der Armee ließ nicht lange auf sich warten: Im September töteten Soldaten mehr als

Tolle Aussicht – der alte Leuchtturm von Batti

Die alte Kallady Bridge diente viele Jahre dem Transport auf der Straße – heute fließt der Verkehr nebenan

180 tamilische Männer, Frauen und Kinder in Nachbardörfern. Bis 2007 wurde an allen möglichen Fronten gekämpft und gemordet – erst seitdem ist es ruhig geworden in und rund um Batti. Die Stadt kommt langsam zu sich, wartet auf ihre Entdeckung und hat einiges zu bieten.

Sehenswürdigkeiten

Das **Fort** wurde 1628 von den Portugiesen gebaut und 1638 von den Holländern übernommen. Im Fort selbst gibt es nicht viel zu sehen, da hier etliche Büros der Stadtverwaltung untergebracht sind. Schön ist allerdings die Lage direkt an der Lagune, und der Blick vom gegenüberliegenden Lady Manning Drive über das Wasser auf das Fort ist ein schönes Fotomotiv.

Ein kleiner Spaziergang durch **Old Batticaloa** mit seinen pittoresken Gässchen, Shops und Handwerksbetrieben, vorbei an mehreren Kirchen wie der St. Mary's Cathedral, lohnt sich allein schon deswegen, um das tägliche Leben der Einwohner ungestört wahrnehmen zu können. Wer noch nicht müde ist, geht am Glockenturm über die Brücke und biegt gleich wieder rechts in den Lady Manning Drive. Diese kleine Straße entlang der Lagune ist angenehm schattig und bietet immer wieder nette Ausblicke. Am Ende des Lady Manning Drive erreicht man die 1924 eröffnete **Kallady Bridge**, die früher auch Lady Manning Bridge genannt wurde. Mit ihren 288 m Länge ist sie ein echter Klassiker – der heute nur noch zu Fuß oder mit dem Fahrrad befahren werden darf. Denn gleich nebenan glänzt seit September 2013 die neue Kallady-Brücke, eine charakterlose, funktionale Lagunenquerung.

Pittoreske Altstadt

Südlich von Trincomalee

Ab hier führt die Lake Road Richtung Norden und folgt immer dem sanften Schwung der Lagune. Wer sich ein Fahrrad besorgt, sollte die 5 km bis zur **Sinna Uppodai Lagune** und dem alten Leuchtturm von Batti radeln. Die Ausblicke nach links und rechts sind sehr schön, Fischer rudern vorbei, Vögel streifen die Wasseroberfläche. Auch der Leuchtturm von 1913 kann sich sehen lassen. Wirklich Mutige können sich den Schlüssel besorgen – die Verantwortlichen sind immer in der Nähe, sobald Touristen auftauchen – und die engen Leitern bis auf 28 m Höhe hinaufklettern, um die Aussicht zu genießen.

Leuchtturm von 1913

Die wohl größte Attraktion von Batti sind die **beinahe menschenleeren, kilometerlangen Strände**, die die Stadt umgeben, wie Kallady Beach oder Navalady Beach – nur eine kurze Fahrradstrecke von der Stadt entfernt.

Die singenden Fische von Batticaloa

Um in den Genuss dieses rätselhaften Klangerlebnisses zu kommen, braucht es a) einen der Monate zwischen April und September, b) am besten eine Vollmondnacht mit klarem Himmel, c) ruhigen Seegang, d) ein gemietetes Ruderboot, mit dem man unter die Kallady-Brücke rudert, und e) ein Paddel, das man f) mit einem Ende ins Wasser steckt, während man das andere an sein Ohr hält. Dann soll man sie wirklich hören, die berühmten singenden Fische von Batti. Es hilft sicher, wenn noch g) und h) ins Spiel kommen, nämlich vielleicht der Wunsch, die Fische zu hören, und ein wenig Alkohol. Bisher ist es nicht gelungen, die Herkunft des Gesangs wissenschaftlich zu erklären. Es gibt Töne, ja. Vielleicht stammen sie von Muscheln, die in der Strömung unter der Brücke über den Boden kratzen, oder von Katzenfischen, die sich per Laut orientieren. Aber singende Fische? Am besten selber ausprobieren ...

Reisepraktische Informationen Batticaloa

Information

www.welcometobatticaloa.com *ist eine rührige, informative Website, die mit staatlicher Unterstützung vom* **Reisebüro East N' West On Board***, 31 Lake Road, Sinna Uppodai, Batticaloa,* ① *065-2226079, betrieben wird. Darüber hinaus gibt East N' West On Board eine eigene Batti-Karte mit Freizeittipps heraus und organisiert natürlich auch Touren in die Region.*

Banken

Gegenüber dem Fort gibt es an der Main Street einige Banken mit Geldautomaten.

 Unterkunft/Restaurants

River Hut Guest House *$–$$, 36/15 Poompugar Road, Thandavanvely,* ① *065- 2224528, 077-7257707. Recht neues, gutes Gästehaus, an der Lagune gele-*

> ### Tipp
>
> **Riviera Resort** $$–$$$, *New Dutch Bar Road, Kallady,* ☎ *065-2222164, www. riviera-online.com.* Wie an der Riviera ist es hier eigentlich nicht, aber trotzdem sehr atmosphärisch. Untergebracht in einem Park direkt an der Lagune, wohnen die Gäste in kleinen oder größeren, teilweise klimatisierten Bungalows, in denen man sich angesichts des erdigen Looks sowie der Moskitonetze an den Fenstern und über den Betten vorkommt wie auf Safari. In zwischen den Bäumen aufgespannten Hängematten kann man sich ausruhen und gleichzeitig beobachten, was sich in der Lagune oder auf der nahen Kallady-Brücke so tut. Das **Restaurant** bietet gute sri-lankische Mahlzeiten, und das Personal ist ausnehmend freundlich und hilfreich. Es gibt Fahrräder für 400 Rs./Tag, WiFi ist im Gemeinschaftsbereich frei verfügbar.

gen. Fünf einfache, saubere Zimmer, die beiden Doppelzimmer sind allerdings nicht klimatisiert. In der Küche kann man selbst kochen, auf Wunsch werden auch Speisen zubereitet. Vom ersten Stock eröffnet sich der Blick auf die Lagune. WiFi im Gemeinschaftsbereich.
Hotel Bridge View $$–$$$, 63/24 New Dutch Bar Road, Kallady, ☎ 065-2223723, www.hotelbridgeview.com. Die meisten der gut 20 einfachen Zimmer sind mit Klimaanlage ausgestattet. Solider Gegenwert für die recht günstige Unterkunft, nicht mehr und nicht weniger. Gutes Essen (Seafood, asiatisch und international) im beliebten **Restaurant** (Reservierung empfohlen, kein Dinner). WiFi inklusive.
Hotel East Lagoon $$$–$$$$, Munai Lane, Uppodai Lake Road, ☎ 065-2229222, www.hoteleastlagoon.lk. Auf einer Halbinsel mitten in der Lagune gelegen, bietet das 2013 eröffnete Hotel neben den tadellosen Zimmern einen Billard-Tisch samt Bar im englischen Stil, einen Swimmingpool, ein Restaurant, einen Konferenzraum und unvergleichliche Ausblicke über die Lagune und die Umgebung. WiFi gegen Aufpreis.

Sport

East N' West On Board, s. Information, organisiert beispielsweise Touren mit dem Kajak durch die Lagune oder Fahrradausflüge.
Tauchen: Vom **Deep Sea Resort** in Navalady, ☎ 077-0686860, bietet Sri Lanka Diving Tours, die auch in Uppuveli vertreten sind, Touren beispielsweise zum Wrack der „Hermes" an. Infos: www.srilanka-divingtours.com.

Flüge

Der Airport von Batticaloa liegt rund 2,5 km entfernt im Süden der Stadt und ist wie so oft in Sri Lanka eigentlich ein Militärflughafen. Dienstags fliegt ein Hubschrauber der Helitours ab Colombo Ratmalana nach Batti und retour, ☎ 0113-144244, www.helitours.lk.

Zugverbindungen

Der Bahnhof befindet sich im Norden des Stadtzentrums. Es gibt täglich zwei Verbindungen nach Colombo.

> **Busverbindungen**
> Der Busterminal für den staatlichen und privaten Busverkehr befindet sich westlich des Glockenturms in der Nähe von Old Batticaloa. Es gibt keinen Direktbus nach Arugam Bay, dorthin muss man in Pottuvil in ein Tuk-Tuk umsteigen oder mit einem anderen Bus weiterfahren. Täglich angefahrene Ziele: Colombo (8 Std.), Kandy (5 Std.), Pottuvil (4,5 Std.), Trincomalee (5 Std.).

Gal Oya National Park

Touren zu Wasser und zu Lande

Mit einer Fläche von knapp 26.000 ha gehört der Gal Oya National Park zu den ausgedehntesten in Sri Lanka. Seine Gründung im Jahr 1954 sollte in erster Linie das wilde Leben **rund um den Senanayaka Samudra** erhalten – einen der größten Seen Sri Lankas. Heute leben hier allein 32 Säugetierarten wie asiatische Elefanten, Leoparden und Wasserbüffel. Das Besondere am Gal Oya National Park ist, dass er sowohl per Jeep als auch per Boot erschlossen werden kann. Wer mit dem Boot unterwegs ist, der kann auch gleich noch die interessante Vogelwelt näher kennenlernen. Am besten besucht man den Park zwischen März und Juli, denn in dieser Zeit kann man vom Boot aus ganzen Herden von Elefanten zuschauen, die zwischen den Inseln schwimmen.

Information Gal Oya National Park: Den Park erreicht man am besten über den (Um-)Weg über Ampara (A 4 Richtung Süden, in Karativu dann südwestlich über die A 31). Von hier sind es noch rund 20 km bis Inginiyagala, wo sich der Parkeingang befindet. Öffnungszeiten tgl. 6–18 Uhr, Eintritt Erwachsene US$ 10, Kinder US$ 5, dazu kommen US$ 8 Team Fee und 15 % Steuer. Um herumzukommen, mietet man sich am besten ein Boot, Kosten ca. 5.000 Rs., 2 Pers., 2 Std.

Arugam Bay und Pottuvil

Traumziel für junge Leute und Surfer

Es ist schon außergewöhnlich in den europäischen Sommermonaten: Egal ob in Ella, Negombo oder Anuradhapura – wo auch immer man in Sri Lanka jungen Besuchern begegnet, haben diese in der Regel nur ein Ziel: **Arugam Bay**. Manche wollen sofort dorthin, am besten ohne Umweg, andere reisen eher gemächlich – aber am Ende werden sie samt und sonders in Arugam Bay ankommen: einem Ort scheinbar **fernab von aller Welt**, der, so heißt es, einer der besten Orte für Surfer weltweit sei, wo bei Strandpartys der Alkohol fließe, immer schönes Wetter und gute Laune herrsche, wo man am Nachmittag ein wenig chillen könne und über dem blendend weißen Strand immer die Sonne strahle – und wo während der Saison unweigerlich alles ausgebucht sei. Arugam Bay erscheint in diesen Erzählungen wie ein kleines Paradies, ein Wunschort, vielleicht ein wenig wie „Der Strand" aus dem bekannten Buch von Alex Garland, den Oscar-Preisträger Danny Boyle („Slumdog Millionaire") im Jahr 2000 mit Leonardo DiCaprio in der Hauptrolle für die Leinwand adaptierte.

Nun gut: Arugam Bay ist in der Tat weit weg von allem. Die Anfahrt ist aus jeder Richtung lang, man muss meist mehrmals umsteigen, um dann auf den letzten Kilometern nach vielleicht fünf Stunden Busfahrt auch noch womöglich das Gefühl zu haben, vom Tuk-Tuk-Fahrer „über den Tisch gezogen" worden zu sein. In der Regel beträgt der Fahrpreis nach Arugam Bay ca. 150 Rs.

Wirklich ein Paradies?

Arugam Bay hat einen **sehr schönen Strand**, der glücklicherweise auch einigermaßen sauber gehalten wird – meist von den örtlichen Guesthouses, denn er ist ihr Kapital. Am südlichen Ende kommen langsam die hohen Wellen, hier beginnt das **Surfer-Land**. Das Örtchen hat erst den Bürgerkrieg überstanden, sich nach dem Tsunami 2004 gleich wieder an die Arbeit gemacht und neu aufgebaut, die Surfer sind Arugam Bay immer treu geblieben, und das hat sich bald herumgesprochen.

Partys gibt es selbstverständlich in Arugam Bay, dabei duldet das wahre Arugam Bay als **rein muslimisches Fischerdorf** eigentlich gar keinen Alkoholgenuss. Das führt dazu, dass es im Guesthouse vielleicht Bier gibt, dieses allerdings nicht aus dem Kühlschrank des Besitzers, sondern von dessen Bruder stammt, der im Hinterland eine Hütte hat. Auf Nachfrage hat der Urlauber das Bier selbst im örtlichen Beer Shop gekauft. Wohlgemerkt *auf Nachfrage*, denn ab Einbruch der Dunkelheit kontrollieren Polizeistreifen das Verhalten der Menschen.

Sehr schön und auch in der Hochsaison nie richtig voll: der Strand von Arugam Bay

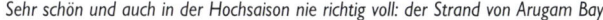

Die gute alte britische Telefonzelle im Ort – Landmarke und Relikt aus vergangenen Zeiten

Persönliche Atmosphäre

Kurz: Arugam Bay ist fraglos schön, und Freunde des Surfer- und Strandlebens können hier ein paar nette Tage verbringen. Aber ein Paradies? Angenehm ist auf jeden Fall, dass hier nach wie vor kleine und häufig **familiengeführte Guesthouses** die Urlauber beherbergen und bewirten. Noch gibt es keine Resorts. Wie gesagt: noch! Denn nach einem Masterplan, der in einer Schublade liegt, wird der neue Flughafen bei Hambantota auch die Anreise in diesen Teil des Ostens verkürzen und so schon bald mehr Touristen in die Region spülen.

Wer nach Arugam Bay will, lässt das Örtchen **Pottuvil** im wahrsten Sinne des Wortes links und rechts liegen. Denn bei Ankunft der Busse stehen die Tuk-Tuks schon bereit, um mit oder ohne Surfbrett die letzten 3 km anzugehen. Beim Busbahnhof gibt es noch Banken mit Geldautomaten, in Arugam Bay nicht: Also nicht vergessen, Bargeld mitzunehmen!

Arugam Bay zieht sich rund 1,5 km an der Straße entlang. Östlich der Straße liegt der Strand, westlich das Hinterland. Wer vorgebucht hat, kann sich vom Tuk-Tuk gleich bei seinem Guesthouse absetzen lassen. Trifft man ohne Buchung ein, kann man sich z. B. gleich zu Ortsanfang am Top Ten Beach Hotel absetzen lassen und die Straße oder den Strand entlang schauen gehen. Links und rechts der Straße liegen Dutzende von Guesthouses. Manche haben gerade erst eröffnet, die Farbe ist noch frisch, es gibt günstige Preise und guten Service. Das Ortsende ist fast erreicht, wenn die rote britische Telefonzelle vor dem Siam View Hotel passiert ist.

Reisepraktische Informationen Arugam Bay

Information
www.arugam.info und **www.arugambay.com** sind zwar kommerziell betriebene Websites, bieten aber sehr viele Infos zu Anreise und Leben in Arugam Bay.

Unterkunft/Restaurants
Hier ein paar Vorschläge entlang der Straße von Norden nach Süden. Frühstück ist häufig nicht inklusive.

Ranga's Beach Hut $, Panama Road, ☏ 063- 2248202, www.arugambaybeachhut.com. Schon ein bisschen in die Jahre gekommen ist die eigentlich originelle Anlage mit eng aneinander gebauten, gemütlichen Hüttchen, umrahmt von einem lustigen Bretterzäunchen. Eher für Freunde des einfachen Surferlebens gedacht. Das am ganzen Strand beliebte **Restaurant** serviert lokale und internationale Speisen sowie Seafood, ist aber auch für Sonderwünsche offen.

Dragonfly Inn $–$$, Mafaza Mosque Road, ☏ 063-2248580, www.dragonflyarugambay.com. Mal ganz etwas anderes, auf der vom Meer abgewandten Straßenseite: Das Dragonfly bietet einfachste Bungalows zu günstigsten Preisen – nicht ganz frisch, aber kreativ. Ein Bungalow beispielsweise ist zum Teil aus alten PET-Flaschen zusammengebaut. Zum Haus gehört auch das bekannte **Restaurant Tandoori Hut**, das allerlei indische Köstlichkeiten, scharf oder eher mild, auf den Tisch bringt.

Top Ten Beach Hotel $$, Rainbow Village Road, ☏ 077-4822680 und 063-2248005. Unter die Top Ten in Arugam Bay schafft es das Top Ten eher nicht, aber das Peis-Leistungs-Verhältnis ist okay und das Team sehr bemüht. Die Hütten im Hinterhof sind besser als die Zimmer mit Ventilatoren im Haupthaus. Fahrrad-Verleih für 500 Rs./Tag, Scooter für 1.000, hauseigenes Restaurant mit regionalen Gerichten. WiFi inklusive.

Garden Cottage Arugambay $$–$$$, schräg gegenüber dem Dragonfly Inn, ☏ 077-2228883. Erst 2014 fertiggestellt, geht das Garden Cottage mit großer Hoffnung in den Wettbewerb um die Gäste. Nicht ohne Grund: Acht kleine Bungalows mit Klimaanlage oder Ventilator sind in einem netten Garten in Strandnähe gruppiert, das Restaurant ist offen und einladend. Fahrräder und Parkplätze stehen gratis zur Verfügung, WiFi inklusive.

Surf N Sun $$–$$$, an der Hauptstraße, ☏ 077-6065099, www.thesurfnsun.com. Schon lange da und immer ziemlich ausgebucht – und das nicht nur wegen des gewohnt guten Restaurants. Hier leibt und lebt es sich in einem großen Garten mit kuscheligen Sitzecken und in einfachen, aber hübschen Holz-Bungalows. Nicht zu vergessen der Whirlpool und vor allem die Reggae-Bar, die für lange Nächte sorgen kann. WiFi im öffentlichen Bereich inklusive.

Star Rest $$–$$$, 2 Star Rest Road, ☏ 077-9969358. Gleich am Ortseingang, mit eigenem Strandzugang. Keine schlechte Wahl bei recht günstigen Preisen. Die Bungalows sind in Ordnung, aber nicht klimatisiert. Im hauseigenen Restaurant gibt es einfache Speisen. WiFi inklusive.

Galaxy Lounge $$–$$$, Galaxy Road, ☏ 063-2248415, 077-3109920, www.galaxysrilanka.com. Diese Unterkunft muss man Monate im Voraus buchen. Verständlich: Das Galaxy ist eine der besseren Optionen in Arugam Bay. Es gibt elf geräumige, zweistöckige Cabanas, die genauso geschmackvoll eingerichtet sind wie das beliebte, offene **Restaurant** (fangfrisches Seafood, heimische und westliche Gerichte) in der Mitte der Anlage. WiFi inklusive.

Sandy Beach Hotel $$–$$$, Panama Road, ☏ 063-2248403, 077-3242764, www.arugambay-hotel.com. 2012 eröffnete diese nette und freundliche Anlage. Die klimatisierten Doppelzimmer im ersten Stock des Haupthauses blicken auf den Strand, im Erdgeschoss gibt es Einzelzimmer und für das günstige Reisebudget noch kleine, aber ausreichende Surfer-Cabanas im Hinterhof. WiFi inklusive.

Tsunami Beach Hotel $$$, Panama Road, ☏ 063-4923373, 077-6642991, www.thearugambayhotel.com. Der Name lässt einen zunächst schlucken, doch gibt es das Hotel unter diesem Namen seit 1999; nach dem Tsunami wurde es wieder aufgebaut. Die Anlage mit den Betonbungalows erscheint fast ein wenig bieder. Die erste Reihe Bungalows zum Strand hin ist schöner und logischerweise teurer. Ansonsten ein ordentliches, wenn auch nicht überwältigendes Hotel. WiFi inklusive.

Sport

In Arugam Bay wird gesurft. Es gibt etliche Shops, die sich auf Verleih und Unterricht spezialisiert haben. Die Miete für ein Surfboard beträgt um die 500 Rs./Tag, eine Stunde Unterricht 2.500. Die Surfspots rund um Arugam Bay mit unterschiedlichen Schwierigkeitsgraden werden von Tuk-Tuks angefahren. Wer danach ein wenig Erholung braucht oder eine Rückkehr zu eher spirituellen Dingen, der nimmt an einer Yoga-für-Surfer-Stunde teil für 1.000 Rs.

Busverbindungen

Welchen Weg man auch wählt: Bisher dauert die Anfahrt nach Arugam Bay ab dem Flughafen Colombo ungefähr zwölf Stunden. Es gibt Direktbusse, die über Nacht unterwegs sind und die Küstenstraße entlangfahren. Jeden Abend gegen 19 Uhr sammelt der Bus nach Colombo Mitfahrende an der Hauptstraße in Arugam Bay ein. Wer keinen Direktbus nimmt, der kommt normalerweise über Pottuvil nach Arugam Bay. Das Tuk-Tuk für die letzten 3 km kostet ca. 150 Rs. Ab hier bestehen Verbindungen nach Norden, Richtung Batticaloa, und Westen, Richtung Monaragala und Wellawaya (von hier geht es weiter Richtung Berge und Ella).

Zugverbindungen

Ab Colombo besteht auch die Möglichkeit, weitgehend mit dem Zug anzureisen: Der nächste Bahnhof von Arugam Bay ist Ella. Hier kann man umsteigen in einen Bus nach Wellawaya, dann geht es weiter über Monaragala (evtl. umsteigen) nach Pottuvil.

Lahugala Kitulana National Park

Ungefähr 15 km im Hinterland von Arugam Bay liegt der Lahugala-Park, der mit 1.554 ha zu den kleinsten Nationalparks in Sri Lanka gehört. Hier leben einheimische **Sri-Lanka-Elefanten** und **endemische Vögel** rund um die Wasserreservoirs von Lahugala, Kitulana und Sengamuwa. Das 1966 eingerichtete Schutzgebiet wurde 1980 vor allem wegen der Elefanten zum Nationalpark erklärt.

Der Eintritt ist frei. Man kann an der A 4 auf einigen Pfaden wandern oder sogar Elefanten erleben, die die Straße kreuzen. Von Arugam Bay aus werden Halbtagestouren in den Park organisiert.

Südlich von Arugam Bay

Hier verlässt man das touristische Terrain. Die Busfrequenz wird Richtung Panama spürbar geringer, es folgen einsame Strände, die Straße lässt merklich nach. 12 km südlich von Panama lohnt sich ein Blick in die zahlreichen Höhlen der **Einsiedelei von Kudumbigala**. Hier sollen buddhistische Mönche schon vor Christi Geburt in aller Abgeschiedenheit meditiert haben.

Fern der Touristenrouten

30 km südlich von Arugam Bay befindet sich der Eingang zum gut 35.000 ha umfassenden **Kumana National Park** (vormals: Yala East National Park). Highlight des Vogelschutzgebiets ist der „Kumana Villu", ein 200 ha großes Mangroven-Sumpfgebiet. Hier brüten im Mai und Juni viele auch sehr seltene Vogelarten wie der Pelikan, der Ibis, der Kormoran und der Schwarze Storch.
Kumana National Park, *tgl. 6–18 Uhr, Eintritt Erwachsene US$ 10, Kinder US$ 5, dazu kommen US$ 8 Team Fee und 15 % Steuer. Von Arugam Bay aus werden Tagestouren in den Nationalpark angeboten.*

Pelikane im Kumuna National Park

10. DER NORDEN

Überblick

Der InterCity Express hat Colombo Fort am frühen Morgen pünktlich verlassen und ist gut gefüllt. Es geht ruhig und gesittet zu, Fahrkartenkontrolleure in Uniform sind präsent, jeder Mitfahrende in der 2. Klasse sitzt auf dem richtigen Platz. Man kann fahren und schauen.

Mit ein wenig Verspätung erreicht der Zug nach gut vier Stunden Anuradhapura. Mindestens 80 % der Mitreisenden steigen aus, kaum jemand steigt zu – außer den üblichen Erdnuss-, Früchte- und Wasserverkäufern.

Um die Mittagszeit hält der Zug in Vavuniya. Und hier ist alles anders. Nicht nur, dass sich die Natur verändert hat, es ist deutlich trockener geworden. Das Land ähnelt einer Steppe, und die paar Mitreisenden im Zug sind lockerer geworden. Es wird geplaudert, Sitzplätze getauscht, die eine oder andere Zigarette angezündet – Rauchen ist in den Zügen der Sri Lanka Railway generell verboten –, die Kontrolleure haben den obersten Kragenknopf geöffnet und lassen die Blicke schweifen. Der InterCity Express ist im Norden angekommen, im Vanni, wie der Landstrich heißt.

Kurze Anspannung an der nächsten Station, Omanthai. Hier stehen einige wenige Vertreter des sri-lankischen Militärs auf dem Bahnsteig, doch sie interessieren sich nicht für die Zuginsassen. Über die Gleise hinweg werden Witze gemacht oder Neuigkeiten ausgetauscht. Ab Omanthai fährt der Zug deutlich ruhiger, denn er hat das kürzlich verlegte Gleisbett erreicht, und die Bahn fährt vorbei an hübschen Haltestellen, auf deren neu verlegten Steinplatten blaue Plastikstühlchen akkurat platziert sind.

Redaktionstipps

▸ Ab in die Wüste: Manalkadu entdecken (S. 417).
▸ Wie bei Robinson Crusoe: die Kayts-Inseln (S. 418).
▸ Flanieren: Spaziergang durch Jaffna (S. 411).
▸ Ausblick: über Adam's Bridge gen Indien schauen (S. 408).

Nach Jahren der Zerstörung und Isolation kann man seit Ende 2014 wieder mit dem Zug von der Hauptstadt hoch in den fernen Norden bis nach Jaffna fahren: in einen Teil Sri Lankas, den selbst viele Sri Lanker noch nie besucht haben, der für sie eine ganz andere Welt darstellt und vielleicht auch **eine andere Welt** ist.

Von 1983 bis 2009 war der Norden vom Rest des Landes abgeschnitten. Der Krieg zwischen der LTTE und der sri-lankischen Armee hatte ganze Landstriche in Schutt und Asche gelegt. Bis heute sind internationale Organisationen damit beschäftigt, ehemalige Minenfelder zu räumen, fliegen graue Plastikfolien mit der Aufschrift „UNICEF" über die Straße, fahren große Pickups mit getönten Scheiben durch Kilinochchi, hinten in breiten Lettern „Danish Refugee Council".

Eigene Kultur und Identität

Doch schon in früheren Zeiten war der Norden „anders": Geografisch liegt Jaffna **näher an Indien als an Colombo**, und der indische Einfluss lässt sich nicht ignorieren. Hier siedelten die ersten aus Süd-Indien eingewanderten Tamilen, hier entwickelten sie eine eigene Kultur und vor allem eine eigene Identität, auf die sie immer schon stolz waren und die sie sich von den verschiedenen singhalesischen Königshäusern und Nach-Unabhängigkeits-Regierungen nicht nehmen lassen wollten. Die Politik des *Sinhala Only Act* von 1956 (s. S. 34), der Singhalesisch zur Staatssprache erklärte, konnten die Tamilen nicht akzeptieren. Dies war sicher ein Grund, warum die LTTE sich im Tamilengebiet über Jahrzehnte des Kampfes gegen die sri-lankische und indische Armee behaupten konnte.

Die LTTE beherrschte über lange Zeit den Vanni mit seinen 7.700 km² Fläche von Vavuniya bis zum berühmten Elephant Pass. Auch Jaffna und die Jaffna-Halbinsel waren eine Zeit lang in den Händen der LTTE, die im Norden eine

Zahlreiche Denkmäler im Norden zeugen von den schlimmen Zeiten des Bürgerkriegs

eigene Regierung aufbaute – mit sämtlichen fürs Überleben nötigen Strukturen. Nachdem die sri-lankische Armee Jaffna 1995 erobert hatte, zog sich die LTTE in ihr Kerngebiet im Vanni zurück.

„Hauptstadt" der Tamilischen Tiger war Kilinochchi, das heute wieder täglich vom Intercity angefahren wird. Auch dieser Bahnsteig ist neu aufgebaut worden und macht einen gepflegten Eindruck. Anders als das Umland, wie die Blicke aus dem Zugfenster zeigen: Viel Land liegt brach, zahlreiche Ruinen **säumen die Strecke**. Daneben stehen recht neu aussehende Ziegelhäuschen mit roten Dächern, auf denen in weißer Farbe der Name der jeweiligen Hilfsorganisation oder ein Kreuz prangt. Neu gebohrte Brunnen inmitten von **Brachland**, ein paar Rinder, sengende Sonne, kaum Menschen – es gibt nicht viel zu sehen im Vanni, dafür aber viel zu erleben und zu erfahren. Ganz langsam erwacht der Norden. Zuerst wurde die A 9 von Vavuniya bis Jaffna wieder instand gesetzt, es gibt nur noch eine Kontrolle in Omanthai, dann folgte die Zuglinie Colombo – Jaffna. Damit können wieder problemlos Güter in beide Richtungen transportiert werden, damit verbessert sich auch die touristische Infrastruktur – und die Besucher werden kommen, um Neuland zu entdecken. Denn Neuland ist es in der Tat, was einen im Norden erwartet.

Nachwirkungen des Bürgerkriegs

Jaffna z. B., das glücklicherweise einigermaßen vom Bürgerkrieg verschont geblieben ist, präsentiert sich als eine spannende, dynamische Stadt, deren tamilische Bevölkerung anscheinend nur darauf wartet, dass es endlich losgeht. Hier wird investiert, gebaut und renoviert, und frühere Einwohner kommen aus dem Ausland zurück, um vielleicht ein Guesthouse zu eröffnen. Die **Jaffna-Halbinsel** wiederum lockt mit unentdeckten Perlen wie den **Kayts-Inseln**, die bisher so gut wie touristenfrei geblieben sind. Auch **Point Pedro** mit dem nördlichsten Punkt der Insel und ein paar Kilometer weiter die Wüste von **Manalkadu**, wo man tatsächlich durch Wüstensand schlendern kann, stellen ganz neue Ecken von Sri Lanka dar. Nicht zu vergessen Städte wie **Mannar** mit der Adam's Bridge und dem zukünftigen Übergang per Fähre nach Indien oder eben **Kilinochchi** – früher Sitz der LTTE, heute, wie es auf Schildern heißt: „The Heart of Peace and Hope"!

Reiseziele im Norden

Reisen in den Norden

Aufgrund von Spannungen mit der Administration der Northern Province erließ die Regierung in Colombo 2014 kurzzeitig eine Reisesperre für den Norden. Nach deren Aufhebung war wiederholt eine schriftliche Genehmigung für Reisen in die Nordprovinz erforderlich, zuletzt seit Dezember 2014 (Stand: Januar 2015). Über die aktuelle Situation und etwaige Voraussetzungen für eine Fahrt in den Norden informieren das Auswärtige Amt (www.auswaertiges-amt.de) und das sri-lankische Verteidigungsministerium (www.defence.lk) sowie das Außenministerium (http://www.mea.gov.lk). Siehe auch S. 121.

Überblick

Sehenswertes

Vavuniya

Vavuniya ist die größte Stadt zwischen Anuradhapura und Jaffna und war während des Bürgerkriegs für einige Jahre der Hauptknotenpunkt für die Region. Hier endete die Bahnlinie, in Richtung Norden begann das Kriegsgebiet. Die Durchfahrt auf der A 9 war damals nur mit Genehmigung und eventuell mit Begleitung gestattet.

Jetzt, da die Bahnlinie weiter nach Jaffna geht, hat Vavuniya spürbar an Bedeutung verloren. Trotzdem handelt es sich – vor allem beim Busterminal von Vavuniya – nach wie vor um eine wichtige Drehscheibe in alle Richtungen.

Reisepraktische Informationen Vavuniya

Banken
In der Innenstadt sind die großen sri-lankischen Banken präsent, auch mit Geldautomaten.

Zugverbindungen
Seitdem die Bahnlinie nach Jaffna hier nicht mehr endet, ist Vavuniya nur noch ein mehrfach täglich angesteuerter Durchgangsbahnhof Richtung Jaffna oder Colombo.

Busverbindungen
Hier bietet sich eine Umsteigemöglichkeit beispielsweise nach Mannar oder Madhu. Wichtige, täglich angefahrene Ziele: Anuradhapura (2 Std.), Colombo (5,5 Std.), Kandy (4 Std.), Madhu (2 Std.), Mannar (2 Std.), Trincomalee (3,5 Std.).

Madhu

Als die Holländer 1670 den Norden der Insel besetzten, flüchteten einige katholische Familien aus Mantai vor den protestantischen Invasoren. Im Gepäck hatten sie eine **Statue der Jungfrau Maria**, die sie in Sicherheit bringen wollten. Als sie mit anderen Katholiken, die aus Jaffna geflüchtet waren, zusammentrafen, verstanden sie das als Zeichen und gaben der Statue in Madhu eine neue Heimat.

Marienkult Über die Jahrhunderte entwickelte sich um die im portugiesischen Stil erbaute Kirche von Madhu, die um die Statue herum entstand, ein eigener Kult. Die Maria wurde nicht nur von den tamilischen und singhalesischen Katholiken in

Sri Lanka angebetet, die sich aus dem ganzen Land auf Pilgerschaft hierher begaben. Bald nahmen auch Hindus und Buddhisten den Weg auf sich.

Zu Bürgerkriegszeiten lag die Kirche brach, wurde als Notunterkunft genutzt und einmal sogar beschossen. Seit Beginn des Friedens erlebt sie jedoch eine Renaissance: Jährlich zum 15. August kommen **Tausende von Pilgern** aus ganz Sri Lanka zusammen, um Mariä Aufnahme in den Himmel zu feiern. Im Januar 2015 besuchte sogar Papst Franziskus den Wallfahrtsort.

Papstbesuch 2015

Reisepraktische Informationen Madhu

Zugverbindungen
Am 14. Mai 2013 wurde ein Teil der durch den Bürgerkrieg zerstörten Bahnstrecke von Medawachchiya (südl. Vavuniya) nach Mannar wiedereröffnet. Der Zug fährt bis zur Haltestelle Madhu Road (ca. 1. Std.).

Busverbindungen
Madhu liegt nördlich der A 19 ungefähr in der Mitte zwischen Vavuniya und Mannar und wird von beiden Orten mit dem Bus angefahren (ca. 2 Std.).

Insel Mannar

Nicht nur der rostende Talaimannar Pier am westlichsten Zipfel der Insel Mannar wartet darauf, dass wieder Fähren zwischen dem indischen Rameswaram und Sri Lanka verkehren. Doch die Halbinsel muss noch ein wenig warten, bis sie wieder aus dem **bürgerkriegsbedingten „Winterschlaf"** erwachen darf. Da die Insel Indien am nächsten liegt, brachen von hier aus viele Bürgerkriegsflüchtlinge ins rettende Indien auf. Deshalb war Mannar bis zum Ende des Krieges No-Go-Zone. Auch hatte die LTTE 1990 den größten Teil der muslimischen Bevölkerung, die von arabischen Händlern abstammte, von der Insel ins nahe Puttalam vertrieben. Folge ist, dass Mannar heute mit einem Bevölkerungsanteil von 57,4 % der einzige mehrheitlich von Christen bewohnte Distrikt Sri Lankas ist.

Immerhin ist heute die Bahnlinie ab Medawachchiya in Arbeit, um Mannar bis hin zum Talaimannar Pier wieder ans Netz der Sri Lanka Railways anzubinden. Dann soll es auch wieder einen geregelten Fährverkehr nach Indien geben.

Der Weg nach Mannar führt heute über die A 14 und eine ca. 2 km lange Brücke. Am Eingang zur Brücke befindet sich das **Vankalai-Vogelschutzgebiet** mit 149 nachgewiesenen Vogelarten. Vankalai ist das erste Schutzgebiet, das nach Beendigung des Bürgerkrieges im Norden ausgerufen wurde. Auf der Insel wurden früher Perlen gefischt, was den französischen Komponisten Georges Bizet (1838–1875) dazu inspirierte, Ceylon zum Schauplatz einer Oper zu machen: „Die Perlenfischer", mit dramatischer Handlung und schöner Musik.

Ein wenig verwunschen erscheinen auf Mannar vielleicht die vorher in Sri Lanka unbekannten Affenbrotbäume, die die arabischen Händler mitbrachten.

Nur 30 km bis nach Indien

Die Stadt Mannar selbst verfügt über ein portugiesisches Fort von 1560 und einen riesigen Affenbrotbaum, der der größte in Asien sein soll, ist sonst allerdings ein recht verschlafener Ort. Wer die Stadt und den früheren Fährhafen gesehen hat, der kann noch ganz im Westen einen Blick auf die **Adam's Bridge** werfen. Wie Trittstufen erheben sich kleine Inseln und Sandbänke auf 30 km Länge bis zur indischen Küste aus dem Wasser. Anscheinend gab es hier vor vielen Mio. Jahren eine Landverbindung. Kein Wunder, dass der große Affenkrieger Hanuman aus dem Ramayana die Adam's Bridge nutzte, um von Indien nach Sri Lanka zu flitzen. Sicher scheint aber zu sein, dass vor ungefähr 300.000 Jahren die ersten Siedler über diese „Brücke" nach Sri Lanka kamen.

Reisepraktische Informationen Mannar

Unterkunft
Four Tees Rest Inn $$, Station Road, Thoddawelli, Erukulampiddy, an der Straße zwischen Mannar und Talaimannar, ☎ 023-3230008. Beliebt bei Vogelbeobachtern für den freundlichen Service, die ordentlichen Zimmer und das gute Essen. Zimmer mit Ventilator oder Klimaanlage.
The Palmyrah House $$$$, Talaimannar Road, Karisal, ☎ 077-7723534, www.palmyrahhouse.com. Eine ganz andere Klasse als das Four Tees. Fünf sehr ansprechend eingerichtete, klimatisierte Wohneinheiten mit Balkon oder Veranda und Ausblick. WiFi inklusive.

Verkehrsmittel
Bis zur geplanten Fertigstellung der Bahnstrecke bis nach Talaimannar kann man die Insel nur mit dem Bus erreichen. Ab Colombo (7 Std.), Jaffna (4 Std), Negombo (6 Std.), Vavuniya (2 Std.).

Kilinochchi

Kilinochchi, rund 80 km nördlich von Vavuniya, wirkt wie eine **Stadt im Durchgangsstadium**. Was sie sicher auch ist! Auf den Straßen tummeln sich gewaltige Pick-Ups mit Hoheitszeichen von internationalen Hilfsorganisationen wie UNICEF oder der UN, auch Fahrzeuge von kleineren Nichtregie-

Mitten in Kilinochchi erinnert ein mächtiges Denkmal an die Grauen des Bürgerkriegs

rungs-Organisationen (NGO) sind unterwegs. An den Straßenrändern prangen zahlreiche Schilder mit dem westlichen Sponsor der dahinterliegenden Schule/Werkstatt/Ausbildungsstätte, gleichzeitig patrouilliert die sri-lankische Armee, und mittendrin liegt nach wie vor der von der LTTE gegen Kriegsende mit Sprengstoff gefällte Wasserturm. Die Sieger sollten nichts nutzen können, keine Infrastruktur mehr vorfinden. Heute, so scheint es, soll von dem Mahnmal derselbe Appell ausgehen, der auch groß auf Schildern festgehalten ist: „Say no to Destruction, never again" (Sag nein zu Zerstörung – nie wieder). Ein paar Hundert Meter weiter die Hauptstraße Richtung Süden entlang haben sich die Sieger ein eigenes Denkmal gebaut: einen seltsamen, grauen Steinkubus, aus dessen Vorderseite ein eingeschlagenes Artilleriegeschoss herausragt, während oben ein Lotus blüht. Sinngemäß mag dies vielleicht bedeuten: „Ihr habt versucht, unser Bollwerk anzugreifen, seid gescheitert, jetzt lasst uns in Frieden leben."

In Kilinochchi läuft der Aufbau einer **Post-Bürgerkrieg-Zivilgesellschaft**. Immerhin war die Stadt über Jahre das Hauptquartier der LTTE. Hier wurde bis zum bitteren Ende gekämpft, erst im Januar 2009 fiel Kilinochchi an die sri-lankische Armee. Damit waren die Kämpfer der LTTE am Ende.

Ehemaliges LTTE-Hauptquartier

Jetzt wird ein Neuanfang versucht. Bislang gibt es zwar keine touristische Infrastruktur, doch dies ist gewiss nur eine Frage der Zeit.

Sehenswertes

Der Elephant Pass spielte eine große Rolle bei den Kämpfen zwischen der LTTE und der sri-lankischen Armee

Auf dem Weg nach Jaffna überquert man nach rund 15 km – egal, welches Verkehrsmittel genutzt wird – den **Elephant Pass**, der seinen Namen früheren Zeiten verdankt, als Arbeitselefanten auf Spezialbooten von der Halbinsel Jaffna auf das Festland hinübertransportiert wurden. Heute ist der Elephant Pass eher für zwei Schlachten bekannt, die hier 1991 und 2000 geschlagen wurden. Im Jahr 2000 besiegte hier die LTTE die sri-lankische Armee und öffnete damit den Weg auf die Halbinsel Jaffna. Weit kam sie dabei allerdings nicht.

Den Elephant Pass schmücken heute **zwei Kriegs-Denkmäler**, die nur bedingt einen Besuch lohnen. Das erste ist dem sri-lankischen Soldaten Gamini Kularatne gewidmet, der in der Schlacht von 1991 mit zwei Handgranaten bewaffnet auf ein zum Panzer ausgebautes Gefährt der LTTE kletterte und sich sowie alle darin befindlichen Rebellen in die Luft sprengte. Damit hatte er das andauernde Maschinengewehrfeuer gestoppt und erhielt posthum den höchsten militärischen Orden Sri Lankas.

Das andere Denkmal zeigt zwei Hände, die eine Landkarte von Sri Lanka halten; aus der Halbinsel Jaffna entspringt ein Lotus.

Die Jaffna-Halbinsel

Nur über den Elephant Pass mit dem Festland verbunden, ist die Jaffna-Halbinsel eine Welt für sich. Sehr trocken und sehr flach, umgeben von Lagunen und dem Meer, wächst und gedeiht hier auf fruchtbarem Boden so einiges: Zwiebeln, Tabak, die berühmten Jaffna-Mangos, und sogar der Teeanbau wird hier oben ausprobiert.

Die Jaffna-Halbinsel gilt als die **Heimat der sri-lankischen Tamilen**, die sich nicht nur in ihrer Sprache und Ausdrucksweise, sondern auch in ihrer Mentalität von den Singhalesen unterscheiden: Tamilen, so hört man, seien fleißiger und wissbegieriger. Auf jeden Fall ist spürbar, dass sich in dieser Ecke von Sri Lanka viel tut.

Da ist die dynamische Hauptstadt Jaffna, die zwar nicht mit vielen Sehenswürdigkeiten, dafür aber mit einem gewissen „Spirit" aufwarten kann. Da gibt es die vorgelagerten Inseln Karaitivu und Kayts, auf denen die Zeit stehengeblieben scheint, Nainativu und Nagadipa mit alten buddhistischen Tempeln und Neduntivu (auch Delft genannt) mit wilden Pferden. Nicht zu vergessen Point Pedro, der nördlichste Punkt Sri Lankas, mit einer besonderen Sehenswürdigkeit „nebenan": der Wüstenlandschaft von Manalkadu.

Sehenswertes auf der Halbinsel

Jaffna

Nach 20 Jahren Isolation wartet Jaffna heute darauf, von der Welt wiederentdeckt zu werden. Von den rund 120.000 Bewohnern vor dem Bürgerkrieg sind knapp 90.000 geblieben – oder wieder da: Denn viele Menschen sind seit dem Kriegsende 2009 aus den arabischen Ländern oder aus Europa zurückgekehrt und tragen in Jaffna und Umgebung dazu bei, dass ihre Heimat neben der politischen auch eine wirtschaftliche Zukunft hat. Viele haben eine Ausbildung in der Hotellerie und Gastronomie und hegen große Pläne.

Während des Bürgerkriegs war Jaffna vom Rest der Insel überwiegend abgeschnitten, viele kriegerische Handlungen gab es hier aber glücklicherweise nicht. Seit 1995 wurde die Stadt von der sri-lankischen Armee kontrolliert. Vorher wechselten die Machtverhältnisse von einer LTTE- und später einer indischen Besatzung bis zur Überahme durch die sri-lankische Armee. Allerdings gab es seit der Unabhängigkeit immer wieder Streitereien und auch Gewaltausbrüche zwischen der tamilischen Mehrheit und der singhalesischen Staatsmacht.

Trauriger Höhepunkt war in der Nacht zum 1. Juni 1981 die **Vernichtung der Jaffna Public Library**, der Stadtbücherei, in der zu diesem Zeitpunkt eine berühmte Sammlung von Schriftstücken zur tamilischen Geschichte und andere unbezahlbare Dokumente der Zeitgeschichte lagerten – alles ging in Flammen auf. Verdächtigt wurden Singhalesen, die ein Zeichen für die Stärke der Regierung in Colombo setzen wollten – gegen jegliche Abspaltungswünsche der Tamilen. Die Zerstörung der Bücherei war sicherlich ein Grund für den Ausbruch des Bürgerkriegs im Jahr 1983.

2002 allerdings, während eines Waffenstillstands, wurde die Jaffna Public Library mit vereinten tamilischen und singhalesischen Kräften wiederaufgebaut und steht bis heute als Zeichen des vereinten Willens, den Norden Sri Lankas wieder ins Lot zu bringen und als Teil der Insel zu verstehen.

Wechselvolle Geschichte Denn immer schon war Jaffna „anders": Hier ist man rein geografisch **näher an Indien als an Colombo**, und das hinterließ Spuren in der gesamten Geschichte der Region. Schon vor Christi Geburt kamen Siedler aus Süd-Indien hierher, Buddhisten, Hindus und Tamilen. Spätestens zu Ende des 13. Jahrhun-

derts war das tamilische Herrscherhaus der Jaffnapatam stärker als die früheren großen singhalesischen Häuser aus Anuradhapura oder Polunnaruwa – und baute in den folgenden Jahrhunderten seine Macht im Norden und Westen von Sri Lanka weiter aus.

Das änderte sich, als zu Beginn des 16. Jahrhun-

Besonders farbenprächtiges Portal am Eingang des Vaitheeswara-Tempels

derts die Portugiesen an der Westküste landeten. Von hier aus konnten sie den Schiffsverkehr auf der Palk Strait zwischen Indien und Sri Lanka gut überwachen und gleichzeitig die Bevölkerung auspressen. Außerdem etablierten sie das Christentum in Sri Lanka. Damit die Missionierung auch wirklich erfolgreich war, zerstörten die Portugiesen gleichzeitig hinduistische Bauwerke – um neue Kirchen zu errichten. Erst die Ankunft der Holländer 1658 setzte dem ein Ende, dafür flohen jetzt die Katholiken (s. Madhu, S. 406).

Markt von Jaffna

Die Holländer begnügten sich damit, weiterhin das Land auszubeuten und vor allem Forts zu bauen. Das **Fort von Jaffna** ist ein besonders prächtiges, fünfzackiges Beispiel, das allerdings bei der Besetzung durch die Briten 1796 als Verteidigungsbastion nicht sonderlich ins Gewicht fiel. Dafür wird es heute mit holländischer Hilfe aufwendig renoviert.

Sehenswürdigkeiten

Jaffna ist ein netter Ort zum Spazierengehen oder für eine Rundtour mit dem Fahrrad. Auch wenn die Zahl der eigentlichen Sehenswürdigkeiten gering ist, fängt den Besucher das Flair der dynamischen und sympathischen Stadt schnell ein.

Da die Portugiesen in ihrer Regentschaft die meisten Hindu-Tempel zerstört haben, stammen die heutigen Anlagen größtenteils aus dem 19. Jahrhundert. Es lohnt sich immer, insbesondere die farbenprächtigen und figurenreichen Portale bei einem Spaziergang zu bewundern, beispielsweise beim **Vaitheeswara-Tempel** in der KKS-Road.

Der bekannteste Tempel ist der **Nallur Kandaswamy** im Osten Jaffnas, im Stadtteil Nallur, der früheren Hauptstadt der Halbinsel. Er gilt als der beeindruckendste Hindutempel der Region, aber auch hier wurde der Originaltempel um 1620 von den Portugiesen zerstört. Der heutige, riesige Bau mit etlichen Schreinen und vielen bunten Elementen wurde Mitte des 18. Jahrhunderts erbaut, der Glockenturm entstand 1899. Im Tempel finden jeden Tag Pujas – Gebete – statt, an denen man teilnehmen kann. Einen Höhepunkt stellt das alljährliche Nallur Festival im August dar. *Infos: www.nalluran.com.*

Ganz in der Nähe in der Navalar Road (der Beschilderung folgen) befindet sich das **Archäologische Museum** von Jaffna. Hier werden zahlreiche tamilische und singhalesische Antiquitäten wie Statuen oder Münzen ausgestellt (*Mi–Mo 8.30–16.30 Uhr, Eintritt frei*).

Das **Jaffna Fort** ist das größte von den Holländern erbaute Fort – wohl nicht nur in Sri Lanka. Sie errichteten die mächtige Anlage an der Stelle des alten portugiesischen Forts, das kurzerhand geschliffen wurde. Die Sternform ist von außen sehr imposant und macht einen wehrhaften Eindruck. Immerhin arbeiteten die Holländer bis 1792 an dem Fort, um es dann 1795 kampflos den Briten zu überlassen. Im Bürgerkrieg diente es als militärische Festung und wurde dementsprechend belagert und beschossen. So wurden alle Gebäude im Inneren – auch die Familie des sri-lankisch-kanadischen Schriftstellers Michael Ondaatje lebte hier eine Zeit lang (s. Literaturverzeichnis S. 421) – zerstört, genauso wie die berühmte „Groote Kerk". Heute kann man durch die mächtige Mauer schreiten, sich eine Ausstellung zu Geschichte und Wiederaufbau des Forts ansehen und vor allem von den Festungsmauern den Blick über die Umgebung schweifen lassen.

Sternförmiges Fort

Jaffna Fort, *tgl. 6–18 Uhr, Eintritt frei.*

Die **Jaffna Public Library** (*www.jaffnalibrary.lk*) wurde 2004 wiedereröffnet und wird seitdem gut genutzt. Ein paar Schritte weiter steht der obligatorische **Glockenturm** von 1875, der den Briten immer die korrekte Zeit anzeigte – vielleicht, damit man nicht zu spät zum Nachmittagstee kam.

Die Jaffna Public Library ist nicht nur von außen imposant

Reisepraktische Informationen Jaffna

Im Krankheitsfall
Sampanthan Medi Clinic, an der Hospital Road, ☏ 021-2227259.

Banken
Entlang der Hospital Road gibt es zahlreiche Banken mit Geldautomaten.

Unterkunft/Restaurants
Morgan's Guest House $–$$ **(3)**, 215 Temple Road, ☏ 021-2223666. Drei sehr einfache, ein wenig in die Jahre gekommene Zimmer mit Klimaanlage in einer Kolonialvilla mit Charakter – in der Nähe vom Nallur Kandaswamy.
Green Grass Hotel $$ **(6)**, 33 Aseervatham Lane, ☏ 021-2224385, http://jaffnagreengrass.com. Ist besser, als die ausladende, mehrstöckige Anlage auf den ersten Blick wirkt. Leicht abgenutzte, dafür aber geräumige und luftige Zimmer. Der Swimmingpool ist sanierungsbedürftig, der Biergarten mit Restaurant daneben aber immer gut besucht. Im Restaurant soll es die beste Pizza weit und breit geben. WiFi ist inklusive. Das Green Grass vermietet auch Fahrräder und Scooter (1.500 Rs./Tag).
Theresa Inn $$ **(7)**, 72 Rakka Road, Chundikuli, ☏ 021-2228615. Einfache, aber für Rucksackreisende ausreichende, freundliche Unterkunft für wenig Geld. Es gibt acht Zimmer mit und ohne Klimaanlage, eine kleine Bücherei, ein Restaurant, Fahrradverleih und jede Menge Informationen von Seiten des Besitzers, der auch ein Tuk-Tuk sein eigen nennt.
Pillaiyar Inn $$$ **(1)**, 31 Manipay Road, ☏ 021-2222829, http://pillaiyarinn.com. Genießt seit Jahren einen guten Ruf: in einem kleinen Garten ruhig gelegen und trotzdem mitten im Zentrum Jaffnas. Die klimatisierten Zimmer sind gut in Schuss, auch das Restaurant ist empfehlenswert. WiFi inklusive.
Hotel Lux Etoiles $$$–$$$$ **(4)**, 34 Chetty Street Lane, Nallur, ☏ 021-2223966, www.luxetoiles.com. Nennt sich selbstbewusst „das beste Hotel in Jaffna", verlangt entsprechende Preise, bietet allerdings auch einiges – von einem Restaurant bis hin zu 37 Fernsehkanälen in jedem Zimmer mit oder ohne Klimaanlage. WiFi inklusive.
Tilko Jaffna City Hotel $$$–$$$$ **(5)**, 70/6 KKS Road, ☏ 021-2225969, www.cityhoteljaffna.com. Das größte Hotel der Stadt mitten im Zentrum mit dementsprechender Einrichtung und Klientel. Es gibt ein Restaurant, eine Bar, ein Spa, einen Schönheitssalon und ein Gym. WiFi inklusive.
PJ Hotels $$$$ **(2)**, Avarankal Junction, Actchuvely, auf dem Weg nach Point Pedro, ☏ 021-2058181. Noch ganz frisch und auf der grünen Wiese an der Hauptstraße gelegen, ist dieses Hotel sehr ordentlich und sehr um die Gäste bemüht. Alle 19 Zimmer sind klimatisiert, das Restaurant wird gelobt. Vom Swimmingpool schaut man auf die Felder der Umgebung, bis zur Innenstadt von Jaffna sind es 20 Minuten mit dem Tuk-Tuk.

Flüge
Jaffna hat einen Flughafen, das Airfield der Luftwaffe, Palaly Airport. Dieser liegt rund 15 km entfernt im Norden der Halbinsel und wird angeflogen ab Colombo

Ratmalana und ab Trincomalee Mo, Mi und Fr mit Helitours, ① 0113-144244, www.helitours.lk.

Zugverbindungen

Im Herbst 2014 wurde der Bahnhof von Jaffna wiedereröffnet. Seitdem gibt es mehrmals täglich eine durchgehende Bahnverbindung ab – und nach – Colombo über Anuradhapura und Vavuniya.
Aktuelle Verbindungen:
www.eservices.railway.gov.lk/schedule/homeAction.action?lang=en.

Busverbindungen

Der Busterminal befindet sich mitten in der Stadt, in der Hospital Street. Von dort verkehren alle Fernbusse, die Nahverkehrsbusse halten an der nördlichen Seite des Terminals. Es fahren auch Luxusbusse von privaten Anbietern mit Klimaanlage und verstellbarem Sitz nach Colombo, die über Nacht unterwegs sind. Tickets (ca. 800 Rs.) gibt es in den Reisebüros rund um den Terminal. Täglich angefahrene Ziele: Anuradhapura (5 Std.), Colombo (10 Std.), Kandy (8 Std.), Trincomalee (7 Std.), Vavuniya (3 Std.).

Nördlich von Jaffna

Im Norden Jaffnas gibt es drei Ziele, die einen kleinen Ausflug lohnen: 5 km nördlich von Tellippalai liegt der allein schon wegen seiner Größe sehenswerte Tempel **Maviddapuram Kandaswamy**, wiederum 3 km nördlich davon der **Naguleswaram-Tempel**, der zu den fünf heiligsten Shiva-Tempeln Sri Lankas gehört (*Infos: www.naguleswaram.org*).

Nur ein paar Meter weiter befindet sich eine der großen Wochenend-Attraktionen für die Einwohner von Jaffna: die heißen Quellen von **Keerimalai**, deren eher lauwarmem Wasser seit Urzeiten eine heilende Wirkung bescheinigt wird. Auch die Lage der Quellen ist sehr pittoresk. Wer an einem der Becken sitzt, die übrigens nach Geschlecht aufgeteilt sind, kann gleichzeitig übers Meer schauen.

Warme Quellen mit Aussicht

Point Pedro

Point Pedro ist die zweitgrößte Stadt der Jaffna-Halbinsel und eigentlich nur einen Besuch wert, wenn man den **nördlichsten Punkt Sri Lankas** erreichen will. Der wird von einem ehemaligen Leuchtturm auf einem Armeestützpunkt dargestellt. Fotografieren ist hier ebenso verboten wie langes Gucken. Weiter Richtung Osten sollte man auf der B 371 (einfach am Leuchtturm vorbei und immer geradeaus) am Kilometerstein 9 scharf links abbiegen und die schlechte Straße immer weiter fahren. Nach ein paar Kilometern befindet man sich mitten in der verwunschenen **Manalkadu Desert**. Die Landschaft aus Sanddü-

Manalkadu Desert: beeindruckende Landschaft aus Sanddünen, hier bei der St. Anthony's Church

Wie in der Wüste nen sieht in der Tat wie eine Wüste aus. Wer dann noch die herrlich verfallene St. Anthony's Church findet und den dahinter liegenden Friedhof mit seinen schlichten Holzkreuzen, die in eine große Düne gesteckt sind – der fühlt sich wie in einer anderen Welt.

Nach Point Pedro fährt ab Jaffna der Bus Nr. 751. Wenn man allerdings weiter möchte zur Manalkadu Desert, braucht man ein eigenes Fahrzeug oder einen Fahrer.

Inseln vor Jaffna

Die Inseln vor Jaffna sind unbedingt einen Besuch wert: Ganz sanft und flach liegen sie im niedrigen Meer und übersteigen kaum den Wasserspiegel; die höchsten Erhebungen sind Palmyrapalmen. Wer z. B. mit den Bussen Nr. 779 oder 780 ab Jaffna hierherkommt, der wird unter Umständen in der völligen Einsamkeit landen oder in einem Dörfchen, das aus anderen Zeiten zu stammen scheint. Am besten reist man aber mit dem eigenen Fahrzeug an, damit man sich – im Falle des „Allzu-verloren-Fühlens" – jederzeit weiterbewegen kann. **Kayts** und **Karaitivu** heißen die beiden ersten Inseln, die ab Jaffna problemlos über flachste Dämme erreicht werden, deren Fahrbahnen so knapp über der Wasserfläche sind, dass man die Straßenoberfläche kaum mehr wahrnimmt. Über beide kann man eine wunderbare Tagestour machen ab und bis Jaffna.

Nach der Überquerung der Lagune begrüßt einen die sri-lankische Armee mit großen Schildern, sie verwaltet wohl die Inseln; Checkpoints wie zu früheren Zeiten gibt es allerdings nicht mehr. Die Straßen und Dämme werden derzeit großzügig ausgebaut. Kayts und Karaitivu haben vor allem eines zu bieten: Kilometer um Kilometer unverbrauchten Strand, der jedoch leider nicht sehr sauber ist. Auf ihre touristische Entdeckung warten der **White Sand Beach** auf Kayts und der bekanntere **Casuarina Beach** auf Karaitivu, benannt nach den Kasuarinen, die den Strand säumen. Manche Kirchen erscheinen in einem mehr oder weniger verfallenen Zustand und zeugen von vergangenen Zeiten, als auch hier kräftig christianisiert wurde. Ein paar Tempel dazu als Farbtupfer, und fertig ist das Gesamtbild der verschlafenen Inselchen.

Verschlafene Idyllen

Punkudutivu ist ebenfalls ohne Fähre erreichbar, der hiesige Damm ist rund 4 km lang. Hier ist es noch einsamer als auf Kayts – wenn das möglich ist. Dafür gibt es einen winzigen Fährhafen, der einen noch weiter von der Zivilisation wegführt: auf die Insel **Delft** mit ihren wilden Pferden, die von den Portugiesen eingeführt wurden.

Oder man fährt zur Insel **Nainativu** mit dem prächtigen Hindutempel Naga Pooshani Ambal Kovil und, nur einen kleinen Fußmarsch entfernt, dem buddhistischen Tempel Nagadipa Vihara. In dem Tempel steht ein goldener Buddha, der seinen Weg aus Thailand bis auf dieses abgelegene Inselchen gefunden hat.

Auf den Kayts ist man als Besucher weit weg von touristischer Infrastruktur

ANHANG

Literaturverzeichnis

Kein Reise-Handbuch kann alle Wissensgebiete vollständig abdecken, deshalb sei auf folgende Literatur hingewiesen. Diese Aufstellung erhebt selbstverständlich keinen Anspruch auf Vollständigkeit.

Deutschsprachige Literatur

Bärtels, Andreas: „Farbatlas Tropenpflanzen", Verlag Eugen Ulmer 2002. Solides Bestimmungsbuch für tropische Pflanzen, gutes Bildmaterial.
Kantowsky, Detlef: „Buddhismus", J. Kamphausen Verlag 1994. Vielleicht die beste Einführung in den Buddhismus mit reichlich Sri-Lanka-Bezug. Kantowsky ist emeritierter Professor an der Universität Konstanz und schafft es, die doch recht komplexe Welt und Philosophie des Buddhismus verständlich näherzubringen.
Keilhauer, Anneliese: „Hinduismus", Verlag Indoculture 1981. Nur noch antiquarisch zu haben. Wissenschaftliche Abhandlungen über den Hinduismus in allgemein verständlicher Sprache.
Kuruvita, Peter: „Serendip. Die echte Sri-Lanka-Küche", Verlag Christian 2010. Um Kuruvita – sein Vater stammt aus Sri Lanka, er selbst arbeitet als Küchenchef in Sydney – kommt man kaum herum, wenn es um die zeitgenössische sri-lankische Küche geht – weit über die bekannten Currys hinaus. Unterhaltsam und persönlich geschrieben, schön bebildert, macht Lust auf mehr Sri-Lanka-Küche.
Lötschert, Wilhelm/ Beese Gerhard: „Pflanzen der Tropen", BLV Verlagsgemeinschaft 1989. Nur noch antiquarisch zu haben. Präzise Angaben und gutes Anschauungsmaterial.
„MERIAN"-Heft, „Sri Lanka", Jahreszeiten Verlag 2013. Bereits das zweite Merianheft über Sri Lanka nach 1985. Seitdem hat sich viel getan: Zeit für einen neuen Durchgang. Gelungenes Magazin, schön fotografiert und erzählt. Auch der Info- und Kartenteil kommt nicht zu kurz. Gut zum Mitnehmen, da schlank im Koffer und ungemein anregend.
Ondaatje, Michael: „Es liegt in der Familie", dtv 1994. Dieses Buch muss man einfach lieben. Der 1943 geborene Autor des erfolgreich verfilmten Romans „Der Englische Patient" entstammt einer sri-lankischen Burgher-Familie und kehrt nach mehr als 20 Jahren Leben in Kanada ins Land seiner Vorväter und vor allem seiner geschwätzigen Tanten zurück. Hier erlebt, hört und erspürt er wilde Geschichten aus den turbulenten 1920er-Jahren, ist Familien-Mythen auf der Spur und erfährt nebenbei die Schrecken des täglichen Lebens auf der Insel.
Ondaatje, Michael: „Anils Geist", dtv 2001: In diesem Roman setzt sich der Booker-Preisträger mit dem Bürgerkrieg in seinem Geburtsland auseinander. Die Rechtsmedizinerin Anil soll herausfinden, ob auch die sri-lankische Regie-

rung in Gräueltaten verwickelt ist. Der Leser erhält hier einen literarisch anspruchsvollen Einblick in die zum Glück zurückliegende Zeit eines zerrissenen Landes.

Peinsteiner, Christine: „Sri Lanka. Ein Bildband", Aumayer 2012. Dieser schöne Bildband stellt die Insel in all ihren Farben und Facetten vor. Zum Einstimmen wie zum Erinnern sehr gut geeignet.

Püschel, Gerd: „Der schönste Ort auf Erden", Aufbau Taschenbuch Verlag 2005. Hier versammelt Püschel Reiseberichte von verschiedenen Autoren aus den letzten Jahrhunderten und verzichtet auch nicht auf die Geschehnisse am 26. Dezember 2004, deren Augenzeuge er war. Schöne Einführung im praktischen Taschenbuchformat, ideal für den Flug nach Sri Lanka.

Schiller, Bernd: „Am Teich der roten Lotusblüten", Picus Verlag 2011. Der mehrfach ausgezeichnete Journalist Bernd Schiller lädt zu einer Lesereise nach Sri Lanka ein, die bunt, lebendig, aufschlussreich und dabei locker-flockig erzählt ist. Man lernt Orte kennen, Menschen, die Geschichten dahinter und möchte gleich losziehen.

Schmidt, Eberhard: „Liebe und Tod in Colombo", Schardt 2011. Ein deutscher Journalist auf den Spuren seiner verschwundenen sri-lankischen Ehefrau, die vermutlich entführt worden ist, dazu Bürgerkriegs- und andere Irrungen und Wirrungen: der richtige Stoff für einen spannenden Roman.

Stieger, Markus: „Sri Lanka/Ceylon", Artemis Verlag 1983. Nur noch antiquarisch zu haben. Zeitlose kunsthistorische Betrachtungen, gute Detailbeschreibungen, straffe und erschöpfende Darstellung.

Englischsprachige Literatur

Holt, John Clifford: „The Sri Lanka Reader", Duke University Press 2011. Kaum zum Mitnehmen geeignet ist das 800-Seiten-Mammutwerk. Dafür bietet diese Sammlung von Artikeln und Geschichten einen fast unvergleichlichen Überblick über die Geschichte, die Kultur und vor allem die Politik des Landes – einschließlich Bürgerkriegsende und einer interessanten Vorausschau zur Zukunft von Sri Lanka.

Knox, Robert: „An Historical Relation of the Island Ceylon in the East Indies. Together with an Account of the Detaining in Captivity the Author and Divers other Englishmen now living there, and of the Author's miraculous Escape", kostenlose Kindle-Ausgabe von 2013 zum Download. Knox wurde als 19-jähriges Mitglied einer Schiffbesatzung 1660 in Sri Lanka vom König von Kandy gefangen genommen und verbrachte die folgenden 19 Jahre auf der Insel. Mit Witz und Humor beobachtet er Leben, Landschaft und Geschehnisse um ihn herum und erzählt in einer bis heute originellen und mitreißenden Sprache. Schließlich gelingt ihm die Flucht, und auch die beschreibt er in epischer Breite. Nette Einführung zu Sri Lanka, die praktischerweise aufs Tablet oder auf einen Reader passt. Erstaunlich, wie wenig sich seit seinen Zeiten geändert hat.

Stichwortverzeichnis

A
Abreise 111
Adam's Peak 302
Ahangama 235
Ahungalla 205
Airlines 111
Alkohol 110
Almeyda, Lorenzo de 27
Aloe 72
Aluthgama 201
Aluvihara 328
Ambalangoda 207
Anreise 111
Anuradhapura 354
Anuradhapura-Periode 20, 39
Apotheken 114
Artenschutz 123
Arugam Bay 394
Ärzte 114
Aukana-Buddha 333
Auto fahren 115
Avissawella 300
Ayurveda 117, 200

B
Bandaranaike, Sirimavo 34
Bandaranaike, Solomon 34
Banken 119
Banyanbaum 67
Batik-Herstellung 328
Batticaloa 389
Bawa, Geoffrey 174
Behinderung 119
Bentota 203
Berge 45
Bergland 161, 264
Beruwala 200
Bettelei 119
Bevölkerung 15, 96
Bodenschätze 81
Bodhi 89
Bodhi-Baum 66, 104, 261, 357
Botanischer Garten Hakgala 311
Botschaften 120
Britische Periode 31
Bruttoinlandsprodukt 15
Buddha, Gautama 87
Buddha-Statuen 105
Buddhismus 21, 87
Buduruwagala 322
Bundala National Park 140, 255
Burgher 100
Busse 138, 153

C
Chilaw 195
Christianisierung 28
Chulavamsa 18
Colombo 161, **164**
· Bambalapitiya 176
· Cargill & Millers 170
· Cinnamon Gardens 175
· Clock Tower 170
· Colombo 7 165
· Dutch Hospital 169
· Dutch Period Museum 172
· Economic History Museum 170
· Fort 168
· Galle Face Green 173
· Gangaramaya-Tempel 174
· Hafenanlage 171
· Jami-ul-Alfar-Moschee 172
· Janadhipathi Medura 170
· Kollupitiya 176
· Kotahena 173
· Laksala 170
· Maritime Museum 171
· National Museum 175
· Nelum Pokuna Mahinda Rajapaksa Theatre 176
· Old Town Hall 172
· Pettah 171
· Reisepraktische Informationen 178
· Sambodhi Chaitiya 170
· Seema Malaka 174
· Town Hall 175
· Viharamahadevi Park 175
· World Trade Center 169

D
Dagoba 21, 103
Dalawella 233
Dambulla 330
Dämonentänze 207
Dehiwala-Zoo 177
Devisen 120

Dickwella 247
Dirty Weekend 230
Diyaluma-Wasserfälle 323
Dondra 245

E

Edelsteine 293
Einkaufen 122
Einreise 121
Einwohner 15
Elahera-Kanal 22
Elefanten-Waisenhaus 268
Elektrizität 123
Ella 319
· Little Adam's Peak 320
Embekke Devale 291
Erhebungen 45
Essen und Trinken 123

F

Fahrrad fahren 127
Feiertage 127
Felsenfestung Sigiriya 334
Felsentempel von Aluvihara 328
Felsentempel von Dambulla 330
Fernsehen 137
Feste 127
Fischerei 80
Fläche 15
Flagge 15
Flamingos 255
Flüge 111
Fluglinien 111
Flüsse 45
Forstwirtschaft 79
Fotografieren 128
Früchte 125
Führerschein 130

G

Gadaladeniya 291
Gadaladeniya Vihara 291
Galle 219
· Fort 222
Gal Oya National Park 140, 394
Gama, Vasco da 27
Gangatilaka Vihara 199
Gebräuche 101
Geld 130
Geografie 44
Geschichte 17
Gesellschaft 84
Gesundheit 130

Getränke 125
Gewürze 70, 125
Gewürznelken 72
Gottheiten 87
Große Chronik 18

H

Habarana 340
Hakgala 311
Hambantota 252
Handelspartner 15
Hanuman 230, 342
Haputale 318
Hauptstadt 15
Heiliger Zahn 272
Heiligtümer, hinduistische 87
Hikkaduwa 210
Hinduismus 84
Holländische Periode 29
Hoo-maniya Blow Hole 248
Horton Plains National Park 140, 315

I

Impfungen 132
Industrie 81
Inflation 15
Informationen 133
Ingwer 70
Insel Mannar 407
Internet 148
Islam 94

J

Jaffna 403, 411
Jaffna-Halbinsel 411
Jaya-Ganga-Kanal 22
Jayewardene, Junius Richard 34

K

Kaffee 72
Kakao 72, 79
Kalkudah 387
Kalpitiya-Halbinsel 196
Kalutara 197
Kandy 161, 264, 270
· Asgiriya-Kloster 283
· Bahiravakanda Buddha 280
· International Buddhist Museum 279
· Kandy-See 282
· Kataragama Devale 282
· Maha Vishnu Devale 280
· Natha Devale 279
· National Museum Kandy 279

- Pattini Devale 281
- Raja Tusker Museum 278
- Sri Selva Vinayagar Kovil 283
- St. Paul Church 281
- Tempel des Zahns 274

Kandy Perahera 278
Kandy-Tänze 283
Karaitivu 418
Karawanella 301
Kardamom 70
Kartenmaterial 134
Kastenwesen 86
Kataragama 258
Kaudulla National Park 343
Kautschuk 77
Kayts 403, 418
Kelani Ganga 187
Kelaniya 178
- Tempelanlage Raja Maha Vihara 178
Kilinochchi 408
Kinder 134
Kirche 135
Kirigalpota 315
Kirinda 258
Kitulgala 301
Kleidung 135
Kleine Chronik 18
Klima 46
Klimatabelle 48
Klosteranlagen 103
Knuckles Range 292
Koggala 234
Kolonialzeit 27, 40
Kolossalstatue von Sasseruwa 334
Koneswaram Kovil 376
Königreiche 19
Konsulate 120
Korallen 210
Kosgoda 205
Kosten 157
Krankheit 130
Kreditkarten 135
Kriminalität 136
Küche 123
Kultbauten 107
Kulturelles Dreieck 162, 324
Kumana National Park 399
Kunst 102
Kurkuma 73
Kurunegala 325
Kustarajagala 235

L

Lahugala Kitulana National Park 140, 399
Lakshmi 282
Landwirtschaft 74
Lankatilaka Vihara 291
Lipton, Sir Thomas 318
Löwenmenschen 19
LTTE 13, 35, 36, 38, 278, 371, 387, 389, 402, 407, 409
Lunuganga 204

M

Madhu 406
Maduru Oya National Park 354
Mahavamsa-Chronik 18, 250, 367
Maha Vishnu Devale 246
Mahiyangana 293
Manalkadu Desert 417
Mannar 403, 407
Maskenschnitzer 208
Maßeinheiten 136
Matale 328
Matara 243
Mattala Rajapaksa International Airport 218
Mawanella 269
Medien 137
Mietwagen 137
Mihintale 366
Minneriya National Park 343
Minneriya-Seen 343
Mirissa 239
Missionierung 188
Mohammed 94
Mondsteine 107
Moors 100
Mount Lavinia 197
Mulkirigala 249
Munneswaram-Tempel 195
Muskatnuss 73

N

Nachtleben 139
Nainativu 419
Nalanda Gedige 330
Nationalfeiertag 15
Nationalparks 140
Negombo 187, 188
Nilaveli 380, 382
Norden 163, 400
Notfälle 130

Notruf 143
Nureliya 305
Nuwara Eliya 305

O
Öffnungszeiten 143
Osten 163, 370

P
Pahala Vihara 249
Palkstraße 44
Palmen 78
Passikudah 387
Pattipola 315
Peradeniya 288
Pfeffer 70
Pflanzenwelt 62
Pigeon Island 383
Pilgerbusse 301
Pilgerstraße 300
Pinnawala 268
Plantagenwirtschaft 30
Point Pedro 417
Polonnaruwa 344
Polonnaruwa-Periode 24, 39
Portugiesische Periode 27
Post 143
Pottuvil 394
Poya 127
Problematik 15
Punkudutivu 419

R
Rabanas 325
Radio 137
Rajapaksa, Mahinda 37, 215
Rama 230
Ratnapura 293
· Maha Saman Devale 296
· Ratnapura Gem Bureau/Gem Museum 297
· Ratnapura National Museum 296
Ravana-Wasserfälle 320
Regenzeiten 47
Regierungsform 15
Reis 79
Reiseveranstalter 144
Reisezeit 144
Religion 15, 84, 135
Religionskriege 24
Ritigala 342
Rumassala 230
Rundtempel 104

S
Safran 73
Salinen 252
Sandelholz 73
Sangha 89
Saradiel 270
Sasseruwa 334
Schiffspassage 114
Schiiten 96
Schildkröten-Brutanstalt 205
Senanayaka Samudra 394
Senanayake, Don Stephen 33
Sicherheit 145
Sigiriya 23, 334
singende Fische 392
Singhalesen 19, 96
Sinharaja Forest 142, 298
Sirisena, Maithripala 15, 38, 43
Sitten 101
Sport 145
Sprache 15, 147
Sri Pada 302
Staatsoberhaupt 15
Städte 15
Statuenhaus 104
Steinthron 104
Strände 147, 163, 371, 389, 392
Stupas 21
Süden 161, 214
Sunniten 96
Swami Rock 376

T
Talpe 233
Tamilen 98, 411
Tangalle 248
Tanks 20, 341, 364
Taprobane 236
Taxis 153
Tee 74, 305, 312, 318
Telefonieren 148
Telwatta 208
Tempel des Zahns 104
Tempel Kande Vihara 201
Tierwelt 48
Tissamaharama 254
Toddy 200
Totapola 315
Tourismus 81
Trincomalee 374
Trinkgeld 149
Trinkwasser 149

Tsunami 37, 208, 229, 372
Tsunami Honganji Vihara 213
Tsunami Photo Museum 209
Tuk-Tuk 154

U
Udappuwa 195
Udawalawe National Park 142, 299
Uhrzeit 149
Unabhängigkeit 33, 41
Unawatuna 229
Unterkünfte 150
Uppuveli 380, 381
Utuwankanda 269

V
Vanille 70
Vankalai-Vogelschutzgebiet 407
Vavuniya 406
Verkehrsmittel 152
Verkehrsregeln 115
Versicherungen 155
Vertretungen, diplomatische 120
Victoria-Staudamm 292
Visum 121
VOC 29
Vogelschutzgebiete 252

W
Wächterstelen 107
Währung 15
Wallfahrtsort 258
Wandern 155
Weddas 100
Weherehena-Tempel 244
Weligama 236
Westküste 161, 186
Wewurukannala 247
Whale Watching 239
Wilpattu National Park 142, 196
Wirtschaft 15, 74
Wolkenmädchen 334, 337
World's End 316

Y
Yala National Park 142, 256
Yapahuwa 326

Z
Zahnreliquie 26
Zeitungen 137
Zigaretten 110
Zimt 71
Zoll 155
Züge 138, 152

Billdnachweis
Alle Bilder **Stefan Blank**, außer:
Inga Christensen: S. 385
Lisa Jentzen: S. 37 und 402
Frank Steinbach: hintere Umschlagklappe (Autorenfoto)
istockphoto.com: S. 118 und vordere Umschlagklappe Bild Nr. 7 (GOTO_TOKYO), S. 322 (falasha), S. 369 (fabio lamanna), S. 399 (galdzer)
fotolia.de: S. 23 und Umschlagrückseite Bild Nr. 2 (Paul Prescott), S. 25 (freesurf), S. 49 (andamanse), S. 51 (milosk50), S. 53 (oskanov), S. 58 (saman527), S. 59 (nyiragongo), S. 67 (Isabella Wertschnig), S. 71, 78 (chalabala), S. 106 (saman527), S. 107 (biggabig), S. 156 (bbbar), S. 129 (Daniel Smolcic), S. 140 (feathercollector), S. 196 (Eric Gevaert), S. 256 und vordere Umschlagklappe Bild Nr. 2 (BirgitKorber), S. 257 (tomikmalish), S. 262 (R+R), S. 268 (pchristen), S. 281 (Pavel Klimenko),S. 290 (trofotodesign), S. 295 (chalabala), S. 299 (emjay smith), S. 300 (Eric BOURBIGOT), S. 303 und vordere Umschlagklappe Bild Nr. 5 (Boggy), S. 317 (Daniel Smolcic), S. 324 (kotelnyk_Dambulla), S. 326 (keerthiwam),S. 329 (Valery Shanin), S. 331 (smilingsunray), S. 333 (Valery Shanin), S. 335 (fuchsphotography), S. 338 (eranda), S. 342 (pchristen), S. 348 und vordere Umschlagklappe Bild Nr. 3 (milosk50), S. 351 (Shariff CheLah), S. 368 (Valery Shanin)

China individuell

„‚Eine lange Reise beginnt mit dem ersten Schritt,' lautet eine chinesische Weisheit. In China braucht es sehr viele Schritte, um das Land mit all seinen Facetten zu erfassen. Einen ungewöhnlichen Blick auf das Riesenreich werfen die China-Experten Françoise Hauser und Volker Häring in dem Reiseführer ‚101 China – Geheimtipps und Top-Ziele'. Sie haben neue Routen, Hotels und Restaurants ausprobiert, die ausführlich vorgestellt werden. Dabei werden die Top-Ziele, wie der Titel schon ankündigt, aber keineswegs vergessen.
Aufgeteilt ist der Reiseführer übersichtlich in acht Kapitel: Städte und Regionen, Natur und Landschaft, Tempel, Klöster und Paläste, Museen und Kunst, Literarische und politische Spuren sowie Hotels und Gästehäuser, Essen, Trinken und Nachtleben sowie Fahrrad- und Trekkingtouren. In gelb unterlegten, kleinen Infokästen stehen praktische Hinweise zum jeweiligen Ziel. In den zwei Karten im Umschlaginneren sind alle 101 Ziele eingezeichnet." **Badisches Tagblatt**

Das komplette Verlagsprogramm unter:
www.iwanowski.de

Indien individuell

„101 Punkte verteilt auf 3,2 Millionen Quadratkilometer: Der Reiseführer ‚Iwanowskis 101 Indien – Geheimtipps und Topziele' liefert keine Schritt-für- Schritt-Marschroute. Trotzdem liefern Edda und Michael Neumann mit Sohn Gabriel Andreas wertvolle Ratschläge. Besonders Reisende, die den Subkontinent noch nie besucht haben, profitieren von den würzig-knappen Beschreibungen. Dabei finden nicht nur Sehenswürdigkeiten Beachtung, sondern auch die Kultur, die Sitten und Gebräuche. In einem Rundumschlag führen die Autoren den Leser ins Wichtigste ein und regen so zu tieferen Recherchen an. Die Kapitel umfassen je ein bestimmtes Thema, wie zum Beispiel Essen und Trinken, Paläste oder Indien erleben. Ein Buch, das Appetit auf die Farben und die Vielfalt Indiens macht."   **Badische Zeitung**

„Aufgrund der informativen Texte und der Konzentration auf die besonders interessanten Sehenswürdigkeiten ist das Buch sehr gut lesbar. Als erster Überblick und als Reisevorbereitung gut geeignet. Es findet sich neben zahlreichen Farbfotos ein kleiner Anhang mit allgemeinen Reiseinformationen."   **ekz**

Das komplette Verlagsprogramm unter:
www.iwanowski.de

Individuell reisen

„Liebes Rajasthan-Team, vor einigen Tagen kamen mein Mann und ich von einer dreiwöchigen Reise durch Rajasthan zusammen mit meiner Schwester und meinem Schwager zurück. Immer war der Iwanowski dabei und hat uns viel beigebracht, viel erklärt, gute Hinweise gegeben, kurz wir sind nun Iwanowski-Rajasthan gebildet. Ein wirklich guter Führer für alle, auch wenn wir nicht als individuelle Entdecker sondern als 4er-Kleingruppe mit eigenem Führer und Fahrer unterwegs waren. Noch einmal ein Kompliment für Ihren hervorragenden Führer mit all den guten Informationen. Wir werden in Zukunft auch andere Länder nach dem ‚Iwanowski' bereisen..." **Eine Leserin per Mail**

„Wir machen unsere Reisen entweder alleine mit Mietwagen oder alleine mit Guide und Chauffeur und da ist für uns der Iwanowski-Führer jeweils - wenn es ihn gibt - unvermeidlich, denn da sind viele wichtige Hinweise drinnen, die man als Alleinreisender benötigt." **Ein Leser per Mail**

Das komplette Verlagsprogramm unter:
www.iwanowski.de

Thailand individuell

Nicht nur die Freundlichkeit der Einheimischen macht Thailand seit Jahren zu einem der beliebtesten Ferienländer in Asien: Komforturlauber mit hohen Ansprüchen, Rucksack-Touristen mit kleinem Geldbeutel, Aktiv- und Badeurlauber finden gleichermaßen ihr Urlaubsparadies.

Für alle Individualurlauber – egal ob mit kleinem oder großem Geldbeutel – ist das Iwanowski Reisehandbuch Thailand ein inhaltsstarker Reisebegleiter, der auf 576 Seiten fundierte Reiseinformationen gibt. Die praktischen Tipps des Asienkenners Roland Dusik reichen von edlen Spitzenhotels über einfache Backpacker-Hostels hin zu ausführlichen Strandbeschreibungen. Erstmals können die 50 detaillierten Karten samt der Reisetipps kostenlos heruntergeladen werden. Die Extra-Reisekarte wurde ebenfalls aktualisiert.

„Weil Thailand die ganze Pracht Asiens vereint, empfiehlt Dusik es auch als ideales Ziel für Asienanfänger. Perfekter Ratgeber für alle, die Thailand auf eigene Faust bereisen."

Westfälischer Anzeiger

Das komplette Verlagsprogramm unter:
www.iwanowski.de

IWANOWSKI'S REISEBUCHVERLAG
FÜR INDIVIDUELLE ENTDECKER

Der Reiseblog vom Spezialisten
iwanowski.de/blog
Täglich aktuelle Reisehinweise & Tipps zu Unterkünften, Restaurants, Aktivitäten...

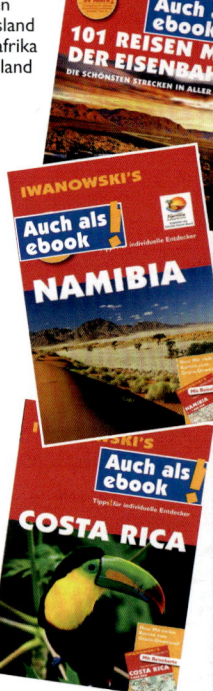

REISEHANDBÜCHER

Europa
Barcelona und Umgebung
Berlin*
Dänemark*
Finnland*
Irland*
Island*
Lissabon*
Madeira mit Porto Santo*
Malta, Gozo & Comino*
Norwegen*
Paris und Umgebung*
Piemont & Aostatal*
Polens Ostseeküste & Masuren*
Rom*
Schweden*
Tal der Loire mit Chartres*

Asien
Oman*
Peking
Rajasthan mit Delhi & Agra*
Shanghai*
Singapur*
Sri Lanka*
Thailand*
Tokio mit Kyoto
Vietnam*

Afrika
Äthiopien*
Botswana*
Kapstadt & Garden Route*
Kenia/Nordtanzania*
Mauritius mit Rodrigues*
Namibia*
Reunion*
Südafrikas Norden & Ostküste*
Südafrika*
Uganda/Ruanda*

Australien / Neuseeland
Australien*
Neuseeland*

Amerika
Bahamas
Chile mit Osterinsel*
Costa Rica*
Florida*
Guadeloupe
Hawaii*
Kalifornien*
Kanada/Osten*
Kanada/Westen*
Karibik/Kleine Antillen*
New York
USA/Große Seen|Chicago*
USA/Nordosten*
USA/Nordwesten*
USA/Ostküste*
USA/Süden*
USA/Südwesten*
USA/Texas & Mittlerer Westen*
USA/Westen*

101... - Serie: Geheimtipps und Top-Ziele
101 Berlin*
101 Bodensee
101 China
101 Deutsche Ostseeküste
101 Florida
101 Hamburg
101 Indien
101 Inseln
101 Kanada-Westen
101 London
101 Mallorca
101 Namibia – Die schönsten Reiseziele, Lodges & Gästefarmen
101 Nepal
101 Reisen für die Seele – Relaxen & Genießen in aller Welt
101 Reisen mit der Eisenbahn – Die schönsten Strecken weltweit
101 Safaris
101 Skandinavien
101 Südafrika – Die schönsten Reiseziele & Lodges
101 Südengland
101 USA

REISEGAST IN...
Ägypten
China
England
Indien
Japan
Korea
Polen
Russland
Südafrika
Thailand

Neu: Karten per QR-Code gratis downloaden!

* mit Extra-Reisekarte
 auch als ebook (epub)
 Karten gratis downloaden

Iwanowski's Reisebuchverlag GmbH • Salm-Reifferscheidt-Allee 37 • D- 41540 Dormagen
Tel: 02133/260311 • Fax: 02133/260334 • E-mail: info@iwanowski.de
www.iwanowski.de • www.facebook.com/Iwanowski.Reisebuchverlag
www.iwanowski.de/blog • www.twitter.com/Iwanowskireisen

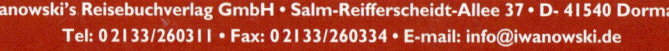